周紹良　主編
趙　超　副主編

唐代墓誌彙編（修訂本）

四

歷代碑誌彙編

上海古籍出版社

唐代墓誌彙編

如意

如意〇〇一

【蓋】失。

【誌文】

故朱府君墓誌銘并序」

君諱行，字才，東吴郡人也。因官于洛陽，今爲洛陽人焉。原夫郡」守裁規，稽山紀其丕緒；大夫伏奏，烏臺樹其鴻烈。英靈以之閒」出，哲人由其挺生，祖德門風，可略而言矣。曾祖實，齊任并州刺」史；剖符千里，控竹馬以申期；闡化百城，設蒲鞭而示恥。祖遠，隋」任相州鄴縣令；絃哥自樂，不謝武城之宰；詞賦孤摽，遠跨文園」之令。父寶，唐授陪戎副尉；識用詳正，風徽秀舉，禮備趨庭，道光」入室。髫年筮仕，不求丹轂之隆；晚歲辭榮，自保黄中之吉。君幾」鑒通敏，詞情俊拔，英風共羊角齊征，逸氣與龍鱗混彩。唐任楊」將軍府參軍事、雲騎尉，鳴笳出塞，侍帷幄於長榆；仗節歸營，參」鼓鼙於細柳。

珠韜演秘，東屠白鶴之城；玉帳陳謀，北逐黃龍之」戍。雖封侯莫遂，有媿於班超；而勳績可嘉，無慚於竇憲。積善餘」慶，未騁康衢，降年不永，奄從窀穸，嗚呼哀哉！君春秋六十有一，」以天授三年三月廿八日遘疾，終於尊賢里之私第。夫人清河」張氏，四德率由，三從早穆，朝梁映日，遽喜於乘龍；夜壑遷舟，俄」悲於逐鳳。以如意元年四月廿日同窆于北邙之山原，禮也。嗣」子懷晉等，悲纏欒棘，痛結蓼莪，對馬鬣而增懷，臨鶴弔而興感。」恐高岸爲谷，巨海成田，庶揚名於後代，遂勒石於幽泉。乃爲銘」曰：

積石峩峩，長瀾瀰瀰，疏峰萬仞，導流千里。載誕」惟賢，慶鍾夫子，鳳彩垂映，龍章播美。其一。風神俊朗，器宇沖邈，」漢水珠胎，荊山玉璞。文以會友，政而從學，天子賜金，先生折角。其二。」徘徊風月，優遊典墳，或隱或顯，且武且文。詞鋒翦日，筆陣橫雲，」一從投硯，載樹鴻勳。其三。箭水驚波，榆光落日，先凋玉樹，長埋道」秩。對莊鏡而疑空，臨書臺而似失，庶金石而刊範，與天地而齊」異。其四。」

（周紹良藏拓本　河南千唐誌齋藏石）

如意〇〇二

【蓋】失。

【誌文】

故上騎都尉李君墓誌」

公諱琮，字文泰，趙郡高邑人也。其六代祖因官徙居於汴州」陳留縣，故今爲縣人焉。自夫紫氣凝晨，函關啓其仙胄；玄雲」晝聚，涼土弘其霸業。枝分葉散，歷代彌芳。曾諱祖，齊任和州」司馬；祖昂，隋任相州司倉；父師，隋任荆州江陵縣丞；並衣冠」健羨，智效當年，文雅縱横，聲馳弈葉。公資芳蘭畹，孕粹瓊峰，」産騏驥於天池，鷟景之姿千里；挺豫樟於地屺，梢雲之幹七」年。時在綺紈，博通衆藝。至於九流百家之術，啼猨落雁之工，」咸得之自然，事非積習。屬東夷屢擾，開徼未□，塵驚蓋馬之墟，」水激汴黿之浦。聖朝命將，言事恭行，其年以良家子首」從占募，剋殄逋誅，以功授上騎都尉。煞敵爲果，亦已效於忠」懃；而擯俗成真，情不安於躁競。爾乃地鄰朝市，就潘子之閑」居；賞洽琴罇，追嵇生之樂事。擊壤趣以畢餘年，既而逝以浸」淫，頽光晼晚。曰仁者壽，松喬之術不追；曰鬼者歸，蒿泉之路」方遠。以如意元年五月廿九日終於延福坊私第。嗣子常住，」以其年六月四日遷窆於洛陽縣清風鄉之原禮也。恐山川變」易，陵谷遷訛，式昭景行，銘之神道。其詞曰：」

真人寵德，貴尹龍門，勢高往代，慶流後昆。英賢繼出，雅道斯」存，光纓弁，氣穆蘭蓀。惟兹高族，實生才子，美璧十城，名駒」千里。妙工武藝，洞該文史，雅量川停，雄姿岳峙。蠻夷作孽，」醜類凝妖，鷄林亂景，鯷壑驚朝。我惟任俠，夙學戎昭，功存地」際，勳委天朝。與善徒欺，輔仁矣爽，天運推謝，人生俯仰，百年」未畢，九原長往，髣髴音塵，銘之泉壤。」

（北京圖書館藏拓本　河南千唐誌齋藏石）

如意〇〇三

【蓋】失。

【誌文】

大周故文林郎楊府君墓誌銘并序」

君諱訓，字玄明，河南偃師人也。厥惟爾宗，並建明德，胙之以土，家於弘」農。天誘其衷，地靈無竭，漢魏之際，盛以文學見稱，代有其人，載之方册。」曾祖乾，襲封弘農公，道尚玄默，居然索隱，知隋季運歸，用安倚伏，乃懸」車委任，退就田廬，因而徙居洛州，遂爲偃師人也。祖爽，隋任青州刺史；」勸□務本，嗇人昏作，敦崇謹讓，俾俗興行。父植，隋任儀同三司，遷左」虞候府總管；鄧騭黄權，咸揆斯職，導揚弘烈，此實宜之。惟祖惟父，股肱」先正，盛德有後，誕育于君。君之生也，受天命代，泉角山庭，殊祥異表，神」清氣茂，夷雅淹通，究覽載籍，博遊才義，甫在弱齡，而志於學。唐任成均」生，應制舉，射册及第，授文林郎。雖矯翰重冥，而雅懷遠致，泉然玉立，」蔚期帝師，撙節踐言，進德脩業，固志靜退，斯晏如也。皇穹神察□人所」恃，如何運短，早代即冥，春秋卌九，終於私第。惟君爲人簡剋，平生素尚；」心安陋巷，體甘菲薄。臨没誡子，令其儉葬。座唯瓦器，斂以時服，素棺黄」壤，歸其速朽。夫人榮陽鄭氏，唐沂州沂水縣令節之女也。淑質清懿，言」容禮典，正位居室，肅慎爾儀，閨閫逾邕，里閭增穆，靈鑒無象，颯然幽妹。」粤以如意元年歲次壬辰八月癸亥朔十日合葬邙山，悲夫！丹旐啓塗，」素車遵軌，楚挽悽愴，荒郊寂寞。日暮風急，魂兮安之？嗚呼哀哉！有子崇」祖，孝友淳至，禀乎天資，養親之道，歡兼水菽。遷窆之夕，氣絶荼蓼，慼慼」滯念，冥冥徽音，懼徙陵谷，沉石隴岑。銘曰：」

岳瀆融氣，緬邈氤氲，地積英彩，葉累清芬。赤泉楊派，丹轂軿雲，惟曾惟」祖，乃武乃文。夫子英英，明月皎皎，冰映温玉，霜含勁篠。北海鵾鵬，南山」鳳鳥，機籠日際，思鬱天杪。少遊太學，早標國器，詞翰蕭灑，泉雲明媚。迅」翮摶風，高衢騁轡，逸氣孤聳，多才無位。春秋風露，池館循環，紅榮馥馥，」玄首斑斑。蕙衰煎思，蘭折摧顏，婉彼清漢，相隨岱山。南洛之外，北邙之」下，兆順青烏，嘶流白馬。葉灑寒甸，霜飛淨野，日夕悲風，唯聞松檟。」

（周紹良藏拓本　河南千唐誌齋藏石）

如意〇〇四

【蓋】失。

【誌文】

大周故飛騎尉申屠府君墓誌銘并序」

君諱義，字德。若夫姜氏疏宗，弈葉振三光之彩；申伯」演族，本枝騰七曜之輝。故匡周標十亂之功，佐漢異」三傑之績，可謂金城茂實，纓紱無虧，屠山英聲，弓冶」不替，是以因宦遷邑，今爲上黨人也。曾祖昌，齊任」寧遠將軍；弓開夜月，倚長劍以曜天；刀若丹霞，聳」高旗而拂日。祖樂，隋任相州臨黃縣丞；澄心學海，棲」志文場，故得職贊銅章，任匡墨綬。君幼挺英髦，早標」奇嶷，龍圖鳳紀，鬱映於蓬山；萬卷五車，昭彰於雲閣。」仍以意苞七德，演三勢而進謀；心韞九功，縱五兵而」申討。唐授飛騎尉，制加公士，豈謂碧川東注，俄斂」跡於山盈；白日西沈，奄銷魂於泉户。春秋七十有一，」如意元年秋八月十日告盡於私室，即以其年壬辰」之歲，建戊之月十八日，遷神柩窆於州西北一十里」平原，禮也。嗣子神範，覽篤終之論，痛結昊天；撫追遠」之言，哀纏霜露。覩金石之無變，恐陵谷之有遷，式刊」芳躅，用紀幽埏。其詞曰：

姜邑啓族，高陽樹社，避難」依屠，西遊彰水。東瞻邃谷，風標冶子，騰芳萬古，垂名」千紀。其一。落落閑居，飄飄絶俗，如何高士，奄從風燭。石」偃羊形，琴銷鳳曲，寂寞幽隴，永埋芳躅。其二。」

（周紹良藏拓本）

唐代墓誌彙編

長壽

長壽〇〇一

【蓋】 失。

【誌文】

大周上柱國劉府君墓誌銘并序」

君諱善寂，字承慶，彭城人也。春秋左史，蔡墨有言，在秦作劉，其來自昔。若乃開」國典郡，乘軒列棨，憑圖牒以□覽，儼冠蓋而成行，煥炳可尋，鬱乎令族。雖摐金」負璽，將非代禄之家；而饌玉鳴鍾，猶得財雄之稱。曾祖珪，隋滑州白馬縣令；祖」□，隋汴州博士；父絢，唐倍戎副尉；並公材公望，如珪如璋。滑臺行蒲密之風，夷門」説鄒魯之教。專經有裕，佇飛鶴之來儀；爲政無欺，見青鸞之戾止。弈葉增茂，徒」聞必復，文武不泯，或綰戎昭，顯考策名，斯之謂矣。君荆藍其質，松柏其心，處窮」能通，既富而教。性狎江海，擯朱公於後塵；議薄雲天，而置白圭於散地。屬四郊多」壘，七萃開營，涼風驚而羌笛悽，秋月亮而胡笳動。將軍深入，候太白之星高；士」卒前驅，奮中黃之氣烈。君夙懷驍果，雅好旌旃，纔執燕弧，俄班楚爵。方冀奔曦」未掩，尚餘連石之輝；豈期閱水不停，遽促幽泉之魄。遂以如意元年八月十一」日卒於永泰坊之私第，春秋六十二。即以長壽元年九月十五日葬於平陰鄉之」原，嗚呼哀哉！霜□積萃，雲蔓幽石，泉洌洌而鳴澗，月蒼蒼而架林，此處此時，」生平已矣！其銘曰：」

寥寥滕室，瑟瑟松門，一違人代，詎辨營魂。昔年花月，歡謔徒存，今時丘隴，」冥滅誰論？宿草春茂，愁雲夏繁，風摧古木，霜剪蓬根，千秋萬古，□復□□。」

（河南千唐誌齋藏石）

長壽〇〇二

【蓋】失。

【誌文】

唐故右威衛丹川府校尉上柱國邢君墓誌銘并序」

君諱政，河間鄚人也。郤室靈苗，宅豳岐而致業；周公錫胤，伉」凡蔣而疏封。漢侍中之直道，魏太常之正色，豈止顒檀玄虛，」喬稱純粹而已。曾祖嶠，祖玉，父道，並嗇神養和，栖閑保素，德」星垂耀，賢雲駐彩。君縱靈歸厚，孝敬之範冥深；誕慶高陽，朗」潤之姿間發。捐觚□志，撫劍長懷，愿封侯於萬里，思樹恭於」百戰。屬貴霜餘孽，□懸度而挻妖，大月遺黎，雜燒當而縱慝。」慨然投袂，占募從軍，每效先鳴，頻參後勁。執誶獲醜，谷靜山」空，氣掩白蘭之域，聲振倉松之表。以功授右威衛丹川府校」尉加上柱國。期門漢職，柱國秦官，軍政式序，戎章已峻。粵自」河朔，家於洛陽，栖息人野，從容語默，良田負郭，狹室面城，澹」乎無悶，頹焉有適，傲睨終古，優遊卒歲。庚子日昃，俄臻賈傅」之祥；辰巳年窮，忽感鄭公之夢。以如意元年七月廿七日終」於神都從善里，春秋七十五。夫人清河張氏。秦晉嘉偶，宋楚柔規。栖鳳和鳴，孤桐半死；乘龍合好，雌劍先沉。以唐麟德元」年正月一日終於東都從善里，春秋卌五。粵以長壽元年十」月九日合葬於邙山之陰，禮也。孤子褒，哀纏創巨，行標純至，」爰協著謀，載安蒿里，敬刊貞石，式播芳塵。銘曰：」

流烏末胤，珥貂餘緒，正室良人，宜家淑女，言行無擇，德容斯」舉。其一。外承軍務，内穆閨儀，慷慨英略，淑育柔規，始分龍劍，終」合鴛枝。其二。既安鄒穸，還遵魯祔，皎皎寒泉，蕭蕭風樹，陵谷方」徙，徽音永裕。其三。

著作佐郎直弘文館學士路敬淳撰文。」

（録自《芒洛冢墓遺文續補》）

長壽〇〇三

【蓋】失。

【誌文】

大周故上柱國栢君墓誌銘并序」

君諱玄，字某，魏郡人也，因官徙第，遂爲洛州陸渾縣」人焉。詳夫峻趾靈基，層瀾神派。五龍分職，既擅美於」皇初；萬國朝宗，亦專芳於帝後。揚乎史牒，可得略焉。」曾祖勝，齊任汴州浚儀令；祖陁，隋任驃騎；父滿才，唐」任上儀同。君資靈茂苑，擢秀芳叢，岐嶷表於弱齡，耿」介彰於壯歲。不以榮利嬰其抱，不以恥辱概其懷。陶」然身得，曠然無礙。嗚呼！福善無驗，災釁忽諸，長壽元」年十月廿二日卒於里第，春秋七十。即以二年歲□」癸巳正月壬辰朔十八日遷葬於北邙山，禮也。孤子」感等，恐年代飄忽，城闕推移，爰勒芳猷，以旌泉壤。其」詞曰：」

夐矣緜矣，超哉遂古，族始栢皇，斯惟我祖。建邦錫社，」分芳服土，肅瑞崇虞，高談禹。君令緒，風概重清，參玄」馳譽，對月飛聲。庭揚素履，路委弓旌，羔羊匪敬，明德」惟馨。樹德芬芳，輔仁蕭索，棠陰尚密，桂芳先」落。輴軒集鳥，荒筵降鶴，聲颺風雲，魂扃叢薄。敢圖輝」於貞石，紀幽泉之城郭。」

長壽二年歲次癸巳正月壬辰朔十八日己酉。」

（周紹良藏拓本　河南千唐誌齋藏石）

長壽〇〇四

【蓋】失。

【誌文】

大周朝散大夫行右千牛衛長史上騎都尉高陽郡公士許琮故妻贊皇縣君李氏墓誌銘并序」

夫人李氏，趙郡贊皇人也。虞有河圖，皐繇莅位；周無鳳鳥，柱史」辭榮。代屬舒卷之時，家承賢聖之業。曾祖顯，隋任趙州贊皇縣」令；祖繼，隋任朝請大夫行蔚州長史；父靜，唐上柱國任隰州司」馬；

並南楚西崑之物，丹山渥水之靈。雪白蘭薫，負當年之令譽；」冰情桂質，懷命代之奇才。中墨綬而習銅章，貳專城而臨半刺。」夫人地承軒冕，德藴閨房，柔順發於童心，詩禮成於學性。標梅」戒節，山澤由其氣通；穠李逢時，男女因而禮感。適于許氏，爰自」笄年，箕箒無勞，松蘿有義。以天授二年三月十三日」恩敕加五品，授贊皇縣君。嗟乎！桂魄苕姿，芳年忽謝；霜來露往，」幽邃俄催。悲兩劍之偏沉，歎孤魂之獨逝。春秋卌有四，以如意」元年七月十八日寢疾，終於神都思恭坊里第。粤以長壽二年」正月廿九日窆于合宫縣北邙山，之禮也。關河渺漫，歎青山之」四極；川陸簫條，悲白雲之千里。哀風繞樹，不堪愁思之多；泣露」霑衣，誰分悲涼之甚。嗣子右衛翊二府翊衛惟忠等，哀纏晝扇，」痛結寒泉，空餘欒棘之容，願託鐫題之事，冀存不朽，乃作銘云：」

白雲堯代，紫氣周年，將軍星象，河尹神仙。地負川岳，門承聖賢，」衣簪粲爛，鐘鼎蟬聯。爰有女儀，作嬪君子，天挺容德，神資麗美。」艷起雲霞，色侔桃李，窈窕之質，生涯詎幾。小年忽盡，大暮俄歸，」琴瑟音絶，松蘿義違。朝風既切，夜月徒暉，鸞鏡空匣，龍梭罷機。」黯黯光輝，凄凄氣色，白雲千里，青山四極。泣露將霑，悲風不息，」怨復怨兮無窮已，年復年兮千萬億！」

長壽二年歲次癸巳正月壬辰朔廿九日庚申。」

（周紹良藏拓本　開封博物館藏石）

長壽〇〇五

【蓋】失。

【誌文】

大周北海唐夫人墓誌銘并序」

夫人唐氏，北海人也。赤虬貽慶，奄唐墟而建國；紫鳳來」儀，疏晉郊而宅壤。別有術窮玄蔡，坐燕肆而高談；南木」幽蘭，登楚臺而騁妙。豈特威宣蜀道，雄抗秦庭而已哉！」曾祖休，襄州録事參軍；祖恭，隋常州晉陵縣令；並器識」沉敏，風神俊邁。父感，唐騎都尉；負荷日月，披拂煙霞，作」羲皇上人，爲太平高士。夫人即君之第二女也。年十三，」遂適上騎都尉沛郡施氏。既而乘龍作好，鳴鳳相和，襲」鴛綺而流芳，鑒驪胎而寫媚。六行四德，固無爽於前規；」柳絮椒花，實有逾於曩列。春秋卌九；大周長壽二年」正月十九日遘疾，終於永昌縣福善坊私第。嗚呼哀哉！」龍門之桐，半生而半死；斗牛之劍，一沉而一浮。即以其」年臘月十日，遷厝於北邙山平陰鄉之原。嗣子等並餐」荼結欷，集蓼崩心，陟屺長嗟，循陔永泣。恐山移海變，古」往今來，勒芳名於玄琰，庶有旌於夜臺。其詞曰：」芝檢浮禎，桐珪錫瑞，得姓斯在，承家不墜。大闡風猷，精」窮象緯，地靈肸蠁，天姿沉粹。其一。降生淑態，含柔懿津，」斷絲勵學，翦髮供賓。韋珠影煥，謝玉光新，逝川一往，豔」彩長淪。其二。

（河南千唐誌齋藏石）

長壽〇〇六

【蓋】失。

【誌文】

大周故朝散大夫行司宮臺奚官局令莫公墓誌銘并序」

公諱義，字承符，京兆萬年人也。昔者工精練鍔，孤飛寶劍之名；□□理兵，」獨贊楚君之美。金玉疊映，蘭桂□芳，代榮比景之郊，族盛番禺之俗家□」茂實，史策攸傳，勝迹芳猷，縑緗可紀。曾祖登，祖隆，父迪，並芝蘭禀性，丘□」栖神，視簪紱猶糠粃，將榮利爲羈絏。志忻樂道，俱不仕焉。公體蘊生知，□」超先覺，少不好弄，長而奇挺。元其筮仕，將趨八水之途；首謁」天門，且踐四星之職。枌榆南望，想舊邑而仰之；辰極北瞻，就新榮而有禁。」因辭五屼，別貫萬年，故爲京兆人也。初涓水□清，丸都尚霧，公身陪大樹，」勣預蒙騏，忠盡喪元之心，賞在酬功之地，因授雲騎尉，轉加陪戎校尉，又」更加智果校尉。屢參武禁，歷踐戎班，警夜候於嚴更，罄丹誠於清儆，效彰」欄錡，迹顯優勤。以公忠孝在身，文武不墜，用輟執戈之仕，將從剖滯之曹，」因授朝議郎、行司宮臺奚官局令。澄心肅物，史不敢欺；正色當官，人皆有」憚。遂授朝散大夫，奚官局令如故。位階通顯，轉勤忠赤之規；職奉禁闈，漸」懼尊榮之地。所冀玄穹祐善，方延濟巨之榮；何期幽贊無徵，遂掩摧梁之」痛。春秋六十有七，以長壽二年正月十七日卒於尚善里之私第。即以其」年臘月十三日葬於合宮縣界邙山曲，禮也。孤子守滿等，寒泉結思，罔極」增哀。灑血淚而無攀，可悴榮空之柏；慟丹心而有感，當抽節之筠。望飛旐」之翻翻，見寒松之肅肅。黄泉一閟，白日千年，雖其人之不存，故其迹之難」掩。豈可妍芳懿迹，空仰美於前人；善政能官，不追勤於今日。故紀功於玄」石，庶不媿於青編。其詞曰：」

猗歟勝族，盛矣嘉聲，氏傳相號，劍得人名。金鎖玉振，菊茂蘭馨，望高北景，」價出連城。其一。惟彼哲人，令望君子，少覽黄中，幼敦青史。以德潤身，求榮筮」仕，發跡南郡，飛聲北里。其二。官稱五品，職應四星，趨馳紫闥，獻奉」丹庭。既參戎律，復踐文扃，丸都滅祲，奚局流聲。其三。將希與善，欲冀腰金，光」光族胄，徽徽德音。妖童忽逼，鬬蟻俄侵，因從夜壑，不及晨吟。其四。」曠臨東洛，墳依北邙，行轜出沒，飛旐低昂。聽松聲之蕭瑟，望隴色之蒼芒，」去泉深而路遠，知地久與天長。其五。」

（北京圖書館藏拓本　開封博物館藏石）

長壽〇〇七

【蓋】失。

【誌文】

大周故崔處士墓誌銘」

君諱德，字　，博陵人也。漢汶陽侯之餘胄，清河郡之近裔。昔渭川」應兆，佐周武而建洪勳；姜水延宗，襲炎皇而明遠緒。然而光贊四」嶽，流派五房。析胤分枝，歷齊韓而著稱；承祧共葉，自虞夏以標名。」博綜古今，□嶷之猷載遠；識該文質，山嶽之量踰高。而聽越荀龍，」聲融賈虥，□彰靈晬，其在君乎？曾祖詡，齊任青州録事參軍；才深」韞玉，□□□在於西河；職弼還珠，蒞政得鄰於北海。且繩愆糾忒，」道楊鉅墨之威；而字物能仁，毗贊珪符之績。祖顒，隋任益州九隴」縣丞，簪纓襲構，偉代之量殊高；冠冕再隆，保家之器彌篤。遂能懲」姦息暴，佐馴雉之榮班；去罰勿疑，輔栖鸞之雄寀。名通錦浪，聲播」劍門。父嶷，唐任文林郎；登山拾玉，堅白之辯匪虧；泛海求珠，出青」之學無怠。爰以五常習性，六藝拘懷，雌黃有重於孫弘，刊定必祈」於張子。君周任將仕郎、武騎尉，先崇武略，或振勇於山西；早御戎」旃，亦□謀於漠北。故得酬庸薊巘，紀效燕峰。雖得拜於郎官，必從」□於武職。春秋六十有八，以長壽二年正月廿八日卒於私第。松」遷鷽谷，凌霜之勁永移；桂落猿巖，負雪之質長奄。時歌薤露，田横」之恨實深；方歎浮休，莊子之譏彌遠。嗚呼哀哉！粤以其年臘月廿」五日葬於北邙山刊禮也。東鄰銅井，地近周公之基；西枕玉津，土」帶石崇之宅。川原坱圠，實多銜塊之塋；堆阜崎嶇，猶依植栢之壟。」安乎宅兆，簠簋之祭不渝；眷此悲哀，擗踴之情彌肅。其詞曰：」

鷽谷松凋，猿巖桂落，魂魄超忽，形神寂寞。蜃駕垂旒，龍輴震鐸，盡」柳森聳，悲楊簫索。薤歌行泣，簠祭留淪，枕掎川原，剪除叢薄。塋多」紫栢，墳移繐幕，地近灼龜，山臨駕鶴。同悲逝水，共傷遷壑，何白日」之易昏，痛黃泉之難託！

長壽二年臘月廿五日。」

（周紹良藏拓本）

長壽〇〇八

【蓋】失。

【誌文】

南陽白水張君之墓銘。原夫金枝□葉，將丹桂以爭芬；遥源」峻波，共清江而競遠。神交天授，韞三略以經綸；運極道消，吟」四愁而厲翼。雄聲政術，旦暮挺生；鴻筆遒文，應時間出。龍吟」柳谷，翰墨共二陸飛英；虎嘯豊川，盛德共三王競烈。諱貞，字」直，南陽白水人也，因官北徙，今爲合宮縣人焉。祖諱瑀，字珪，」隋任滄州鹽山縣令；儀鸞述職，捧雉從班，下車而囹圄清，上」農而田疇闢。移風易俗，無待一期，課最論功，寧勞三載。豈止」秋螟散畎，春翟馴桑而已哉。父諱通，字泰，素履居貞，黃中通」理。瑶貞銑照，翫梁竦之詩書；朗月清風，陶元亮之琴酒。亭亭」物表，與高鳳而連鑣；皎皎霞端，共管寧而方駕。公幼標岐嶷，」飛聲載象之年；早擅珪章，架辯對羊之歲。洎乎橫經槐隧，刻」鵠珍堅；鼓篋杏壇，彫龍遽就。方從觀國，即應賓王，終騰上岫」之鱗，會振淩霄之羽。尋而擢第，即授部戎副尉。性符山水，志」叶琴書，逍遥黃老之篇，黼黻素王之籍。豈期與善莫驗，餘慶」不傳，釁起淚珠，忽碎郄詵之玉；妖生夢豎，俄摧龔勝之蘭。以」長壽二年春秋七十有二寢疾，卒於私第。一月十九日葬於」邙山之原，禮也。嗣子文藝，覽楹書而翹思，瞻手澤以崩心，勒」芳邛於翠琰，飛英聲於翰林。其詞曰：淼淼長瀾，」滔滔沃日，王佐挺生，英靈間出。萬代騰芳，千齡茂實，蘭薰桂」馥，金箱玉質。其一。牽絲撫俗，墨綬臨人，孔膏不潤范甑塵，喧」停大夜詐息晨。其二。依依懷舊，慼慼哀新，猶思屬纊，尚想鑿」巾。霜墳有月，泉户無春，千齡萬代，誰非古人？」

（周紹良藏拓本　河南千唐誌齋藏石）

長壽〇〇九

【蓋】失。

【誌文】

唐故舒饒二州别駕梁府君墓誌銘并序」

公諱玄敏字某，安定烏氏人也。昌緒綿長，靈源派遠。衣冠舃弈，豪」族擅東國之權；道德清貞，高士見北邙之志。自兹已降，國史詳焉。」祖昭，魏東宫左衛率右衛□將軍，岐州刺史，槐里郡開國公；左率」青宫，右巡黄道，七德振金精之氣，六條分竹使之司。父衍，隋使持」節洵、蔚、澤三州刺史，宜陽郡開國公；政洽三州，化敷千里，寬仁載」於氓頌，盛德播於人謡。公代襲黄銀，門傳朱紱，山岳秀氣，河海英」靈。唐朝任尚食直長，舒、饒州别駕。毗隼旟而理務，膏雨隨車；佐能」軾以臨人，蒲鞭示耻。既而人非金石，疾固膏肓，傷薤露之晞朝，痛」蘋風之截道，以貞觀十八年歲次甲辰，九月辛未朔，五日乙亥卒」於官舍，春秋五十有九。即以十九年，權殯於洛州温縣樊城鄉界。」夫人朱氏，吴郡人也。絶交起論，朱穆著美於前脩；折檻申忠，朱雲」見稱於往策。考之今古，夫人即其後焉。常以五飯無虧，三從是義，」母儀婦德，曜後光前。但爲孀思鎮侵，光音忽謝，權殯於温縣，于今」卌年。息庭芝等，温克在心，忠孝成行，以爲周公制禮，偕老□□葬」之規；詩人述言，靡他叶同穴之義。式遵舊典，用啓新塋。」大周長壽二年歲次癸巳二月辛酉朔，十二日壬申，□葬于洛州」合宫縣平樂鄉之原，禮也。庶使黄腸一掩，絶谷徙而陵移；玄石一」刊，共天長而地久。嗚呼哀哉！迺爲銘曰：

遠系川長，崇基岳峙，詳之簡牘，備諸經。□□號權家，鴻稱高士，盛」德無絶，爰暨君子。其一。黄銀代襲，朱紱門傳，柔心内藴，威風外宣。人」歡撫字，邑頌能賢，偉哉美矣，轟轟□□。其二。伉儷云匹，秦晉相慕，琴」瑟克諧，金石希固。日月逾邁，□□不駐，大帶長裾，同歸泉路。其三。青」烏啓域，玄龜告從，雙轜赴隴，□劍沈鋒。風悲近櫬，日下高舂，」千年」萬□，□見長松。其四。」

（周紹良藏拓本　河南千唐誌齋藏石）

長壽〇一〇

【蓋】失。

【誌文】

公諱隱，洛陽人也。源出於高辛氏，派别於周文王，叔虞削葉而恢基，□」燮分茅而□族。梁太傅以才高漢國，承宦洛中；魯武公以代實晉卿，終」王汾曲。故今仍爲洛陽積德里人，而望歸河東襄陵之平鄉也。祖䚡，後」齊青、濟等七州刺史；考寂，唐封州治中，領統軍府；青紫重暉，珪符疊秀，咸」已傳諜詳矣，豈待一二言焉。君生而含章，幼而通理，文籍滿腹，武藝入」神。始以廉潔孝悌舉，隨例爲郎。及辰韓逆命，方資運策，起家補雞林道」兵曹，又檢校子營總管。義勇蓋韓白，功略冠孫吴。尋被兇人譖解。未幾，」山夷叛，朝廷討之，以君檢校桂□户曹參軍事。思返初服，恐流俗所忌，遂」求散職，蓋行其道焉。嘗以著書□酒爲務，自號適道子。臺郡屢有徵辟，未始」□行。識者稱爲今之陶元亮。加酷重林泉，尤好莊老，嘗云：男女畢□，長從五」岳之遊。豈圖天地不仁，俄促百□之運，以調露二年六月五日遘疾卒，」春秋六十。嗚呼哀哉！夫人太原王氏，隋檀州刺史太原公則之女也。卜」洛洪源，寔滋仙態；筮淮長派，必蘊靈規。乘簪裾之淑彩，宜家室之令德，」梁間所以稱其日，林下所以食其風。饁野盡賓敬之誠，徙閈崇母儀之」訓。方共歡於萬石，奄分悲於九泉。粵以大周天授三年二月六日，終」於雞澤縣之官第，享年六十有一。以長壽二年二月十二日與君合葬」於洛陽縣之清風原，禮也。有子雞澤縣主簿進思等，恨泉臺之遽隔，泣」風樹而無從，奉述家聲，式銘神道。其詞曰：

家風既芳，門德其昌，望」□汾曲，才雄洛陽。□□□□，延秀閨房，和鳴未遠，合葬俄傷。萋萋草蔓，」烈烈楸行，問何年而見日，冀地久而天長。」

（北京圖書館藏拓本）

長壽〇一一

【蓋】失。

【誌文】

唐故邢州任縣主簿王君夫人宋氏之墓誌銘并序」

北邙之阜，松栢叢生，東岱之阿，賢愚共盡。其有稟柔婉之秀，含貞堅之節，令族」均乎河鯉，嘉兆諧於陳鳳者，其宋夫人乎？夫人諱尼子，字尼子，廣平人也。楚臺」爲賦，尚覺清泠；燕水興歌，猶聞慷慨。西京壯武，克宣磐石之謀；東漢尚書，不隱」糟糠之對。詳窺國諜，必嗣家聲。曾祖欽道，齊黄門侍郎；祖萬壽，唐侍御史；珪璋」發譽，位通青瑣之闈；骨鯁知名，氣邁烏棲之府。職方書於柱下，張相何人？操小」蓋於途中，陰侯遠媿。父正名，唐雍州始平縣尉；地實京畿，邑惟近縣，雜五方之」豪儁，總三輔之輕薄。擒姦擿伏，居多北部之威；養素滄和，自適南康之道。夫人」則君之第二女也。閨儀早植，閫德生知，佩箴管以基身，親織紝以勤事，奉姑以」□，從夫有禮。撫視前子，弘顧復之深恩；輔佐良人，叶扶成之大義。不謂鵁鶄入」夢，戴勝來巢，既奉秦嘉之書，奄愴安仁之賦。風飄繐帳，不堪罇酒；月上高樓，豈」唯愁思，於是歸依八解，憑假四緣，愿託津梁，追崇福祐。所生子玄嗣遺度爲大」周東寺僧。掌内明珠，遂作摩尼之寶；庭中美玉，即是菩提之樹。昔孟家之母，唯」事斷機；馮氏之妻，徒爲翦髮。豈若道兼存没，義貫幽明，長懷乎既往之情，廣樹」將來之果。嗚呼！年非可駐，疾已彌留，鬼瞰賢明，神欺積善，以天授二年閏五月」廿一日卒於利仁坊之私第，春秋六十四。臨終之際，謂諸子曰：吾心依釋教，情」遠俗塵，雖匪出家，恒希入道。汝爲孝子，思吾理言。昔帝女賢妃，尚不從於蒼野；」王孫達士，猶靡隔於黄壚。歸骸反真，合葬非古，與道而化，同穴何爲？棺周於身，」衣足以斂，不奪其志，死亦無憂。以大周長壽二年二月十二日葬于洛陽之」北邙，去夫塋五十步，志也。其地則俯對爲泉，却臨河渚。徘徊仙影，遥連玉女之」□；離合神光，近入虙妃之館。子承福、僧玄嗣等，或休徵至性，或法顯因心，臨厚」夜而長號，瞻彼蒼而永訴。慮深遷谷，是勒沉碑，雖慙少女之詞，亦表賢姬之□。」□銘曰：

殷有元子，食邑于微，周王發誥，宋土開析。支宗有秩，禮樂餘徽，賦」□七辯，謀興六飛。其一。卓矣名族，猗歟淑女，奉帚于歸，結褵其所。椒菊銘頌，蘋蘩」筐筥，哲婦賢夫，唯余與汝。其二。紱佩何幾？凋零奄至，逝水難追，淩虚若墜。志逾斷」髮，悲深染淚，次報移天，是依初地。其三。利根潛寤，法性弘通，營求四果，踐履三空。」存亡則異，福應攸同，已證星劫，當生日宮。其四。守義或聞，能仁者鮮，其疾也病，其」言也善。同歸豈適，厚送非典，此形有化，吾心不轉。其五。脩邙之頂，清洛之隈。素輤」一去，玄扃不開。風雲悽慘，松檟藏摧，皎皎孤月，悠悠夜臺。」

（河南千唐誌齋藏石）

長壽〇一二

【蓋】 失。

【誌文】

大周故騎都尉和君墓誌銘」

君諱錢，字仁傑，其先涇陽人也。因官於鄴，遂卜居焉。匡晉室」而盡忠，輔齊邦而獻鯁。故迺霏英繡篆，麗絢瑤圖，國史□之，」可略言矣。祖開，後魏任司州鄴縣令；宏才磊砢，峻節孤標，」入左輔而贊雷威，廓中釁而翼鸞舞。考鑒，丘園養志，琴酒」棲神，面滏派以閑居，俯鉦巒而澹性。君誕靈芳苑，發跡清瀾，」驅馳儒墨之禽，網羅才藝之囿。是用裴逸人之賓客，嵇叔夜」之琴酒。詎謂芝蘭易隕，風樹先凋，隟駟難留，英奇早墜。以」 年 月 卒於私第，春秋八十有六。夫人南陽張氏，」分態雙飛，呈姿獨立。翻空墜雪，絮動因風之詞；淨野微雲，□」發臨秋之詠。豈謂虛舟水激，溺仙步於何宮；歲澤山飛，辭神」雲於月峽。粵以長壽二年歲次癸巳四月庚申朔二日辛酉，」遷窆於神□山西五里之平原，禮也。孝孫弘亮等敬遵前旨，」虔奉先言，卜兆樹塋，同歸玉甓。孫等哀纏茹蓼，痛結餐荼，泣」墜露以崩懷，仰奔雷而灑血。仍恐陵谷遷貿，芳塵寂寥，式刊」翠琰，傳之不朽。其銘曰：」

疏源輔晉，毓緒匡齊，代承虞夏，族始涇西。金枝列壤，玉葉□」珪，功逾衛霍，謀越良谿。其一。長暉冕弁，弈代蟬聯，策開素牒，□」發青編。六條參綜，百里分宣，詞音擲地，逸響聞天。祭牲無□，」泥鼎不旋，子昭風月，叡仲山泉。芳存十步，道處兩玄，日車□」軔，月魄虧弦。庶流徽於不朽，聊刻篆於荒埏。」

（周紹良藏拓本）

長壽〇一三

【蓋】 失。

【誌文】

大周故五品亡宮誌銘并序」

亡宮從五品，不祥族姓，不知何許」人也。蓋以淑問騰芳，良家入選，應」褘褕之寵命，播蘭蕙之芳猷。體柔」居德，閨壼扇其風美；積善餘慶，詩」史垂其景光。彤管所以載輝，朱紱」由其有裕。既而倚伏何在，鬼神愆」聽，舟壑悲於遷璺，日俄見於歸山。」以長壽二年三月十七日卒，粤四」月十二四日葬於邙山，之禮也。永辭昭」代，長閟泉宮，哀榮之典，存殁斯隆。」其銘曰：」

辭六宮之寵榮，歸九泉之杳冥，吁」嗟兮惠質，永閟兮佳城！」

（北京圖書館藏拓本　河南千唐誌齋藏石）

長壽〇一四

【蓋】 失。

【誌文】

大周六品亡宮誌銘并序」

宮人云無姓氏，不知何許人也。侍」影鸞輿，參聲鳳闈，悦惲彤史，蘋州」仰四德之詩；畹晚青陽，椒頌承朝」獻。與善無驗，摧芳奄及。梅梁戒曉，」遽沉初日之輝；楊隧先秋，俄積□」風之慘。嗚呼哀哉！即以長壽二年」六月三日葬於邙山，之禮也。邙山」四望，惜丹旐之初飛；郭門十里，看」臺車之不駐。薤影送遠，松樹增哀，」金石可傳，敢爲銘曰：

東岱之魂，」北邙之路，百年生死，九泉新故。白」鶴臨塋，青烏起墓，萬古丘隴，空餘霜露。」

（北京圖書館藏拓本　河南千唐誌齋藏石）

長壽〇一五

【蓋】失。

【誌文】

大周張君墓誌銘」

君諱道，字守元，其先并州太原人也。曾祖顯，屬唐高祖神堯皇帝龍」飛晉甸，鳳止秦關，附翼而上黄山，攀鱗而游黑水，因茲徙第，遂居雍州之」長安縣。君承大周啓運，鼎業惟新，寰寓樂推，靈祇幽贊。岐山瑞鸑，」翻飛薦鮪之巖；渭水玉龜，涵泳游龍之沼。公情安近甸，心樂王畿，遂編貫」於許州之扶溝縣，故今爲縣人也。昔神鳩演慶，芳枝冠於域中；瑞鵲延祥，」茂葉流於海内。自茲厥後，人物相趨，金白交暉，銀黄遞映。高祖顯，齊任隰」州隰城郡太守；曾祖仁，隋任硤州别駕；父見，唐任梓州永泰縣令；並筆海」齊滋，翰林均秀。烹魚振響，清暉澈於錦江；展驥馳聲，美譽騰於月硤。君凝」姿赤野，矯翰青田，映星渚而宵明，漸霜臯而夕振。文鋒武略，左右兼該；瑋」貌瓌姿，天然獨絶。其時唐家命職，妙選英髦，以君逸氣霞騫，雄心霜厲，鳴」笳桂苑，允迪奇材；託乘珠軒，光資俊彦。起家任趙王府執仗。沐天人之渥」澤，承帝子之光暉，北場陪轉翳之驩，南館接浮瓜之賞。咸亨二年授江王」府户曹；儀鳳三年，授滕王府法曹參軍事。公貞固以莅職，勤正以奉公，優」遊文雅之場，栖息禮賓之囿。曳裾蘭坂，賦夜月之清詞；侍宴荆臺，諷朝雲」之絶唱。靈機獨運，思律孤標，夙藴屠龍之才，早悟全牛之術。桑林九奏，先」遊斷雁之鋒；蓮鍔七星，冀逞割雞之用。以垂拱三年擢授萬州武寧縣令。」荆門斜届，涌神鼇於長江；柳緯遥臨，化祥龍於極浦。用廉平而訓俗，雉狎」風琴；驅正直以調人，鸞蹌水鏡。遽而政成朞月，秩滿四周，歸路指於襄陽，」還途涉於江浦。峴山高峙，思聞頌德之聲；漢水横流，奄見沉珠之慘。以長」壽二年四月，途中遘疾，卒於襄州之襄陽縣，春秋六十有八。即以其年六」月廿四日遷厝於洛州合宮縣太上玄元皇帝廟之後，即邙山之北」崗，禮也。嗣子延慶等，號天雨泗，扣地崩心，仰畫柳以增哀，俯行楸而慟絶。」遵前賢之軌躅，揚祖宗之休烈，嗚呼哀哉！乃爲銘曰：

白水英靈，清河雅望，玉邙延祉，銅鈎表貺。名亞三王，聲高七相，芬騰國史，」譽流家狀。天弧演鑒，地掖疏疆，南陽西鄂，玉秀瓊芳。蘭宮侍楚，桂苑遊」梁，一同百里，雉狎鸞蹌。神遊京兆，景閟滕城，青烏相地，白鶴臨塋。風松」變色，月桂韜明，恐清徽之永謝，勒貞礎於泉扃。」

（周紹良藏拓本　河南千唐誌齋藏石）

長壽〇一六

【蓋】失。

【誌文】

大周故尚府君墓誌銘并序」

君諱明，字仁昉，河南偃師人也。皇軒錫祚，帝辛命氏，家業由」其克隆，門風於焉載闡。曾祖欽，齊許州別駕；題輿蒞俗，不空」之詠聿興；展驥臨人，徒勞之義斯在。祖巖，隋洛州陽城縣令；」楊林天邑，尚資馴翟之能；芝田帝居，猶賴翔鸞之化。父才，唐」宋州下邑縣丞；助牽絲於百里，禮節斯行；毗綰綬於十城，市」獄無擾。君英靈挺秀，岐嶷標奇，體性清虛，風塵不雜。加以天」經地義，無資避席之勤；博物洽聞，未假摳衣之學。安排委命，」禮耨義耕，遂屈宏材，來從小選。咸亨三年，補耆國公廟長。俯」就事俟之任，合奉散郎之秩，丘園養性，不求聞達，琴酒怡情，」方祛塵滓。不謂瓊瓌入夢，俄纏□木之悲；辰巳行終，奄遇鑿」楹之禍。以長壽二年五月廿七日遘疾終於尊賢里之私第，」春秋六十有六。嗚呼！脩短有命，福善徒言，報施在天，與仁無」驗。所恨瓊田路遠，更生之草難逢；聚窟塗遥，反魂之香莫救。」於是夜春輟相，里仁興喪美之哀；晨琴罷御，黨淑起殲良之」痛。嗚呼哀哉！即以其年七月廿二日遷窆於合宮縣平樂鄉」北邙山之原，禮也。嗣子右衛兵曹參軍事元璋等，並蓼莪興」感，欒棘生悲，常纏泣血之哀，每軫寒泉之痛。將恐山移岸谷，」趙文迷可作之墳；水變桑田，延陵無挂劍之所。爰題豐石，以」勒芳規。其詞曰：

嵩山之英，洛水之靈，爰鍾秀氣，夫君挺生。或隱或顯，非寵非」榮，山泉慠質，煙月怡情。酒陪中散，琴追步兵，薤哥易發，桂棟」俄傾。窗寒霧黯，隴晦雲平，魂兮何託，空望佳城！」

（周紹良藏拓本）

長壽〇一七

【蓋】失。

【誌文】

大周八品亡宮誌銘并序」

亡宮氏姓不顯，族譜無聞，稟柔順之儀，」立忠慤之操。執霜雪以取潔，持蘭菊以」命芳。翼翼小心，奉竹宮而自謹；勖志勗」志，趨椒掖以成勤。故得身享榮班，名登」顯族。豈其日月遄往，風儀不留，奄纏屬」壙之期，遽延就木之慘。長壽二年七月」二日卒。以長壽二年七月廿二日邙山，」禮也。既而年代飄忽，慮閉骨於窮泉；敢」存良慤，勒銘其詞曰：

□長偶董，風生」逢日，柔順成性，堅貞稟質。享彼榮班，登」斯顯秩，如何不造，奄閟泉室。千秋寂寂，」萬古遥遥，黛草纔茂，黃葉施凋。今來昔」往，□滅名消，惟兹顯譽，終□揚翹。」

（北京圖書館藏拓本）

長壽〇一八

【蓋】 失。

【誌文】

唐故使持節文州諸軍事文州刺史陳使君墓誌銘并序」

君諱察，其先潁川人也；因官震澤，又爲吴興人焉。原夫高陽御宇，才子播其」家聲；虞舜握符，胡公承其代祀。昌源浩而無際，佳氣鬱而重興，宏疏東苑之」基，遥擢西園之幹。曾叔祖陳高祖武皇帝，濬哲温恭，聰明神武，援干戈而靜」亂，踐揖讓以登庸，鴻名應千載之期，茂實躅百王之弊。曾祖始興王，道契中」和，運鍾潛躍，累仁侔於稷契，餘慶軼於商周。祖世祖文皇帝，徇齊在御，惟睿」承祧，倫周躡刑厝之風，伍漢追永平之美。父伯義，江夏郡王、宣惠將軍、東揚」州刺史，入爲侍中忠武將軍，在隋授蘭州刺史；緑車西上，凌夏汭以開藩；青」蓋北徂，望洛陽而税軫。陳完羈旅，猶承繼燭之歡；箕子俘囚，復列朝鮮之寵。」君即江夏王之第二子也。咸池末派，納漢吞江，若木下枝，捎雲拂日。珠璧慚」其朗潤，蘭桂謝其芬芳，明允篤誠，冠八才而擢秀；文宗義府，掩千里而馳聲。」解褐隨武都郡曲水縣令。屬炎靈告厭，薛舉稱兵，縣人楊洛翻城相應。公潛」圖克復，當即誅夷。遥知灞上之興，先獻河西之款。義寧二年，隴右道安撫大」使、長道公姜謩奉旨宣勞，表揚誠節，割武都郡之長松、曲水、正西三縣置陰」平郡，仍以公爲太守。武德元年，改郡爲文州，即授公使持節文州諸軍事文」州刺史。山横玉塞，地控金方，右賢憚飛將之名，息其南牧；西零懼後軍之策，」不敢東漁。俗靜人安，時稱良守。既而椅梧早歲，行摧人嬰之音； 桃李先秋，空」軫成蹊之泣。以武德三年二月一日薨於官舍，春秋卌有五。夫人河東柳氏，」父諱淮卿，隋任梁州西縣令。柔情婉嫕，婌性沉深，蓮夏桃春，忽捐芳於晝哭；」松寒桂晚，奄淪節於夜臺。以儀鳳三年十月四日終于雍州來庭里第，春秋」八十有五。以大周長壽二年八月三日合葬於神都洛陽縣平陰鄉」從新里邙山之北原，從江夏王故塋，禮也。嫡孫幽州范陽縣令抱一等哀深」逮事，慕切爲尸，開新封於弔鶴，遵吉兆於貞龜，庶連崗之永固，勒佳城而在」茲。其銘曰：」悠悠若水，靄靄姚墟，疊映玉籙，重興帝居。於赫二祖，光啓三餘，天歸玉璽，地」薦金輿。江夏承烈，日榦扶疏，顯允君子，月駟超攄。總章夏籥，胄子冬書，弓開」伏獸，絃躍沉魚。紫蓋移國，青門託廬，震雷斯遠，曲水□除。祲靜邊徼，功成建」旗，芳蕤夏落，毒霧晨舒。綵雋棲廡，百獸隨車，龍泉早折，鸞鏡終虛。雙旌繚繞，」二紼紆餘，邙山合隧，洛水通渠。風雲泱鬱，歲月居諸，還同峴首，過客漣如。」

（周紹良藏拓本　河南千唐誌齋藏石）

長壽〇一九

【蓋】失。

【誌文】

□周故陪戎副尉安府君夫人史氏合葬墓誌銘并序」

君諱懷，字道，河西張掖人也。祖隋朝因宦洛陽，遂即家焉。曾」祖朝前周任甘州司馬；風才温雅，識理詳明，郊無狼顧之人。」□□梟鳴之吏。祖智，隋任洛川府左果毅；勇冠三軍，氣雄一」□，弓彎落雁，矢發啼猨，撫育三軍，嘗無一怨，致□爲毅，其即」是焉。父曇度，既屬隋季亂離，聊生莫逮，爰失覆蔭，唐運克昌，」□□里閭，耆舊稱薦，唐朝任文林郎，非其好也。君智宇温雅，」器局沖和，不怡不惠，沉浮任俗，已長靡説，他短匪揚，但以生」□太平，咸須有職，蒙授陪戎副尉。加以門垂五柳，非唯彭澤」之家；室醞千鍾，豈獨季倫之第。以永淳二年七月廿三日遘」疾，祈天禱地，靈祁紀覆護之能；餌藥針石，秦緩揖童衣之疹。」□以其年八月十二日，終於思順坊之第，春秋五十有三。夫」人史氏，隴西城紀人也。靈源淼淼，鏡德承之□清，崇□歲□，」究岱宗之峻極。祖盤陁，唐任楊州新林府車騎將軍，呼崙縣」開國公；父師□朝左□衛。夫人三從雅順，四德妙閑，實婦□」之□防，信女□之軌則。幼失嚴父，長喪慈親，早適安門，作嬪」君子。義夫節婦，□古莫稱，積善無徵，奄從窀穸。以長壽二年」一月二日終於廣信坊之第，春秋六十有四。嗣子長齡等，循」陔擗手，望樹崩心，知誠性之非仁，識蒸嘗之是孝，即以其年」八月三日合葬於北邙山原合宫縣平樂鄉界王晏村西，禮」也。恐陵谷遷貿，灰琯飛馳，爰命下愚，式昭幽壤。其詞曰：」

岱岳青松，湘川緑竹，一沉灰燼，有同衰菊。其一。隴秋風急，山靜」人踈，雙魂瘞壤，隻月懸虛。其二。」

長壽二年八月三日合葬記焉。」

（河南千唐誌齋藏石）

長壽〇二〇

【蓋】失。

【誌文】

大周故朝議郎行邢州鉅鹿縣丞王府君墓誌銘并序」

公諱義字懷彦，太原人也。昔代承三將，授斧鉞於彊秦；日拜五」侯，襲衣冠於盛漢。呂虔歸佩，識輔量於刀工；郭璞筮淮，叶靈長」於水德。高門貴族，史諜詳焉。祖貞，隋任鄭州録事參軍事；從班」冕，佐職褰帷，岑公孝之奇才，楊戴侯之名器，英聲美譽，可略」言焉。父朗，隋任宋州宋城縣令；深達棼絲之則，雅工製錦之方，」展利器於盤根，扇高風於偃草。論之往彦，公實兼焉。君抱璞含」輝，握珠流潤，素風掩月，逸氣捎雲，聳貞幹於千尋，湛清波於萬」頃。加以動模規矩，言合禮經，接朋友以信，事尊親以孝，喜愠之」色不見於家人，温儼之容無欺於闇室。初任左衛親衛。警夜嚴」肅，望弦月而開弓；巡晝恭懃，指霜戈而耀日。考滿任邢州鉅鹿」縣丞。佐鳴琴而撫俗，獨擅英聲；匡逸驥而臨人，孤標勝躅。抱清」貞之節概，鯁色無私；杖文物之英姿，雄詞有譽。公之德政，其在」茲乎？後丁父艱，泣血摧傷，杖而能起，孝踰曾子，哀甚高柴。墳塋」多白鹿之奇，林樹有青鸞之異。孝悌之志，實可嘉焉。悲夫！水滔」滔而日度，人冉冉而年催，代何人之不去，人何代而不來？逝者」如此，嗚呼哀哉！春秋七十有三。長壽二年七月廿五日寢疾，終」於清化里家第。粤以其年八月十五日殯於合宫縣平樂鄉，禮」也。寒郊寂寞，煙霧凝兮隴昏；野甸荒凉，松栢勁兮風斷。子玄應」等，含酸茹歎，標貞勒石，其詞曰：

頻陽貴族，淮水昌基，奇工」製錦，雅達棼絲。英姿岳立，逸氣雲飛，霜柯獨秀，水鏡孤輝。其一。閲」川東逝，落日西頽，魂歸泉壤，魄散池臺。雲低景晦，風起聲哀，松」門一閉，不復重開。」

長壽二年八月十五日朝散大夫行蘇州吳縣令杜嗣先撰。」

（周紹良藏拓本）

長壽○二一

【蓋】失。

【誌文】

大周故水衡監丞王君墓誌銘并序」

君諱貞，字弘濟，太原人也。蓋以周儲挺懿，控靈鶴於雲衢；葉令楊蕤，逗」仙舄於風路。故其統三軍而平楚甸，毗六條而康海沂，是知桂嶺南臨，」多翹棟幹；崐峰西鎮，間出璠璵。弓冶莫虧，詳諸於史册；公侯必復，乃驗」於賢明。祖順，齊殿中侍御史、雪山府別將；豪飛烏府，肅簪纓之望曹；弓」控雁門，走氈裘之驕魄。父義，隋鄜州司馬；政弼褰襜，境洽隨車之渥；功」諧洗幘，人餐轉扇之風。君器識淹融，襟神散朗，逸價與聯城競遠，清輝」將燭乘均明。每以蕊發春條，聳文峰而孤峙；露垂秋葉，騰筆海而飛瀾。」由是朋儕見推，領袖攸挹，業應匡舉，策冠孫科，釋褐陳州項城縣丞。庶」彰漸陸，牛刀見屈，驥足莫申，蓄剸犀之銛鋒，戢搏風之迅翮。俄而翹車」佇德，頓網徵賢，旁求磵谷之奇，冀獲鹽□之儁。君乃當仁抗志，光應旌」招，徐縈衝斗之輝，遽縱聞天之響。窮富平之三篋，充郄桂之一枝，」制授均州司法參軍事，尋轉水衡監丞。心臺演慮，綜四瀆之川源；筆杪」馳波，罄九章之枝葉。而猶剖務之隙，休沐之餘，放浪詞林，遨情書圃。莫」不義殫玄賾，理極鈎深，摭微妙於百家，緝爲韻苑十卷。成文章之管轄，」啓才人之户牖。豈謂台司未遂，厦幹徒翹，鍾響浸微，春光驟盡，」以載初」元年六月九日遘疾，終於私第，春秋六十有五。以天壽二年八月廿七」日，與夫人安定梁氏合葬於洛州邙山之北原，禮也。夫人韶儀内穆，閨」訓外融，行備母師，言標婦則。椒花起詠，柳絮裁文，悲蕙影之已沉，切蒿」哥之遽發。子文質簫韶等，痛摧攀擗，禮崇安厝，啓黄壚之幽扉，順青烏」之吉兆。長歸馬鬣，永閟牛亭，飛飛弔鶴，鬱鬱佳城，一刊貞礎，萬古騰聲。」其詞曰：」

遥源洶涌，層峰壘硌，葉縣飛鳧，緱山駕鶴。代標袞冶，挺生謇諤，雪領攘」匈，酈郊求廙。夫君荷構，翰海騰波，詞光炙輠，職贊絃哥。遽應旌賁，還登」甲科，既裁圖圄，復綜川河。隙影不留，風枝罔輟，福善無應，殲我良哲。嘉」媛婉淑，蟬聯閥閲，烏彩燭微，鸞光影滅。攀號令胤，敬崇宅兆，荒郊寂寂，」泉途窅窅。雲度蒼茫，旌懸繚繞，鐫既往之芳躅，爲將來之儀表。」

長壽二年八月廿七日銘記」

（北京圖書館藏拓本　河南千唐誌齋藏石）

長壽〇二二

【蓋】　失。

【誌文】

大周故檢校左金吾郎將楊府君墓誌銘并序」

公諱順字師整，河南洛陽人也。其先漢太尉伯起之後。汾隅爲發源之」始，太嶽是惟德之基，代居弘農爲卿相。曾祖琰，周太子詹事；用譽端士，」參英正人，德充調護，道映園綺。祖爽，隋青州刺史；帝曰欽哉，人歌來晚，」枳棘去岑君之化，蔽芾興召伯之謡。父植，隋驃騎將軍、左虞候府總管；」昔霍去病以功深冠軍，益封驃騎，今之此任，無替前規。公瓌瑋博達，遠」心曠度，高氣蓋代，雄節靡儔，早著聲名，少懷倜儻。投筆以申斑燕，彎孤」而妙李猿，立事立功，以取富貴。曆任左衛翊衛帖仗，應舉及第，除蔚州」開陽鎮將，後遷降州武城府果毅，恩制加游擊將軍、蒲州永安府」果毅。材質秀朗，智果昭宣，收其邊塞之勞，重以兵鈐之寄。皇家建」極，望府初開，妙選英奇，委之戎秩。特以公爲崇先府典軍，又加宣」威將軍，守右金吾衛鈎臺府。折衝千里，術逾樽俎之間；藝該七德，參侍」鈎陳之衛。玉帳論兵，金吾振旅，擇士而任，非賢勿居。二年，又奉」制委公檢校左金吾衛郎將。位參順虎，務切乘驄，司職允其具瞻，警夜」殷其匪懈。享年不永，奄辭人代，長壽二年四月十五日終于道光里第，」春秋五十。以其年八月廿七日遷窆於邙山，禮也。松風蕭瑟，薤露悽清，」丹旐偏以啓塗，素車儼而遵陸。嗚呼哀哉！嗣子崇泰號天靡訴，擗地無」依，紹遺烈於白楸，播徽音於玄石。銘曰：

莫莫葛藟，施于條枚，凱」弟君子，求福不回。仰止不及，抑維迺先，軌餘丹轂，源流赤泉。夫子載誕，」英英獨秀，字入月輪，名新日就。武庫包杜，文房嗣幼，在乎平生，爲人領」袖。入侍丹陛，出鎮飛狐，功並充國，神威骨都。資乎智果，載綰兵符，」勳融衛霍，策叶孫吳。望府初開，妙簡英材，侍天人於北闕，徙皇眷於鈎臺。頻紆紫誥，累握兵機，杖金吾之峻節，冠司隸之嚴威。」天不憖遺，早淪志事，馬伏波之死日，藺相如之生氣。昔是縱橫，奪蘭山」之旗鼓；今成寂寞，赴松阡之泉户。林蕭蕭而風急，隴蒼蒼而月苦，悲哉」壯士之墳，與萬化而千古。

長壽二年八月廿七日銘」

（録自《芒洛冢墓遺文續補》）

長壽〇二三

【蓋】 大周故張府君墓誌銘

【誌文】

大周故處士張君墓誌銘并序

君諱元，字外生，南陽白水人也。東晉康邦，廣義之文遂遠；西」京定國，安社之道攸昌。二博盡其靈源，兩都窮其秘奥，利有」攸往，其在君乎？曾祖玄，隋任洪州高安縣丞；簪纓襲構，偉代」之量實隆；冠冕再榮，保家之器彌夥。遂能懲奸息暴，佐馴雉」之高蹤；去罰奋疑，輔栖鸞之雄職。聲流錦浪，響撤劍門。祖方，」隋任三衛；鈎陳設衛，七萃開警夜之文；壁壘爲虞，五戎啓司」天之略。或陪階積算，韞韓信之高謀；翊陛多奇，有張良之秘」術。勳功咸奬，衆績其凝。父崇，唐任宣州當途縣尉；高仁蒞職，」動喬氏之深機；慕道從班，佐潘生之逸趣。才超一割，百里聽」其殊庸；心奋四知，兩造明其詭略。君虚心遠俗，視卿相而如」遺；高志非榮，望公侯而靡繼。春秋五十有九，以龍朔四年四」月七日殞於私第。妻王氏，玉質流輝，早偕攸望；瓊姿韞色，夙」麗承高。可以百行兼脩，四德爰備。春秋七十有一，長壽二年」八月十三日殞自閨闈。以其年八月廿八日合葬於合宮縣」平樂鄉芒山，之禮也。長子思賓，咸以志感泉扃，心懸日路，痛」傷肝膽，悲動蓼莪。王彭之孝聿修，曾參之養無怠。既而俯鄰」金水，王喬控鶴之川；近帶玉津，周公灼龜之野。萸楊蔽野，遥」度悲風；瑞栢生墳，遠浮祥氣。刊乎宅兆，簠簋之祭不渝；動此悲哀，擗踴之情彌肅。其詞曰：」

東晉名遥，西京聽落，魂魄超忽，形神寂寞。蜃駕垂旒，龍輴振」鐸，畫柳森聳，悲楊蕭索。薤哥垂泣，簠祭留禴，枕椅川原，剪除」叢薄。塋栽紫栢，途行繐幕，不對逝川，惡臨遷壑？何白日之易」沉，實黄泉之難託。

長壽二年八月廿八日銘記。」

（周紹良藏拓本　河南千唐誌齋藏石）

長壽〇二四

【蓋】　大周故昝府君墓誌銘

【誌文】

大周絳州稷山縣右豹韜衛翊府右郎將昝君墓誌銘并序」

公諱斌，字務斌，平陽人也。其先廬江左慈之後，因其仙術而命」氏焉。原夫錯經合義，彰令譽於官廚；萬變九丹，顯嘉名於仙府。」獨聳雲中之妙，孤標日外之英，雅量芳猷，春蘭秋菊。大父悦，隋」任衛州汲縣令、洵陽縣開國公；位列一同，政標三異，人歌其德，」吏不忍欺。父敬本，唐任雲、夷二州刺史，上柱國，永城縣開國公；」至如飛螟出境，猛獸浮河，較而論之，彼多慚德。公稟山岳之精，」蘊星辰之氣，髫年亂歲，夙智早成，愛敬自天，温恭得性。唐朝釋」褐除徐王府記室。叶清風於東閤，侍明月於西園，徐陳之德不」孤，應劉之譽彌遠。俄遷左玉鈐衛麗山府左果毅右羽林軍長」上，又除游擊將軍左金吾衛邑陽府左果毅，依舊長上。」大周啓祚，定鼎開祥，以公雄略，除右豹韜衛翊府右郎將，别檢」校安西都護，檢校嶲州都督；别敕西京皇城留守。公惟忠」惟孝，乃武乃文，實稱巡警之才，方深爪牙之寄。豈期驚波易往，」落日難羈，嗚呼哀哉！長壽二年八月廿一日終於私第，春秋五」十有六。即以其月廿八日窆於洛陽北邙山，禮也。駟馬悲鳴，終」當見日；兩宫相夾，知在何年？欲識武賁之塋，須標壯士之墓。胤」子眘名等，號天裂膽，擗地摧心，式鐫貞琬，乃爲銘曰：」

顯顯令德，英英君子，易貌分形，錯經合理。得姓之初，命族之始，」卿相攸興，公侯代起。其一。自天生德，惟岳降神，家稱孝子，國號忠」臣。劍横七尺，弓彎六鈞，雄材獨步，壯氣絶倫。其二。白鶴相田，青烏」占墓，粤窆邙阜，還同武庫。悽愴簫歸，悲鳴馬住，月昏寒隴，風驚」松樹。其三。」

（周紹良藏拓本　開封博物館藏石）

長壽〇二五

【蓋】失。

【誌文】

周故處士房君誌銘」

公諱瑒，字全珪，清河郡人也。因官寓洛，爾其家焉。」氏族徽猷，可略言矣。曾祖獻，齊任青州參軍；

祖泰，」隋任襄陽縣令；並材職惟允，撫贇循良。父策，唐授」文林，業由學廣。公仁惟恕己，孝必竭親，驍略殉謀，」勳班武騎。頃以昆弟從宦，述職江淮。公戀切連枝，」行尋岐路，豈謂徵愆積善，釁起殲良，以天授三年」壹月十一日，卒於洪州之旅第，春秋六十六。嗚呼」哀哉！親友不追，魂靈遽遠。即以長壽二年十月十」四日葬於北邙山之原，禮也。八卦蓍龜，四面形勝。」玄冬十月，松聲古而隴樹寒；白露三危，薤色秋而」墳草歇。公前婚姚氏，雙鸞婉態於鏡前；後娉陳宗，」兩劍翹姿於匣裏。嗣子智遠等，心刀永貫，瞼血長」濡，計不全生，送終備禮。猶恐礪侵蓮岫，帶委箭流，」爰紀英規，用銘貞琰。其詞曰：」

良木惟構，家聲克彰，門稱閥閱，人號琳瑯。珠潭委」逝，玉樹收光，式銘窀兮窆穸，誠地久兮天長。」

長壽二年十月十四日。」

（北京圖書館藏拓本）

長壽〇二六

【蓋】失。

【誌文】

大周故司宮臺內給事蘇君墓誌銘并序」

公諱永，字正長，雍州雲陽人也。本住羅州，山嶽遷移，每因風雨星辰感召，」必降賢才，有士燮之神仙，聞靖公之孝德，古今咸若，何代無其人哉！公茘」水澄清，桂林擢秀。有唐威加萬國，綱頓八紘，徵翠羽於炎洲，收明珠於漲」海。長秋之地鄰金屋，嚴寄非輕；永巷之職禦椒房，內遊斯重。聿求良恪，公」實應焉。貞觀中，唐太宗文武聖皇帝命公北衙供奉；顯慶中，」唐高宗天皇大帝授公將仕郎、直內侍省；龍朔中，奉使嶺南；麟德中，授登」仕郎、直內侍監；乾封中，授儒林郎；總章中，授承奉郎；咸亨中，授宣義郎□」內侍省內謁者；上元中，授武騎尉加雲騎尉；儀鳳中，授宣德郎；永隆中，加」飛騎尉；開耀中，授通直郎行內侍省內寺伯；文明中，加騎都尉奉義郎，又」加朝議郎；並涣汗飛文，揄揚斯在，賞因功著，朝野榮之。」金輪聖神皇帝，德冠通三，道高吹萬，披緑圖而括地，曆讖知歸；因」紫掖而承天，干戈勿用。軒宮翊聖，惟新之澤既深；長樂前」恩，念舊之榮斯顯。垂拱中，拜公朝散大夫行內謁者監，又加上騎都尉遷」內給事；永昌中，加中散大夫輕車都尉；載初中，授公士；天授中，加中大夫。」誠簡」帝心，事光朝命，銀璫曜飾，方昇北寺之榮；玉匣沉魂，遽閲南溟之水。長壽」二年六月十四日，春秋六十有三，遘疾卒於合宮縣觀德坊之第，嗚呼哀」哉！惟公志烈冰霜，藝優刀筆，驅馳六寢，出入兩朝，授唐溪之言，終宵不寐；」□温室之樹，竟席無酬。豈直史游之附益西京，蔡倫之翼宣東漢。故得唐」侯嗣位，附鳳中闈；周武膺期，攀龍內閤。方謂長趨近侍，觀」會王於明臺；永奉宣遊，扈泥金於嵩嶺。既而生涯倏忽，神理希夷，卿雲之」旦始逢，薤露之歌奄及。以長壽二年十月十七日卜宅于邙山，終哀送也。」清笳曉引，丹旐晨飛，山原愁而苦霧寒，松栢思而秋風起。鴻名夙著，常侍」之績有聞；翠琰長刊，中郎之詞無媿。式旌泉户，迺作銘云。詞曰：」

葬之曰藏欲不知，雕其翠石何所爲？北邙丘隴何壘壘？古往今來相蔽虧。」常恐山沉水淺兮舟壑移，水爲山兮山作池。刻留姓名兮義在斯，人生富」貴兮朝露危。一朝相送兮郭北垂，哀笳丹旐兮列羽儀，泉扃晝掩兮寒愢」愢，悲風悽斷兮白楊枝。」

（北京圖書館藏拓本　河南千唐誌齋藏石）

長壽〇二七

【蓋】失。

【誌文】

□故程君墓誌之銘并序」

君諱某，字仵郎，其先南陽人也。帝嚳之後，因官錫」姓，因以命氏。此乃崐玉移輝，芝蘭派植，冠蓋相仍，」芳流萬代。祖禄，隋任潞州司馬；祖方，才稱廊」廟，器德清高，齊任洛州中正。不謂與善無徵，先驅」螻蟻。君敖遊自處，不籍榮官，志在逍遥，不求高仕，」年餘耳順，終於斯第。夫人韓氏，年笄匹合，四德早」彰，母儀光著，春秋七十有三，永淳年中，已從風燭。」光德操履，忠貞温儒，義而爲信。男文舉、男文徹。不」謂香樹無徵，卒於斯第。以長授二年，歲居南吕，月」在應鍾，十七日癸酉，合葬於北□陽村西北三里」之原，禮也。其地膏腴沃壤，形勝實多，卜筮合從，而」安吉兆。東觀峭嶺，西望雄山，南瞻故城，北依高嶺，」四至之内，□□寂静，可以安魂養神，墳壟無虧，英」名不朽，哀哉！□爲銘曰：

世本高辛，連延周胤，廷」正六卿，名傳三□，漢稱良輔，魏號廉謹。其一。明珠去」魏，美玉離秦，庭宇空曠，蕭索風塵。其二。崐山極峻，甘」水靈長，□源通液，□井垂芒，俱騰豹彩，遞映龍光，」千靈無替，萬古傳芳。其三。」

（周紹良藏拓本）

長壽〇二八

【蓋】失。

【誌文】

大周王氏故劉夫人墓誌銘并序」

開封命氏，創業於陶唐；得姓承家，肇基於劉累。其後鍾鳴」鼎食，服冕乘軒，遥遥清芬，往往而在。曾祖道，隋鄭州司倉；」祖義，隋滑州白馬縣令；父絢，唐汴州博士；並學以從政，廉」而效官，杏壇聞降鱣之祉，桑陌有馴翬之譽。家聲祖德，人」無間言。故得庭茂芝蘭，室耀珪璧，既貞其馥，亦潔其輝。婉」嫕有聞，盡見於夫人矣。夫人九儀載序，四德聿修，淑問風」揚，柔規月湛。三從佇好，須應鳴凰之期；百兩言歸，將依馭」鶴之胤。亦既有室，實曰宜家。豈期截飆不駐，奔曦遽往，菱」花鏡裏，愴悲鸞之已絶；松蓋巖前，嗟獨鶴之孤去。春秋五」十有八，遂以長壽二年十月十五日終於脩善里。即以其」年十月廿九日葬於合宫縣之北邙山原平樂鄉界。靈轜」漸戒，楚挽流悽，棄堂宇之密親，入郊原之幽穸。嗚呼哀哉！」霜封古木，風摧寒草，愁日黯其將暮，悲川澹而不流，萬代」千齡，傷哉何及？有子懷感等，並悲纏噬指，痛極因心，循口」澤而崩魂，想寒泉而灑血。蓼莪其感，欒棘增悽。恐滄波潛」駭，朱題密發，敢憑玄石，庶紀清猷。其銘曰：」

陶唐遠系，在秦餘祉，代德連蹤，人英繼軌，誕生令淑，作嬪」君子。佇偕老於移天，遽驚悲於閱水。寂寂幽隧，綿綿神理，」勒盛範於貞石，庶芳猷之永紀。」

長壽二年歲次癸巳十月丁巳廿九日乙酉。」

（周紹良藏拓本　河南千唐誌齋藏石）

長壽〇二九

【蓋】　大周故處士程先生墓誌之銘

【誌文】

大周故處士程先生墓誌銘并序」

先生諱玄景，字師朗，京兆長安人也。若夫道契儒林，季升」騰芳於漢日；才光俊藪，延休播美於晉時。故贈絹傷離，夫」子仰先生之德；横威絶漠，將軍獲武帝之勳。由是冠蓋蟬」聯，風徽不絶，長波括地，高構淩天，涣圖史以銘功，故可略」而言矣。祖恭，隋朝議郎行涇州平梁縣令；遷蝗感德，蹈卓」茂之高風；屬馬流仁，酌羅含之懿範。父敬逸，唐大丞相府」朝散大夫。義旗肇建，率土咸賓，褒德錫功，授斯散職。惟先」生風神警悟，器宇虛明，清月露於秋天，擢風雲於冬日。仁」能接物，孝以安親。三思後行，季文子之高志；去食存信，孔」宣父之清規。嵇叔夜許其雅琴，阮嗣宗推其清嘯。優遊自」得，放曠無爲。所冀雲翳孤松，偃霜巖而挺節；豈謂風摧六」槚，瘞泉户以收榮。氣掩如蘭，既摧年於晞露；光沉若木，俄」促節於驚飇。以長壽三年歲次甲午正月景戌朔九日甲」午遘疾，終于羣賢里，春秋五十有一。嗚呼哀哉！先生夙崇」三業，妙洞一乘，然智炬於心田，則迷途自朗；泛慈航於慾」海，則彼岸攸登。粤以其月廿二日景午葬於龍首原，禮也。」有子彥先等，趨庭闕訓，陟岵無依，踐霜露以崩心，庶題珉」而紀德。其詞曰：

崇基磊落，清派浤汪，贈縑傷別，捧月承光。寒松比操，秋桂同芳，即色非色，筌忘蹄忘。川舟易往，」隙駟難停，雲愁偃蓋，電激流旌。啓黃泉於卜宅，掩白日於」佳城，歎松門之一閉，痛蒿里之長扃。」

（周紹良藏拓本）

長壽〇三〇

【蓋】失。

【誌文】

大周故中散大夫行茂州都督府司馬上柱國張府君墓誌銘并序」

君諱懷寂，字德璋，南陽白水人也。昔軒后誕孕，手文疏得姓之源；錫壤崇基，白水爲封侯之」邑。賢明繼軌，代有人焉。佐漢相韓，備該策史。襄避霍難，西宅燉煌，餘裔遷波，奄居蒲渚，遂爲」高昌人也。曾祖務，僞右衛將軍、都綰曹郎中，器度温雅，風神秀朗；祖端，僞建義將軍、都綰曹」郎中，識鑒明敏，弘博多通；父雄，僞左衛大將軍、都綰曹郎中，神性俊毅，志懷剛直。片言折獄，」無謝仲由；諾重千金，寧慚季布。故得入籌帷幄，出總戎機，緯武經文，職兼二柄。公良治是傳，」箕裘不墜，年在襁褓，僞授吏部侍郎，爵被妶童，以旌恩寵。貞觀之際，率國賓王；永徽」之初，再還故里。都督麴湛以公衣纓望重，才行可嘉，年甫至學，奏授本州行參軍。雖莅職舊」邦，榮同衣錦。展私不虧鄉禮，存公無越憲章。俄轉伊州録事參軍，糺劾六曹，剛柔一貫，駮議」無隱，躬操直繩，轉授甘州張掖縣令。肅清百里，仁政一同，草靡其風，人化其德，令譽扇於三」輔，逸響聞於九皐。遷授朝散大夫，除疊州長史。此州境鄰渾寇，地帶山巖，烽候屢驚，草竊爲」弊。公雖職佐千里，而微洞六奇，設計運籌，窮其巢穴。下人謡德，上徹天聽，旌善賞功，」恩波曲被。公歷任多載，闕覲慈顔，念噬指以思歸，想投機而自勵。未申反哺之戀，俄丁」膝下之憂。一溢僅存，毁瘠過禮。屬蔥山小醜，負德鴟張；瀚海殘妖，孤恩蟻聚。同惡相濟，劫掠」成羣，天子命將登壇，推輪伐罪。以公果略先著，簡在帝心，恩制奪情，令總戎」律，特授右玉鈐衛假郎將，充武威軍子總管。公固辭不獲，俯履轅門，輟孝殉忠，義資盡命。於」是飛懸旌而西上，擁戎卒以啓行；鳴鼓角於地中，竦長劍於天外。是日賊頭跛論，逆次拒輪，」兵戈纔衝，賊徒俄潰，如秋風之掃枯葉，類春景之鑠薄冰，殲厥渠魁，脅從罔治。於是金方靜」柝，玉塞清塵，十箭安毳幙之鄉，四鎮復飛泉之地。元帥王孝傑録功聞奏，恩制遽下」曰：朝請大夫、前行疊州長史、武威軍子總管張懷寂：識具通濟，器能優舉，夙承榮奬，出貳蕃」條；近總戎麾，遠清荒儌。恢七擒之勝略，致三捷之嘉庸。逆黨冰離，妖羣瓦解。譽隆裨帥，績著」幽遐，作副名都，允諧懋賞。可中散大夫、行茂州都督府司馬。仍賜緋袍金帶及物貳伯段。公」以兑野寧謐，榮賞優隆，振旅凱旋，翹欣飲至。豈謂脩途未極，逸足中疲，玉碎荆山，珠沉漢浦。」以長壽二年歲次癸巳五月己丑朔十一日己亥終於幕府，春秋六十有二。於是六軍望櫬，」興埋玉之悲；元帥親臨，盡夫人之慟。即以長壽三年太歲甲午二月己卯朔六日庚申葬於」高昌縣之西北舊塋，禮也。惟君體質貞明，機神警朗，雅善書劍，尤精草隸。彎弧擬樹，已見啼」猿；落紙飛毫，行驚返鵲。崇讓去伐，絶矜尚之心；重義輕財，履謙沖之迹。如珠有潤，似玉無瑕。」美績嘉猷，筆難詳載。子禮臣等扣心泣血，茹粒僅存，負米無期，過庭絶訓。思蓼莪而號踊，想」陟岵以崩心。恐陵谷貿遷，芳猷歇滅，聊題琬琰，迺勒銘云：」

尋源討氏，系自轅皇，孕珠含德，手印弓長。辭榮讓顯，戰涿功彰，爰封白水，錫土南陽。三五已」降，代襲忠貞，珥貂漢闕，曳綬韓庭。槐門棘路，鳴珮飛纓，九州垂範，四海馳聲。顯允夫子，實爲」仁軌，百行攸歸，五常是履。綏邊殄寇，鷹揚擅美，懋賞疇庸，備旌緗史。皇穹爽善，摧此良□，□」□無驗，二豎興災。□殞朝露，魂歸夜靈，銘徽猷而洩涕，□□□曲以申哀。」

（録自《吐魯番考古記》）

長壽〇三一

【蓋】失。

【誌文】

大周故康府君墓誌銘并序」

君諱智，字感，本炎帝之苗裔，後有康叔，即其先也。自後枝分葉散，以字」因生，厥有斯宗，即公之謂矣。五代祖潁川郡侯、青州刺史風，國史家諜」備詳焉。祖仁基，陳寧遠將軍；神謀應兆，奇算合幾，器宇恢踈，廟略宏達。」父玉，隋朝散大夫；星辰間氣，天地齊人，文章總鸞鳳之姿，仁智體山泉」之性。公游擊將軍，自天生德，精通玄女之符；惟岳表神，契合黃公之術。」遂得雄材遠振，掉孤劍而飛霜；

逸氣挺生，揮長戈而駐日。昔班超表績，」非無燕鵠之封；韓增策勤，實惟龍額之號。以今方古，何獨人斯；比德論」功，庶幾無昧。嗚呼哀哉！熟謂井中桑出，奄纏二豎之災；突下鶉生，莫驗」一丸之藥。南山之壽，與大椿而等摧；東岳之魂，乘廣柳而長往。壑舟難」駐，滔滔有逝水之悲；隙駟易馳，黯黯軫傾義之恨。嗚呼哀哉！春秋七十」有一。長壽二年二月廿三日，終於神都日用里思順坊之私第。夫人支」氏。三從允穆，四德幽閑，行合女儀，禮該嬪則。蘋蘩莊敬，奉先祖而無違；」閨庭肅恭，挹天夫而不怠。嗚呼哀哉！去咸亨年中遘疾，奄從怛化。而蕣」榮夕落，感鸞鏡而孤哀；薤露晨晞，悲鶴琴而獨唳。嗟夫！夭壽殊契，衾襚」同期，偕老之志匪渝，異室之情彌篤。既而宅兆斯卜，便開馬鬣之封；送」終既臨，復啓龜文之繇。即以長壽三年四月七日合葬於洛州城北一」十三里平樂鄉北邙山原，之禮也。南瞻清洛，銅街之路非遥；北控黄河，」鐵鏁之橋斯近；西望函谷，紫氣仍存；東眺狄泉，蒼鵝已去。嗣子元暕等，」痛號天之莫逮，悲生白楊；傷陟岵之無依，涕渝渌栢。泉門杳杳，黄腸有」一掩之期；地户緜緜，白骨無再生之日。恐塗車難久，陵谷易遷，荼毒之」志莫申，攀慕之情何啓，嗚呼哀哉！

乃爲銘曰：」

赫矣康公，顯祖彌隆，行旌帝典，聲揚國風。義惟貞幹，理實精通，龍韜運」略，麟閣書功。其一。猗哉哲士，昊天不憖，隙影馳光，流波斷引。異室同穴，遷」棺共殯，一掩泉扉，千齡莫振。其二。哀哀嗣子，泣血崩心，痛哉年促，魂兮夜」深。魚燈永閟，鶴弔長吟，龜雲低影，松風結音，庶勒銘於幽石，將表謚於」生金。其三。」

（北京圖書館藏拓本　河南千唐誌齋藏石）

長壽〇三二

【蓋】失。

【誌文】

大周故公士崔府君墓誌銘并序」

君諱言，字思玄，潞州屯留人也。原夫堯山纂極，飛劍履者」珠連；晉水開元，佩銀黄者璧映。冠三台而首出，業盛簫曹；」包千亂而先鳴，功齊潘陸。翦繁緒而體要，可略而言者焉。」曾祖永，隋邢州司户參軍；以爲濟物能官，尋遷著作佐；祖」羅，本縣功曹；并入毗百揆，流美譽於兩京；出佐六條，被仁」風於千里。或飛纓禮閣，或端笏承明，職居文武，任兼内外。」既曳履於西省，亦託乘於東朝。久懷王佐之才，終負帝師」之略。君應物挺生，□爲代出，器局沉毅，風儀峻遠，立言立」德，有質有文，寒暑不易其心，盛衰寧改其操。自家形國，必」遊禮義之場；從己及人，不窺名利之境。方當陪七萃於社」首，傳六璽於總章，何其一丸之藥罕逢，二豎之災遄及，降」年不永，倏謝明時，與善無徵，長歸厚地，鍾山璧碎，合浦珠」沉，高臺曲池，追昔遊而難再；清風朗月，撫今事而易傷。春」秋七十有一，長壽臘月十二日遘疾，終於館舍。粤以其年」歲次甲午四月甲寅朔八日辛酉，歸葬於縣城東南廿里」平原，禮也。鳳川東指，鳩嶠西臨，南望廣平，北依曲渚。嗣子」玄及，悲深東折，痛貫南陔，敬勒貞珉，以揚至德。乃爲詞曰：」

三台佐魏，七葉强周，兩漢卿相，三晉諸侯。珠連璧映，今古徽」猷。其一。東箭濬源，西烏促曜，殲我良人，嗟乎哀悼，書榭停論，」琴臺絶調。其二。哀哉府君，惟玉惟珍，簪裾脱落，棲寓荒墳。蒿」亭晦景，寒松挂雲，陵谷易變，以紀芳塵。其三。」

（録自《山右冢墓遺文》）

長壽〇三三

【蓋】失。

【誌文】文未終，似轉刻石側，失拓。

大周故孫府君墓誌銘并序」

諱師歧，洛州來庭縣人也。自應乾授命，涿野列公孫」之墟；鎮地靈長，岱宗構天孫之岳。枝分葉散，東吴開」鼎峙之雄；派引源流，北海擅豪家之右。洎乎文場矯」翰，子荆飛零雨之篇；書囿綴詞，安國闡春秋之義。簪」裾珪組，可得而言；人望國楨，不繁載也。祖孝廉，襟情」罩日，器宇干霄，不從州郡之徵，自得丘園之隱。父師」政，中和誕粹，上智凝神，負落落之沖情，稟汪汪之雅」量。每至金門獵彦，不拘緣鶴之流；石路棲貞，自得駕」鴻之侶。蘭窗蕙閣，嘯雲霧於秋旻，濁酒鳴絃，伴禽魚」於春水。蕭然自得，無忘擊壤之哥；寂爾何營，時奏閑」田之賦。不圖驚波浩浩，閲大海之東流；迅晷駸駸，落」□巖之西景。即以長壽三年歲次甲午四月甲寅朔」十四日丁卯，葬於北芒山，之禮也。煙愁霧慘，芒山列」松栢之塋；月思風哀，洛水咽芙蕖之浦。有子思忠，情」樞夙悟，意近孤標；辭鯉室之晨昏，赴禪杖之精進。花」經葉偈，庶追於所生；剪蕙摧蘭，忽延災而丁酷。命之」不借，天也何辜！雖道俗之云殊，在攀號而倍切。餘芳」尚在，懼碧海之三移；遺德希傳，勒黄金之數字。其詞」曰：

粤若軒皇，錫圭命氏，赤泉演曹，丹符構禮。混冰靈」

（北京圖書館藏拓本　河南千唐誌齋藏石）

長壽〇三四

【蓋】　失。

【誌文】

大周故朝議大夫上輕車都尉行澤州司馬清河張府君墓誌銘并序」

君諱玄封，字毓德，汝州梁縣梁川鄉豐樂里人也。昔者周遷商鼎，孝友聞於」大夫；晉主夏盟，忠規振於司馬。留侯運籌而王漢，右侯提劍而昌趙。其德可」高，侔峻極於衡霍；其功可大，比弘量於滄溟。必百代嗣，豈徒然也。曾祖終，周」北海王府司馬、汝南太守、新平縣男；觀過知仁，爰相北海；推賢主諾，即守汝」南。祖仕達，隋唐州刺史鄆城郡守，襲新平縣男；政肅刑清，人莫之犯；恩崇化」洽，吏不能欺。父乂，唐夏州都督左監門將軍夏邑縣公；懷戎撫俗，遠至邇安；」入侍出司，職修扃禁。公則珪珩胤緒，公侯子孫，資以海岳之雄，蘊以星辰之」秀。實天鍾美，猗人間出。生而神奇，幼而純粹，暨乎過庭聞禮，志學明詩，則神」彩射人，芝蘭襲予，挹其風範，疑夏月之融懷；瞻其儀形，謂隨珠之蕩目。雖則」蓄聞天之響，累歲不鳴；然而隆幹蠱之才，無何已調。以公業傳良冶，故職授」寶刀，擢公左千牛。繁星夜列，攸拱北辰，繪弁朝趨，載周南面。尋除尚舍直長。」趨馳廊廟，祇奉帷幄，自非人才穎逸，地望清英，莫茲選也。既而獻脆羞甘，良」資厚祿，安親捧檄，每喻奔林，求爲雅州司兵，行其志也。清以勵己，正以當官，」解印還渠州麟水縣令。賓夷舊壤，俗浸虛詭；彭濮遺苗，性多獷捍。公綏之以」德，撫之以寬，形憲靡加，而風情遽革。僅逾朞月，除公合州司馬，又遷渝州司」馬。公明騁驥，未擬奇才；士元御龍，尚多慚德。終秩授絳州夏縣令，又轉潤州」丹徒縣令。嚴而肅物，枹鼓希鳴；廉以率人，煙火不舉。雖復真君善政，罷臨淮」而宰陳留；翁卿效官，去穀陽而監上蔡，何以加也。除泗州司馬，尋遷澤州司」馬。目擊事理，心料几牘，州任頻繁，率多經濟。豈直賢良始入，便令樂廣稱奇；」宴席終乖，頓使桓温不樂而已也。既而家駒逸於君孝，未陟台階；佩刀襲於」休徵，寧斑太保。遽而明靈戢惠，皇天降凶，夢奠兩楹，妖挻二豎，甘芳輟御，物」藥奚施，粤以長壽三年歲次甲午壹月乙酉朔癸巳薨于澤州官舍，春秋七」十有一。即以其年四月甲寅朔庚午還厝于合宮縣之邙山，禮也。蒼鳥下泣，」玄燕營墳，風物淒勁，煙雲蕭索。哀子秀之等，糝藜增毀，苴絰疚懷，望喘喘而」崩心，叫蒼蒼而罔及。恐坤騰乾降，岳謝川隆，節序推遷，徽音歇滅，式藻貞石，」爰刻斯文。銘曰：」

惟灌有梓，惟林有筠，猗歟令哲，超古絕倫。雄姿謇謇，文質彬彬，昊天不淑，殲」我良人。哀哀孤孺，感感宗賓，丘塋遂古，松檟徒春。寒共温兮更謝，德與名兮」日新。」

（周紹良藏拓本　河南千唐誌齋藏石）

長壽〇三五

【蓋】失。

【誌文】

大周故處士劉君墓誌銘并序」

君諱通，字弘易，沛郡彭城人也。其先陶唐氏之苗胤，劉累」之後。洎乎疏爵，擇處而遊，弈葉索居，今爲湰陽人矣。原夫」躍龍酆邑，封金册於泰山；翔鳳濟陽，獲寶鼎於汾水。至若會稽撫俗，千里無犬吠之驚；江陵字民，一同有除災之詠。」名著中外，藻溢縑箱，興國隆家，併歸斯族。祖言，父師，並」器潭萬頃，避代於牆東；學瞻百家，逃名於山北。賞情泉石，」體仁智以婆娑；逸想風雲，寄琴書而放曠。處士孝友自天，」寬惠惟性。幼悕干祿，失朱穆之衣冠；長慕思賢，解徐孺之」珍榻。友莊師老，和一氣以全生；朋阮追劉，傾十旬而養性。」豈圖苗而不秀，蘭蕙先摧；夢及兩楹，哲人斯逝。春秋廿有」七。以咸亨二年歲次辛未臘月甲子朔三日景寅卒於私」第。嗣子知敬，嘷天扣地，祭如在以崩摧；行道立身，奉庭訓」而追遠。爰以大周長壽三年歲次甲午五月甲申朔十三」日景申，葬於李村東北五里山原，禮也。前臨鳳水，嗟去影」而喟然；後枕魚山，庶雷名而嶷爾。左瞻平野，風疏四面之」悲；右眺脩峰，雲舒千里之慘。恐陵谷遷易，鏤玉字以騰英；」天地久長，勒金銘而存實。詞曰：」

奧若稽古，陶唐允禎，五帝馳譽，兩漢騰聲。神龍絢彩，威鳳」祥呈，功高萬代，貽慶千齡。其一。」何圖不幸，梁木斯折，陵子悲無，伯牙絃絶。嗟逝水之難留，」感風猷而詎輟，埋玉字於幽隧，樹金聲其不滅。」

（北京圖書館藏拓本）

唐代墓誌彙編

延載

延載〇〇一

【蓋】失。

【誌文】

周故朝議郎洪州高安縣丞上柱國關君之銘并序」

君諱師，字有覺，洛陽人也。瓊根玉胄，起自於神農；源分緒派，望」歸於上黨。曾祖綽，梁任弘農、巴蜀二郡守；」祖沖，周任長城、漂水二縣令；並景色明遠，機靈秀拔。給能旋浦，」名高赤馬之舟；虎解憑河，道映青龍之穴。」父翹，隋任司農少卿；接武天人，連輝」帝友，位參六相，職列三槐。屬隋運道銷，塵驚浪駭。雄羣肆暴，爭」懷逐鹿之心；惟公守素，獨起傷魚之慮。乃投硯策，遁跡枌榆。逮」武德中年，方霑景化。于時九區適定，三階創平，」帝流叡旨，延求秀彥，遂授桃林縣令。裁規百里，宰御一同，」人歌狎雉之恩，俗佩驅鷄之德。公綺年流聞，青衿受蘭室之詞；」弱歲飛聲，絳帳承杏壇之論。名行雙著，器用兩彰，既養翮以彈」冠，亦因時以摇落。抗對宣室，擢策甲科，授高安縣丞，申漸陸也。」豈謂災生赤鳥，崇起黄羆，驚玉釜之空煎，悼金丹之枉煉。以長」壽三年五月二日卒於私第，春秋六十有六。即以延載元年歲」次甲午五月甲申朔廿六日己酉遷廟於邙山之陽。白馬戒塗，」青烏已卜，徙藏舟於夜壑，轉飛蓋於朝陽。孤子濬、哲等泣隔高」天，悲傾厚地，愴瞻顔而莫日，痛候色而無期，想黄壚之寂寂，觀」素旐之飛飛。刊風猶於翠琰，冀以問而長垂。其詞曰：」

彤雲表聖，白社標賢，彈冠噬仕，慷慨歸田。風徽靡絶，令問恒傳，」琴書遺日，驩樂終年。其一。倏矣淒風，忽飄揚陌，易流閲水，難停駟」隙。壤路長幽，生厓永隔，誰知積善，翻從禍迫。其二。馬噴鳴衢，轜歌」響路，千月未盡，百年俄度。霧擁朝昏，塵驚晝暮，虚留盛跡，仙禽」空呼。」

（周紹良藏拓本）

延載〇〇二

【蓋】　失。

【誌文】

大周故上騎都尉張君墓誌并序」

東渤神交，握兵符而昇上佐；南陽秀峙，」掌機事而列中台。其餘盛族，編諸史諜。」公姓張，字德行，身上騎都尉，汝州魯山」縣人，清河之望族也。弱齡霜節，孝逾叔」異之誠；丱歲風情，義冠孟常之惆。在家」闈南陔之詠，奉國追逐北之謡。賞風月」以樂煙霞，對琴樽而洽良友。不謂尺波」箭急，俄沉大樹之魂；寸景星奔，儵謝小」山之桂。以延載元年五月十二日卒於」家，烏呼哀哉！以其年五月廿六」日葬於北邙山河東村北一里内。謹刊」貞石，乃爲銘曰：

宛地隆宗，韓城」遠族。列功大漢，神交濟穀。其一。祖父弈葉，」門閥傳芳。誰明凶吉，殲我賢良。其二。魂銷」松室，名標公史。人切薤歌，親悲蒿里。」

（河南千唐誌齋藏石）

延載〇〇三

【蓋】失。

【誌文】

唐故中書侍郎弘文館學士同中書門下三品樂安孫公夫人陸氏平原郡君墓誌銘并序」

叙曰：坤儀載誕，作嬪之禮有聞；乾道運行，流慶之徵無易。夫」人河南洛陽人也。五代祖叡，後魏平原王；曾祖子瑩，後魏驃」騎大將軍譙州刺史；祖正禮，後魏南青州司馬，周天官都府」上士，隋建城令；父孝友，隋朝請大夫，顯州司功，唐貝州清河」令。夫人柔謙率己，生於禮樂之門；清秀含輝，長於公侯之室。」織紝躬踐，得之於自然；盥漱勤行，無資於保傅。以孝爲紀，餘」可略之。先姑寢疾數年，夫人親侍湯藥，事感中外，屢移寒暑。」詩人哥淑女之行，學者尋孝婦之書，喻於夫人，未爲全德。故」能克諧琴瑟，三事登庸，宜其室家，千金耀社。昔光朝寵，共高」臺之富貴；近覽郊園，席長筵之孫子。府君以濟川攸寄，因佐」機衡；諸子以開國崇封，仍加縣邑。古來所重曰壽，人之所閲」者貴。夫人三從業盛，四德聲高，青春則珠玉滿堂，白首則軒」裳盈路。小年俄盡，大壑潛移，大周天授二年臘月二十五日」薨於河南顯教里之私第，春秋七十有七。以延載元年歲次」甲午七月癸未朔二十日壬寅，合葬于邙山清風鄉之原，禮」也。漢家松栢，瞻五陵而不遥；晉氏園塋，悲九原之可作。山娫」舊閉，孤遊岱嶺之魂；泉路今開，重合延津之劍。嗣子朝議大」夫、前行絳州正平縣令、上柱國、富春縣開國男侹等，以爲孔」子少孤，不知叔梁之墓；曾參至孝，誰識南城之冢？謹旌年月，」敢勒幽扃。銘曰：」

石門俄掩，玉匣長幽，松□何見，白露風秋。」

（北京圖書館藏拓本）

延載〇〇四

【蓋】　失。

【誌文】

大周故沈君墓誌銘并序

君諱智果，字元貞，其先吴興人也。自有吴開國，遠祖疏苗於鵲甸；唐運□啓，大父徙貫於鶉墟。箕裘不墜於先，廷訓之風逾劭；衣冠自傳於後，堂構之業無虧。克嗣家聲，斯其謂矣。惟祖惟考，挺儀表於門人；懷武懷文，爲佐才於國冑。公器質凝粹，風神秀拔，湛黄陂之萬頃，聳嵇岫之千尋。鬱鬱貞松，負含霜之骨；昂昂驥□，懷逐日之姿。損之又揖之，辨一玄之要妙；色相非色相，悟十地之根基。所以棲息丘園，恬神澹性，偃仰朝市，風高氣逸，雖鵬翻鷃翥，逍遥之致兩齊；而朝菌大椿，成生之道不一。以天授二年九月二十五日遘疾，卒於羣賢之第里，春秋七十四。以延載元年七月二十日遷窆合葬於長安城西南高陽原，禮也。妻常氏，訓範母儀，貞規女則，淑慎閑麗，肅穆温柔，爰因笄年，作配君子。豈謂蕣英暮落，無復三春之花；瑶草晨凋，遽□九秋之幹。以儀鳳三年五月十五日遘疾，卒於私第，春秋五十二，雙鴛戢翼，長辭雲漢之遊；兩劍□沉，永絶酆城之氣。嗣子思忠，絶漿五日，情深顧悌之悲；泣血三年，志切高柴之痛。將恐山移海變，谷徙陵遷，勒石傳芳，乃爲銘曰：

系光洪胄，式播時英，遐開懿躅，遠振嘉聲。人傳詩禮，代襲簪纓，言從下邑，鬱爲上京。其一。誕慶南中，居榮北地，與物無競，不交非類。風月虚心，冰霜皎志，窺牆數仞，入門自媚。其二。湍驚時邁，電急年催，一辭城闕，長歸夜臺。山門月上，隴樹風哀，空勞桃藥，魂兮不來。其三。斜光慘慘，爽氣蒼蒼，人沈馬鬣，劍没魚腸。煙浮蒿里，霧黯松行，玄扃永閟，白日難望。其四。

（録自《陝西金石志》補遺上）

延載〇〇五

【蓋】失。

【誌文】

大周故太原王公墓誌銘并序」

君諱乾福，字緒，太原祁人也。惟公建跡靈基，承芳茂緒。若迺周興漢滅，」□衡之位式存；鳳化龍遷，攀附之榮不泯。則有將軍俠氣，流雅譽於魏」朝；太尉高風，騁英規於晉日。由是箕裘不墜，花蕚無凋。祖諱錢大，隋之」人傑也。高尚不仕，若有賁帛珪璧之聘，而丘園之志不拔。父諱寶，隋□」王府文學。瓊姿玉裕，隱映於情田；雪鍔霜鋒，光芒於意匣。加復文詞□」容，恒陪兔苑之遊；風雅抑揚，幾預雁池之賞。公體識聰敏，器宇該通，□」嶽瀆之精靈，感河汾之粹氣，所以欽其道者似遵鄒父之風，慕其名者」如仰文翁之學。將以牢籠顏冉，轥轢潘曹者也。縱逸少會稽之筆，此譽」何存？長卿雲夢之詞，其名不播。公又承祖之志量，奉先之事業，探道德」之妙門，謝弓旌之重位，故能動不亂神，居不捨靜。石季倫之賞託，抑有」心存；仲長統之園林，斯焉意好。豈期窮通有數，歲月無留，信薤露之行」晞，知壑舟之夜徙，惟大周長壽三年四月廿九日卒於私第也。夫人劉」氏。沛國遺宗，彭城舊族，嬪風有譽，母則無虧。載符桃李之芬，重洽河州」之頌，未及偕老，少迺殂亡，即其年七月廿□合葬北邙平原，禮也。其塋」則□川勝壤，實霜露之中區，大野荒郊，則風雲之妙境。邙山隱隱，何代」丘墟；洛水滔滔，此時淵渚。公生乃夢熊絶嗣，贈鯉無徵，雖不異於韋家，」竟終同於鄧氏。惟弟及女，并心摧窀穸，恨結旻穹，想蒿宅而悲酸，念松」門而痛徹。以爲炎精絶赫，畏燎玉於玄臺；水德翻騰，恐沉珠於碧海。故」以玄碑勒璲，題盛德之方存；翠碣横埏，與長年而不朽。迺爲銘曰：」

粤若稽古，惟君實良。珠胎玉質，菊茂蘭芳。勝地犀象，靈山櫲樟。淑人君」子，曾何有忘。其一。太原之族，彭城之宗，塤箎不競，琴瑟由同。簫隨仙鳳，劍」□神龍，人之生也，亦有窮通。其二。何期殟殞，遂阻幽明，荒涼野地，闃寂佳」城。高塵雜起，松煙亂生，送君此處，交衿涕零。其三。嗚呼哀哉！天之喪美，□」□未盡，痛乎其死。刻此方石，埋諸泉裏，千秋萬歲，存而不毀。其四。」

延載元年歲次甲午七月癸未朔廿日壬寅」

（河南千唐誌齋藏石）

延載〇〇六

【蓋】　失。

【誌文】

大周劉君墓誌銘并序」

公諱儉，字蓍，彭城人也。祖開，隋洛州伊闕縣令，因而家焉，故今爲洛」陽人也。原夫豢龍錫氏，見自素王之傳；斷蛇受命，聞乎赤帝之紀。人」物所興，於兹爲盛。荆州刺史初延八俊之名，會稽太守方擅三遷之」美。文人閒出，千里駒獨秀一時；孝子凝哀，二白鳩標祥絶代。祖開，隋」伊闕縣令；地帶三川，位隆百里，馴雉無贊，驅雞有術。父質，隋并州太」原縣令；牽絲述職，控全晉之郊畿；製錦臨人，即太原之望邑。公瓊林」挺秀，玉山朗鑒，嵇□千仞，黄陂萬頃。故得濯纓入仕，吐玉振於日臺；」結綬從官，佐銅章於月峽。唐乾封年中，解褐益州蜀縣丞。玉壘遥墟，」劍門遐徼，地鄰巴漢，境帶岷禺。寄廉直以宣風，佇仁明而作範。公清」規導俗，化洽二江；正已當官，譽流三蜀。士庶欽其令望，寮友挹其芳」聲。洎乎罷職錦城，歸軒梓澤。才高位下，終有冀於鸎遷；命舛途窮，遂」興災於蟻鬭。晨哥梁木，淩雲之逸氣徒存；夜徙壑舟，遊岱之飛魂長」往。唐儀鳳年中，終於洛陽，春秋五十有八。夫人李氏，隴西狄道人也。」婉孌淑姿，芬芳懿德，承飲羽之靈胤，即指樹之仙宗，克諧琴瑟，載脩」蘋藻。乘龍是偶，既和鳴於蘭室；隙駟不停，遽悲涼於蒿里。周長壽二」年七月三日，終於洛邑，時年七十。以延載元年七月廿七日合葬於」邙山，禮也。嗣子敬等，痛貫生靈，悲纏屺岵。風枝不靜，惟深泣血之哀；」露草已晞，永絶承顏之養。卜其宅兆，建此墳塋。青松操日，白驥悲鳴，」沉沉幽隴，鬱鬱佳城，形影一去，何年再□。其銘曰：」

卓彼遠系，纘堯披緒，泗水龍飛，南陽鳳舉。□分弈葉，傳汾遥渚，貽厥」孫謀，光暉克叙。其一。爰祖爰父，學優從政，散璞發暉，綰銅作令。揚清激」濁，冰壺水鏡，俗阜人安，塗哥里詠。其二。猗歟夫子，執履貞堅，降靈丹穴，」颺影青田。爰從結綬，式贊鳴絃，辭官錦地，返轡圭廛。其三。臥疾漳濱，行」悲閱水，形影寂寞，人琴已矣。楊樹風悲，栢林煙起，杳杳泉路，蒼蒼蒿」里，嗚呼哀哉！人生到此。其四。」

（北京圖書館藏拓本）

延載〇〇七

【蓋】失。

【誌文】

大周故將仕郎房君之墓誌銘并序

君諱懷亮，字智玄，京兆人也。禎雲孕彩，演嘉貺」而承基；瑞穎含芳，擢祥苗而流胤。瓌姿冠代，敷」髦彥於堯年；逸思凝神，闡遒豪於舜日。曾祖憲，」唐任營繕監甄官署令；名芳九棘，穆穆之道斯」隆；祖豐，唐任都臺主事；厠跡禮闈，雍雍之心攸」著。或仁風暫舉，化洽朝班，蘊貞節而干霄，不夷」險而易操。公珪璋内映，連城之價獨標；珠機外」朗，光乘之珍孤擅。年甫弱冠，英傑超羣，志邁鄉」豪，風雲架迥。早從侍奉，夙著功勤，疇以褒能，授」公將仕郎。公結廬坰野，託性林泉，千月辭魂，蒿」里之悲俄及，春秋七十有三，卒於弘化之第。以」延載元年十月廿三日窆於龍首之原，禮也。將」恐居諸驟驛，没玉屺而浮波；蓀菊潛芳，敷英萼」而韜茂。式鎸琬琰，用嗣蘭熏。其辭曰：」猗歟哲士，載挺瑤芳，蘭枝既蔚，苗胤敬昌。其一。虚」埏罷月，瑞鳥銜傷，露繁渌篠，風悲白楊。其二。漢浦」沉珠，荆岑碎玉，秋菊春蘭，千古珍勗。其三。」

（周紹良藏拓本）

唐代墓誌彙編

證聖

證聖〇〇一

【蓋】失。

【誌文】

亡宮者，不知何許人也。自入宮闈，」性惟忠謹，懷蘭蓀之馥，助蘋藻之」功，無忝貞懿之儀，自得恭勤之節。」何其溘同朝露，遄從夜舟，遽盡生」平之歡，奄登長往之慘。延載元年」十月十三日卒，證聖元年正五日」葬。勒顯轠於泉扉，庶存芳於不朽。」其詞曰：

植性自貞，秉心則順，」蘭斯懷馥，玉惟抱潤。自有閨風，非」無女訓，粵奉椒掖，恭馳令問。天」地長久，日月不，溘從朝露，俄徙夜」舟。影隨雲滅，光逐霞收，今來昔往，」萬古千秋。」

（北京圖書館藏拓本）

證聖〇〇二

【蓋】失。

【誌文】

周故蕭府君墓誌之銘并序」

君諱遇，字政，其先鄱陽郡梁簡王之後也。源夫三」秦創制，京丘闊宏壯之規；七相爰興，大漢定王侯」之里。允文允武，史諜詳諸，姓族昭彰，可略言矣。祖」衍，齊銀青光禄大夫；父卿，隋雍州雍丘縣令；或聲」馳金馬，或勣著銅章。既而闊步遵塗，抑亦高門納」駟。君藍田美玉，漢浦明珠，得性丘園，志存高上。故」以懸車日久，投紱多時，遂版授趙州高邑縣令。陶」彭澤之意氣，樹五柳於門庭；孫先生之心襟，横一」絃於膝上。豈晤玄宫降孽，殲我良人，彼蒼者天，百」身何贖！春秋九十有六。以如意元年三月廿八日」卒於私第。夫人隴西李氏。即以證聖元年歲次乙」未正月辛巳朔十六日丙申窆於相州城西卅五」里平原，禮也。西顧層峰，覩龍山之百疊；東瞻翌壁，」見城闕之千重。物産相跨魏土之風景。嗣子虔舉」等，恐山邃王屋，海變桑田，訪令譽於前經，勒芳銘」於雕篆。其詞：七相公侯，五陵豪族，本枝別幹，同風」順躅。春秋代謝，去流殊俗，松風直上，泉悲一曲。詞：」古往今來，邈矣悠哉，千齡不朽，勒雕篆而徘徊。」

（北京圖書館藏拓本）

證聖〇〇三

【蓋】 大周故郭府君墓誌銘

【誌文】

唐故東宮細引太原郭府君墓誌銘并序」

君諱暠，太原人也。河朔英靈，衣冠茂族。丹以道存清正，」位列台司；躬以代守寬平，家傳理職。曾祖孝恭，隋長安」縣開國男、安州安陸縣令。祖敬玄，唐并州都督府司馬。」父大寶，唐上輕車都尉、衛州長史。并金渾玉璞，武庫文」房；累彰勤恪之行，無替仁明之德。千齡不絶，猶參刑馬」之封；百里非才，頻紆展驥之任。君芝蘭繼馥，橋梓重規；」幼挺聰穎，夙資忠孝。其仁也，見表于中牟；其信也，無虧」于美稷。盛憲之逢文舉，便知不凡；陸機之遇仲宣，即稱」王佐。起家東宮細引，隋門調也。方期光顯曾構，必復高」門；命也如何，苗而不秀。以永淳二年六月十一日終于」楊府。夫人太原王氏，唐豳州三水令惠舉之女。備婉淑」于言容，峻貞閑于節行。蘭房桂户，始悦同歡；芝焚蕙歎，」忽焉共盡。以咸亨三年二月十七日終於京邑。粤以大」周證聖元年歲次乙未正辛巳朔廿二日壬寅，合葬于」長安縣豐邑鄉，之禮也。周原膴膴，唯見日慘雲愁；佳城」鬱鬱，自此千秋萬古。仁兄定王府掾頍，痛矣姜仲，哀深」潘岳。思有旌于幽穸，諒無媿于斯文。銘曰：」

邈彼全晉，誕兹茂族。英賢繼踵，公侯必復。顯祖顯考，令」問令望。矯矯逸羣，滔滔巨量。積善餘慶，君乎挺生。凝脂」點柒，玉色金聲。降齡不永，哲人其逝。零落青松，銷亡丹」桂。前臨豹嶺，斜枕鯨池。百年同穴，雙棺在斯。」

（録自《西安郊區隋唐墓》）

證聖〇〇四

【蓋】失。

【誌文】

大周故朝請郎行石州方山縣令騎都尉申府君墓誌銘并序」

夫大易權輿，渾沌之形不測；剛柔剖判，乾坤之位載隆。然則品類區分，千八百國疏」於地；陰陽挺埴，廿八宿麗於天。故能錯綜羣生，陶□衆類，九州百郡，遂啓邦畿，錫土」封茅，爰昭氏姓。君諱守，字節，魏郡人也。其先出自□皇炎帝之後。洎乎唐堯分掌方」岳，錫族封申，周詩哥於元舅，漢史讚於申公。公子申驪爲楚大夫，遷於魏郡，因而家」焉。申紹申繻，即其苗裔也。莫不英才博達，儒墨贍該，佩紫懷黄，任股肱之職；剖符分」竹，貽帶礪之盟。曾祖諱道，齊任滑州刺史；祖諱元，任宣州録事參軍；父諱諤，任渭州」障縣令；或褰帷出守，宣務六條；或墨綬絃歌，弼諧千里。府君山庭奇相，月角殊顔。道」亞生知，擅籝金之碩學；德踰重席，邁拾紫之儒門。是以不墜箕裘，載興堂構，乾封二」年釋褐授利州綿谷主簿。儀鳳二年，授潤州延陵主簿。文明元年，授滄州饒安縣丞。」載初元年，授石州方山縣令。但出身就列，歷宦多年，束髮周行，從官數代，法惟畫一，」德靡二三，玉潔冰清，脂膏匪潤，安貧樂道，涅而不緇，幾佐烹鮮，方臨製錦，牛刀已屈，」驥足未申，遂以天授元年窮秋遘疾。痾非腠理，病甚膏肓，草石無依，和緩靡救。豈謂」降齡不永，俄悽楊震之禽；享福無徵，載易子輿之簀。以長壽二年六月十四日，終於」方山任所，春秋六十有九。嗚呼哀哉！自臨石部，已歷三春，撫字未周，俄化千載，吏人」摧慟，工女寢機，寮寀悲傷，哀深罷市。靈魂返靶，幾切攀轅；龍旐旋征，彌傷卧轍。夫人」田氏，樂安臨濟人也。曾祖諱振，齊任并州太原縣令；祖諱惲，周任房州司馬；父諱達，」隋任費州録事參軍。夫人月浦承靈，凝貞驚於王葉；星津宅粹，聳潔振於金柯。爰自」初笄，嬪於申氏，母儀有範，婦德無虧。孰謂舟□夜遷，望風柯而結恨；薤歌朝引，晞陟」岵而增悲。遂使菱鏡之前，空悽獨鶴；松巢之上，幾歎孤鸞。遂以乾封元年四月廿一」日，終於洛陽本第，春秋卅有九。嗚呼哀哉！今以證聖元年歲次乙未正月辛巳朔廿」九日己酉，合葬於邙山之陽平陰鄉之原，禮也。地惟形勝，蘇秦稱負郭之田；面洛背」邙，潘岳賦閑居之所。乃卜乃筮，方馬鬣而樹墳；曰止曰時，象龍頭而築闕。所冀飛禽」聚壤，豈惟天女蹈機；走獸陪墳，非特神明享福。嗣子登仕郎、行鄭州録事、飛騎尉辯」疑、靈夔、帳內、仙客等追慕無及，遷奉有期，痛貫心靈，哀纏骨髓。顧蓼莪而永感，思負」米而長悲，叩地捫天，酸號罔極，謹鐫玄石，奉述銘言。其詞曰：」

緬尋厥族，始自炎皇，姜姓之後，源系濫觴。錫土申邑，枝派克昌，既侯乃伯，實顯其光。」其一。

嗟嗟烈祖，載享其福，羣書國史，揚名顯族。鄧林一枝，崑山片玉，温柔所歌，屬詞攸」録。其二。

堂堂府君，壯哉仁德，志性超逸，威儀不忒。規距可觀，韋弦是則，木鐸字人，銅章」理職。其三。

積善餘慶，待封高門，幽靈已没，芳言尚存。延陵解劍，白馬來墳，感今懷昔，天」道何論。其四。

脩壠峩峩，泉宮寂寂，遽歸丘壤，奄從窀穸。樹闕營墳，鐫金刊石，庶宅兆而」永安，望終天而無易。其五。」

證聖〇〇五

（河南千唐誌齋藏石）

【蓋】 大周故夫人崔氏之銘

【誌文】

大周故滄州東光縣令許府君夫人清河崔氏合葬銘并序」

粵若二象權輿以還，八維建立之後，則有山河紀地，日月麗天。是以真宰」調元，異人閒起。靈源靡竭，遠自閬風之圃；孝子不匱，長鍾積善之門。君諱」行本，潁川人也。昔大人利見，赤帝肇於先貞；惟嶽降神，白羽建其遐裔。唐」年讓國，洗耳於箕潁之濱；周室同盟，翼霸於蔡丘之會。曾祖彪，齊儀同三」司、善元郡守、寧國縣開國公；氣槩秋天，惠和冬日，功宣帝念，道被人謳。祖」康，齊梁州刺史、江夏縣開國公；薪楢惟良，亮天功於是職；甘棠勿剪，穆遺」愛於前氓。考緒，太原佐命，恕死第一等功臣，左侍極外府、司農卿、瓜州都」督、豫州刺史、上柱國、真定縣開國公；挺生淳粹，載德英靈，負幹國之材，鬱」衝星之氣。六條垂化，千里騰英，朞月政成，冰壺並潔。隨車布潤，湛溽露以」流甘；別扇揚仁，起香風而動俗。起家太穆皇后挽郎、容州都督府功曹。公」恭寬信敏，廉明清直，屈涵牛之巨量，就烹魚之下任。尋轉霍王府兵曹。朱」軒飛蓋，屢陪明月之遊；抱玉握珠，時□連城之價。授滄州東光縣令。絃歌」化洽，時舞清塵；夷屆道凝，自違乖訟。公車見辟，侯覩文園之札；衷規不訹，」遂開榆次之碑。春秋五十五也。公器宇宏濬，明濟開豁，愛敬盡於事親，忠」列資乎成性。周旋可仰，劉尹成於薄德；商略應矩，林公謝其有才。友叶二」龍，門昌三虎。又以文如夜月，出迺天下皆明；德若晨風，至則士林咸動。夫」人清河崔氏。雅操横霜，貞心映玉，采蘋南澗，法度就於公宮；柔紵東門，琴」瑟洽於君子。始悲孤影，誓皎日於佳城；終以雙沉，契龍文於劍匣。以證聖」元年正月廿九日，葬於邙山，禮也。石城左岠，金谷前鄰，羅綺沉色，松檟惟」新，鶴儀仙客，君成故人。恐桑田之有變，迺勒頌乎斯珉。曰：」

大庭垂胄，嵩嶽降神，胤齊派許，生甫及申。箕山讓帝，潁水封臣，業隆玄圃，」源導盟津。珪璋疊秀，簪裾間起，貽厥孫謀，以宴翼子。龍章五色，隼旟千里，」好爵縻之，令問不已。應期挺哲，命代興賢，鳳毛如在，龍德猶傳。懷苞日月，」鑒洞幽玄，儀標青峙，辯湧飛泉。盡忠移孝，彈冠登仕，東序翔鸞，春皐狎雉。」彼蒼者昊！興山輟簣，君子道消，邦國殄瘁。北邙開隴，東洛臨塋，玄宮玉□，」翰苑花生。燈寒大暮，日黯佳城，春蘭兮秋菊，播馥乎泉扃。」

（河南千唐誌齋藏石）

證聖〇〇六

【蓋】失。

【誌文】

大周故朝議大夫南君墓誌銘并序」

君諱郭生，其先固安人也。遠祖殷朝之子孫，宋國少師之苗裔。杞梓宏」材，珪璋令德。門風克劭，羽儀於玄鳥之辰；家諜流芳，爪牙出白狼之代。」然而三覆至學，見重於白圭；九錫崇班，尚傳於青社。因官就封，今爲洛」州合宮縣人焉。曾祖彦，隋任蒲州刺史任國公；祖和，隋任洛州新安縣」令；父諱斌，任國公，唐任左監門直長；黼藻百家，筌篁六籍。議其牆仞，門」高桐栢之山；語以波瀾，基浚昌蒲之海。故能老承奕代，繼體成基，膏雨」隨軒，飛譽還蝗之境；法雷居邑，騰芳馴雉之郊。固知源長則流遠，根深」則林茂。惟公藍田玉種，丹山鳳鶵，礪嶽疇榮，已傳封於千户；摳衣就學，」幾横經於四門。洎乎歲在佩觿，志懷投筆，時當犯塞，方事從戎。即以龍」朔二年，樂浪道征。功參百戰，遼海息其祅氛；威懾九梯，肅慎貢其楛矢。」爰從獻凱，式備疇庸，尋授上柱國。惟書惟劍，迺武迺文，行擢第於兩經，」坐均芳於拾紫。又屬小月不賓，大風未偃。鐵馬南牧，出地脈而强梁；金」人北祭，控天街而旅拒。遂命公檢校定襄道左果毅。挑戰五千，横行十」萬。富貴自取，擒骨都之左賢；英略克申，斷匈奴之右臂。解褐擢授安東」都護府録事參軍事。俄丁父憂，尋而去職，至載初元年，蒙恩制授尚」方監强山冶正監。公見推清白，不昧玄黄。去光宅之元，聿酬五品；長壽」之歲，俄晉兩階。誰謂寸晷難留，尺波易謝，悲夫！太行山裂，不見青泥；洞」庭水飛，莫逢丹器。去延載元年八月十八日終於官第，春秋五十有七。」嗚呼哀哉！孤子休之等，痛極履霜，哀深閔水，十八章之孝道，能備始終；」一千年之重來，恐還陵谷。爰以大周證聖元年臘月廿三日葬於合宮」縣平樂鄉之北原，禮也。爾其淨域左臨，神遊白馬；仙都右闢，氣逸青牛。」少室南瞻，仰仁山之岌岌；長河北注，覺智之滔滔。葺彼郊原，窆兹形勝。」慮年代休歇，莫識玄宫之所，而德行昭彰，用紀丹丘之石。乃爲銘曰：」

蟬聯宋國，弈葉商辰，時逢玄冑，代有清塵。登壇見寶，在席稱珍，未窮積」善，俄殲吉人。青烏獻卜，白鶴留賓，池臺一朝古，松檟幾時春？儻遇與歸」之所，希旌不朽之臣。」

（周紹良藏拓本　河南千唐誌齋藏石）

證聖〇〇七

【蓋】失。

【誌文】

唐故齊君墓誌銘并序」

君諱朗，字明，河間人也。本枝長遠，承鼎族而連芳；基構崇」騫，襲黌門之胤裔。上凝神氣，聞讚日辰，遠素孤標，聲摇嶽」瀆。祖弘，隋任冀州司户；父隆，唐任徐州司馬；並韻宇英通，」器量韶雅，調下而多逸氣，才高而無貴位。君履行有儀，恭」順彰乎自性；威容合禮，孝敬發乎天然。既而令哲道窮，英」賢遽往，驚波易逝，遘疾牀帷，西域途遥，神香罕遇。以唐咸」亨二年八月廿五日終於南市，春秋七十有八。即以其年」九月十七日權殯於北邙山原。夫人王氏，令淑有聞，作配」君子。天情婉順，不待司空之箴；禀性矜莊，無取文姬之誡。」婦德聿脩，母儀克備。既而哀生晝哭，孀帷獨守。瑶琴鶴怨，」偏傷寡婦之吟；寶鏡鸞孤，空結女床之思。倚廬陳誡，斷織」申規，撫訓孤遺，率由内則。德成名立，無待過庭，未盡長筵」之歡，遽逐短辰之泣。以大周證聖元年臘月廿一日」終于南市之第，春秋六十有三。即以其年壹月十七日合」葬於北邙山原，禮也。雖黄泉幽壤，既暢同歸；白日佳辰，長」悲永訣。

青松兩鶴，對霜隴而俱棲；寶匣雙龍，入泉扃而左」擾。嗚呼哀哉！乃爲銘曰：」遠胄綿綿，長源瀰瀰，軒冕連輝，英才間起。取珍高韻，見稱」通理，散誕經誥，優遊文史。其一。於顯良淑，蘭儀蕙性，光備四」德，温柔六行。克讚中匱，允釐内政，霜菊秋銘，椒花春詠。其二。藏舟易轉，露草難停，忽辭芳室，永入佳城。山空鳥思，野暗」雲平，一淪幽壤，萬古松聲。其三。」

（周紹良藏拓本　開封博物館藏石）

證聖〇〇八

【蓋】失。

【誌文】

大周唐故左戎衛右郎將古君夫人匹婁氏墓誌并序」

夫人諱淨德，字　，其先代郡人也。曾祖睿，北齊封異姓八」王，位歷三仕，讀齊史者詳焉。祖孝育，北齊散騎侍郎，襲爵廣」安郡王，食邑二千户，隋鷹揚郎將。父武徹，朝散大夫，唐秦府」庫真、驃騎將軍、右衛中郎將，檀、雲、朔等州刺史，安西都護使，」持節，上柱國，濟源縣開國公。夫人坤雲載誕，柔祇降德。沖謙」率己，生於禮樂之門；珠玉滿堂，奉其箴規之訓。織紝奇思，風」雅幽情，看錦字而無光，掩椒花而罷色。巫嶺之朝雲暮雨，有」愧濃輝；洛川之曉日丹霞，多慚淑麗。以孝爲紀，咸可略之。年」在初笄，婦于古氏。舅姑稱孝，道洽於閨門；巾櫛逾恭，聲聞於」中外。神明之福謙與善，禮經之崇德象賢，斯語徒欺，有足悲」者。夫人先夫早逝，四德無違；愛子云亡，三從有闕。女蘿本託」於松樹，霜剪喬柯；慈母獨守於蘭階，風摧早秀。鉛粧罷御，理」痛心喪，必至有期，年逾耳順，嗚呼哀哉！春秋六十有六，終于」洛陽旌善里第。粵以證聖元年壹月十八窆于邙山之原，禮」也。第六女適隴西辛氏，瑟琴調合，哀樂聲同。女子有歸，情深」於同穴；婦人無胤，禮行於異宗。古氏之門慶不追，辛君道該」何遠？靈車曉引，丹旐晨飛，凌北郭之寒山，顧東城舊邑，哀笳」響咽，疊鼓聲繁，春重來兮桃李芳，人一去兮松苦。辛君恐山」沉壑變，谷徙舟移，白日遠兮何年代，佳城啓兮人不知，有託」斯文，式銘泉户。其詞曰：」

邙山壘壘兮丘隴多，古往今來兮蒿里歌，松門年歲兮無人」過，魂兮不返悲奈何！」

（河南千唐誌齋藏拓本）

證聖〇〇九

【蓋】失。

【誌文】

大周故朱處士墓誌銘并序」

周處士者，河南人，姓朱氏，名簡，字略，帝堯之後。昔先君朱」侯生而有文在手，因以封焉。世居會稽，蔚爲名族，衣冠人」物，盛於東南，地多賢俊，方之汝潁。祖胥，唐爲相州鄴令；百」里適矣，三英粲兮，政繁唯靜，地廣非辱，西門高風，於是乎」在。父通，儒林郎；美度無雙，良書覽萬，伐檀俟世，遵陸感時，」德音不瑕，日月其邁。處士少聰達，總角知名，卓爾不羣，凜」然殊觀。長而體度閑遠，節操貞峻，雅能容物，實爲鄉曲之」所親敬也。爾其篤志導養，閑居自逸，動靜有常，出處無悶，」非夫特受異氣，斯焉取斯！然岡蒙遞改，勞息不恒，秋菊春」蘭，淪焉從化，壽六十，證聖元年臘月十二日，卒於道光里」第。夫人天水趙氏。德禮儀範，里閈作程，降年不永，奄然早」世。處士平生簡易，通塞契理，臨沒遺令曰：夫死也者，返形」物假，歸精道真，慎無厚葬傷生，小棺芻靈而已。嗣子庭訓，」泣血漣洏，欽若父命，以其年壹月廿七日，與夫人寢自西」階，合葬於洛陽邙山，禮也。子中大雲寺僧庭玉，悟幻影之」虛假，在物我以存喪，理不染慼，思乃縈紛，永言淨力，示勒銘云：」

悠悠昊蒼，人之靡常，國軫喪淑，里痛殲良。煙苦青棘，風悲」白楊，一時萬古，丘隴山崗。」

證聖元年歲次乙未壹月庚辰朔廿七日景午。洛州合宮縣朱簡墓誌，十里至平原。」

（北京圖書館藏拓本）

證聖〇一〇

【蓋】失。

【誌文】

大唐楊府君墓誌銘并序」

君諱岳，字雲蓋，弘農緱氏人也。自玉環貽祉，朱」輪襲慶，代傳儒素，家積公侯。曾祖晃，隋梓州玄」武縣令；祖喧，隋益州大都督府司馬、龍門公；父」君楷，唐右領軍衛天固府統軍；並性道淹通，神」儀秀朗。始振鵷鴻之彩，理翰凌霄；終踐騏驥之」途，長驅絕景。君糠粃榮利，詩書自娛，未窮與善，」摧梁奄及，春秋七十有六。以證聖元年歲次乙」未閏二月乙卯朔廿二日庚子卒於立行里私」第也。即以其年三月戊申朔十三日庚申殯於」河南合宫縣北邙山，禮也。子懷義等痛切風枝，」悲深宿草，敢彫翠琬，用紀玄堂。銘曰：」

川流箭急，峰石蓮危，地産瓌寶，人育英奇。美譽」蘭薰，貞姿玉潔，心遠聲利，跡逾塵轍。晨駒過隙，」夜壑遷舟，芳猷不謝，雅躅空留。」

（周紹良藏拓本）

證聖〇一一

【蓋】　故賈夫人

【誌文】

故舒州司法楊君夫人賈氏墓誌銘」

夫人諱通，其先武威人也。夫宣室良談，漢文以之前」席；天下知信，魏武由其執手。英賢繼踵，代有人焉。曾」祖琮，周任襄陽縣令；龜蛇曳旐，蝗翟開祥。祖哲，隋任」韓州司户；黎元皁滋，構縢壑闢。父子通，唐朝請大夫」、守河陽縣令；政融寬猛，不佇韋絃之誡；獄有明察，自」無桐棘之冤。夫人餘慶膺靈，韶儀禀粹。梅其在矣，淑」女馳芳；葛之覃兮，良人喜匹。以兹六行之美，光乎九」族之中。既而和鳳輟音，聯翩孤影；猗桐半死，顦頷餘」枝。悲歌共黄鶴齊鳴，白玉與清心並映。訓垂斷織，恩」洽徙鄰，無虧教子之方，卒有潤身之學。所冀板輿行樂，方欣捧檄之榮；豈其隙駟不留，俄軫驚飇之歎。

奄」以證聖元年三月十二日以疾卒於章善里之私第，」春秋七十有二。即以其月廿六日殯於北邙之阜翟」村東南平樂里，禮也。嗚呼哀哉！清風罷拂，逝水不迴，」貞操可傳，迺爲銘曰：」

朝雲稟瑞，夜月降靈，功茂絺紘，行鑠丹青。逝川渺渺，」長夜冥冥，風悲草樹，霧塞泉扃。一瞻蒿里，空聽松聲，」遺芳餘烈，桂馘蘭馨。」

大周證聖元年歲次乙未三月戊申朔廿六日癸酉。

（録自《芒洛冢墓遺文續編》中）

證聖〇一二

【蓋】失。

【誌文】

大周朝請郎行戎州南溪縣丞上護軍太原王」思惠妻清河孟夫人墓誌銘并序」

夫有天地則夫婦之道成矣，有氏族則秦晉之」匹著矣。夫人歸我，禮亦由斯。夫人姓孟，號大乘，」其先梁相軻之後也，家于清河。曾祖顯，祖緒，平」昌郡公、行夔州都督府長史；父弘義，高尚不仕；」或榮稱展驥，或道叶潛虬，行藏異塗，聲聽俱美。」夫人志性貞恪，容貌端凝，風規秀出，母儀孤映。」悲夫！閲水東流，先百年而易盡；曜靈西邁，奄□」化以難留。以證聖元年四月十七日寢疾，卒于」來庭縣永泰坊里第，春秋五十有九。嗚呼哀哉！」夫何生兮道既遠，神何聰兮壽不長，想冥冥於」玄夜，聞蕭蕭於白楊。以其年五月十四日葬于」北邙山原，禮也。子女崩絶，親賓失容，圖徽紀德，」以旌不朽。其詞曰：

三從崇□，百複餘慶，男既」傳芳，女亦垂令。葛覃有託，河魴入詠，之子攸歸，」姱容孤映。作嬪余室，柔順含貞，克隆佳致，乃嗣」神情。如何穹昊，喪此瑶瓊，幽途髣髴，猶聞頌聲。」

（周紹良藏拓本　河南千唐誌齋藏石）

證聖〇一三

【蓋】失。

【誌文】

大唐故左衛勳衛李府君之墓誌銘」

君諱難，字同業，趙郡人也，隨宦屢徙，今貫洛州來庭縣焉。曾祖孝友，隋晉」州岳陽令；祖楚才，唐右衛廿四府車騎將軍、弘州刺史；父爲仁，皇朝朝請大夫、行潤州江寧縣令、上柱國，已具於靖志銘，固可略而言也。」君温良植性，忠孝因心，反鵠標奇，麗龜騰妙，釋褐左勳衛，奉」敕傔靈州都督陳令英天官常選。丹墀執戟，且繼揚雄；紫塞揮戈，聊眦」張諒。方冀馳芳日下，騁驥足於長衢；何期閟玉泉扃，掩鳳姿於蒿里。嗚呼哀」哉！粤以長壽三年四月一日，爰從洛汭，從父江濱，驟涉長途，倏嬰沉痾，其年」五月三日，終於縣舍，春秋卅有七。以其月七日遷窆於縣東北長樂鄉長寧里」禪衆寺之別園，權安厝也。接境衣冠，罄鄉道俗，欽宰君之流譽，哀胤子」之云亡。省父之官，方承父絹；將兒進路，遽瘞兒墳。薤輓奏而愁雲興，芝庭」凋而悲霧落。爰辭縣宇，言陪淨域之塵；將殯寺園，庶庇禪林之影。恐水變」桑田，陵移碧海，刊淑質於貞琬，絢風神之如在。其銘曰：」

岳靈誕秀，河宗挺仁，九齡盛哲，七歲奇珍。先馳逸軌，舊播芳塵，云誰踵武？伊」我爲鄰。爲鄰匪他，夙懷忠孝，惠實生知，恭非外教。反鵲呈妍，麗龜標巧，執」戟申忠，佐絛馳效。東川不住，西景難留，温床永息，扇枕長休。壠月孤映，楊風」自愁，恐遷陵壑，勒美琳球。」

以證聖元年五月廿六日遷於洛陽之第，窆於北邙之原，與弟同泰東北之塋相去一百餘步，俱作馬鬣之墳焉。」

（録自《芒洛冢墓遺文五編》卷四）

證聖〇一四

【蓋】失。

【誌文】

大周七品宮人墓誌銘并序」

亡宮人不知何許人也，氏姓不顯，書籍」無聞，迺儀令淑，迺性謙恭。入奉椒塗之」芬，實佐蘋蕢之潔，靡保貫魚之寵，遽殞」驚鴻之姿。忽以證聖元年五月十五日」終于侍宮。即以其月廿七日殯於邙山」之原禮也。夫一善可紀，尚嗣蘭菊之芳；」況六宮有稱，豈絶鏘璆之韻。迺弘墨妙，」以慰泉扉。其文曰：」

詵詵宮侶，卓卓其秀，彼美伊人，實光其」嫺。令儀惟淑，嘉德斯茂，六極將盡，一生」難救。其一。福謙非保，餘慶斯終，雲光斂白，」霞色銷紅。百年人事，一代泉宮，暫時蘭檝，永播松風。」

（北京圖書館藏拓本）

證聖〇一五

【蓋】失。

【誌文】

大周故承議郎行隆州司功參軍鄭府君墓誌銘并序」

公諱宏，滎陽開封人也。其先鄭桓公友者，周厲王之子，宣」王母弟，始封於鄭，利建享國，遂命其氏。自嬴劉啓祚，曹馬」爲邦。懋德豐功，必昭彰於鳳篆；崇班厚秩，並圖畫於麟臺。」茂族冠於千古，芳聲傳於萬葉，國史家諜，可得而詳。曾祖」大仕，隋任驃騎將軍、使持節渠州刺史、襄城郡開國公；祖」仁基，隋任通事舍人；父玄毅，唐任天官郎中、安北都護府」司馬；並文雅縱横，風流籍甚。公稟靈丹□，□粹黄中，奇光」開折水之容，寶氣鬱衝星之勢。解褐任始州參軍事，又轉」遷曹州司功參軍，又遷滑州司户參軍，又轉授隆州司功」參軍。並冬冰其政，春雨其仁。才高位下，屈振鷺於書佐；抱」器韜光，降剸犀於主諾。既而位不充量，命舛佐時。九萬摶」風，望鵬霄而墜羽；三千銘石，依馬鬣而沉魂。嗚呼哀哉！以」證聖元年五月廿五日遘疾，終於私第，春秋六十一。以其」年六月十四日，葬於洛陽北邙山，禮也。長子光庭、次子過」庭、履庭等，並蘭薰其質，玉潤其姿，導德依仁，出忠入孝。痛」黄墟之永閟，思紺石之無刊，迺爲銘曰：」

月終缺望，日難停午，希代珪璧，□常簪組。行看閲川，坐見」墳土，送歸一夕，俄成萬古。其一。容衛將散，賓朋莫儔，斜分澗」水，前闞嵩丘。碑書坐缺，石槨空留，恐東海之三變，紀北邙」之千秋。其二。」

（北京圖書館藏拓本）

證聖〇一六

【蓋】李君墓誌

【誌文】

李君墓誌銘并序」

君諱瓛，字義真，隴西城紀人也。漢飛將軍之後矣。識雕靈氣，衝」虹之當悍尚存；射虎奇□，擊隼之風霜未遠。祖海，皇朝任宋州」司功；父信，任衛州録事參軍；並琳瑯國傑，杞梓天材。或重席巨」儒，優遊通德之里；或出將入相，抑揚籌策之庭。家嗣箕裘，黼黻」蟬聯而不絶；門傳台鉉，簪裾赫弈而新。真乃信之第四子也。而真」情唯散誕，志契虛無，遂乃謝病歸桑，丘園玩性。竹林山水，賞琴」酒於當年；月下風前，諷詩書而卒歲。頽唐如玉，安國乃物外人」奇；嶔岑似山，真是俗間靈異。足可永垂高範，長藴芝蘭。豈謂悠動」晨哥，奄摧梁木，乃以垂拱二年歲次景戌七月丁卯朔廿九日」景申，卒於私第，比未及葬，春秋五十有九。夫人鄭氏，即滎陽之」著族也。閨房之秀，掩班惠而騰光；閫閾之英，播蔡姬而散馥。豈」謂輔仁徒爽，積善無徵，朝雲長瘞於高唐，霄霞永泛於洛浦。遂」以證聖元年歲次乙未八月景子朔九日甲申，同葬於祝融之」城東二里之平原，禮也。嗣子承暉，巡庭瀝血，撫櫬崩心，恐山河」之不固，託翠琰以傳音。其銘曰：

其一：猗歟勝族，綿代惟芳，既」稱懷寶，亦號含章。四知遥慎，三或深防，清風令問，地九天長。」其二：奄謝彤帷，方從舟旐，白柳墳縈，青松墓遶。地户無扃，天」河泛沼，鶴舞長淪，雞鳴巨曉。其三：道長運促，物變神遷，郊荒結」霧，野晦凝煙。風塵蕭索，松檟阡眠，勒兹貞琬，芳流萬年。」

（北京圖書館藏拓本）

證聖〇一七

【蓋】失。

【誌文】

維證聖元年歲次乙未八月景子朔十六」日辛卯，上柱國張思賓卒於私第，春秋卌」有五。惟君器標聰敏，早著嘉聲，惟」孝惟忠，克岐克嶷。詞林藝美，早自髫年；武」略奇謨，匪惟兹日。故知挺質沖襟，材標綺」歲。方欲獻奇獲策，展效申誠，未窮穿札之」工，奄見夢楹之釁。是知與善無應，俄聞蟻」鬬之災；痛結黄穹，倏見棲鵩之咎。烏呼哀」哉！孤子迦葉，悲蓼莪之永謝，痛厚」地之無追，恐陵谷之遷移，故勒銘而紀德。」即以其年八月廿七日葬於邙山之嶺，乃」爲銘曰：」

玄穹不祐，黄壤無依，如何淑哲，掩棄明時。」神遊蒿里，氣逐雲飛，痛兹厚夜，悲結無虧。」恐陵谷之傾覆，故勒銘而記之。」

（録自《芒洛冢墓遺文五編》卷四）

唐代墓誌彙編

天册萬歲

天册萬歲〇〇一

【蓋】 失。

【誌文】

七品亡宫墓誌銘并序」

不知何許人也。自入宫闈，性惟忠謹。」懷蘭蓀之馥，助蘋藻之功，無忝貞懿」之儀，自得恭勤之節。何其溘同朝露，」遄從夜舟，遽盡生涯之歡，奄登長往」之慘。證聖元年九月八日死，即以天」册萬歲元年九月廿八日葬於邙山，」禮也。既而天地長久，陵谷貿遷，顯譽」於泉扉，庶存芳於不朽。其文曰：」植性自貞，秉心則順，蘭斯懷馥，玉惟」抱潤。自有閨風，非無女訓，粤奉椒」掖，恭馳令問。天地長久，日月不留，溘」從朝露，俄徙夜舟。影隨雲滅，光逐霞」收，今來昔往，萬古千秋。」

（北京圖書館藏拓本）

天册萬歲〇〇二

【蓋】失。

【誌文】

周故劉君墓誌之文銘」

君諱基，字張宜，潞城人也。其唐堯之苗裔，」劉累之胤緒，廿四帝孫，五十三王，劉魯生」一聖子，稱三皇之道，化五帝之神。君百王」之餘蔭，三台九公之上位，詳諸史册，略而」言之。高祖齊任黎陽縣丞，曾祖後任」上黨主簿，道局雖卑，六曹組紀，德均上下，」名播大猷。祖授朝散大夫；敦穆閭閈，執」誌朝流。父任潞州郡功曹，志氣難量，才」能動物，少閑文筆，早事武功。自隋亂離，四」方鋒動，英雄遞起，唯效酬功，蒙授雲騎尉。」年至六十有五，構疾辭代。總章　年壹月壹日卒。夫人秦穆公孫女，以證聖元年七」月一日終，春秋六十有九。以天册萬歲元」年歲次乙未十月乙亥朔廿二日合葬在」永善村西南一里。恐谷變陵移，乃鐫銘曰。」

（周紹良藏拓本）

天册萬歲〇〇三

【蓋】失。

【誌文】

周故潞州潞城縣令張府君墓誌銘并序」

君諱忱，字承珪，燉煌人也。偉哉！曾穹上列，次光曜於七星；大」漢宏基，開英靈於三傑。公爲後葉，代榮簪綬。高祖敢之，齊司」徒司馬。曾祖士儒，唐持節深州刺史、定遠郡公；官有異政，朝」稱其寶。祖公謹，唐左驍衛大將軍，使持節都督諸軍事、荊州」刺史，鄭國公；實封一千户，謚曰襄，圖形凌煙閣。秩登四岳，名」亞三槐，功列雲臺，形圖麟閣。父大象，太子右衛率，遼東左一」軍總管兼司元大常伯，上柱國，襲封鄭國公。元戎大統，軍謀」威其連率；宗伯上卿，衣冠揖其風裁。公才秀卓絶，爽邁不羣，」方亮嚴整，好立名節，弱冠補弘文館學生，解褐朝散郎行并」州大都督府參軍事，遷左武衛騎曹參軍事，轉懷州司倉。刀」筆勤王，不輕從事之府；公侯胤嗣，自勗勞人之職。以公政叶」移風，材高聽理。武城作化，必佇絃歌；灌壇易俗，用祛風雨。加」授朝議郎行汴州浚儀縣令，改潞州潞城縣令。因襲數載，歷」宰二邑，任温良之人，退刻薄之吏，察上古之務，明中和之道，」境内昭然，禮讓行矣！嗟乎！倚伏事忽，浮休道昧，以長壽三年」七月十一日，終于洛陽之私第，春秋五十有一。先是公季父」右千牛大雅，顔回早亡，終軍無壽，公實猶子，尋出繼焉。公嗣」子儹、備等，孝切因心，悲深泣血，痛尊容之永隔，思飾終之達」禮，以天册萬歲元年十月廿八日，權殯于洛陽平陰鄉，之禮」也。歲居叶洽，月旅應鐘，勒石斯文，冥圖不朽。詞曰：

貂蟬」七葉，文雅三張，代榮其茂，君襲其芳。牆仞高邈，詞鋒抑揚，吏」稱美實，宰實惟良。浮生幾脆，禍結云□，泉扃已閉，厚夜何央！」

（北京圖書館藏拓本）

天册萬歲〇〇四

【蓋】失。

【誌文】

大周故封府君墓誌銘并序」

若夫神功造化，去來之道常然；傳薪指窮，浮休之理無異。府君」諱抱，字義，河南洛陽人也。道泰時清，知榮虛而守朴素；歸田養」拙，坐巖墅而潄清流。不事王侯，高尚其志。曾祖君明，隋任懷冀」二州刺史、渤海公、食邑七百户；祖賓行，隋任汾州録事參軍；父」孝瑜，唐任龍門主簿、鞏縣丞；並光國贊時，志在寥廓。松風水月，」未足比其清華；仙露明珠，詎能方其朗潤。府君行歸慤正，性好忠」平。心之所同，必擇善以利物；意之所異，不是己而違人。故以智」通未兆，神測無形。翹心淨土之疆，希暨未來之業。超身火宅之」境，方逑出世之緣。豈謂積善無徵，翻受禍鍾之難。逝川東注，時」逢至海之年；崦晷西飛，歲及虞淵之月。粤以證聖元年五月七」日遘疾於綏福里第，歸全知命，寢疾不醫，正而已矣，闇忽永辭。」其月廿日卒於私第，春秋六十有八。嗟乎！千載所以疑生，九原」於焉遂作，即以天册萬歲元年十月廿八日窆於龍門山之懸」巖。左連嵩岳，覩周晉之仙臺；右帶華陰，睇平公之神室；南臨福」地，兜率圖彌勒之容；北極隍城，紫微立金輪之」帝。卜其兆域，奉安神靈，孝子之事終矣，禮之畢也。豈謂楊風足」思，轉傷抱塊之情；草露盈哥，彌軫經生之痛，嗚呼哀哉！迺爲銘」曰：

寥廓二儀，氤氳四氣，小大無殊，高下豈異。鵾鵬蜩鷽，須彌芥子，」傳薪指一，物化無二。其一。恭惟祖宗，顯諸圖諜，邑號圭廛，家傳鼎」業。冠冕輝聯，衣纓弈葉，年代雖遠，珠重玉疊。其二。唯君守保，論學」謀道，義重如山，利輕猶草，罽羅有命，迍邅運早。其三。時不來兮歲」不留，命如燭兮生若浮，俄歸全兮返本，遂背明兮即幽。其四。」

（周紹良藏拓本　開封博物館藏石）

天册萬歲〇〇五

【蓋】失。

【誌文】

周故人馮處士墓誌之銘并序」
君諱操，字節，馮翊人也。夫仰扣國經，」肇封三輔；傍詢家牒，始列五侯。居趙」獻替龍顏，入秦權謨豹略。遠祖亭，」早授玉列，襲封於韓，流派於玆，遂居」此土。曾祖永，上護軍；祖獨，魏州」司户；父材，縣尉；並職參朱紱，皎若」冰壺；位在青緇，清同水鏡。惟君體度」儒雅，器宇淹深，養□閑居，恬情物外。」不謂二豎之災遽及，兩楹之夢俄鍾，」春秋八十有一，卒於私第。今天册萬」歲二年正月二日葬於黎嶺東平原，」禮也。恐山移谷徙，盛德紀銘：
三輔」分茅，五侯建爵，趙獻龍顏，秦權豹略。」

（周紹良藏拓本）

天册萬歲〇〇六

【蓋】失。

【誌文】

大周故文林郎騎都尉王君墓誌銘并序」

君諱思訥，字眘言，太原人也。源流與積石爭長，地望共崑崙等」峻，備諸圖牒，可略言焉。至若孝以承家，忠惟奉國，武稱七德，文」號九功，兼而有之，其惟王君矣！曾祖緒，滄州治中；祖壽，隋洛陽」縣丞；其道也，仁義禮智爲立身之基；其德也，温良恭讓盡事人」之節。或聲馳九谷，翊置水而流清；或名振三山，贊褰帷而播美。」父本，上柱國；珪璋其德，金玉其聲，在家必聞，在邦必達。鄉人飲」酒，爲州黨之衣冠；居士聞香，作津梁之領袖。君即丈人之元子。」幼而倜儻，便稱千里之駒；長而從横，即學萬人之敵。往者三韓」作梗，九種挺妖，君即杖劍狼川，横戈鯷壑，朝鮮之静，君有力焉。」永淳之初，匈奴未弭，謀臣雨驟，猛將雲奔。君亦占募從戎，隨廣」陵以深入；投名壯藉，逐衛霍而横行。斬虜搴旗，寧止千夫之長；」蒙輪拔戟，便當一隊之雄。飲至賞勞，疇庸見洎。垂拱之歲，西域」未寧，君以六郡良家，三邊是急，蒙授檢校果毅，安息軍行。近者」桂、永等州，羣蠻扇毒。伏波一去，銅柱行刊；下瀨既迴，珠崖載静。」君乃初從雁陣，隨候雁而俱征；更逐鳶旌，共跕鳶而不返。嗚呼」哀哉！以證聖元年五月廿日染疫，終於桂州之軍幕。三軍下淚，」憐温序之不歸；駟馬悲鳴，痛滕公之長往。嗚呼哀哉！夫人乙婁」氏。淑眘令儀，婉嫕名德。龍門半死，歎梧桐之早凋；褰水雙沉，見」雄雌之共匣。即以天册萬歲二年正月十一日，合葬于邙山之」原，禮也。有子庭芝、庭訓等。號天泣血，扣地崩心，痛繞蓼莪，悲纏」霜露。出郭門而擗標，入墳塋而孺慕，銘曰：」
邙山兮蒼蒼，洛水兮湯湯，千秋兮共穴，萬古兮風霜。」
天册萬歲二年歲在景申正□乙巳朔十一日戊寅記。」

（北京圖書館藏拓本　開封博物館藏石）

天册萬歲〇〇七

【蓋】失。

【誌文】

五品亡宮誌文并序」

亡宮不詳族姓，不知何許人也。蓋」以淑問騰芳，良家入選，應褘褕之」寵命，播蘭蕙之芳猷。體柔居德，閨」壼扇其風美；積善餘慶，詩史垂其」景光。彤管所以載輝，朱紱由其有」裕。既而倚伏何在，鬼神侃聽，舟遽」悲於遷壑，日俄見於歸山。以天册」萬歲二年正月　日卒，其月廿八」日葬於邙山，之禮也。永辭昭代，長」閟泉宮，哀榮之典，存歿斯隆。其銘」曰：

辭六宮之寵榮，歸九泉之」杳冥，吁嗟兮惠質，永閟兮佳城。」

（北京圖書館藏拓本）

天册萬歲〇〇八

【蓋】失。

【誌文】

大周故飛騎尉連府君墓誌銘并序

君諱簡，字隆，潞州襄垣人也。原夫后稷發於台原，魯郡開於連族，周文王之寶裔，魯元子之胤緒，詳諸史册，可略而言矣。祖愿，齊任并州太原縣令；韋絃兩佩，擘雄沉鳳之津；言刃雙揮，化偃鬬鷄之路。父公，隋任汴州博士，遷洺州參軍事；泛詞瀾而孤引，挹函杖之清規，業奥三冬，運高十上。入季長之帳，篋笥同收；窺夫子之牆，室家咸覩。惟君良弓嗣美，隆湅馳芳，下丹穴以摛文，洞驪泉而等耀。旁游四術，貫三大而楊葩；不事彫蟲，自有壯夫之節。屬三韓舊壤，九種遺黎，恃玄菟以稽誅，控滄波而作梗。君以六郡良家，首膺占募，百夫勇進，剋鬬先鳴，蒙授飛騎尉，至隨班例也。於是心高一指，體木雁於生涯；三樂當歌，達勞休於彼分。白雲齊水，幾留翫於青谿；黄肆陳筵，遽辭歡於窀穸。去永昌元年八月廿日寢疾，終于家館，春秋六十有六。夫人張氏，南陽西崿人也。稟訓閨儀，承規閫則，嗣紅姝而挺質，資洛媛以凝神。舉案之禮聿修，鼓盆之化俄及，延載元年八月七日卒於私室。粤以天册萬歲二年歲次景申壹月甲辰朔六日己酉合葬於襄垣縣西一十五里純孝鄉之第平原，禮也。嗣子哀纏陟岵，痛切蓼莪。恐寒來之暑往，陵谷之變遷，勒哲人之勝躅，庶不泯於千年。迺爲詞曰：

后稷之苗，文王帝子，德一隆基，通三命氏。魯郡浮禎，連休鳶祉，冠冕相望，簪裾曳履。其一。惟君傑生，立志縱橫，神雄占募，戰鬬先鳴。琴樽賞逸，風月陶情，未終三樂，俄奠兩楹。其二。去旐飄浮，悲歌慘切，素車徐軫，靈轜儼轍。叁隴北荒，兩河西絶，松櫝風烟，霜塋湛月。其三。質凝懋德，參娥啟列，靈岫乘雲，仙波委雪。貫霧分姿，眉齊禮節，斯媛猗歟，玉嬪照晰。其四。弓月忽頹，箭川復急，蘭室罷生，蒿里遊集。春鳥朝啼，秋霜夜泣，歎兹墳樹，北風吹□。其五。

（録自《山右石刻叢編》卷五）

唐代墓誌彙編

萬歲登封

萬歲登封〇〇一

【蓋】 失。

【誌文】

八品亡宮誌文一首并序

惟夫宮人者，貞淑之媛也。雖姓氏無辯，而徽烈可傳。是故任比佩蘭，名高於往記；詞同頌菊，美冠於前書。展教後庭，敷榮內壼，執管之風既著，助桑之化乃昇。用以永固百齡，長宣四德。豈謂俄悲□露，奄謝蒿泉。惜逝景之不停，歎芳猷之莫紀，即以萬歲登封元年壹月六日□於北邙山，禮也。爰刊翽石，以述銘□：離象降輝，入侍宮闈，明門禮訓，辯□□機。閱川何速？厚夜旋歸，凋蛾葉散，墜□花飛。松楊颼颸，形影希微，庶千秋兮萬古，知懿迹之芳菲。

（北京圖書館藏拓本）

萬歲登封〇〇二

【蓋】　大周故馬夫人墓誌銘

【誌文】

大周天官石侍郎第二息所生故馬夫人墓誌銘并序」

夫人諱二娘，扶風始平人也。祖賢，父」智琮，代傳栖隱。夫人幼而貞婉，長而」仁孝，專心釋教，始終如一，」訓育諸子，」義極恩慈。神道無知，奄從長逝，以萬」歲登封元年歲在景申壹月甲辰朔」四日丁未寢疾，終於神都章善里，春」秋卅有五。即以其月九日葬于芒山」之北。悲涼深於月篁，孤藐慟於風枝，」式表玄扃，迺爲銘曰：」

風摧蘭徑，霜凋桂枝，千齡萬古，永播」貞規。」

（周紹良藏拓本　開封博物館藏石）

萬歲登封〇〇三

【蓋】　失。

【誌文】

大周左監門長上弘農楊君墓誌銘并序」

君諱昇，字文陟，弘農仙掌人也。瑞雀呈休，祥鱣表慶，蓮峰疏趾，國」秀氣而淩雲；箭水導源，引長波而浴景。乘軒服冕，四代傳徽；曳組」垂紳，五公繼美。曾祖仲達，唐金紫光祿大夫、蔡州總管、上柱國、」魯國公；珪璋重寶，燭廡馳光，梁棟宏材，入室騰譽。建旟持節，既隆」剖竹之榮；開國承家，載擅分茅之寵。祖行模，唐息州刺史、通直」散騎常侍、上柱國、義陽郡開國公；德契中和，道符上善，業傳將相，」代襲公侯，建隼馳芳於六條，疏爵分榮於五等。父武越，右衛翊」衛護軍、天官常選；文武兼資，寬猛相濟，出孝入悌，履道順常，脫略」簪纓，好尚泉石。折腰斯恥，陶泉明所以歸來；曳尾可安，蒙莊子由」其遂往。風含松徑，即韻琴聲；月映桂叢，仍浮酒色。樂天知命，不亦」然乎？君誕粹惟岳，禀靈自天，幼履謙恭，早習詩禮，雅度恢朗，沖襟」俊拔。馬相如之逸氣，直在雲端；謝仁祖之遐情，眇然天際。加以悌」洽昆季，信接友朋，鄉黨稱其仁，儕類欽其義。操矛覩奧，載窮孔父」之經；執戟安卑，遂處楊雄之位。起家以調補左監門衛長上校尉。」忠以事上，正以立身。利害不擾其心，唯義所在；顯晦不易其」貌，以敬自居。悲夫！列武天衢，金門光其鐵馬；脩文地府，泉路掩」其雕龍。以萬歲登封元年壹月四日寢疾，終於立行坊之私第。即」以其月廿七日葬於北邙山平樂鄉，之禮也。子藥樹，夙歸正覺，俄」切閔凶，痛草露於祇園，感風枝於奈苑。一女十娘，初登丱歲，尚未」笄年，叩地無追，號天靡訴，毒深荼蓼，悲貫心靈，爰託謏才，以銘上」德。其詞曰：」

疏基仙岳，引派靈源，慶傳乃祖，祚流裔孫。誕茲上善，光此謙尊，腰」鞬皇闕，執戟天門。期諸松桂，偶彼蘭蓀，奄然永已，痛矣」何言？柏庭霧靄，楊燧風喧，慨斯天道，悲哉可論！」

（周紹良藏拓本　河南千唐誌齋藏石）

萬歲登封〇〇四

【蓋】失。

【誌文】

大唐故朝散大夫行少府監中尚署令王府君墓誌銘并序」公諱定，瑯琊臨沂人也。曾祖超之，梁通直散騎常侍、建安郡守；祖璨，」陳通直散騎侍郎、給事中；父弘道，陳巴山王府田曹參軍。或杞梓琳」瑯，總萬機而展效；或移風化俗，綰千里而宣規。侍東閣而傳聲，入平」臺而播美。公神姿天縱，人傑地靈，譽標懷橘之年；聲超悟李之歲。隋」大業年中，以梁陳衣冠子弟，授謁者臺奉信員外郎。屬隋季崩頹，皇」綱漸亂，百姓騷擾，四海摇蕩，農夫釋耒，工女下機，天下之心，未有所」定。公遂韜光谷口，蓄□商巖，優游仁義之場，栖息文章之圃。自唐家」創業，海内安寧，賁帛丘園，明揚仄陋，遂徵公爲前齊府直文學館。晨」趨翰苑，夕篋文場，西園聞好鳥之音，南楚接雄風之末。尋改授少府」監中尚署令。以公妙閑儀禮，尤擅丹青，起天下之圖樣，修國家之冠」冕，事了，加朝散大夫。既而才高位下，德廣堦卑，馬卿懷謝病之歸，馮」唐感後時之歎。屬以氣衰蒲柳，日迫桑榆，方陳告老之誠，遂獲懸車」之逸。扶陽侯之雅躅，坐對林泉；疏太傅之幽襟，自怡風月。嗟乎！壑舟」夜徙，薤露朝晞，數有極而必終，生有涯而必逝。荒堦上月，長懷止鵩」之悲；虚室游塵，空積巢鴬之釁。以總章二年四月十四日卒於雍州」萬年縣宣陽里之私第，春秋八十有九。粤以大周萬歲登封元年二」月十二日與夫人徐氏合葬於長安縣小嚴村北平原，從先兆，禮也。」次子千福寺上座璀，少參玄教，早襲緇裳，游翰苑而皈心，入祇園而」鋭志。釋道安之盛德，未可齊年；僧惠遠之高才，豈能同日。號天罔極，」方開原氏之阡；叩地何追，遂啓滕公之室。敢憑玄石，乃作銘云：」惟祖惟父，乃文乃武，佐漢匡秦，重規疊矩。捐軀盡節，懷忠事主，善叶」餘徵，慶傳綿緒。其一。代有材子，降生哲人，敏而好學，温故知新。丹青表」譽，禮儀安身，一圖儀範，千載崇遵。其二。爰職中尚，屢銜天命，盛德孤聳，」高才獨映。疏廣揮金，相如謝病，懸車告老，丘園養性。其三。壑舟俄徙，逝」景難留，年來歲去，天迴地游。生非金石，命信沉浮，一悲代路，萬事奚」求！□□□□，野曠雲愁，平原何見，隴樹含秋。」

（周紹良藏拓本）

萬歲登封〇〇五

【蓋】 失。

【誌文】

大周劉君夫人清源縣太君郭氏墓記銘并序」

太君諱寶，字法相，太原郡厭次人也。原夫繫象屬情，著芳規於囊諜；遊童畢」信，流美譽於前書。所以識備幽徵者，爲千代之軌模；誠逮禽魚者，作萬齡之」龜鏡。太君苗裔，可略而言。曾祖業，定州司户；曾咸，遂州録事；父伯宗，洺州司」倉；並器業恢遠，位不充量，奉法理人，冰清玉潔。蒼黔仰其惠化，寮寀挹其風」猷，詳諸古昔，無以加也。太君鎔姿禮閣，幼奉坤儀。内外靈篇，咸經玩閲；工巧」奇類，靡不明閑。青陽届辰，必賦春椒之頌；白藏開序，仍題秋菊之銘。年十四，」歸于劉氏。自百兩啓途，琴瑟初韻。女史女禮，進退無失於分毫；婦德婦言，昭」章有聞於閭里。豈謂風林易動，逝水難停，棲鳳之桐，忽傷半悴；遊龍之劍，旋」愴孤存。自月牖亭亭，孀居寂寂，俯仰不遺規矩，送迎不出户庭。訓導無虧，同」孟門之三徙；言詞有序，等曹氏之七篇。實宜作範閨闈，修儀閫閾，爲子孫之」箴誡，使鄉閈之窺窬。詎言夜壑移舟，朝光徙隙，藥石無效，霜露忽侵，委德喪」仁，行悲路哭。嗚呼哀哉，以萬歲登封元年歲次景申壹月甲辰朔十二日乙」卯薨於合宫縣王城鄉敦信里之私第，春秋七十有五。嗚呼哀哉！塋通白鶴，」兆獻青烏，泣露泫於松枝，悲風聚於楊樹，嗚呼哀哉！即以其年二月十二日」合祔于北邙山，之禮也。恍忽丘隴，叢殘荆棘，行路變音，風雲改色，荒徑悽慘，」幽途晦黑，悲乎悲乎！喪此明德。次子明威將軍、右衛長上果毅都尉攝右衛」中郎將元節，幼沐恩慈，長承規誡，故能俯仰朱紫，警衛巖廊，母榮子貴，太君」德也。善導不恒，忽鍾此禍，悲增淚栢，苦甚飡荼。忽思噬指之恩，旋發崩心之」痛。只恐水窮東海，石盡南山，陵谷摧殘，音猷寂滅，故憑翠琰，以勒清規。但爲」愁慮殷憂，心魂憋怳，悲抽短思，泣恨長離，以此叙陳，萬不得一。乃爲銘曰：」

娥津毓慶，婺室滋靈，閲覽圖籍，模楷閨庭。春椒賦頌，秋菊題銘，如蘭斯馥，如」蕙斯馨。其一。輔佐君子，恭惟禮順，穆媲潘陽，敵逾秦晉。無愆無玷，有仁有信，令」德嘉猷，珠明玉潤。其二。深知誡行，雅識苦空，念遊淨域，思出樊籠。開經地藏，圖」像天宫，靈幡曜日，妙梵隨風。其三。五福虧應，百年何促，火宅銷金，風庭殄燭。愁」雲慘愴，哀笳斷續，千代萬齡，有護無觸。其四。夜臺寂寂，穸户沉沉，樹密人少，山」幽路深。啼獿晨叫，哀鼯暮吟，勒兹沉石，紀此芳音。其五。」

次子明威將軍行右衛安戎府長上右果毅都尉攝右衛勳一府中郎」將元節製文。」

（周紹良藏拓本）

萬歲登封〇〇六

【蓋】失。

【誌文】

唐故上柱國李府君墓誌銘并序」

君諱起宗，字弘道，隴西成紀人也。嚴關候氣，周史盛其猶龍；」絶國揚威，漢將收其神馬。徽猷遠播，歌頌遥傳，著美油緗，可略言矣。祖嵩，父伯，並銷聲巖谷，晦跡丘園，緝荷芰以韜光，産芝蘭而襲慶。君鳳皇出穴，騏驥騰雲，綴帛集兒童之遊，棄」觚立丈夫之志。習兵玄女，受略黄公。鯨海揚波，天子由其按」劍；鼇峰恃險，猛士於是揮戈。蹕林覆巢，鳥飛無路；長城罷築，」龍額先封。行賞報功，勳加柱國。自夷歌入凱，蔣徑長遊，坐虚」室而寥寥，蔭喬松之落落。唐彬不競，曾何足云；魯連長辭，遠」有慚德。降齡不永，大漸彌留，顯慶三年臘月四日卒，春秋卅」有六。夫人平昌孟氏，柔儀淑質，李徑桃蹊，早敦舉案之歡，遽」軫崩城之痛。昔流婦惠，方斷織以推誠；未示母儀，幾卜鄰而」閱訓。風枝不靜，露薤俄晞，以萬歲登封元年三月八日奄從」大化，即以其年柒月廿壹日同瘞于北芒之舊塋，禮也。滔滔」清洛，逝者如斯；鬱鬱佳城，悲哉何已！從來寒室，空彈寡鶴之」琴；今掩荒墳，共歎雙鴛之樹。嗚呼哀哉！胤子本儼等，擗厚地」而增悲，臨寒泉而結欷，庶琬琰而長存，勒芬芳而不墜。其詞」曰：」

降德猶龍，振威來馬，謨猷道外，搢紳天下。名上臺閣，勳加祧社，蘭菊有芳，菁華不捨。誕生髦彥，幼挺珪璋，心貞松竹，志烈風霜。威加域外，身靜遼陽，進辭纓冕，退死山莊。同生同穴，何新何故？延平劍飛，佳城日暮。露染衰草，霜封拱樹，形影雖沉，徽猷永布。

（周紹良藏拓本　河南千唐誌齋藏石）

唐代墓誌彙編

萬歲通天

萬歲通天〇〇一

【蓋】失。

【誌文】

周故上柱國牛君墓誌銘」

君諱高，字靳舉，隴西之貴族，秦、益貳州刺史，因宦播遷，今爲」上黨潞城人也。魏司徒公金之後也。長源括地，與肆瀆而俱」深；崇基隱天，共伍嶽而齊峻。祖鳳，郡功曹；父愿，縣中正；并萬」頃滈瀾，不獨推於黃子，伍行昭矚，豈專貴於應生。實亦望重」壹時，萬夫之傑也。君阡里之姿天縱，叁端之性自然，但以年」甫齠齔，隋運道銷，志學未登，羣雄逐鹿，負戈擎羽，勇擊叁」韓，投募從征，翦俘獻捷，蒙授上柱國。是以皈心叁寶，恒念」大乘，爐炷名香，陸齋不絕。致使琬琰鮮華，埋輝於瓦礫。君歎」南陔之有作，禽鳥猶知；慨蓼莪之感思，安親是貴。及風樹不」留，痛深創巨，伍備之孝，奉以周旋，叁年之哀，無忘泣血，既」慎終於没齒，遂隱几以窮年。以長壽貳年玖月貳拾肆日遇」疾彌留，奄捐館舍，春秋陸拾有伍。其夫人扶風馬氏，黎城人」也。天姿淑慎，自性幽閑，爲君子之好仇，成家道之正位。齊眉」致賓敬之恭，斷緯弘貽訓之則。詎謂與善無徵，溘先朝露，以」永淳元年貳月貳拾捌日寢疾，終於家第，春秋伍拾有玖。即」以萬歲通天元歲次景申正月己亥朔拾日己酉，合葬於潞」城縣北肆拾里映山之原，禮也。其墓却重山嶺，前瞻燕寺之」巖；左接壹帶之河，右鄰馬鞍之萬峙，匪直川田坱圠，亦復人物」繁華。嗣子元軌、名徹、名播等，痛過庭之蔑聞，悲陟屺之無見，」樹翠石於泉扃，慮桑田之有變。迺爲銘曰：」

未終遐壽，俄歸大夜，哀挽晨歌，靈輀曉駕。悼光陰之」不留，嗟哲人之永謝，雖陵谷之易遷，庶徽猷之難絶。」

（録自《山右冢墓遺文》）

萬歲通天〇〇二

【蓋】失。

【誌文】

亡尼捌品。尼者不知何許人也。若乃」柔容曠代，淑問傾時，桂闈呈姿，納良」家於八月；椒宫入選，降玉質於三雲。」桃李所以不言，紃組由其是敬。加以」道光法侣，開宴坐於禪林；業總薰脩，」聞經行於淨域。方期永保元吉，言從」李苑之遊；豈謂與善徒欺，忽起蒿泉」之地。以萬歲通天元年　卒，春秋」□□□。即以其年伍月拾肆日葬，嗚」呼哀哉！乃爲銘曰：」
龍宫演妙，鹿苑騰休，道光法侶，藝總」薰脩。俄驚逝水，忽愴遷舟，汶陽蒿里，」郭外松丘，壹從萬化，永
秘泉幽。」

（周紹良藏拓本　河南千唐誌齋藏石）

萬歲通天〇〇三

【蓋】　大周故梁府君墓誌銘

【誌文】
大周故左衛翊衛天官常選梁君墓誌銘并序」
君諱曒，字重光，河南温人也。曾祖慶衍，隋使持」節蔚、澤二州諸軍事蔚、澤二州刺史，宜陽郡開」國
公；祖敏，唐饒州别駕；父幼成，唐峽州遠安縣」令；並蓄德内融，楊光外朗，官由學進，政以禮
成。」君奕世纂靈，自天生德，無柳下之卑位，等顔回」之不壽。降齡何促，與善無徵，粤以萬歲通天
元」年五月二日卒於嘉猷里之私第，春秋卅有四。」即以其月廿日葬於邙山之原，禮也。惟君夙彰」孝
友，且慎温良，學不倦於詩書，行必由於禮義。」忠勤已積，顧漸陸而方遥；榮禄未登，悲閲川而」遽往。
嗚呼！元規永逝，玉樹長埋，子敬云亡，人琴」俱去。望連崗於四野，盛德何歸？想貞石於千秋，」餘芳
可述。其詞曰：」
肅肅爾祖，國自夏陽，因秦則播，在漢彌昌。鴻標」曠逸，習契忠良，降生末胤，世襲其芳。邈矣神宇，淵

哉德量，始見名揚，俄悲道喪。祖載宵警，銘旌」曉颺，迴首郊原，誰堪此望。」

（録自《芒洛冢墓遺文》卷中）

萬歲通天〇〇四

【蓋】 大周故仇府君墓誌銘

【誌文】

周故國子律學直講仇君墓誌銘并序

君諱道朗，平陵人也。門傳鼐鼎，世襲簪袦，享茅土於東齊，光印綬於西漢。曾祖周任驃騎大將軍、簡州刺史；藴龍韜之秘略，勇冠三軍；當虎符之重寄，化行千里。祖絢，隋任車騎將軍、鷹揚郎將；材力過人，雄傑槩世。父詵，唐任相國、朝散大夫；攀鱗附翼，鳴珮鏘金。君道禀自然，智由天縱，幼彰令問，資孝友以基身；長習文儒，體仁義而成性。珠明玉潤，桂馥蘭芳，兼以才辯有聞，功能克劭，拜騎都尉。既而志識甄明，學藝該博，亦婆娑於禮則，復優遊於憲典，迺授宣德郎、行國子監律學直講。雖環林璧水，弘其待扣之材，方領圓冠，承兹鼓篋之致。實以君道泰身否，德尊位卑，於是飛鴻鎩翮，寧聞漸陸之誼；不謂棲鴈斂羽，俄歎沉舟之酷。以咸亨三年五月二日，春秋五十有四，終於京兆私第。嗚呼！幾傷埋玉，更軫摧蘭，雖振青徽於萬葉，而戢形骸於一棺。嗣子元暕，通直郎行豳州三水縣主簿、上柱國，悲深陟岵，孝著循陔，啓楹書而切慕，瞻手澤而增哀。夫人隋太常寺太醫令黄鶴之女也。以萬歲通天元年五月廿六日合葬於京兆南高陽之原，禮也。隧路浮煙，泉門少日，嗟蒿里之窅眇，聽松風之蕭瑟。嗚呼！寸晷難常，尺波易往，勒芳猷於玄石，銘懿□於黃壤。其銘曰：

歲時不待，光陰□謝，倏矣浮生，悲哉厚夜。松檟森森，泉臺窅窅，百身何贖，千秋詎曉。

（録自《關中石刻文字新編》卷三）

萬歲通天〇〇五

【蓋】失。

【誌文】

大周張君徐夫人墓誌銘并序」

夫人諱明，洛陽人也。祖父從宦，因家於此焉。原夫徐國偃王，」壽陵孺子，夙傳仁義，早播徽猷。歷漢魏而標名，紛綸祖德；襲」王侯而繼種，肅穆家聲。既而纓冕相輝，珪璋挺秀，傳諸史册，」可略言歟。祖斌，隋左驍衛大將軍；寄深心腹，任切爪牙，得天」上之真名，符地中之元吉。父明，唐岷州基城縣令；處姑臧之」奧區，且分銅墨；如子賤之撫俗，直奏絃歌。人興來晚之謠，士」結去思之詠。夫人即君之第五女也。容儀婉婉，似楊柳之臨」池；神色輝輝，若芙蓉之出水。爰從茂族，嫁于君子。奉姑以禮，」諒比德於姜姬；訓子有方，實無慚於孟母。豈其天道有爽，遘」疾彌留，忽以壹朝，遽從萬化。以萬歲通天元年陸月壹日終」於懷仁里，春秋年伍拾有柒。即以其年陸月拾伍日葬於北邙山，之禮也。遂使椅梧半死，既無鳴鳳之期；長簞空存，有切」乘龍之契。荒墳寂寂，唯餘薤露之歌；神識沉沉，無復椒花之」頌。夫人柔順克著，貞淑有聞，既叶叁從，無虧陸德。恩隆親戚，」譽滿閨闈，可謂婦則婦儀，有行有德者矣。恐天長地久，日往」月來，海變桑田，時移黍谷，式刊玄石，迺作銘云。其詞曰：」洪緒連延，代襲英賢，北燕縱酒，東海尋山。家聲肅穆，祖德駢」闐，令譽云著，徽猷克傳。其一。顯允令族，誕生淑懿，壹從婦禮，陸」行云備。齊眉展敬，捧心餘媚，洛浦銷魂，章臺罷綺。其二。朝雲靄」靄，夜月凄凄，遊斯蒿里，去彼蘭閨。風煙遽變，川谷將迷，不刊翠礎，誰識鴻妻？」

萬歲通天元年陸月拾伍日故徐夫人墓誌」

（周紹良藏拓本）

萬歲通天〇〇六

【蓋】失。

【誌文】

大周崔鋭夫人高氏墓誌并序」

夫人高漆娘，渤海人也。父信德，峻極干霄，迴嗣公侯之」慶；長波浴日，聲浮卿相之暉。密戚貴遊，連驪味道；清交」素友，接袂盈門。夫人遠叶神宗，榮光鼎族，詠菊花九日，」韻椒頌於三元，淑譽含芳，香鄰月桂，嚴慈令則，貞孕秋」霜。素雪凝庭，豔芳詞於柳絮；雅琴乖響，驚絶調於宮商。」爰事舅姑，怡聲恭順；作嬪君子，相敬如賓。既而水窮東」海，日近西山，瓊蕊無徵，胡香路遠。潘安仁之詞彩，句句」銜悲；荀奉倩之哀文，悽悽思斷。以大周萬歲通天元」年陸月拾肆日薨于洛州福善坊之私第也，春秋伍拾」有肆。即以其年柒月陸日葬於洛陽縣北芒山，禮也。嗣」子利賔，切沐閨慈，痛遵庭訓，仰陟屺以銜悲，想寒泉而」增慟。乃爲銘曰：

乃祖乃父，惟卿惟相，如珪如璋，令問令望。德與蘭芬，名」隨風颺，爲代作寶，生人是仗。其一。夫人生也，令淑凝姿，事」姑以禮，訓子停機。椒花入頌，秋菊凝詞，婉婉婦德，哀哀母儀。」其二。積善無驗，嗚呼哀哉！鶴辭吴市，鳳去秦臺。翠帳」長掩，莊鏡不開，荀驚永謝，潘思浮埃。空瞻仙雨，朝朝往」來。其三。日月逝矣，生死俄遷，朝辭清洛，暮宿黄泉。荒涼松」野，悽愴風煙，人悲此別，後會何年？」

（周紹良藏拓本　開封博物館藏石）

萬歲通天〇〇七

【蓋】　大周故宋府君墓誌銘

【誌文】

大周將仕郎宋氏墓誌并序」

君諱智亮，字博，廣平曲周人也。爰自玄鳥降靈，白馬供職，」遊燕則氣高悲筑，佐漢則威動鳴琴。厥後蕃昌，代有英哲。」曾祖康，隋洛陽令；天假公明之年，教清衢路；人懼董宣之」法，政肅都輦。祖哲，隋太常卿；伯夷絶典，鬱其載興；稷嗣令」儀，繁然具舉。父斌，唐安邑令；道尊刑簡，下不忍欺；老安少」懷，歿有遺愛。君含則誕秀，握文傑出，伍美成德，參英在躬，」敬業尊師，披青箱而問學；安恒樂道，踐素履而居貞。鄉曲」是崇，公府交辟，玄纁束帛，嘉命賁於丘園；青蒲拾紫，昌言」薦於庭闕。年叁拾玖，明經擢第，拜將仕郎。嗟乎！天昧助順，」神爽與直，殲此明德，寘于脩夜，春秋伍拾有叁，如意元年」柒月拾捌日，卒于澠池千秋里之第。嗚呼哀哉！夫人東海」徐氏。榮茖芳蕣，籍慶高門，和鳳乘龍，宜家令族，柔明婉淑，」譽滿伍宗，敬義直方，行高千古。翰林隻羽，始歎偏栖；劍水」雙鱗，俄悲偕没。春秋肆拾有伍，天册萬歲元年拾月捌日，」終於澠池千秋里之第，嗚呼哀哉！粤以萬歲通天元年歲」次景申伍月辛丑朔貳拾陸日景寅甲時，合葬于洛陽縣」平陰鄉之原，禮也。子令忠等，攀松檟而摧慕，慟永訣於窮」泉，懼陵谷之遷徙，寄遺芳於貞石。乃爲銘曰：」猗歟名士，婉彼良匹，辰象降精，蘭蓀合質。光于祖考，宜其」家室，昭賁元亨，含章貞吉。天乎不弔，景命其卒，脩短雖殊，」溜靈乃壹。埏墜冥昧，松檟蕭瑟，國媛人英，此焉長畢。」

（録自《芒洛冢墓遺文五編》卷四）

萬歲通天〇〇八

【蓋】失。

【誌文】

大周故朝請大夫行陳州司馬上輕車都尉公士成公墓誌銘并序」

周基百代，景胄列於因封；漢刺六條，風鑒推於坐嘯。其後地靈間起，」天骨挺生，蟬聯襲累葉之英，耿介擢宏材之秀。公諱循，字萬述，上」谷人也。曾祖恪，宇文朝金州安康縣令；祖粲，隋濟州東阿縣長；」並金聲玉潤，蘭薰桂馥，墨綬之清風自遠，玄平之令問攸高。父貴，」唐豳州永壽縣令；位不充量，仲康屈中牟之宰；才不偶時，亭伯抱長」岑之恨。公玉種傳芳，珠胎毓粹，馬門待制，奏議居三道之處梅公之下先；鱣」序横經，文學列四科之首。釋褐坊州中部、陜州芮城、洛州密、新安等」四縣尉。處梅公之下位，終始不渝；居柳惠之卑秩，喜愠無辯。再任司」刑評事，職遵中典，理尚平反，懸探磔鼠之奇，坐察焚猳之僞。載紆」天旨，慰喻清節，禮優召見，朝野稱榮。又任司僕主簿，平刑事籍於前」功，議獄允歸於時譽，轉司刑丞。伏奏青規，法弘丹筆，聿加朝命，僉」議攸歸。濟濟搢紳，佇榮名於振鷺；悠悠巴蜀，屈利器於烹鮮。出爲邛」州大邑縣令，遐邇感全德之高，州閭思半刺之舉，謳謡善政，長幼相」趨。未及薦聞，授陳州司馬。俯莅昊墟，方弘展驥之績；入計天闕，遽」構嘶驂之兆。以萬歲通天元年十月廿二日卒於私第，春秋六十有」三。公寬猛兼施，僚吏懷惠，爰有計典，咸請制服，其感物如此。嗣子」中部縣尉維忠、懷州參軍維孝，並譽高庭玉，業盛籝金，痛踰柴毁，悲」深栢悴。銜哀卜地，宅兆必在於隨時；永慕終天，祖載言歸於此里。前」修兆域，緬彼南山之際；式開窀穸，宛在北邙之阿。九泉路遠，千古年」多，天長地久兮無極，生涯共盡兮如何？詞曰：」

本枝百代，弈葉駢輝，鴻陸斯漸，刷羽曾飛。議獄是司，得情銜恤，水鏡無雙，冰壺第一。隨班」太僕，載職平刑，丹筆無滯，黄沙以寧。空書四字，出宰一同，雉馴桑下，」鸞舞黌中。道高製錦，德邁鳴絃，輶軒戾止，咸請聞天。表疏未行，」綸紱俄至，禮降題輿，言從展驥。入計南宫，奄歸東岱，遽從宅兆，言遵」祖載。峩峩馬鬛，悠悠泉户，永冥滅於九原，播英聲於千古。」

（周紹良藏拓本　河南千唐誌齋藏石）

萬歲通天〇〇九

【蓋】失。

【誌文】

大周故處士常君墓誌之銘」

君諱舉，字蓋德，屯留人也。遠祖檛公之後。」祖江，齊任相州司户參軍；父貴，任輕車」都尉。昔黄龍啓圖，命族因於玖雁；玄珪錫」瑞，祚土基於萬國。威秦跨趙，擅美於常山，」籍魏陵吴，珪璋於井絡。惟祖惟父，衣冠不」墮；乃文乃武，實謂兼資。弈葉重柯，縉紳無」□。惟公桂苑騰芬，機神俊逸，該綜强仕，忠」信表於州閭；孝敬之道，光於黨塾。至於秋」月臨池，春花匝樹，琴觴自玩，僚友相趨，故」得姓於丘園，乃忘言於纓冕。歎川不息，閲」水難追。今以年玖拾叁，蒙授德州縣令。以」萬歲通天元年，薨於私第。惟夫人張楊貳族，并以年登耳順，早已勝霞，質操姬姜，先」從窀穸，遂合葬於屯留驛北壹里之平原，」禮也。其詞曰：

美哉洪緒，大風霞慶，□源長發，昌暉孤映。縉組斯（泐下。）

（北京圖書館藏拓本）

萬歲通天〇一〇

【蓋】失。

【誌文】

大周故中大夫使持節」上柱國會州諸軍事守」會州刺史公士尉之神」柩　萬歲通天貳年歲次」丁酉貳月戊辰朔貳」月己巳，啓殯於洛陽」之原，恐忘故立銘記。」

（北京圖書館藏拓本　河南千唐誌齋藏石）

萬歲通天〇一一

【蓋】失。

【誌文】

大周故朝散大夫行左春坊藥藏郎上柱國張君墓誌銘」

君諱金才，雍州乾封人，後漢太中大夫湛之後也。自系軒得」姓，食菜承家，相秦開七國之從，佐漢運三期之略。於是貂蟬」弈世，文雅挺生，落邛有歸，傳鈞不絶。曾祖積，隋渭州刺史；祖」攬，隋秦州司馬；父廓，唐涇陽縣令；並立德成政，鳴謙取物，道」敷鴒穴，化偃鶉郊。君慶襲昌緒，生禀秀氣，早擅黄童之目，□」摽曾子之名。加以識妙五禽，精該四獻，長桑神道，譽隱家庭，」郭玉殊能，終爲時用。年卅五，辟授沛王府參軍。攀小山之幽」桂，勝氣逾高；奉大王之雄風，芳聲自遠。俄遷右武威衛兵曹」參軍，又遷右藏署丞。位因德進，方昇八徙之榮；天負仁心，累」降三年之禍。哀哀集蓼，悲纏於罔極；切切弦桐，俯循於大禮。」服闋除上藥醫佐，再除左春坊藥藏郎。君忠慤内凝，機明外」舉，自縱鱗少海，庇影摇山，參四皓之清塵，陪二疏之勝迹，載」騰秋實，譽滿春坊，松竹之操徒堅，桑榆之陰遽落。

以萬歲通」天二年壹月十八日遘疾，終於私第，春秋七十有一。以其年」二月六日葬於都城之北邙山之上。子玄貞等，悲深泣血，懼」迫藏舟，敢煩客卿，爲其銘曰：」

曾構峻峙，靈源淼漫，四世相韓，七葉仕漢。爰洎祖考，載懷貞」幹，銅印有章，竹符增焕。其一。惟君誕懿，明德在躬，襟懸朗月，韻」動清風。一登秋坂，再入春宫，聲績克茂，徽班載崇。其二。風驚水」閱，日往月來，奄棄昭代，旋歸夜臺。輔仁斯爽，梁木俄摧，僚屬」顧慕，行雲徘徊。其三。藐藐孤嗣，哀哀靡託，没劍疑龍，吊賓翔鶴，」徒刊琬琰，終悲冥寞。其四。」

（周紹良藏拓本　河南千唐誌齋藏石）

萬歲通天〇一二

【蓋】失。

【誌文】

唐故處士楊君墓誌銘并序」

君諱約，字君素，洛州永昌人也。其先出自有周」伯僑之後，四代五公之美，國史家諜之談，蔚矣」焕乎，不可言也。祖威，隋任陝州芮城縣令；父才，」賞蓬茨，輕軒冕，重道義，蔑王侯。君夙禀英靈，弱」不好弄，琴書縱志，煙霞託心。山在地中，謙光之」操彌勵；風行澤上，孚吉之道逾隆。同子輿之日」省吾身，行有餘力；若嗣宗之不論人過，口無擇」言。而經明行修，擢充高選。芳蘭欲茂，棠陰遽移，」春秋二十有八，以咸亨三年三月十八日卒於」綏福里第。夫人喬氏，同鄉邑人也。少崇婦德，長」閫母儀，姻婭以爲美談，閨門稱其肅穆。以」大周萬歲通天貳年歲次丁酉貳月戊辰朔拾」柒日甲申同窆於邙山，禮也。恐岸移成谷，海變」爲田，敢勒玄銘，冀陳素節。其詞曰：

隆周開國，俾侯于楊，大漢承運，其道彌光。惟君」克紹，德行有彰，如玉之潤，如蘭之芳。善事父母，」友于弟兄，非禮勿視，非道不行。隴中日皎，松上」風清，永移夜壑，空垂誦聲。」

（周紹良藏拓本　河南千唐誌齋藏石）

萬歲通天〇一三

【蓋】失。

【誌文】

大周隴西成紀郡李夫人墓誌銘」

夫人姓李，隴西成紀人。粤自黄虞啓曆，翊馬喙於南風；紫氣浮」關，控龍姿於西域。漢飛桃李，迥自成蹊；涼武威靈，遥開霸業。固」騰芬不朽，亦無俟昌言。祖端，唐簡州刺史；父守節，博長史；並褰」帷按部，景清規於席羊；半刺裁風，緝仙猷於履鶴。夫人誕靈江」媛，稟粹離精。若朱槿含曦，映初霞於巖畔；似紅蕖出水，凝曉婺」於星津。玉指盤絲，遠綜七襄之妙；銀鈎灑露，懸工八體之奇。爰」自待年，聿資嘉偶。仙源縣令昌黎郡慕容者，馳芳九畹，託御三」周，始吟河鯉之篇，即叶乘龍之慶。既而琢磨箴誡，組織言容，酌」損欽浣濯之衣，剋躬佝温柔之節。椒花作頌，轥彼女師；蘋葉薦」馨，光乎主饋。小星流惠，俯宵帳而推恩；滿月防盈，警晨更而謝」寵。齊封有禮，佩以周旋；冀野如賓，無忘造次。章臺銜笑，未窮走」馬之歡；寶鏡生塵，忽掩孤鸞之態。以載初元年五月廿九日卒」於幽州漁陽縣官舍，春秋卌八。長子梓州飛烏縣尉景懿等，並」心貫蓼莪，孝符丁閔。潘輿已遠，荼七日之哀；江葦長違，痛巨」三遷之訓。訴蒼旻而靡及，愿守驚雷；□紫栢而方枯，思崇陟屺。」越以大周萬歲通天二年歲次丁酉二月十七日就葬於北邙」山之原，禮也。此地則東望小平，南瞻太室，勒翠碣於斯壤，與玄」穹而永畢。其銘曰：」

洪源不窮，積慶之隆，纖娥下月，少女生風。亭亭巖畔，灼灼閨中，」蕣含初日，蓮映鮮虹。其一。巧擅紃組，思工丹臒，錦似霞開，紈疑雪」落。縷抽寒草，刀裁春萼，翰苑迴鸞，琴臺舞鶴。其二。乙歸禖律，筵襲」筓年，乘龍叶祉，委雁昇筵。好仇萊室，如賓冀田，松蘿並茂，桃李」俱妍。其三。嬪風始劭，婺彩俄捐，歎徂曦於西谷，嗟閱水於東川。圖」懿範之無朽，紀仙容之在旃！其四。」

（周紹良藏拓本　河南千唐誌齋藏石）

萬歲通天〇一四

【蓋】失。

【誌文】

瀛州文安縣令王府君周故夫人薛氏墓誌銘并序」

夫人姓薛氏，河東龍門人。湯之左相，家藏仲虺之書；周之諸侯，國盛先滕之禮。」況復霍山珠玉，宛在城池；汾水風雲，近出郊甸。曾祖朗，隨潁川郡太守，襲封都」昌縣公；茂勳延世，清範冠時。次公長者，天子昔稱其行；細侯賢能，京師舊蒙其」福。祖安，唐海州録事參軍；望重晉儀，名優漢表，雖鷹隼每擊，而麏鹿常貧，海嵎」蒼生，遺風在物。父卿，唐朝議大夫、眉州長史；别乘安可非人，題輿不復更辟。既」鶴其履，又螢其練，糺合之功，岷峨是賴。夫人含貞順之懿德，昞幽閑之淑靈，生」而應圖，動而合禮，十年不出，嘗聞執枲之勞；三月有成，遽列採蘋之奠。文安府」君名流仰止，雅俗具瞻，負樂令之青天，揖袁家之絳地。御車有典，結鏡言歸。玉」笄晨謁，踰閾無諂於兄弟；銀燭宵行，下堂必嚴於保傅。才明拔類，敏識過人，總」嬪德而無雙，窮女工而第一。傍羅藝圃，隱括書林。飛鉛灑墨，觸象而成篆畫；黼」錦圖花，寓情而發詞藻。秋生織杼，時鬬鳳而盤龍；春入翦刀，或裁雞而怗燕。澄」羃酒醴，沃盥饋食，肅事於舅姑，致美於宗廟。君姑薛氏，即夫人之從姑也，嘗不」豫甚，醫藥莫能瘳。夫人親潔至誠，深祈景祐，七日七夜誦妙法蓮花經，君姑所」苦，應時康復，中外支胤，遠近宗親，咸以爲至孝冥感，大悲降福，雖姜妻事姑，亦」奚足多也。是身流電，迴迴貿於斷籌；諸業隨風，念念衰於切縷。夫人攀光妙月，」飲澤慈雲，絶芳香，捐紫綺，行路金遺而不入，閨房玉映而肅清。府君從鮑宣粱」鴻之高，夫人得少君孟光之美。若乃珠胎孕握，玉種抽庭，既徙宅而求鄰，亦趨」機而斷織。蔡門多慶，始悦鳩巢；吴室延哀，俄嗟鶴叫。以萬歲登封元年壹月貳」拾貳日，終于洛陽遵教里之私第，春秋漆拾。於呼哀哉！家喪母儀，俗傾婦憲。越」萬歲通天貳年歲次丁酉貳月戊辰朔拾漆日甲申，遷厝於合宮縣河陰鄉之」平原。嫡孫之豫，哀子左肅政臺監察御史洛客、懷州河内縣主簿景、并州太原」縣尉昌等，三賈名聲，三張藻製，古云曾閔，今則荀何。斑衣之養不追，畫扇之悲」逾切。山形却月，崗勢浮雲，魚躍坊兮供祀，鳥銜塊兮成墳。奠酒覆兮山門閉，孤」燈黯兮泉帳曛。迺作銘曰：」

涉河而東，彼汾之曲，地出良馬，山多美玉。紫氣朝飛，黃雲夜觸，慶靈肹蠁，輝光」晉燭。其一。載誕賢淑，鬱爲母師，垂紛佩燧，結縷鞶絲。自然儀則，暗合箴詩，二姓匹」也，三周迓之。其二。肅穆繫纓，從容侍櫛，羃其酒醴，和其琴瑟。潔以蘋蘩，贄以榛栗，」中饋有主，内言無出。其三。山巖豹隱，江浦魚沉，匡夫正色，教子推心。驅蚊養重，弄」烏歡深，宗姻仰德，娣姒承音。其四。適睹金捐，遄驚玉折，梧桐半夭，蛟龍中別。七旬」不寐，三年泣血，一閟新封，空餘貞節。」

（周紹良藏拓本　河南千唐誌齋藏石）

萬歲通天〇一五

【蓋】失。

【誌文】

大周故處士張君墓誌」

君諱信，字仁亮，本南陽西鄂人也。白水長源，黃河」靈粹，慶傳筮仕，緒曳家聲，史册詳之，可略言矣。祖」德，隋任雍州懷舊府折衝；術總捍城，略標禦侮，月」懸弓影，幾擅啼猿之工；星動劍花，遽騁剸犀之妙。」父倫，唐勳官上柱國，望重時雄，德光人傑，運籌奮」捷，酬效式褒，家國之誠，忠孝無忝。君陸飛驥子，壹」舉鴻姿，慷慨則肆海襟期，投分則伯年風月，信不」衍於白日，諾必重於黃金。仁友因心，州閭讚美。石」光俄促，忽驚遊岱之魂；蘭馥已銷，長掩歸泉之魄。」烏呼哀哉！始以萬歲通天貳年壹月貳拾柒日終」於私第，春秋伍拾有貳。即以其年貳月拾柒日葬」於洛陽城北拾伍里之原，禮也。邙山墓古，悲風結」松栢之聲：洛水流新，駛雪蕩神仙之態。道長命短，」空留達士之名；物在人亡，冀銘君子之德。其詞曰：」

赤龍之野，白水靈長，謝玉交映，韋珠嗣光。」友悌崇德，忠規克彰，金輕諾重，德舉言楊。其一。」閲水易驚，隙駒難息，和緩藝舛，隨遭命促。騁驥窮途，騫鴻墜翼，窀穸俄掩，長銘篆刻。」

萬歲通天貳年貳月拾柒日。」

（録自《芒洛冢墓遺文三編》北京圖書館藏拓本）

萬歲通天〇一六

【蓋】失。

【誌文】

周故上柱國陳府君墓誌銘并序」

君諱玄，字懿，其先潁川人也。因官徙地，而爲豫州」偃城縣人焉。原夫發系胡公，纂苗虞帝，丞相運策」□城。曾祖良，隨任揚州大都督録事參軍；浩浩淮」海，地出瑤琨；謇謇王臣，人惟杞梓。祖如，唐任宋州」參軍；珪璋蓄潤，霜雪凝懷，道燭隕星之墟，政光朞」月之化。父剛，唐任汝州録事；聲聞圓象，已表鶴鳴；」□務方城，猶踠驥足。以萬歲通天貳年貳月拾玖」日，終於永昌縣嘉善里之私第，春秋伍拾有貳。歌」成梁木，知必喪於魯丘；痛寢鄰機，以覺悲於鄭相。」君之逝矣，何痛如之？必使遠近傷懷，衣冠失望。翻」飛白鶴，問城郭於遼東；規矩青烏，卜丘墳於邙北。」然恐德音歇滅，陵谷推遷，式撰清芬，載刊玄石。其」銘曰：」

粵若有虞，源派於陳，地疏潁水，天聚星文。金箱玉」振，桂馥蘭薰，篤生君子，無墜哲薪。其一。傑然秀出，卓」彼高人，資忠履孝，韞素怡神。斷割以義，愛敬以仁，」道德齊體，冠冕人倫。其二。投筆從戰，威勇有聞，馬陵效」績，豹略方申。式瞻燕嶠，冀靜邊塵，幽明忽阻，螻蟻」相親。其三。胡笳警夜，驪馬嘶晨，邙山之曲，洛水之濱。花」披苦霧，鳥囀悲春，税黄壚而閟範，勒玄礎而銘洵。」

（北京圖書館藏拓本　河南千唐誌齋藏石）

萬歲通天〇一七

【蓋】失。

【誌文】原石已裂爲多塊，殘存五塊，文損幾半，據《金石萃編》卷六十二補足。

大周故珍州榮德縣丞梁君墓誌銘并序」

君諱師亮，字永徽，安定烏氏人也。若夫河汾溽涘，大啓濫觴之源；幽雍林」垌，勃興拳石之址。則有武威太守，軒冕赫奕於鄉亭；并州刺史，旌棨駢闐」於門巷。大父殊，隨任右監門録事；顯考金柱，唐奉義郎；并行高州壤，道蔑」王侯。揚雄非證之書，我家時習；方朔易農之仕，吾人所尚。君珠藪夜光，玉」田朝彩，張仲孝友，早爲立身之具；夫子温良，持作揚名之本。未嘗欺於闇」室，何謝古人；初不忤於虚舟，自符先達。棲遲禮讓，擯落驕奢，弋釣丘墳，耕」耘道藝。詞包吐鳳，傲三變而英峙；字抱迴鸞，雄一臺而介立。聲馳日下，辯」振雲間。後進欽其領袖，時輩宗其瑚璉。起家任唐朝左春坊別教醫生。摳」衣鶴禁，函丈龍樓，究農皇之草經，研葛洪之藥録。術兼元化，可以滌疲痾；」學該仲景，因而昇上第。屬龍庭月滿，鹿塞塵驚。命將出師，千金之費逾廣；」飛蒭挽粟，萬里之糧宜繼。君户庭不出，鞍甲匪疲，遥同轉輸之勤，遂獲茂」功之賞。永隆二年，以運糧勳蒙授上柱國。既而欽明曆代，宫車晏出，守文」承歷，園陵繕修。紀市功成，實憑子來之力；轂林務畢，仍覃發衷之」旨。垂拱二年，以乾陵當作功別敕放選，釋褐調補隱陵署」丞。解巾從宦，智效聿宣；結綬當官，幹能斯著。秩滿，俄而上延朝譴，」授珍州榮德縣丞。貳職千石，贊務一同，蠻陬乂寧，平人是賴。終使悠悠墨」綬，方宏上艾之風；泛泛銅章，行闡中牟之化。隨牒云滿，解印言歸，吹蠱餘」災，纏迫少城之地；遊魂永逝，崩摧武山之石。以萬歲通天元年七月二日」終於益州蜀縣，春秋卌有七。嗚呼哀哉！即以萬歲通天二年三月六日葬」於雍州城南終南山至相寺梗梓谷信行禪師塔院之東，陪先塋也。嗣子」齊望，嬰號越月，孺慕彌年，悲懷袖之靡依，慨舟壑之潛運。黄壚九地，始殷」荒戀之情；玄夜三泉，終藉鐫題之事。乃爲銘曰：」

東京后族，北地邦君，七侯馳譽，」三主揚芬。瑞掩金册，榮繁寶鏄，覈諸隆盛，」曾何足云。祖考餘慶，英髦間出，嘯傲參玄，乘凌喻日。温恭宅性，廉白成質，」譚思漆書，儲精緑帙。鴻陸初漸，龍門早昇，聲敷寢廟，智效園陵。」天朝我黜，縣道爲丞，勣凝邊徼，化協黎蒸。還塗未極，生涯遽已，瞑目他鄉，」歸骸故里。新封暫啓，賓御慘而野雲愁；舊壠長扃，松檟昏而山霧起。碑闕」兮交映，陵谷兮潛徙，所悲螻蟻之埏，銷淪天地之紀。」

（周紹良藏拓本　北京圖書館藏拓本）

萬歲通天〇一八

【蓋】失。

【誌文】

大周故□□□王君墓誌并序」

君諱智本，字之曰子元，太原人也。祖因官於河南，其先周」王子晉之苗裔，漢相國陵之胤緒也。且夫草樹滋繁，則深」根之潤；濟渭皎鏡，則原泉之澄。是以得氏宗周，故多賢良」也。離褒有聲於秦漢，戎煒名振於晉梁，代有其人，詎玆覼」縷。曾祖才，唐任息州司法參軍事；立解連環，懸分雙璧，探」情樊覍，豈獨嚴遵；片言析獄，何慙季路。祖讓，唐文林郎；學」該舊史，文贍新奇，職此文林，實堪授受。君以晦迹爲尚，銷」聲自寶，踐君平之遠迹，履梅福之遐蹤，貞遯在斯，實亦無」悶。曩以有唐遜位，隆周踐極，更姓改物，傍咨耆老。君識」人事，上簡帝心，乃賜牛酒束帛，加之以勳。嗚呼！鬼瞰其」室，天欺此人，春秋七十有六，以萬歲通天貳年四月三日」卒于私第，嗚呼哀哉！以其月十九日，葬于北邙之別原，禮」也。墳猶鳥樹，悲慟駒鳴，行雲無光，流風切響。次子晦、小子」勗、孫日新，居喪過制，杖不能起，哀深鄰里，思斷行人，嗚呼」哀哉！余方築室幽巖，漁釣清渚，不交人事，忽有使諮，因狀」序焉，乃爲銘曰：

於戲祖德，顯矣家聲，鳧騫楚縣，鶴舉周京。其一。剪勳燕趙，濬」功吴越，冠冕蟬聯，英靈秀發。其二。人貴清靜，天惡盈滿，君命」不期，信壽自短。其三。幽幽寂室，鬱鬱佳城，風悽秋樹，月弔寒」塋。其四。哀哀孝子，思結纏緜，夜臺一夕，白日何年？其五。」

（北京圖書館藏拓本）

萬歲通天〇一九

【蓋】失。

【誌文】

大周故朝請大夫行司禮寺主簿趙公墓誌銘并序」

公諱睿，字玄俊，酒泉郡人也。昔造父得氏，起於周穆之年；叔帶分」官，當於晉文之代。其後寶符傳簡，靈命授襄，謂吾宗之源興，故我」家之不乏。曾祖才，隋金紫光禄大夫、左武候衛大將軍；祖道興，唐」輔國大將軍、左金吾衛大將軍、上柱國、天水縣開國伯、贈揚州大」都督；父通天中猶任明威將軍、檢校左金吾衛將軍；積王濬之龍」謡，累馮緄之蛇兆，一門三將，寧唯李廣之門；四世五公，豈徒袁術」之世。公天稟淳粹，地處膏腴。西序横經，未屑情於拖紫；南臺射冊，」即揚名而拾青。解褐太州參軍。魏舒堂堂，先紆此職；郝隆怏怏，且」俯斯班。秩滿，轉太子右衛率府倉曹，尋授朝請大夫、鴻州司功參」軍。袁甫之臺閣不願，梁竦之州縣徒勞，雖蔣秀懷任旭之言，宗資」主孟博之諾，無以過也。延載元年制加朝請大夫上輕車」都尉行司禮寺主簿。參謀王事，密邇□命，指掌一夔，牢籠二戴。將」輔仁之有驗，永保期頤；何積善之無徵，忽歸冥寞。嗚呼！以證聖元」年四月廿九日，終于洛州道政坊之私第，春秋卌有五。夫人南陽」宗氏，梁黄門侍郎叔平之孫，唐澤州司兵禮諶之女。八顧宏族，三」從令儀，有齊仲之和鳴，有梁伯之恭敬。誰謂此時星落，今朝露晞。」蒿里遄遊，非復徙鄰之地；柳車將逝，終循合葬之階。粤以萬歲通」天二年四月廿日同祔于合宮縣金谷鄉之原，禮也。有子懷璡等，」居喪過毀，達禮深懷，瞻白日而空遥，俯黄泉而永咽，痛虧西草，慮」變東桑，用託彫鐫，傳諸罔極。其銘曰：」

周前統帝，晉後興王，烈祖顯考，玉振金鏘。既符燕頷，亦劭鷹揚，雄」圖莫擬，勝略無疆。誰其必復，伊人孔臧，策名特達，筮仕觀光。三台」可陟，百禄何傷，山頽孔父，壑徙蒙莊，庶遵共穴，敬卜連崗，千秋永」閟，萬古流芳。

萬歲通天二年歲次丁酉四月丙寅朔廿日乙酉。」

（北京圖書館藏拓本　河南千唐誌齋藏石）

萬歲通天〇二〇

【蓋】失。

【誌文】

大周故文林郎□君墓誌銘并序」

君諱義，字福，上黨人也。帝嚳之胄□□□□□□」此邑，遂乃居焉。夫宗子開基，聳喬峰之□□；□□」入相，恢至業之洪規。曾祖郎，隋任上黨郡□□□」儉，騎都尉。君以良弓纂嗣，餘緒承基，譽流文□□」中，聲縱仁倫之表。克懃於禮義之書，銘骨於惟□」之誥，授君文林郎。加以孝謹高舉，鄉黨重其風猷；」廉慤有稱，英哲欽其軌躅。面山對水，賞玩留情，喜」月華春，心期自放，遂優遊琴酒之内，放曠於棲神」之所，絶心仕宦，留意怡年。期以出世之遊，將構無」稱之域。不謂災隨服至，妖逐□生，鏡裏魂消，輪前」影滅。以萬歲通天貳年肆月拾日終於私室，春秋」七十。以其年歲次丁酉肆月景寅朔廿日乙酉，葬」城西南肆里平原，禮也。嗣子守珍等，并居喪識禮，」目逝傷魂。恐地變桑田，年深字滅，紀佳城之麗宅，」斵琬石之書銘，乃爲銘曰：

帝系開基，康叔流胤，」冠冕牛興，簪纓遞進。慶自根長，名猶德潤，歷代流譽，移君識信。其一。二之嗣也，克隆前代，忠謹揚名，孝」慈生愛。人深利貞，行同歸妹，身殞百年，揚於萬載。」

（録自《山右冢墓遺文》）

萬歲通天〇二一

【蓋】 失。

【誌文】

大周上騎都尉姚君墓誌并序」

君諱思玄，字尚默，河東蒲坂人也。其先帝舜之後矣，惟□□□，」曰則凝貞，不顯不晦，黄中通理。用能闡鴻休於歷□，流□□於」姚虚，得姓命氏，即斯之後也。其後冠冕相燭，簪裙交映，列據晉」庭，則與三秦比傑；分輝虞代，則共四姓聯芳。德業既盛於中朝，」人物實傳於今古。公神扃曠蕩，性府凝幽。策思馳心，靡不暗合」於道；乘機蹠務，靡不冲契於時。又鯁直有聞，忠卓獨舉，豪雄振」物，英秀動人。而郭劇非其倚，蘇張罔其類。又曩以三韓有事，九」伐申威。而公效節滄瀾，若動樓船之旅；展誠玄免，以獲渡遼之」□。故得績茂戎旗，勳成都尉。又槃天知命，沐大道以安排；隨時」資性，任至塗而舒卷。加以年纔振贊，卓爾不羣，道屬騫鴻，超然」獨翥，名布天下，譽滿環中，操行不常，舉措邁俗。又忌邪嫉惡，尚」德好賢，門多長者，交茂魁傑。固抗詞勵節，不憚權豪，忠□直諫，」有動人一主。昂昂然不與人同其俗矣，朗朗然不與俗同其事」矣。英規盛德，其焕矣夫！嗚呼哀哉！春秋五十有五，遘時疾，以萬」歲通天二年三月某日化於洛城思順里之私第矣，悲矣哉！梁」木既折，哲人云亡，痛奔曦之遽落，歎逝水遐邁，即以其年四月」某日葬於某原，禮也。長子守祥、次子守義、次子守禮、次子守直、」次子守信，並孝鍾泣血，逮將滅性。痛風樹之深哀，憚陵谷之遷」貿，故式題貞碣，以頌德焉，庶流芳不朽。其銘云爾：

歷崿延」祥，姚墟闡則，乃祖乃父，爲道爲德。業該今古，聲洞玄默，逸軌超」超，英名翼翼。其一。神襟曠邈，靈臺有融，達人標德，君子馳風。中扃」積邃，遠略申功，與時舒卷，和而不同。其二。山木斯折，友朋云亡，凋」我杞梓，瘞我珪璋。泉臺寂寂，拱樹蒼蒼，悲哉原隰，痛□」悽涼。其三。

合宮縣杜郭村西壹里貳佰伍拾步。」

（河南千唐誌齋藏石）

萬歲通天〇二二

【蓋】失。

【誌文】

周故殿中省尚乘局奉乘上柱國彭城劉府君墓誌銘」

君諱洪預，彭城人也。七代祖後魏豫州刺史，因家於陽」武焉。自龍御陶唐，蛇分鴻漢，傳寶基而不朽，演靈派而」無窮。曾祖彦，隋普州別駕；寒松獨立，春柳孤生，來參貳」岳之榮，坐得康沂之譽。祖世榮，唐上開府永寧府驃騎；」功名字許，氣決無前，始聞韓信登壇，俄見衛青開幕。君」即驃騎之長子也。承芳桂薄，禀潤荆巖，資閥閲而從班，」效瓌林而入仕。解褐以上柱國授朝議郎、行殿中省尚」乘局奉乘，祗榮帝皂，述職仙閑，沓不忘於數馬，恭載聞」於軾輅。日宣厥德，大位方躋，天不憖遺，生涯溘盡。粤以」萬歲通天貳年肆月拾肆日遘疾，終於神都脩義坊之」里第，春秋七十一，嗚呼哀哉！惟君行己忠孝，立身清白，」如毛克舉，恒渴日以忘疲；修翼早栖，每樂天而自遣。奄」冥泉壤，彌慟士林。即以其年五月貳日權殯於北邙山」上。丹旐徐引，白驥齊鳴，悲涼動於雲日，沬泣盈於行路。」長子守璋，越州餘姚縣主簿；次子守珪，天官常選；並芝」蘭代襲，詩禮家傳。嗟陟岵之長空，撫楹書而絶思，敢陳」餘烈，乃作銘云：」

亶惟先正，明且清兮；於穆後昆，紹厥聲兮；昊天不吊，殲」我彦兮；哲人其萎，將安憲兮！」

大周萬歲通天貳年歲次丁酉五月二日」

（周紹良藏拓本　開封博物館藏石）

萬歲通天〇二三

【蓋】失。

【誌文】

□□士王元璋，字□□，其先雍州」明堂縣人也，改貫鄭州新鄭縣。□」□□之才，懷韜代之量，禀星□」□德，揭日月之明，孝義越其家聲，温」恭標其宿德。大周萬歲通天貳年」歲次丁酉肆月貳拾捌日寢疾，卒」於私第，時年叁拾。嗚呼哀哉！摧紅」蘭之柯，碎玄黎之色。即以其年伍」月貳日殯于邙山之埠，禮也。恐□」後壑遷，海變難常，刻石爲銘，鐫氓」作誌。王元璋。」

（北京圖書館藏拓本）

萬歲通天〇二四

【蓋】失。

【誌文】

大周文林郎路府君墓誌銘并序」

君諱巖，字山基，其先陽平人也。七世祖靖，宋明帝時爲河南」郡丞，因官葺宅於洛陽，即爲洛陽人也。原夫胤緒初萌，遠族」紹金天之裔，靈源漸派，長流寫崑閬之津。陽平開命氏之封，」潞邑得承家之姓，故知四鄰曹馬，九棘嬴劉。文學揚庭，截蒲」垂芳於東里；戎麾啓律，伏波顯位於西河。紛綸緗素，可略言」矣。曾祖護，隋白馬令；絃琴闡化，善政被於南燕；製錦稱奇，美」譽流於東郡。祖順，隋通議大夫、左禦衛郎將；龍韜豹略，騰勇」氣於風雲；權道兵謀，遠威懷於邊裔。父舉，隋深州司法；虀臨」叢棘，即辯分縑；未待鈞金，先明盜竹。君志性岐嶷，慧而融朗，」黄童對日之歲，體象參玄；陸生懷橘之年，披經拾紫。方從小」學，便已大成，對問蘭臺之英，爰擢太常之第。尋授文林郎。君」知恥辱之若驚，覺是非之互起，不干榮禄，而乃畏犧，從容宰」傅之間，放曠琴樽之内。門多轍跡，座客恒滿。豈謂災僞告釁，」鬬蟻成痾，壑徙舟遷，返魂無驗，烏呼哀哉！春秋七十，卒於私」第。大周萬歲通天二年歲次丁酉五月景申朔廿五日庚申，」與夫人合葬於北邙山金谷鄉之原，禮也。嗣子承亨、次子承」宗等，並早趨庭訓，預奉周行，從班畢昴之墟，執戟鈎陳之衛。」槐庭未俠，薤曲俄悲，泣血崩心，絶漿於口，擇青烏之兆，樹黄」牛之封，叩地無追，昊天罔極。恐荒涼萬古，訪舊德於誰家？冥」漠千秋，表餘澤於何代？乃刊玄石，而立銘云：」

雞渾既判，人位是經，猗歟路氏，世載其靈。道飆易截，川流不」停，溘然辭世，永秘幽扃。」

（北京圖書館藏拓本　河南千唐誌齋藏石）

萬歲通天〇二五

【蓋】　失。

【誌文】

大周前承務郎行趙州贊皇縣主簿劉含章故李夫人墓誌銘并序」

夫人諱五娘，字玉京仙，隴西成紀人也。家風茂實，可」略而言焉。曾祖纂，隋蒲州虞鄉縣丞；祖信，隋并州清」源縣令；贊法雷於讓邑，莅聚宿於潛丘，解秩唐初，遂」家于河南，爲洛陽人也。父承嗣，唐施州清江縣主簿，」卑秩自安，及親而仕，退官寧侍，色養于家。夫人即公」之第五女也。令姿婉順，淑德貞柔，孝敬自天，聰惠率」性。至若紃組丹青之妙，絲桐琴弈之伎，娛賓投壺之」禮，侍坐擬雪之能，莫不衆美畢歸，獨妙斯舉。年逾二」八，作嬪君子，禮終納采，適于弘農劉氏。敬盡如賓，德」齊舉案，奉先以孝，執下以柔，親族嘉其禮容，實爲閨」房之秀。何圖降齡不永，春秋廿有三，誕女構疾，以萬」歲通天二年六月八日終於永昌縣伊水鄉私第。嗚」呼！親賓掩泣，鄰舂輟相，良人抱恨，哭鸞鏡之空懸；芳魂上月，對鴛衾而歎息。即以其年是月廿一日遷窆」於邙山，禮也。日改月化，谷徙陵遷，剋之翠琰，乃爲銘」曰：」

窈窕淑女，威儀不忒，婦容母訓，三從四德。柔順斯在，」貞正安則，壠秋無光，松寒起色。千年萬歲，佳城何極。」

（周紹良藏拓本）

萬歲通天〇二六

【蓋】失。

【誌文】

大周故上騎都尉趙阿文墓誌」

君諱文，先出秦川京兆明堂縣，近因東遷，今」即河南郟城人也。往年弱冠，壯氣超於張益；」强仕之歲，謀算逸於陳平。有寇先鋒，募敵魚」鱗之陣，伯戰佰勝。討擊有功，授上騎都尉。自」唐周以來，家業克隆，門風遠扇，曾祖孝乎惟」孝，仁者安仁，德義著於州閭，俊藝播於海外。」又年侵耳順，養性丘園，琴酒怡情，不延遐壽，」以萬歲通天貳年歲次景申柒月朔日遘疾，」終於福善坊之第，遷窆北邙之原，盡其禮也。」嗚呼哀哉！懼滄海暫移於桑澤，山岳不守固」安，爰題玉石之銘，以勒彫金之字。其詞曰：」

嵩山之英，河洛之靈，爰鍾秀氣，夫君挺生。或」隱或顯，非寵非榮，丘園慠質，風月怡情。旋悲」薤露，俄就幽泉，窗寒霧黯，隴海雲平。行路悲」結，親賓怨盈，千秋萬歲，空聞頌聲。」

（河南千唐誌齋藏石）

萬歲通天〇二七

【蓋】 失。

【誌文】

大周文林郎上護軍韓府君墓誌銘并序」

公諱仁惠，南陽人也。昔軒丘出震，風后稱臣，列土封疆，地臨」鶉首，花巖孕業，家控龍津。茂葉萊枝，比鄧林而鬱□；深源浚」谷，類鯷壑而沖融。既入晉而稱卿，逢漢朝而作將。服神丹而」訪道，逸跡霸陵；控白鹿以成仙，追遊太室。並以光輝簡册，無」假一二詳焉。祖諱隱，梁朝任汝州魯山縣令、蘄州司馬；化光」雅俗，政洽黎甿，勝邑謝其銅章，列郡鏘其玉綬。父如意，隋任」滑州司户參軍，唐任幽州良鄉縣令；匡字滑臺，户滋人億；撫」臨幽部，羊馬成羣。括岑孝之高風，籠子游之曠績。公耀儀丹」穴，穎秀黄衷。顔氏庶幾，多慚宏度；裴君領袖，懸愳長材。千仞」冠其大夫，萬頃包其丞相。髫年秀異，丱歲英靈，筍孕寒林，鱗」游冰沼，無心筮仕，有志山泉。佩蘿薜而賞煙霞，洽琴樽而玩」風月。屬隆周革命，寶曆調年，爰奪山林之情，遂乃授茲勳」職。年參大耋，日迫桑榆，歎石火之不停，傷薤露而溘謝。萬歲通天貳年陸月貳拾叁日，卒於章善里之私第。夫人京兆密」縣丞皇甫晦之女也。粤以其年捌月貳拾壹日同祔窆於洛」陽縣北邙之高原，禮也。公道範人英，行該閻閈，琢磨寮友，黼」藻良朋。將恐陵谷忽移，瞻峴峰而不識；桑田倏易，望洙泗而」難知。敢述清塵，銘之幽室。其詞曰：」

物尚奇珍，材敦異質，松竹含露，金碧耀日。品藻人倫，吹噓才」子，器深渤澥，調諧宮徵。怡情玉篆，養志山泉，觀喬性苑，覆局」心田。卦列青烏，溘傷目鳥，陵谷忽變，勒石方曉。」

萬歲通天貳年歲次丁酉捌月己酉朔貳拾壹日甲申」

（周紹良藏拓本　開封博物館藏石）

萬歲通天〇二八

【蓋】失。

【誌文】

大周洛州永昌縣故趙府君墓誌銘并序」

君諱元智，其先廣平郡人也。夫微子朝周，鬱興氏」姓；大夫仕楚，獨擅文章。爾後英靈，時聞胤裔。曾祖」卿，隋任懷州武德縣令；廉能撫俗，貞操不渝。祖良，」隋任德州司士參軍；正直當官，高風尚在。父濬，唐明」經及第，授文林郎。一經皓首，纔喜登龍；九地黃泉，」奄從驅蟻。君蘊斯嘉祉，生此哲人，粤在幼年，早馳」嘉譽。乃千里之騏驥，爲一座之顔回，既稟氣於沖」和，亦傳芳於教義。詩書得性，冠蓋遺榮，雖混跡於」光塵，獨負勁於松竹。屬有唐告禪，」隆周應天，爰授武騎之勳，以崇錫氏之列。嗟乎！漳」濱久疾，寒暑屢遷，藥餌無徵，膏肓不愈。奄以萬」歲通天二年六月廿七日，卒於崇政之里私第，春」秋五十有七。即以萬歲通天二年八月廿一日，葬」於北邙山之阜榮村之北，禮也。爰勒貞石，庶紀芳」猷，桑海可移，蘭芬無沫。其銘曰：」悠悠蒼天，杳杳黄泉，人死奚速，去而不旋。風驚寒」樹，雲暗荒阡，佳城遽掩，春至何年？」

萬歲通天貳年捌月貳拾壹日。

（北京圖書館藏拓本）

萬歲通天〇二九

【蓋】失。

【誌文】

大周故處士奚府君墓誌銘并序」

君諱弘敬，其先二庭人也，後因官内徙，今又爲河南」伊闕縣人也。地稱幽遠，土之外區；人多雄烈，□之驕」子。秺侯擅名於西漢，元氏鼎峙於東京，自後英俊，代」有人矣。曾祖表，隋任隆州刺史；威震百城，吏稱嚴肅。」祖讓，隋任宣州宣城縣令；政洽三異，俗號神明。父敬，」潛居丘壑，頓絶名利。君時隱時顯，或儒或玄，忠信彰」乎十室，文義包乎六藝。加以宅抌伊瀍，地絶囂滓，風」摇徑竹，帷影疏庭。

日明摛槿，錦花盈目，決渠荷鍤，灌」園鬻蔬，潘岳非遥，樊遲見請。嗟乎逝水，忽從晞露，奄」以萬歲通天元年玖月拾伍日卒於私第。夫人隴西」李氏先亡，即以萬歲通天貳年捌月貳拾壹日合葬」于北邙之阜，禮也。異室於穀，内外之禮不虧；同穴於」死，窀穸之期載叶。雙鵷並翥，望雲路以聯翩；兩劍俄」沉，恨泉途之杳眇。佳城鬱鬱，翻聞松檟之悲；荒野蕭」蕭，長積風煙之慘。爰勒玄石，以紀芳猷，期無泯乎！乃」爲銘曰：

□惟右地，人承左賢，冠蓋就列，薑橘來遷。」一死一生，雖後雖終，悲賓劍同赴幽泉，風露歇滅，星館周旋，勒兹貞琰，無沫遐年。」

萬歲通天貳年歲次丁酉捌月甲子朔二十一日甲申」

（周紹良藏拓本　河南千唐誌齋藏石）

萬歲通天〇三〇

【蓋】失。

【誌文】

唐故營繕監左右校署令宣德郎張君夫人關氏墓誌銘并序」

君諱字仁師，南陽西鄂人也。原夫白水闡其鴻規，清河隆其」茂緒，龜符雜遝，爭涵光乘之珍；貂組陸離，競藴連城之價。祖」偘，隋任光州司户參軍；父徹，隋任鎮西將軍、函谷郡太守；高」門積慶，襲構聯華，辯逸彫龍，詞驚吐鳳。功參玉帳，遂膺推轂」之隆；任重銀章，即有分符之寄。君營繕監左右校署令。禮門」承道，詞局毓德。縱横才氣，上衝牛斗之墟；磊落風規，遠振鵬」宵之路。豈徒星管驟移，風燭俄掩，以文明元年柒月貳拾柒」日遘疾，終於洛州私第。夫人河東關氏也。孕珠光於漢水，秀」玉潤於荆山，花發桃蹊，春歸蘭薄，爰自并歲，作儷鼎門，酌鳴」鳳之宏規，叶乘龍之雅望。閨風遠浹，里閈鎮反目之虞；閫訓」旁流，遐邇仰齊眉之敬。雖鳩榦聯燕，陰陽蹔隔於生死；而龍」鐔孤挺，先後終會於陂瀾。即以大周萬歲通天貳年捌月貳」拾柒日，會葬於北邙山之原，禮也。或甄同穴之典，爰□合空」之儀，發彼玉牀，□□石鏡。佳城鬱鬱，歎烏涵之斯開；幽室冥」冥，想鯨燈之已滅。有子司農寺録事登仕郎□廉，荆州録事」朝散郎處澄等，業擅銜鱣，訓承趨鯉，偏纏凝於罔極，思撰德」而何已。淮陰侯之營墓，可置萬家；洛陽才之叙銘，庶流千祀。」其詞曰：」白水流祉，清河演慶，道德攸陳，文武再命。英威閒起，簪纓允」□，率爾□□，惟□是性。閲川不捨，悲風忽競，瘞兩劍於泉臺，」掩□□於□鏡，□翠珉而載德，庶清規而可詠。」

（北京圖書館藏拓本　河南千唐誌齋藏石）

萬歲通天〇三一

【蓋】失。

【誌文】

大周故常府君誌銘」

君字德，諱協，弘農人也。粤若虢邑勝壤，闢晉野而開基；井絡分」源，泝巴江而疏甸。家傳冠蓋，門襲簪纓，積德累仁之基，佐命興」邦之業，鼎望光乎祊祀，丕緒蟬聯，家有賜書，門標衛戟。曾祖諱」子雄，隋任左千牛衛將軍；出忠入孝，事盡於心，輔翊丹墀，始終」無替，夙夜匪懈，供奉琁階。祖諱建，唐任趙州別駕；剖符千里，分」竹百城，人傳至晚之謡，俗有來遲之詠。夫人柳氏，百世傳芳，千」齡表貴，列星高映，分柳耀而開宗；皎月澄華，含桂馥而植性。父」勳官上柱國；體冰玉以清潤，資水鏡以貞明，居身以謙讓爲懷，」在公以廉平爲務。萱蘭表德，琬琰爲心，朝貴羽儀，人倫龜組，文」齊班馬，武貫孫吴。夫人裴氏，靈娥逗魄，體淑慎於雲郊；婺女臨」波，得幽閑於星館。加以三英有璨，四德無虧，奄然構疾，薨於私」第。朝光徙隟，夜壑俄遷，父四大忽遠，三焦殊節，頃時構疾，薨於」私第。明均兩曜，不能遷代謝之期；序合四時，詎能阻盈虛之數。」歲次丁酉捌月甲子朔貳拾柒日庚寅，合葬還于邙山之源平」樂鄉老神里之幽埠。青春永謝，白日長違，松栢勁梁，落構摧於」大夜；楊臺絶架，楨棟無輝映之期。嗣子文亮、次子文瓘等，悲聲」振野，哭響驚雷，痛結蓼莪，哀纏泣血。良弓無墜，括箭有加，□恃」怙之深慈，憶劬勞之撫育，實恐陵遷谷徙，海變桑田，故勒芳銘，」乃爲頌曰：

宗族顯望，家傳經緯，德同春夏，宦崇榮貴，偕老」明期，幽泉無愧。其一。寒泉暮結，霜屺晨迷，魂依南陌，靈駕北嘶，背」青春兮歸夜壑，去白日兮掩泉扉。勒玉札兮幽壤，愿金券兮難」微。其二。陰陽體道，雙蛟是託，地總京豫，墳居北墎。嗣宗已逝，元□」不作，邈矣山河，獨存丘壑。其三。

萬歲通天貳年」

（周紹良藏拓本　河南千唐誌齋藏石）

萬歲通天〇三二

【蓋】 失。

【誌文】

大周故朝議大夫上柱國行隆州西水縣宰董府君墓誌銘并序」
府君諱希令，字淑，隴西狄道人也。厥惟玄冑，世播清暉。唐虞之朝，司徒公以八元」謀弼；夏商之日，平陽侯爲四姓冠蓋。俊賢錫胤，實多蕃祉，良史承家，此而無墜。曾」祖純，宇文朝開府儀同三司順政郡開國公；服貢五時，榮高九命，履道貞吉，昭明」有融。祖玉，隋揚州司馬徐泗密三州諸軍事徐州刺史；展驥淮甸，建隼徐方，凝命」有成，畏鄰無咎。父徹，唐左衛顯國府統軍柱國；功參帷幄，智餘樽俎，赳赳在公，綽」綽多裕。君資納玄粹，篤實輝光，毓德基于弄璋，用譽通于遇蹇。仁慈孝友，禀之自」天；忠信節義，行之恒一。至若樂道知命，安時廣業，窮達慮遺於南郭，倚伏識均於」北叟。夫以冥筌洞幾之思，斧藻沉鬱之才，駕軼於揚左，塵垢於何衛。唐龍朔年，解」褐任右衛兵曹參軍事。和門叙政，妙合韜鈐；中府須才，雅符推擇。秩滿，轉宋州柘」城縣宰。自邑孚號，勸相勞民，教宣五美，風其一變。小史無事，傳授孝經；大耋相歡，」式歌慈父。吉應盈正，聲聞於天。有制加朝散大夫，仍遷宰幽府良鄉縣。順陽見」去，人其不樂；緱氏知來，虎便離境。下車辯物，攬轡澄清，霜雪零薊門之前，風塵靜」胡林之外。中命行事，變而能適；過惡揚善，遷而不過。開學校，勸農桑，家餘粟帛，里」成鄒魯。國尚其績，又除隆州西水縣宰。梁亭解怨，竊水灌瓜；蜀道行餐，持綿繫芋。」小黃人吏，仍見上書；

壽春邑里，更聞留犢。君子慎德，若斯而已。滅江陵之火，雲棟」連於錦州；沉鄴縣之巫，水怪淪於犀浦。官未滿歲，又制加朝議大夫。魯恭三異，」盛流邦邑；晉侯二豎，忽萃膏肓。覯閔中辭，不永其事。闔境追慕，還如戴紹；閉關著」述，無謝馬卿。天不慭遺，奄離明世，春秋七十有六。以萬歲登封元年八月一日終」于洛陽縣教業里第。道鄰鄭相，名偶晉臣，罷市輟耕，見乎茲日。夫人天水趙氏，天」水縣君。業茂承先，體閑循度，福履叶於樛木，聖善流於國風。稟命不融，溘焉先化。」粤以萬歲通天二年歲次丁酉十月甲子朔廿二日乙酉與府君合葬于北邙山，」禮也。悲夫！旐轉西階，車遵北郭，去去郊野，悽悽林薄。哀笳咽而更囀，楚挽斷而還」作，遺像聞其無覩，營魂逝其安託？嗚呼哀哉！有子液、洽等，崇基克構，幹蠱終吉，用」譽承德，揚名顯親，惟圓規之流謝，懼方壺之遷越，敢憑琬琰，長懸日月。迺述銘云：」

家風祖德，玉振金聲，載誕夫子，更擅其清。鳳毛題俊，鴻羽儀貞，節義居體，仁孝揚」名。其一。垂帷遜業，解褐登仕，振振于飛，巖巖清峙。氣横六月，才非百里，詢政桐鄉，」資芳蘭茝。其二。風移宋國，曾不崇朝，神君動詠，慈母成謡。化高綿竹，更委全椒，薊」門驅傳，棧道分鑣。其三。入境蝗飛，下車虎去，夙夜懷惕，憂虞汨慮。夾日生禍，流波」罷御，深水一沉，紫烟雙翥。其四。季武成寢，隨會九原，周流新域，左右頹垣。空林鳥」思，寒草蟲喧，悠然孤隴，萬古何言？其五。」

（周紹良藏拓本　河南千唐誌齋藏石）

唐代墓誌彙編

神功

神功〇〇一

【蓋】失。

【誌文】

周故右衛翊衛路府君墓誌銘并序」

君諱綜，字元嗣，清河人也。昔命氏跡基，分茅錫土，崇源濬遠，靈派□□，」繼體承家，象賢載德。上秦人之十夫，清漢氏之九區。河岳氤氳，未絶□」靈之氣；月辰磊落，猶垂列宿之精。曾祖嵩；祖隋任蒲州永樂縣令；既」□地鄰三輔，邑控兩京，人物殷繁，政務紛雜，彰善癉惡，教肅刑清，寬猛」兜□，威恩允洽，并邑被仁明之化，疆理無盧鵲之喧，不資三載，政成朞月。父寶，唐任左驍衛、萬安府果毅、上柱國；文開鶡領，價掩龍頭，膽氣□」顯，□雷霆而不懼，風神不撓，抱霜雪而彌堅。懷七縱七擒之奇，包九□」九□之略。關山霧歇，邊徼塵清。於是入侍丹墀，杖兵紫禁，勳列功臣之」頌，名載騏麟之閣。公疏源萬里，擢秀千尋，少而岐嶷，□□聰慜。橫經蘊，」出學市而先驅，挺思含章，踐詞場而迴鶩。綜茂先之博識，吐夷甫之機」神。氣貫秋霜，精含白日，風塵不雜，蘭菊齊芳，履孝資忠，經仁緯義。是以」入陪青璅，警衛文檛，佩星劍於鈎陳，荷霜戈於欄錡。恪居官次，以□□」一人，因屆海隅，爰嬰羸恙，以萬歲通天二年六月六日，終於青部，春秋」伍拾有陸，嗚呼哀哉！嗟乎！才高位下，未申逐日之蹤；命舛途窮，遽落摶」風之翰。行路傷悼，朝野悲感。夫人襄陽羅氏，松竹傳芳，葛覃流譽，冰清」玉潤，蕙茂蘭滋，□謝雪於流水，恭懿冥授，慈孝自然，九子之訓克降，三」從之誠載□。奉蘋繁於朝夕，服紹葇於始終。俄軫夜舟，溘從朝露，嗚呼」哀哉！維殯於□州□原，今以神功元年歲次丁酉十月甲子朔廿日」甲申，合葬於洛陽北邙山之平原，禮也。雙魂同祔，行窺對鶴之巖；兩劍俱」沉，□闕遊龍之匣。原野蕭索，風雲悽慘。峨峨脩隴，斜對邢山之原；黯黯」□宮，近接首陽之域。綺羅畢兮池館盡，丘壑遷兮松瀆深。繼子懷福，幼」賢令名，早挺風骨，□滎派而撫翼，濯臺水而躍鱗。業禮籯金，器成瑑□，」□□□而結□，睇風樹而銜冤。爰占白鶴之祥，式啓青烏之兆。載刊貞石，」□紀芳猷。乃爲銘曰：」惟善之榮，惟德必祀，茂績淵深，崇基岳峙。誕靈英傑，傳芳□美，藝綜□」□，□□四始。其一。高轡未騁，落日方次，悲歸岱岳，□散玉碎。□雲盪漫，隴」□□□，□□□□，唯餘德音。

（河南千唐誌齋藏石）

神功〇〇二

【蓋】失。

【誌文】

唐故白州龍豪縣令呼延府君墓誌銘并序」

呼延氏，其先出自帝顓頊，有裔孫封于鮮卑山，控絃百萬，世雄」漠北，與國遷徙，宅于河南，衣冠赫弈，於鑠記傳。公諱章，字文絢。」高祖恃龍，後魏武騎常侍大將軍；曾祖族，北齊西洛州刺史、廬」江郡王；祖貴，隋虎牙郎將；父裕，唐寧州司馬、朔州長史；並雄毅」卓犖，世濟厥美。公嵒阜英竦，雲霞炳蔚，非法不言，非道莫履。從」之遊者，以爲泛巨壑，登重冥，窅然不臻其極云。起家東宮翊衛，」調補沂州參軍，轉恒州石門縣丞。孫楚時傑，屈於參卿；桓譚下」位，居自不樂。秩滿，轉岳州湘陰縣令，又轉永州零陵縣令。湘水」靈妃，畏其夏日；零陵耆舊，詠其春風。以邑有奸吏，左貶白州龍」豪縣令。毒霧埋障，祆沙射海，葛洪宰邑，未獲神仙；孟嘗踰□，空」裁政化。金龜佇飾，欲翔於天階；石鷄俄落，忽閟於泉户。嗚呼惜」哉！以唐上元三年七月五日終于洛陽會節里第，春秋六十七。」夫人馬氏，扶風縣太君，唐瀛州刺史襄城公匡武之姪孫，絳州」別駕滹水男恪之女。以如意元年四月廿四日終於硤州遠安」縣之官舍，春秋八十五。門承遺誡，閨習令儀，既叶宜家，俄終同」穴。即以大周神功元年十月廿二日，合窆于合宫縣梓澤」原。子通議大夫行左玉鈐衛兵曹參軍直麟臺纂等。父兮鞠之，」母兮育之，生事以禮，没送以禮，不其孝哉？銘曰：」

零露瀼瀼，霑于包桑，孝子之養，昊天不忘，濫泉湜湜，潤于叢棘，」孝子之報，昊天罔極。高堂有基，念兹在兹，廓然不見，悠悠其悲。」永卜宅兆而安措之，呼延氏子孝之終矣！」夫子含章，觀國賓王，清文倩倩，雅望堂堂。俄驚閲水，俯託高堂，」瓦木是用，銅鐵不藏。敬刊高碣，式記便房，千秋萬古，不朽傳芳。」

神功〇〇三

（北京圖書館藏拓本　河南千唐誌齋藏石）

【蓋】大周故逯府君墓誌銘。

【誌文】

大周故中大夫夏官郎中逯府君墓誌并序」

君諱貞，字仁傑，河内河陽人也。殷宗理亳，因手文而命氏；大夫適晉，沿逯邑以承家。」至於翼魏論功，更封河内；征吴愛寵，復啓河陽。弈代載德，傳諸國史。曾祖遷，河内郡」中正、高平長；平輿月旦，寧違父母之邦；灌壇風雨，自表神明之政。祖及祖，唐秦王府」庫左金吾衛翊衛；千里背淮，□玳筵之接客；八神警蹕，預金吾之式道。父君懷，唐孝」廉，釋褐幽州參軍、蘇州嘉興、岐州普潤、荆州江陵三縣丞。張憑之太常高選，方應孝」廉；尹何之美錦其傷，爰毗學製。君盛德百代，長河萬里。脩身踐言之道，造次以之；出」孝入悌之方，率由斯得。弱冠歲賦明經，解褐果州相如、杭州餘杭、魏州頓丘等縣尉，」非其好也。翟方進有封侯之骨，實假明經；梁敬叔有廟食之言，豈甘州縣。尋授左司」禦左金吾衛録事參軍，累遷朝散大夫行司府丞兼知地官事。鴻鵠絶海，寧唯羽翼；」飛龍在天，尚司闌錡。若乃人惟邦本，總周禮之地官；貨實國泉，知魯人之長府。君思」入無間，材同不器，默識心計，若有神焉。況復脂不潤，清白流於子孫；終始惟一，貞固」聞於遠近。及除度支員外郎，又加中大夫，遷夏官郎中。文昌列宿，傍臨上帝之宮；司」馬論兵，即在涼風之序。君含香伏奏，譽動青蒲；□草論書，名高粉署。若乃易簡以臨」下，敬恭以事上。文高之待漏張燈，抑惟恒理；□□之執機攝會，曾何足云。于時」天子昇中，嵩巖望幸，封高益厚，報功之禮已申；名山大川，望秩之儀猶鬱。君勤勞遂」積，霧露行侵，周南留滯，雖殊於太史；仙閭倏忽，翻類於奉車。嗚呼哀哉！粤以萬歲登」封元年臘月拾叁日，終于行所，春秋陸拾有漆。皇上嗟惋，朝流慟哭。有」制贈物卌段，官給靈轝，實優賢也。夫人趙郡李氏，唐益州雙流縣丞玄藥之子。家人」利女，無驚悔厲之心；君子好仇，實奉公侯之事。採蘋令德，載穆温儀，初日不留，大暮」行及。文明元年貳月拾壹日，終于脩義里第，春秋卌有五。嗟乎！安仁東阜，始歎孤墳；」武子西階，旋聞合葬。以神功元年拾月貳拾貳日合葬于河南北邙之山，禮也。君少」好讀書，長而不厭，事必師古，學不爲人，頗輕篆刻，尤明亮采。理之所行，即南宮之故」事；思之所及，實天下之模楷。固能享福履於來今，振芳名於遂古。不憖遺一，嗚呼彼」蒼！嗣子皎等，痛極匪莪，情深淚柏，生人之本盡矣，孝子之事親終矣！乃爲銘曰：」殷宗之胤，實君之先，有文在手，有命自天，苴茅既錫，弈世蟬聯。其一。君之降德，命世挺」生，專門就學，結綬祈榮，聿勞郡縣，遽議戎旌。其二。帝曰汝諧，式遵王度，乘機逗理，不愆」于素。其三。鑾聲鐵鐵，天道茫茫，都尉無日，脩文有郎。促車徒於駟馬，卜地理於連崗，飛」鳥無日，龜謀允臧。其四。境接蒼鶊，墳連白鶴，四望山隴，千年城郭，邈終古而留想，希九」原之可作。其五。哀哀孝子，落落踈松，飛烏結塊，白鹿馴封。寅門就爵，杞國無容，扣地徒」□，窮泉幾重。其六。」

神功元年歲次丁酉十月甲□□□□□乙酉。」

（北京圖書館藏拓本）

神功〇〇四

【蓋】失。

【誌文】

唐故朝散大夫益州大都督府郫縣□張君墓誌銘

君諱愃，字承寂，魏州昌樂縣人也。其先軒轅帝之後即漢趙王耳之裔，□」居燉煌，鬱爲冠族。粤若刑殲召雨，業劭玄符，道佐聚星，代承黄略。曾祖□」儒，唐使持節深州諸軍事深州刺史謚曰昭；祖公謹，屬隋原鹿走，晉野龍」興，感激風雲，揭負日月。暨乎天維載舉，地網還張，故得金璽酬庸，朱弓講」德，唐朝授公右武候長史，隨、鄒、虞三州别駕太子右内率，右武候將軍，定」遠郡開國公，泉州、慶州、定襄三總管，雍州道安撫大使，代、襄二州都督鄒」國公，食邑五千户，别食綿州實封一千户，贈左驍衛大將軍郯國公，謚曰」襄。以説太宗下東夏，輔安宗廟定社稷有元功，兼征滅凶奴，降」君璋等，録勳特著，與司空河閒王元孝恭等圖形凌煙閣。永徽五年，又奉」恩旨贈使持節都督荆、硤、岳、朗四州諸軍事荆州都督鄒國公，又食海州」實封八百户。父大素，珪璋藴德，冠冕士林，□玉編詞，笙簧藝苑，唐任秘書」□校左千牛蜀王府記室參軍事，遷越州都督府户曹參軍事、著作佐郎、」司文郎左史，除朝散大夫，守東臺舍人、幽州司馬、懷州長史。君陰陽秀氣，」代弈貂冠；宇宙英靈，門承龜組。鏘鏘壁潤，泛學海之樓船；落落珠輝，啓文房」之户牖。松筠比質，挺標王佐之材；鐵石其堅，獨擅養人之器。唐弘文□」明經對册甲科，授霍王府記室參軍事、恒州司兵參軍事、趙州司倉參軍」事、并州士曹參軍事、朝散大夫、行益州郫縣令。何期彼蒼不憖，俄鍾二豎」之祆；積善無徵，莫遘雙童之遺。以萬歲登封元年三月五日寢疾彌留，卒」於私第，春秋五十有二。叢蘭忽敗，星沉處士之光；梁木其摧，月犯少微之」影。龜筮罷肆，同傷埋玉之悲；□□休農，共灑成珠之怨。以大周神功元年」歲次丁酉十月甲子朔廿二日乙酉，遷葬于合宮縣平樂鄉馬村東北二」里邙山之原，禮也。前瞻鶴嶺，却負龍川，左距鐵牛之闉，右眺玉鷄之浦。孤」子偉等恐藏舟遽徙，□樹難依，敬述清猷，長懸翠琰。乃爲銘曰：」

軒丘錫氏，漢室傳封，□□□鳳，□遇攀龍。名編彝器，寵列哥鍾，功超振□，」續裕飛鴻。其一。夫君代有，含章挺出，貂纓首□，鴻筆先鳴，何圖闕室，奄就佳」城。鶴峰南翠，龍川北清，陽門西□□澗東傾。白日辭兮千古，黃泉幽兮□」齡，□茫茫之厚夜，播悠悠兮德聲！」

（北京圖書館藏拓本）

神功〇〇五

【蓋】失。

【誌文】

大周故儒林郎飛騎尉行嵐州合河縣尉朱府君墓誌銘并序」

君諱仁表，字弘感，其先南陽人，因官徙于太原，後從唐高祖定都」長安，遂家于高陵縣人也。昔列卿高德，聿踐司農之職；太守宏材，將」歸會稽之郡。崇堂繼業，家稱構廈之材；良冶傳工，代有爲裘之美。」曾祖朗，周朝上柱國；祖明，隋護軍；父君卿，唐元從上騎都尉；屬」太宗文武神堯皇帝奉天革命，應天順人，遂附翼紫宸，攀鱗黃道，」于時扈從，行至長安，制曰：誠表經綸，義同宛沛，宜遵先澤，錫以戎」班。昔蕭相國之隨漢，早識興亡；宮之奇之去虞，深知向背。美矣哉國」史詳焉！不可得而言也。君沉粹温恭，俊哲寅亮，行無白珪之玷，信有」黃金之美。君解巾授嵐州合河縣尉。雞田近接，贊馴雉於一同；雁塞」斜臨，翊翔凫於百里。將謂遊鵬漸舉，負九萬之青天；豈期奔駟不停，」掩三千之白日。粤以長壽三年三月廿六日卒於官舍，春秋五十八。」夫人真定梁氏。擢秀芝田，分芳桂苑。幽閑得性，咸從琴瑟之和；孝友」因心，自有閨房之穆。蕣花早落，昔年孤逝之魂；松葉晚凋，今日雙歸」之路。春秋卌七，先以天授二年六月廿日卒於官舍。粤以神功元年」歲次丁酉十月甲子朔廿二日乙酉，合葬於河南郡梓澤鄉之原，禮」也。嗚呼哀哉！嗣子光庭、玄福，並欒棘毁容，羸瘠滅性。哭於官舍，慟泣」於鄰人；負其靈柩，悲憎於行路。昔時賓弔，皆成雙鶴之徵；今日墳營，」自有羣烏之召。庶陵遷谷徙，海變桑移，刋石記其年代，封樹刊其塋」域。其詞曰：

大守餘苗，列卿寶胤，攀鱗附翼，冰清玉潤。代祖代」考，爲忠爲順，載誕雄姿，芳猷遠振。其一。允矣君子！宏材挺植，束髮從宦，」牽絲莅職。昔助牛刀，今摧鵬翼，享年不永，生涯遂極。其二。人生到此，天」道寧論，龍沉鶴去，尚在猶存。昔時孤逝，今日雙魂，共歸同穴，日落松」門。其三。黯黯愁雲，沉沉落日，山昏穀霧，泉扃玉質。隴水潺湲，楊風颾颸，」千秋萬歲，情靈永畢。其四。」

（北京圖書館藏拓本）

神功〇〇六

【蓋】 失。

【誌文】

大周故上柱國楊公墓誌有序

公諱基，字安定，弘農仙掌人也。□鱗膺館，簪纓承太尉之宗，白羽祥宵，軒冕襲廊官之胤。家風祖德，史諜詳焉。曾祖彦，隋任太州司兵新豐縣令袁州長史，遷洪州都督；星辰降粹，山嶽含靈。利用賓王，翼鴻飛於露冕；觀光上宰，展驥足於雷同。清白當官，風霜勵俗，熊軒轉授，指吴會而宣威，集旟臨□，按楚都而肅物。祖運，唐任渭州司户，改任襄州義清縣令；□姿迴秀，東山植丹桂之榮；逸器清高，西嶽鬱青松之幹。贊褰帷而臨鳥穴，風聲肅然；光製錦而化龍城，威恩穆矣。公少而明敏，長而神聰。春柳含鱗，識王恭之天骨；秋蘭吐佩，表車騎之風神。洎乎高志捐書，勒燕然之銘碣；雄心擊劍，樹銅柱之功勳。尋加上柱國，榮名備矣，忠貞著矣。豈謂藏舟未固，徒燃西國之香；逝水驚濤，俄赴東山之籙。延載元年九月十九日卒於私第，春秋八十有五。夫人能氏。肅肅婦儀，堂堂母德，行仁有禮，聲高石窌之風；守節懷恭，譽重金鈎之賞。萬歲登封元年二月四日，卒於私第，春秋八十有八。秦樓響亮，駕丹鳳之雙星；豐水澄□，化青龍之並没。神功元年歲次丁酉十月二十二日，合葬於西嶽之陰。川原超忽，但見朝煙；隴路蕭條，唯看宿草。恐陵移谷徙，年代良深，旌德叙功，乃爲銘曰：

太尉之家，侍郎之系，珠玉其德，簪纓其世。西嶽青松，東山丹桂，操行清白，風神雅麗。其一。北門巢鳥，南井生桑，皇天不助，積德斯亡。浮雲蔽日，秋菊凋霜，碎此奇寶，其心實傷。其二。長河似箭，靈嶽如蓮，山川形勝，表裏佳田。雲愁荒隴，月淨幽泉，千秋松栢，百代風煙。其三。

（録自《陝西金石志》補遺上）

神功〇〇七

【蓋】失。

【誌文】

大周故右翊衛清廟臺齋郎天官常選王豫墓誌銘并序第四舅梁王西閤祭酒謝士良撰」

王豫，字安舒，琅邪臨沂人也。自周儲上仙，秦將弈世，即丘遺範，長淮不」竭，丞相之謀猷東晉，太尉之翼亮南齊，家聲有聞，令德斯在。曾祖允，祖」修惠，父師道，並河祉岳靈，鶩鸞吐鳳，基仁義以垂裕，蘊忠清以從職。迨」茲綿緒，必秀逸羣。豫生兩歲而孤，繦緥之間，聰穎獨絕，天機孝友，夙表」廉讓，亦猶隨珠之自然光耀，和璧之禀質明温。先公荊州户曹」府君，每謂成吾宅相；伯父雍州司馬府君：必將當家千里。二門」鍾愛，四海共推，下筆則落紙雲飛，發言則藻思煙涌。洎廿一，門調宿衛，」州舉孝廉，補清廟臺齋郎。頻入李膺之筵，屢有蔡邕之迓。居無何，」敕令優選，未赴。初其父舊瘞二南，年踰兩紀。乹坤闔闢，陵谷遷貿，牛汗」地閉而寧辯，馬鬣雲平而詎知。迺披幽明而延想，覽齊諧以馳思，遍尋」巫覡，步自梁陳，銜酸茹痛，崩心飲血，析求罕徵，志力俱盡。既喪所天之」感，旋嬰陟屺之悲，雖槐檀已變，而憂痗常積。延載元年八月廿九日夜，」卒於洛陽殖業里之旅舍，春秋廿有八。嗚呼哀哉！文勝賈生，命促顏子，」生涯若此，天道何言？埋玉樹於土中，搢紳流慟；瀝瓊瑰於洹上，親友咸」嗟。遺愛深於鄭僑，喪賢過於魯展，豈圖春鳩鳴矣，時榮不芳；商風颯焉，」叢蘭忽敗。仍冥婚粱吴郡王孫邢州司兵蕭府君之第四女。下泉桃李，」悲涼寡色；幽途琴瑟，悽咽無聲。粤以今神功元年十月廿二日合葬於」□山之原，典也。平原苦霧，大谷愁陰，神理綿綿，空餘拱木；荒郊寂寂，」□無行者。叔父鄂州江夏縣令以賈亡偉節之虎，荀殞慈明之」龍，奈何白眉，不壽黄髮？憫此孤喪，收祔先塋。殁後諧鳴鳳之占，」生前紀乘羊之異，君哀令弟，我傷賢出，于嗟啜泣，强作銘云：」玉惟温潤，珠有明潔，允矣吾甥，矯然世絶。藝摭龍頷，才探虎穴，雅量堂」堂，貞規烈烈。小年擢秀，大成萎哲，急景霜凋，馳波電閲。鄧林全瘣，干將」中折，乘馬連嘶，塗車委轍。憫附羅於松徑，悲束楚於巖屺，孤獸咆而荒」隴寒，揚鳥思而窮泉咽，佳城白日，野路黄塵，天道茫昧，如何此人！」

（周紹良藏拓本　河南千唐誌齋藏石）

神功〇〇八

【蓋】　大周故張府君墓誌銘

【誌文】

大周故上柱國張府君墓誌銘并序」

君諱素，其光南陽白水人也。若夫珠躔降秀，肇允受略於黄公；金珥昇榮，籍」舊納言於赤帝。則有蟾儀候氣，爰模造化之功；龍鍔潛輝，冥察幽玄之象。譽」流文藻，嘉聲振於洛都；辭擅縱横，顯貴隆於秦國。斯並傳芳竹素，烈懿芸緗，」無待發揮，略陳楊榷。曾祖懿，齊任青州刺史；褰帷蒞俗，皂蓋臨於百城；露冕」字民，朱轓轉於千里。祖晟，隋任相州別駕；束髮從宦，仁揚竹使之風；陳力就」官，道洽題輿之化。父陁，唐任趙州欒城縣令；鳴絃坐嘯，察眉睫之奸；製錦臥」治，化股肱之邑。君則二八三飛譽，諒君子之含章；五百挺生，實賢人之題目。」黃陂萬頃，無能測其濁清；嵇樹千尋，直用觀其森聳。旌性成珮，蘭薰桂馥之」芳，辯貞爲聲，璞玉混金之量。仁勇居志，忠義自安，道參帷幄之謀，思妙韜鈐」之術。去龍朔年中，屬三韓作梗，憑凌鯷海之隅；九種孤恩，旅拒狼河之外。君」乃負霜戈而報國，直下朝鮮；帶月羽以從軍，先摧玄菟。遂以謙自牧，不論大」樹之功；怡道安神，追賞小山之志。不謂歲交辰巳，釁起巢馮；論極鬼神，災生」問鵩。嗚呼哀哉！粤以永隆元年拾月初遘疾，其月貳拾捌日終于思恭里之」私第也。春秋伍拾有陸。夫人趙氏，騰姿蘭畹，誕彩芝田，節峻秋霜，明逾朝日。」斷機流譽，載光班史之箴；舉案揚芬，式烈曹姬之誡。四德昭著，六行孔修，擇」鄰之道可嘉，監魚之訓斯尚。嗟乎！雄芒墜彩，雌劍候以淪輝；貞木凋陰，女蘿」紛而標影。以萬歲通天貳年肆月貳拾肆日終于積德里之私第也，春秋陸」拾有捌。即以大周神功元年歲次丁酉十月甲子朔廿二日乙酉，合葬于北」邙平樂鄉之原，禮也。韓君梓樹，鬱矣交陰；千氏青衣，宛然成列。蘇韶請葬之」地，却負大河；梁鴻歌噫之山，前臨太室。佳城鬱鬱，對金埒而開塋；修龍峩峩，」俯玉川而啓璲。嗣子游擊將軍、上柱國童侠、次子游擊將軍、行幽州宋城鎮」將、上柱國元瓘，次子昭武校尉、桂州百丈鎮將、上柱國元及，並哀纏風樹，悲」咽寒泉，叩地無追，瞻天靡訴。懼其陵遷谷變，方刊無媿之詞；地久天長，將驗」斯文之在。乃爲曰：

黄軒令族，赤帝英臣，五世居相，七葉垂紳。談狸精敏，」觀象妙神，文藻映陸，辭説遊秦。其一。鳳子九色，飛章五色，崩雲飛翰，搏風振翼。直道謀身，高衢騁力，立功立事，惟静惟默。其二。鸞鏡孤絶，龍匣雙飛，偕老俱盡，」同穴攸歸。墳交梓木，塋列青衣，蒿宫永閉，松門掩扉。其三。一謝小年，長歸大暮，」嘶驂徒踻，弔鶴相顧。壟樹古兮悲風，埏草荒兮泣露，何以紀其徽烈？勒兹銘」於泉户。其四。」

（周紹良藏拓本　開封博物館藏石）

神功〇〇九

【蓋】　大周故王府君夫人墓誌之銘

【誌文】

太中大夫行神都總監王緒太夫人郭氏墓誌并序　著作郎崇文館直學士賈膺福撰」

夫人姓郭，諱五，京兆郡長安縣人也。夫人五陵望族，」三輔豪家，四德昭宣，六行光備，鏡鑒圖史，敦悦詩書，」爰逮有行，歸于君子，娣姒以爲嬪則，宗黨稱曰女師。」過隙不留，有涯終盡，遽違昭代，永即幽泉。以大周天」授貳年正月遘疾，終於雍州乾封縣嘉會坊之私第，」權殯於宅所。有子虔緒，操履夷雅，風度淹和，僚列挹」其忠能，朝野推其幹用。位升通貴，寵洽榮親，仰堂仞」以增哀，思寒泉而永慕。式遵追遠，寄申罔極。以神功」元年拾月貳拾貳日遷葬於乾封縣萬春鄉杜永村」東李果地所，禮也。雖餐茹酷，孺慕無從，而卜宅歸神，」充窮有託。勒兹玄石，用紀芳猷。其詞曰：」

猗歟令淑，慶積流長，傾梧播美，集灌騰芳。匹由秦晉，」偶則潘楊，母德惟茂，嬪儀載光。其一。過隙騰駟，驚波迅」尺，奄謝昌辰，言歸永穸。零落丘隴，摧殘松栢，斷機留」訓，遺捲餘澤。其二。懿茲才子，榮親濟美，恨結高堂，哀纏」陟屺。遷神大墓，即宮蒿里，玄石貞堅，芳徽是紀。其三。」

（周紹良藏拓本）

神功〇一〇

【蓋】失。

【誌文】

大周聖曆元年歲次戊戌貳月壬辰朔拾」壹日壬寅，故行慶州弘化縣尉、上騎都尉」暢君之靈柩。君諱懷禎，字仲鄰，洛州陽城」人也。曾祖滿，周朝任成州司馬；祖保定，隋」任鷹揚將軍、開府儀同三司；父玄昉，唐任」太常寺太樂令。本河東之苗裔，隋末遷居」洛陽，因爲隸屬。去長壽貳年五月，恩旨」釋褐，授弘化縣尉，」尋制授上騎都尉。」君職務清勤，朝野推挹，門傳簪笏，地實哥」鍾，部郡寮寀，咸舉强幹。神功元年拾月，巡」覆一十八州倉，使勞因疾。其月貳拾柒日」亡於長安，春秋卅有二。母朱夫人，弘化發」哀，過京收斂，歸于洛陽，葬於北芒山。即此」遷錯禮畢，嗚呼哀哉！富有年命，泉扉永訣，」魂路杳兮長辭，金石存兮不滅。」

（北京圖書館藏拓本　河南千唐誌齋藏石）

神功〇一一

【蓋】失。

【誌文】

大周」雍州長安縣弘政鄉」游擊將軍王伏生洺。」四月十五日身亡也。」證聖元年四月廿」五日景寅朔」孤子思本記之。」神功二年正月伍日合葬。」

（周紹良藏拓本）

神功〇一二

【蓋】大周故朝議大夫行乾陵令上護軍公士獨孤府君墓誌銘并序」

【誌文】

大周故朝議大夫行乾陵令上護軍公士獨孤府君墓誌銘并序」

君諱思貞，字思貞，河南洛陽人也。本姓劉氏，其先出自漢沛獻王。」洎五馬南浮，三光北眷，崇寵爲極，因而氏焉。帝堯聰明，高祖仁愛，」景命昭昕，洪源葳蕤。曾祖子佳，齊直閤將軍、太州刺史、吏部侍郎、」武安郡公。祖義順，唐右光禄大夫，太僕卿，涼州都督，虞、植、簡三州」刺史，上柱國，洛南郡公。父元康，唐左金吾郎將、右衛中郎、左清道」率；克掌厥家，挾翼世諧，文以六化，武以四攘，載垂光塵，昭備明德，」邦國是輔，允粹允休。君禀元和之清，含惠懿之美，代隆素範，家植」誕靈，秀茂若神，咳笑成德。八歲受詩禮，十五學擊劍，廿博綜羣籍。」解褐以門調補太子進馬，俄遷左監門兵曹，轉隆州録事參軍，稍」遷同州司士，無何，授雍州司户。高門撲地，結客成場，依倚將軍，驕」矜司隸，探微鏡理，刑屏滯拔，雖張京兆曷以尚兹。秩滿，調補稷州」奉天令，未幾丁家艱，三年齋居，七日不食。載紆綸紱，榮問苫廬，」爰命入閣，賜絹、帛、繒、綵三百段，衣裳數襲。禮闋。以孝極君親，」量能昭洽，特賜龜，加一階，除乾陵署令。象鳥遐邈，侍蒼梧之野；臺」閣巍然，戴軒轅之德。嗚呼！以萬歲通天二年正月十七日化漸有」力，卒于官舍，春秋五十六。粤以神功二年正月十日遷窆于銅人」原，禮也。送車千乘，弔客路傍，悲馬倚衡，平蕪鳥哭。有子籍等，少負」重名，崩號殆滅。思刊洪德，將紀綿祀。其辭曰：」受瑞河洛，積雲岝崿。靈命不替，洪源攸長。下逮王莽，既勃且狂。光」武膺運，電飛昆陽。欃槍是滅，漢綱載張。當塗無主，典午隳綱。魏氏」草昧，世雄龍荒。雲騰焱發，北運南翔。高曾爰輔，明哲嗣昌。于惟生」德，挺粹含章。通則能久，温而且莊。既蒞月峽，亦臨雲鄉。仁而積潤，」愛以垂光。如何不淑，降此咎殃。白鶴先路，麒麟啓崗。秋氣煞日，陰」風茫茫。盛業不泯，傳示無疆。」

（録自《唐長安城郊隋唐墓》）

神功〇一三

【蓋】失。

【誌文】

大周故處士前兖州曲阜縣令蓋府君墓誌銘并序」

君諱暢，字仲舒，信都人，因官徙居新安。昔齊丁公之子，食邑」于蓋，遂以命氏。白蛇啓運，實標儒學之名；赤伏應符，仍顯武」牙之號。自兹厥後，代有人焉。祖弘式，隋襄城郡守；父蕃，唐曹」州離狐縣丞；并以經業相傳，爲當時所重。君禀三德之餘慶，」崇五美以基身，學洞六爻，文該四始，起家進士，貞觀廿二年，」授麟臺正字。蓬山吮墨，魚魯咸甄；芸閣含豪，陶陰無舛。永徽」三年，制除太子校書。顯慶四年，奉敕待制弘文館隨仗入内」供奉。屢伏青蒲，頻趨丹陛，添海裨岳，每有益焉。龍朔元年，授」雍州櫟陽尉。類梅福之南昌，奸豪斂跡；同喬玄之北部，凌暴」歸心。乾封二年，授雍州富平丞，丁憂解。咸亨四年，授兖州曲」阜令。化隆三異，迹標三善。而天性澹泊，禀操清貞，雖在公衙，」不異林藪，久居吏職，非其所好。秩滿歸家不仕，以文史自娱，」著道統十卷，誠千古之名作，一代之良才。閲水難停，藏舟易」徙，夢瓊殘息，奄穨千月之靈；連石餘輝，俄陟九原之路。以神」功元年十月十五日卒於神都道政里私第，春秋七十六。即」以二年正月十七日，葬于北芒山北月城中之先塋，禮也。天」長地久，寒暑有來往之悲；日居月諸，人代多新故之感。恐岸」穨爲谷，海變成田，爰總德音，紀之貞琬。其詞曰：

天地吐秀，」川嶽降神，挺生奇士，是曰異人。立言有裕，立德有鄰，名高如」玉，譽重席珍。藻豔春葩，行歸秋實，體仁尚智，懷文抱質。直不」忤時，寬無縱昵，克明克允，惟貞惟一。福善睽應，太山其穨，庭」栖鵀鵂，夢接瓊瑰。少微易感，揮日難迴，隙光永謝，今古同哀。」

（北京圖書館藏拓本　河南千唐誌齋藏石）

唐代墓誌彙編

聖曆

聖曆〇〇一

【蓋】失。

【誌文】

大周故登仕郎前復州監利縣尉秦府君墓誌并序」

君諱朗，字世昌，隴西汧源人也。曾祖弁，宇文朝任蒲」州司馬；祖諒，隋任越州會稽縣令；父端，唐任絳州龍」門縣丞。龜組簪纓，赫弈代襲。君材器瓌傑，機神爽邁。」忠孝仁義，得自天資；學植文理，稟於家訓。釋褐任復」州監利縣尉。佐絃歌於百里，綵翟馴桑；翊製錦於一」同，飛蝗出境。故能名芬舜牒，聲美堯編，冠冕人倫，暉」映今古。豈謂彼斯忍，與善無徵，儵服貽妖，奄遷危化，」以聖曆元年歲次戊戌三月辛酉朔九日己巳，終於」私第，春秋七十有四。孤子懷質，號天叩地，泣血崩心，」痛樹悲筵，殆將滅性。以其年五月七日殯於洛陽縣」平陰鄉北邙山，之禮也。其地南瞻鶴岫，北眺龍門，東」接成皐，西連函谷，聊鐫翠琰，以勒徽猷。懼陵谷之湮」除，式紀芳於幽隧。乃爲銘曰：」
鼎族餘慶，伊人挺生，詞河筆海，夙著英名。早申利器，」玉潤金聲，飛鵬未遠，鬪蟻先驚。芝蘭隕秀，松
箭摧貞，」甫從窀穸，式啓欑塋，勒兹翠礎，誌彼佳城。」

（周紹良藏拓本）

聖曆〇〇二

【蓋】失。

【誌文】

大周故文林郎張君故妻宋夫人墓誌銘并序」
夫人諱字，其先廣平郡人也。原夫望雲開國，錫胤啓」於商郊；貫月稱王，延嗣封於宋邑。西窗縱辯，
爰驚巽」羽之談；南國侍遊，遂振雄風之藻。爾其簪裾佩玉，軒」蓋鳴鍾，式著緗紬，無待詳悉。祖　，
父岌，並器均萬頃，」儀表千尋，祖德家風，師範朝野。夫人騰姿蘭畹，誕彩」芝田。霜操内凝，湛如鸞
鏡；神光外朗，皎若虹珉。宜家」之道克昌，饋禮之儀斯穆。動容成則，六行備母訓之」規；肅事因心，
四德盛閨儀之禮。方期長延鶴算，資保」壽於遐齡；遽而奄閲鴻川，竟沉魂於厚夜。嗚呼哀哉！」以聖
曆元年陸月貳拾日遘疾，終于嘉慶里之私第」也。春秋陸拾貳。即以其年柒月拾伍日權殯于北邙」之
原，禮也。松扃蒿穸，對金苑而疏塋；柏墜桐閽，瞰朱」宫而啓域。嗣如山悲深陟屺，痛切寒泉，愴欒棘
以銷」容，悲蓼莪而滅性。懼其陵遷谷變，勒遺範於佳城；地」久而天長，驗斯文於貞琰。其銘曰：」

石精啓業，玄水分波，降臺珠婺，誕彩金娥。母儀肅穆，」□訓閑和，林風罷詠，薤露悲歌。鸞鏡委匣，鴛綺停梭，」□城一閉，傷如之何？」

（録自《芒洛冢墓遺文四編補遺》）

聖曆〇〇三

【蓋】失。

【誌文】

大周故傅君墓誌銘并序」

君諱思諫，字庭芝，北地泥陽人也。因官徙地，而爲美原縣人焉。」乘箕星而下相，説代予言；對佛日之中興，毅馳雄辯。自時厥後，」代有其人，祖德家風，詳諸史諜。曾祖良，隋青州别駕、太中大夫，」河、鄜二州刺史；祖爽，唐右武衛倉曹，應武舉，制授游擊」將軍長上果毅；父節，忠武將軍，見任左衛翊一府郎將。君幼挺」奇拔，長而魁梧，太華崖岸，蓮花吐其千葉；巨海波瀾，扶桑森其」萬丈。以爲於穆清廟，肅雍顯相，敬行籩豆，妙俟司存。君以地望」崇絶，天姿秀偉，選衆而舉，擢爲清廟臺齋郎，旋屬玉册披祥，金」繩展采，奉郊壇之盛事，陪望秩之大儀，而天造曲成，矜其薦饌之美；上玄垂渥，擢以觀光之選。雖年齊英妙，早標童子之名；而」賦擅成都，未被將軍之用。豈圖天未悔禍，日不留隙，風霜摇落，」崐崘之珠樹忽凋；陵谷變遷，夷甫之瑶林長瘞。以聖曆元年九」月十七日卒於通遠坊私第，春秋一十有八。即以其月廿八日」殯於洛陽縣平陰鄉之北原，禮也。景純相宅，入邙阜之松門；周」勃吹簫，送平陰之柳駕。兩宮相夾，誰知漢起之年；駟馬不行，空」想滕公之日。嗚呼哀哉！天地寥沉，草樹衰歇，對此陳柯，吞恨已」多，喪明增慟，傷如之何？迺爲銘曰：

粵在有殷，夢得賢臣，降及炎漢，尚辯胡神。擊鍾鼎食，代富其人，」樂只君子，觀國之賓。氣衝星斗，名書月輪，風霜忽序，芝蕙解芬。」河陽花碎，合浦珠淪，崇邙北峙，洛水南瀕。何年相送，此地歸真，」千年見日，萬古非春。恐桑田有變，松劍無新，勒生金之翠琰，庶」終古之不泯。」

聖曆元年歲次戊戌九月戊午朔廿八日乙酉。」

（周紹良藏拓本　河南千唐誌齋藏石）

聖曆〇〇四

【蓋】失。

【誌文】

大周上柱國高君墓誌銘并序」

君諱邈，字行淹，渤海人也。昔有隋遷業，皇唐啓聖，」惟曾與祖，輔德成功，榮擅當時，名流宇內，父卿夙」挺英節，早申武藝，臨凶對敵，若孫權之佐吳；橫戈」出塞，似淮陰之輔漢。雖分茅割邑，有謝於金貂；而」坐樹論功，豈殊於馮異。公既負天姿，性包仁勇。」功成受賞，勳高於一時；辭祿養親，孝聞於九族。豈」謂福緣無驗，積善多違，天不憖留，風疾俄及，爰以」曆年月日卒于　里之私第，即以　辰遷于平鄉芝里禮也。哀子滿，崩天甄絶，泣血無追，想陟屺而」何依，相風枝而罔極。既而龍輴就駕，飛旋啓行，楚」挽咽而無聲，愁雲浮而不動，嗚呼哀哉！夫歲月有」遷，古今異延，人事無定，芳言不易。相墜路之生陰，」敢傳聲於貞不乇。詞曰：」
功由業慶，德以頌宣，時惟多士，代不乏賢。勳高紘」下，忠惟孝先，忽問庚服，俄逢巳年。其生守正，其死」歸全，望松塋之已横，冀貞不之方傳。」
聖曆元年十月二日戊子□之銘。」

（周紹良藏拓本　河南千唐誌齋藏石）

聖曆〇〇五

【蓋】　失。

【誌文】

大周故正議大夫行太子左諭德裴公墓誌銘并序」
公諱咸，字思容，河東聞喜人也。魏晉之世，裴王著族，司空制圖，藏之秘」府，天子採策，議在中書；公侯之緒克昌，河汾之靈無歇。曾祖孝忠，齊著」作佐郎、中書舍人；祖滌，隋司農丞、隨州司馬；考方産，唐侍御史，尚書比」部、左司二郎中，雍州長安縣令；高才貴仕，盛矣國朝；祖德家風，存乎□」册。公含淳粹之精，受淵邈之量。九德資器，五行秀質，推誠爲應物之先，」强學爲立身之本。行不苟合，義不取容，禮無廢於斯須，仁莫違於造次。」居家以廉讓，事主以忠公，肅肅乎宗廟之□，堂堂乎領袖之表。由是譽」籍知己，宦成當世。解褐自益州導江尉、華州鄭縣尉、雍州櫟陽尉，歷左」臺監察御史裏行、右臺監察御史、殿中侍御史、行侍御史、文昌天官員」外郎、秋官郎中、給事中、太子左諭德，春秋六十三。維聖曆元年歲次戊」戌八月景辰，卒于隆化里，嗚呼哀哉！公爰始甲科，累從劇縣，四爲御史，」二爲郎官，六載居給事中，一遷至左諭德，爾其儒業覩奧，吏職稱明，雄」視憲闈，即百寮憚其亮直；光步禮閣，即三臺推其書奏。及趨拜青瑣，給」事黄門，遥知闕下之車，不言省中之樹，著曰純謹，貫乎始終。皇扆凝」念，春宫擇輔，俾羽翼於元良，咨調護於明哲，方將入補三事，式瞻萬邦，」巨川濟涉，亨衢高跱。嗚呼！享年不永，眉壽曷期，劉仲雄生不爲公，鄧伯」道殁□無子，名士慟哭，羣臣赴弔。粤以其年十月己酉，安厝于北芒山」之塋，禮也。千秋館舍，一去郭門，大夫之寶劍不傳，少傅之黄金已散，顧」惟恩舊，永悼音徽。子期既淪，奚託知己；有道云喪，無媿屬詞。留素車以」何及，勒玄扃而在兹。其銘曰：」

顯允公族，於昭河紀，猗歟八裴，浩若千里。武庫宏傑，玉山映峙，爲龍爲」光，世有君子。舍人濟濟，持中翼翼，歷選圖書，分播農植。厥考貞亮，古之」司直，邦家具瞻，京縣是式。公實載輝，矯矯于飛，鐵冠掌憲，瑣闈參機。忠」貞允屬，問望咸歸，俟登衮路，先範儲闈。浩浩陰陽，茫茫遷化，晞露無待，」流川不借。夢起當春，彌留自夏，白駒過隙，玄輴就駕。地入芒坂，山後漢」陵，泉扃遽闔，釭燄徒凝。賓客相送，遺孤莫承，高門已矣，陰德誰興？」

（北京圖書館藏拓本　開封博物館藏石）

聖曆〇〇六

【蓋】失。

【誌文】

大周正議大夫使持節都督嶲州諸軍事守嶲州刺史上柱國高陽縣開國男許公夫人瑯琊郡君王氏墓誌銘并序」

夫人王氏，瑯琊臨沂人也。自駕鶴騰禕，乘鳧錫胤，遂里成冠蓋，代壯風」規。祥乃孝感神祇，覽則義通幽顯，是以祚隆淮水，榮贈佩刀，結紫綬者」連鑣，馳朱輪者接軫，崇基與極天比峻，積德將環海俱深，形影被於丹」青，聲實流於篆素。曾祖賓，後魏長樂、濟南二郡太守；威振百城，風扇千」里，凜秋霜以戒物，湛春露以流仁，惠結去思，頌傳遺愛。祖秀，隋齊王府」諮議參軍；職唯清曠，人實雍容，高膺諷議之才，遂踐鄒枚之列。父滿，唐」許州司馬；琢玉成器，擢幹凌雲，龍翰九章，鳳毛五色，刺舉期於展驥，邦」國於是不空。夫人禀玄精之秀氣，降素魄以澄輝，毓彩蘭滋，含芳桂馥，」豔繁容於桃李，激峻節於冰霜。爰暨初笄，來嬪盛族，叶兹琴瑟，茂彼松」筠，閫訓克脩，閨儀備舉。都督高陽公道亞非熊，志諧鏘鳳，既展如賓之」敬，庶同偕老之期。而玉琯飛灰，金壺急箭，生涯已往，奄謝昭塗。聖曆元」年八月廿三日遘疾，終於私第，春秋七十有五。以二年正月四日，遷窆」於洛陽邙山，禮也。餘慶不追，藏舟遂遠，鏡鸞獨舞，龍劍孤沉。惟夫人水」潔珠凝，蕙心蘭質，行高萊婦，德美袁妻，淑麗天姿，温柔成性。純懿之質，」乃剪髮而無言；勞謙之心，亦齊眉而展敬。既而掌曜珠玉，庭秀芝蘭。方」當克萬鍾，共金石而長固；豈意奄辭千月，與河塵而不歸。嗚呼哀哉！子」左奉裕長史惟忠等，俯寒泉而瀝血，痛風樹□難追，懼陵谷之貿遷，遂」鐫金而播美。乃爲銘曰：

馭鶴開宗，驂鳧演慶，簉淮疏構，臨沂鼎盛。位列三司，榮膺九命，英賢接」武，珪璜疊映。其一。爰降淑姿，含章秀美，性芳蘭蕙，豔濃桃李。窈窕仙儀，作」嬪君子，玳筵委雁，寶衣文雉。其二。母儀列閫，作範中闈，恭柔有裕，禮則無」非。公侯齊體，黻冕增輝，朝浮紫幰，夕啓朱扉。其三。逝景難留，長波不返，暮」槿俄及，朝英已晚。秀落芝田，芳凋桂苑，靈輀就駕，哀驂遽轉。其四。建塋邙」阜，迴對龜川，唯瞻拱木，但見寒烟。松吟古隧，草列荒埏，痛銷金於此日，」竟埋玉於窮泉。其五。」

（北京圖書館藏拓本　河南千唐誌齋藏石）

聖曆〇〇七

【蓋】失。

【誌文】

周故使持節嶲州都督上柱國東平縣開國男河南陸公夫人崔氏武城郡君墓誌銘」

夫人武城清河人也，曾祖崇基，」梁黃門侍郎；祖志，齊恩州長史；」父深，唐朝散大夫潞州長史。夫」人大周萬歲通天二年四月二」十九日薨於河南永豐里之私」第，春秋七十有一。以聖曆二年」歲次乙亥正月丁巳朔二十八」日甲申合葬於洛州洛陽縣清」風鄉邙山之原也。」

（録自《中原文物》一九八二年第三期《洛陽古代藝術館藏石》）

聖曆〇〇八

【蓋】失。

【誌文】

大周故雲騎尉隴西郡牛府君墓誌銘并序」

君諱阿師，字處仁，隴西郡狄道永昌人也。徙族因官，居于有洛，」今爲河南郡人焉。自鏕宫受命，洪源肇於都亳；樂器知歸，峻阯」開於有宋。上地流巨儒之譽，長丘表司寇之功，蔚緹緗而邵美，」與蘭菊而無絶。祖緒，齊任青州司馬，父通，並道優鄉塾，言無瑕」玷，忽浮榮於軒冕，懿棲德於丘園。君氣禀淳和，質標岐嶷。推梨」懷橘，惠聞於丱歲；蹲甲附枝，枝成於壯齒。夙韞懸弧之禮，屢興」投筆之言。屬乎塵起漠南，雲屯塞北，急邊風於鳴鏑，開滿月於」穹廬，遂得膺六郡之良家，從五營之材力。非顧懸魚之賞，實雄」探虎之志。以萬歲通天二年八月卅日授雲騎尉，酬勳伐也。既」而邊城晏閉，偵火無權，君策馬歸來，優遊都邑。言驅下澤，稱善」人於鄰閈；載仰高山，追勝交於歲晚。固已萬鍾隆養，方憑不饐」之鳩；豈期九仞高堂，忽止座隅之鵩。以聖曆二年歲次己亥正」月十六日遘疾，終於合宫縣之嘉善里第，春秋七十有八。即以」臘月廿日窆于上東邙山之南原，禮也。次子朝議郎行梁王府」大農上柱國嗣宗等，孺慕纏哀，如疑結痛，式鐫幽礎，賁以窮泉。」其銘曰：

居商肇祚，在宋來奔，種德前哲，流芳後昆。猗歟祖」考，道勝丘園，傳徽構室，積慶盈門。其一。蔚矣垂裕，降生君子，桂馥」層巒，珠輝圓水。移官成孝，宅仁爲美，器則函牛，藝兼穿兕。其二。雄」心投筆，壯髪衝冠，思立横草，直指臯蘭。塞塵行暗，胡膠已寒，多」壘爰息，長纓可漫。其三。獻凱歸止，遨遊鞏洛，芳枳面郊，良疇負郭。」白首朋好，黄金然諾，曳杖忽悲，崇楹遽鑿。其四。厚隧將宅，高堂不」留，滔滔洛澨，壘壘邙幽。林虚鳥哭，隴暗雲愁，悲哉霜霰，萬古松」楸。其五。

（周紹良藏拓本）

聖曆二年臘月廿日建。」

聖曆〇〇九

【蓋】失。

【誌文】

大周故朝散大夫泗州司馬上柱國邊君墓誌銘并序」

君諱惠，字處泰，陳留人也。昔鳴鷟呈祥，祚始文王之國；斷蛇開業，」功符上將之星。既得姓於宗周，亦馳名於大漢，實資先慶，垂裕後」昆者焉。祖伯，隋楚州刺史；道光千里，職總六條。信洽并童，還聞駐」馬；化行婚俗，遂動鳴鷄。執法不在於深文，開恩貴存於撫字。父師，」唐金州平利縣令；七絃調鳳，武城之媿於操刀；百姓哥魚，萊蕪有」慚於躍釜。君枝條迥秀，竦豫樟於七年；羽翮孤騫，搏扶搖於六月。」風神拔俗，敏悟超羣，揚子雲之棪天，濫傳三蜀；張茂先之晝地，羞」記千門。仁兼楚地之蛇，智辯漢庭之鵲。於是成均教胄，習六藝於」虞庠；射策仙臺，洞三章於呂訓。解褐任隰州司法參軍事。鶯遷於」谷，鴻漸于盤，明均刻木之情，政允分符之局。秩滿，鷹揚衛兵曹，俄」遷司禦衛長史。衣冠成列，盛被雲司，龍豹爲韜，典茲霜戟。屬雷」雨作解，幾叶於龍圖；品彙懷歡，頻加於鳥職。萬歲通天元七月十」三日，授朝散大夫，改泗州司馬。荆吴勝甸，淮海惟揚，周撫黎毗，實」資材局。忽以降年方斜，福善無徵，鬬蟻不痊，懸蛇莫悟，著書無鬼，」家已乏於青牛，相地非人，塋遂開於白鶴。芬芳易歇，永絶於蘭庭；」冥漠有期，遽歸於蒿里。春秋六十有一，終于廨宇。賓寮屑涕，望雙」雁之聯翩；家室銜悲，撫孤鸞而哀怨。聖曆二年十一月五日，遷窆于」北邙之原平洛鄉之界，禮也。胤子山光，哀纏變栢，酷甚餐荼，恐碧」海之三田，思黄絹之八字，庶旌幽隧，以誌佳城。其詞曰：」周文啓祚，漢將馳名，乃祖惟父，桂馥松貞。君其秀出，更禀英精，德」將玉重，諾使金輕。千門晝得，七步詩成，既因齒胄，俄從濯纓。心同」霜潔，政若冰清，馭人以道，在法惟平。憂喜不見，寵辱難驚，無欺暗」室，翻悲奠楹。頽山動唱，逝水傷情，青烏發兆，白鶴疏塋。愤埏月色，」松檟風聲，聊同幼婦，以記佳城。」

聖曆二年一月丁巳朔五日□酉。」

（録自《芒洛冢墓遺文五編》）

聖曆〇一〇

【蓋】失。

【誌文】

大周故銀青光禄大夫使持節利州諸軍事行利州刺史上柱國清河縣開國子崔君墓誌銘并序」

君名玄籍，字嗣宗，清河東武城人也。炎帝之嘗草木，利盡生人；太公之運韜鈐，功申佐命。克昌于後，遂起宗邑之名；無」忝厥先，是標大族之望。掩四海而獨步，經百代而高視。曾祖彦昇，宇文朝太子洗馬、上開府儀同三司、荆州大總」管府長史、恒州刺史、光城縣開國公，隋贈冀州刺史；宏材曠度，博聞多識。當時重其弘益，任遇特隆；後王想其風」采，褒崇不暇。祖至仁，隨襲爵光城縣公，尚書右丞、太子右庶子，改封白水縣開國公；括囊政術，經緯邦家。通藉兩」宫，將軍或遷於太傅；食邑二代，富平更封於武始。父善福，唐秦王府庫真上大將軍。折衝良將，莫府元勳，册韓信」而登壇，拜宋昌於前殿。曰功曰事，藏於東觀之書；惟舊惟賢，列在南宫之畫。君天地閒氣，公侯異表，潤之以珪璋，」文之以禮樂。百行斯總，仁義攸先；六藝是該，書射尤妙。引旗爲戲，早推方牧之才；蕪室而居，便藴澄清之志。起家」文德皇后挽郎，尋授婺州司功參軍事。屬祅賊陳碩真挾持鬼道，摇動人心，以女子持弓之術，爲丈夫輟耕之事。」沴氣浮於江波，凶徒次於州境，凡在僚屬，莫能拒捍。刺史清河公崔義玄察君智勇，委令討擊。君用寡犯衆，以正」摧邪，破張魯於漢中，殄盧循於海曲。功無與讓，賞不踰時，永徽四年，加游擊將軍、守右武衛崇節府果毅都尉。已」而吐蕃揚言，將出於蜀。彼之小國，且未通和，我之邊郡，玆焉預視，乃除君雅州長史。攻守之際，策謀居多，疆境獲」安，軍國攸賴。龍朔三年，除隴州長史，仍奉使凉州巡撫契苾部落。銜國朝之命，悦歸附之心，馬牛被野而不驚，吏」人按堵而如故。麟德初，萬方作乂，八使觀風，杖節持斧，揚清激濁。關内道大使、司刑大常伯劉祥道以君精於吏」職，清畏人知，表奏天庭，揚其善政。太山東嶽，屬登封降禪之秋；兖土外臺，重别駕持中之選。仍除兖州都督府長」史，專知壇墠及儲峙事。乾封元年，加中散大夫、守歸州刺史，尋檢校荆州大都督府司馬。朝發白帝，暮宿江陵，荆」門之險萬重，巫峽之塗千里，專城按部，威令久行，大府題輿，政聲彌遠。遂使長江艫舳，往來無剽奪之虞；倚市錐」刀，朝夕罕惰遊之利。總章元年，丁内憂，痛嬰創巨，性幾毁滅，雖日月之云既，在笙歌而不成。咸亨元年，除蔚州刺」史。范遷材略，胡騎遠漁陽之城；陶碩威名，羌人避雁門之境。嗟乎，執心正直，邪佞之所必憎；持法嚴明，貪殘之所」同疾。留落不偶，坐滯於十年；讒匿弘多，竟遷於五嶺。儀鳳三年，授循州刺史。吴隱石門之路，地邇貪泉；馬援銅柱」之郊，川臨漲海。頒其教令，復羣盜於堯人；宣以制書，被皇風於越俗。開耀元年，除袁州刺史。永淳」二年，除文州刺史。垂拱初，以公事免。天授二年，遷茂州都督府長史。張敞受誣，遂停鄉里；楊璿見釋，乃拜議郎。長」壽二年，遷巴州刺史。證聖元年，除黄州刺史。萬歲登封元年，封清河縣開國男。萬歲通天元年，加銀青光禄大夫。」二年，除利州刺史。聖曆元年，進封清河縣開國子。良二千石，太平之基，下人待之以獲安，明主用之如不及。信臣」之風行上蔡，復徙南陽；延壽之績著潁川，更遷東郡。公之理繁馭黠，簡帝聞天，章綬赫弈而相加，軺傳」周流而不息。所居人富，所去人□，虎浮於河，蝗入於海。細侯恩信，已聞童子之言；廣漢賢明，方在名臣之選。增其」命秩，官品第三；錫以土田，封建□五。既而奉計最，謁承明，援禮文，抗誠請。天子有命，未遂於懸車；神道何」冤，忽悲於税駕。春秋七十有九，聖曆元年歲次戊戌三月辛酉朔十四日甲戌薨於通遠坊之私第。奉敕吊祭，并許度家三人。常賻之餘，别加優贈。惟君理精心密，氣高調遠，負邦國之大材，兼文武之宏略。仕」明時而取富貴，勵美志而成功名。展驥足者六州，建隼旟者八部。優俸厚禄，散之宗親；廣宅良田，未曾留意。賓客」滿座，共敦名教之樂；子弟成列，無違孝謹之□。□於勢利，絶於造謁。安仁再免，曾靡愠容；慈明九遷，每除矜色。方」當昇上公於台鼎，養元老於膠庠。天不慭留，人將安仰？夫人屈突氏，河南人，唐尚書右僕射通之女也。名公貴胄，」君子好逑，才實賢明，行成軌則。林間隻鳥，纔聞潘椽之篇；水上雙龍，竟等張公之歎。春秋卌有六，以咸亨二年五」月十七日卒於蔚州之官舍。粤以聖曆二年歲次己亥一月丁巳朔廿八日甲申合葬於洛州合宮縣之昭覺原，」禮也。嗣子隆州閬中縣丞惲、邛州參軍慎、懷州司法恪、魏州司士憬、益州參軍恂等，痛昊天之緬邈，擗厚地而充」窮，初不勝喪，哀感者禮之大；竟能負土，安厝者孝之終。洛水之北，首山之東，銘誌沉兮虛隧掩，賓徒散兮巖野空。詞曰：」

姜水之帝，太嶽之臣，賢聖不顯，宜于下人。表海之國，清河之郡，子孫繁昌，垂厥令問。光城存没，異代哀榮，白水昇」降，兩宮功名。將軍受律，方叔是程，鍾此餘慶，君乎挺生。瓌偉其儀，寥廓其度，德以潤己，材以膺務。家令智囊，尚□」武庫，鸞鳳將矯，騏騮始步。江祆掃定，長山之傍，邊祲寧謐，嚴道之鄉。牧守稱重，青綬銀章，公侯爲貴，錫社分疆。清」靜是居，謙沖是執，宗族賙饟，賓朋引汲。輿服不營，棟宇不葺，黄金方散，赤松可揖。帝惜分憂，天乖與善。庶」神祇之保佑，忽今昔之悠緬。失藩部之循良，喪士林之冠冕。于嗟令胤，式遵先典。此時丘壟，見宿草之將蕪；歷職」吏人，有甘棠之勿翦。」

（周紹良藏拓本　河南千唐誌齋藏石）

聖曆〇一一

【蓋】失。

【誌文】

大周故銀青光禄大夫使持節利州諸軍事行利州刺史上柱國清河縣開國子崔公夫人李氏墓誌」

夫人諱　渤海蓨人也。白雲騰瑞，才子降於堯年；紫氣浮仙，真人」出於周代。漢朝飛將，横行漠北之軍；晉日昭王，割據河西之域。善水長潤，昌」源孕牝谷之靈；嘉樹餘芳，神葉擁春蹊之秀。曾祖潔，北齊散騎常侍、鎮遠將」軍、司徒右長史；長輿材榦，鬱若青松；叔則風儀，温如白玉。豐貂納娜，登散騎」之彤闈；鳴珮鏗玲，入司徒之黄閣。祖德茂，隋貢秀才，退歸不仕。一枝芳桂，暫」拂蘭臺；三秀靈芝，且依苗谷。鵬翻鷃起，齊九萬於榆枋；菌茂椿榮，混八千於」晦朔。父儒懿，唐職方郎中、徐虢二州長史；册府元龜，架蓬萊於碧海；士林明」鏡，披雲霧於紫霄。鷄香升伏奏之庭，驥足下題輿之路。夫人門漸慶基，天資」淑德。龜圖薦象，精靈禀於巽離；烏緯垂文，光景發於須婺。褓年孩笑，已含初」日之輝；羈歲童顔，即映春虹之彩。鞶絲習藝，鴛紋擅蘇女之工；裂素裁篇，鸞」字縟班姬之藻。年登二偶，言告言歸；義叶三從，如琴如瑟。内言無出，慎禮經」踰閾之嫌；中饋聿脩，遵大易正家之道。盜憎爲慮，常貽誡於伯宗；賓敬是弘，」每申儀於冀缺。鑒觀圖史，輕張敞之畫眉；遊聽徽猷，重樊英之下拜。五宗姻」婭，共欽維鵲之風；百族姬姜，同仰螽斯□德。所冀年齊玉勝，長比翼於雙鴛；」豈期月毁金娥，早分飛於兩劍。安仁淑媛，先謝潘閨；奉倩良嬪，久辭荀帳。以」唐顯慶二年十一月二日，終于雍州始平縣崇節府官舍，春秋廿有八。清河」公暮齒薨徂，與夫人不終偕老。夫人有二子：曰韶、曰歆，並夙齡夭殁。後夫人」子惲、慎、恪、憬、恂等，肅承遺範，緬酌前規，爰卜地於龍崗，式開塋於鶴隧。即以」大周聖曆二年歲次己亥壹月丁巳朔廿八日甲申，遷祔于洛州合宫縣金」谷鄉昭覺原，禮也。敬姜斯逝，遺孤絶其子孫；孟子云亡，繼室蕃其胤緒。怛化」之魂既往，寧神之宅有歸。冥漠玄扉，閟三泉之窮穴；昭彰彤管，垂萬古之芳」烈。朝雲與暮雨長銷，秋菊與春蘭無絶。乃爲銘曰：」

黄神肇慶，玄老開宗，源流滉瀁，門構隆崇。是生柔德，載闡貞風，仙儀學鳳，羡」氣成虹。其一。蘭性幽閑，蕙心明淑，言告師氏，作嬪公族。禮叶於三，行光于六，中」饋惟謹，外姻咸睦。其二。二匹偕老，萬齊九仙，孤魂早逝，俄赴三泉。金夫喪質，玉」嗣摧年，共委浮化，俱隨閱川。其三。東洛山河，北邙丘隴，長夜泉咽，窮秋樹拱。月」思影孤，雲愁色擁，紀嬪則而題誌，知母儀之可重。」

（北京圖書館藏拓本　河南千唐誌齋藏石）

聖曆〇一二

【蓋】失。

【誌文】

唐故前國子監大學生武騎尉崔君墓誌并序」

君諱韶，字子華，清河東武城人也。天地人之三禮，伯夷所以贊堯圖；龍虎豹」之六韜，尚父所以匡姬曆。漢儲尊道，依盛德而保離宮；魏祖推賢，假雄姿以」威殊國。百代之衣纓不絕，四海之門望獨高，史牒詳之，可略言矣。曾祖至仁，」隋長安縣令，雍州司馬，尚書右丞，太子右庶子，白水縣開國公；澄波萬頃，絕」粤千仞。右丞芳桂，擢秀雲臺；庶子春花，開榮望苑。祖善福，唐秦王府庫真，上」大將軍；□水呈能，凌雲聳節。竊沛鄉之赤氣，早託龍光；仰譙郡之黃星，高攀」鳳翼。父玄藉，雅、隴、兗、茂四州長史，歸、蔚、循、袁、文、巴、黃、利等八州諸軍事，八州」刺史，銀青光禄大夫，上柱國，清河縣開國子，貞心匪石，秀質如珪。驥足周流，」累題輿座；熊軒宛轉，疊舉幨帷。南北馳康海之謡，遠近沐榮河之潤。君地靈」資慶，門德延休，朝彩之巖，白虹成氣；夜光之浦，明月含胎。揚室名烏，未勝衣」而辯易；孔庭稱鯉，纔總角而言詩。資孝同心，曾生得朋於閔子；好仁成性，韓」起叶契於田蘇。顯慶四年，以承嫡，恩制賜勳，授武騎尉。爰以稽岫貞」枝，資括羽而成用，昆溪□□因砥礪而抽華。乃闡業於金籯，且從師於壁水。」總章元年，補國子監大學生。摳衣避席，研精四術之科；鼓篋升堂，覃思六經」之道。仰緇帷之鳳德，爲七十之羽儀；聞絳帳之龍吟，擅三千之領袖。屬咸亨」之歲，炎亢成災，凡在學□，散歸鄉第。膠庠肆業，日新之藝已優；州里推名，歲」□之才斯顯。尋舉□□明經，射策高第。賓庭利用，既升科於太常；漸陸于飛，」方矯翼於曾漢。豈謂蘭池始步，望千里而先窮；蕙畹初薰，在三春而早落。以」上元元年二月廿六日遘疾，卒於京師道政里第，春秋廿有五。顏子淵之德」行，空留殆庶之名；衛叔寶之風流，無復談玄之日。茫茫大造，天地胡爲而不」仁？昧昧幽途，鬼神何事而滔酷？即以大周聖曆二年歲次己亥一月丁巳朔」廿八日甲申合葬于洛州合宫縣金谷鄉之昭覺原，禮也。有男莊子，早歲殀」歿！鄧攸無子，撫萬□而哀哉；羊祜不生，畢千秋而已矣。式刊沉板，用紀窮埏，」掩玄扉於此室，見白日於何年？其詞曰：」

列山遐構，表海長源，大矣昌族，賢哉裔孫。如珠吐瑩，似玉含温，能遵舊德，多」識前言。其一。匹術離經，一庠遊道，郡舉廉茂，朝延俊造。始薦庭賓，佇升壇實，六」月方運，九春猶早。其二。風霜溘至，蘭蕙先萎，秀而不實，逝者如斯。人亡道喪，愛」別親離，空餘松檟，蕭索參差。其三。」

（北京圖書館藏拓本　河南千唐誌齋藏石）

【蓋】失。

聖曆〇一三

【誌文】

唐故至孝右率府翊衛清河崔君墓誌銘并序」

夫愛敬者孝行之宗，軀命者生理之極，有能盡孝而爲子，捐生而存親，比於先意」候色，當年竭其歡養，泣血絶漿，没後致其哀感者，不其異乎？君諱歆，字仲俊，清河」東武城人也。齊丁公之子季，讓位於叔父，退食崔邑，因而氏焉。漢東萊侯伯基、魏」中尉琰，有重名於前代，子孫貴盛，爲海内冠冕。君即隋尚書右丞太子右庶子雍」州長史白水公至仁之曾孫，唐秦王府庫真、上大將軍善福之孫，大周銀青光禄」大夫、利州刺史、清河公玄藉之第二子也。公侯舊業，鐘鼎重光，道被於時，慶延於」後。君含淳粹之懿德，體明晤之上才，孩孺在辰，神情有異。朞歲喪母，便悲傷思慕，」見於顔色。七歲讀孝經、論語、毛詩、禮記，嘗侍省在蔚州，戲而傷手，甚有憂色。清河」府君怪而問之，乃斂容對曰：孝經云：身體髮膚，受之父母，不敢毁傷。是以憂懼。時」通人韓儉、長史丘貞觀在座，以爲古之神童無以加也，因問曰：二郎凡所讀書，各」行何事？君應聲答曰：論語云：事父母能竭其力，事君能致其身，與朋友交言而有」信。禮云：無不敬。詩云：哀哀父母，生我劬勞，欲報之德，昊天罔極。惟斯三者，竊所用」心。貞觀等彌復嗟服。十三喪繼親，七日不内勺飲，朞年不嘗鹽酪，情禮之極，有踰」成人。久之，以門資授右率府翊衛。清河府君以誣受塵謗，遷任嶺表，君不忍遠離，」將隨障外。屬蘄春路險，蘭溪水急，時雨新晴，奔流大至，府君人馬漂溺，正當其衝。」左右驚惶，莫知爲計。君孝情憤發，自投洪波，攀援扶持，竭力盡命。府君賴以取濟，」而君遂不免焉。父存於子，子死於父，存亡之際，教義同傷。春秋廿有五。蓋調露元年」之九月十六日也。昔者樂恢流涕於縣長，潘綜叩頭於賊帥，並前人興感，而其父」獲全。

含靈是可動之資，請宥非必刑之地，猶一時重其純孝，千載以爲美談。與」夫山溜飛騰，水神暴怒，不可以智測，不可以誠求，孱之無疑，死而莫憚，志行而命」屈，功遂而身徂者，可同日而言乎？嗚呼！天喪一途，情理百致。豈若丘吾赴水，祇懷」欲養之悲；霍子沉河，徒負聞名之辱。瞻前顧後，誰與爲倫？君孝實天性，自少而長，」學非師受，既精且博，篇章入妙，簡牘稱珍。習祭遵之投壺，傳李廣之善射，文武□」幹，抑惟雙美，臣子之誠，庶乎兼達。物無兩盛，事不並興，雖身隨波流，而名畢天地。」令弟慎、惲、恪、憬、恂等，五馬八龍，本齊光價；同車共被，忽異平生。切友愛之難追，□」先塋而送遠。以聖曆二年一月廿八日，葬於洛州合宮縣之昭覺原清河府君之」墳側禮也。人世行遷，山川無改。庶幾乎斯惇之墓，不□想其可作；文遵之像，方使」觀者知勸。式旌孝德，而爲誌云：」

鬱鬱洪族，莫之與京，蒸蒸臣孝，無得而名。居養盡禮，臨難忘生，身雖可沒，志不可」□。義感天地，德通神明，悠悠來者，是則是程。

其年歲次己亥一月丁巳朔廿八日甲申。」

（北京圖書館藏拓本　河南千唐誌齋藏石）

聖曆〇一四

【蓋】　大周故姚府君墓誌銘

【誌文】

大周姚府君墓誌銘并序」

君諱恭，洛陽人也。昔觀津延慶，章武浚其遥瀾；京輔疏基，安豐」開其戚里。由是望榮七葉，聲溢五陵。況復川帶飲龍，稟其精者」海運；巖棲鳴鷟，感其粹者霞騫。故能茂祉攸鐘，英蕤疊穎。曾祖」璋，周任游擊將軍；祖明，隋任上柱國；父恭，唐任文林郎；並天格」高踈，泉襟幽默，浪浪禮樂之氣，森森戈戟之容。清白之訓猶傳，」冠蓋之英未没。君中和降精，少微垂祉，荀爽玉韻，衛玠清神。體」亮虚明，秋月之懸幽谷；彫章秀發，春樹之萼上林。抗志白雲，娱」懷素里，詠黄老之遺訓，味周孔之微風。積雪没其林亭，落花滿」其樵徑，樂乎衡泌，此之謂矣！當冀清泠之露，方從九岳之遊，豈」期逝者如斯，忽掩五芝之驗。以聖曆二年臘月十日遘疾，終於」洛陽城東之私第，春秋七十。夫人陳氏，洛陽人也。資閑警韻，體」淑標情，峻節雲高，韶姿月暎。酌凝圖而演鑒，問掩梁閨；窺□史」以流箴，光韜謝室。抽簪播美，執悦標能，蘭氣猶騰，蕙歎俄及，以」其年歲次己亥壹月丁巳朔廿八日甲申，同窆於河南縣界北」邙山之平樂鄉之原，禮也。弔鶴徘徊，繞松巒而未下；悲驂顧慕，」瞻柳駕以長嘶。川路窮而晨望切，山林晦而晚曜低。風排霜而」送憤，月流霧而含悽，憲芳規而刻礎，紀餘藹於彫珪。其詞曰：」

赫赫英族，弈弈祥風，資靈命代，惟德推功。柔既亮直，慎亦克忠。」其一。純和之精，山川之祉，體滋良玉，神凝德水，糟粕九流，驅馳六」義。其二。仲蔚幽蕩，嚴君寂寥，形勞神王，室邇心遥，琴罇跌宕，風月」蕭條。其三。爰有淑人，含和誕令，鳴琴合德，長筵輟慶，閑帷久寂，風」圖在詠。其四。佳城鬱鬱，原野茫茫，宅非我舊，鄰殊我鄉，賓徒一絶，」地久天長。」

（北京圖書館藏拓本　開封博物館藏石）

聖曆〇一五

【蓋】失。

【誌文】銘文似在石側，失拓。

皇朝故潞州司法秦君墓誌銘并序」

公諱佾，齊國臨淄人也。高陽氏祚有海內，大業降玄鳥之苗；夏文命奠治山」川，大費克佐其鴻列。毓駉能叙，錫嬴氏於帝虞；襲允迺□□秦邑於周后。繆」公嗣德，聿霸道於西戎；始皇膺運，平諸侯於東□。肇成帝業，□慶繼軌，列于」國史，可略而言也。九代祖秀，晉金紫光禄大夫太常卿；金章輝映，榮寵盛於」朝端；紫綬紛蕤，班服光於禮署。卿士左右，王祥或聽於恪之；皇帝乘輿，□榮」□□於几杖。曾祖季，齊荆王府司馬。霞臺翼翼，天孫帝子之居；柳觀鎊鎊，文」□衣冠所集。雝容待侍從，對楚國之雄風；遊豫緋綗，賦梁園之白雪。俄瀛州」刺史、上柱國、歷城縣開國公，食邑三千户。蓬瀛可望，仙霞之氣杳冥；水陸兼」通，靈海之波沃蕩。公褰帷坐理，賈琮名冠於兩河；叱馭從官，王尊聲播於三」蜀。使人以信，郭細侯之莅并州；當宦以清，吴處默之臨廣部。祖叔寶，佐命功」臣、左武衛大將軍、上柱國、翼國公。大將升壇，星動文昌之位；元勳佐命，身參」武帳之謀。淮陰蒙漢帝之恩，山河必誓；武侯成先祖之業，茅土獨優。瞻斯懿功，彼何慚德。是以□儀麟閣，相如凛千載之名；怒目鴻門，樊噲壯當年之氣。」父懷道，太宗文皇帝左千牛。禁闈清切，籍胄蟬聯，出入承恩，光生道路。秩　滿，遷□州司士參軍。劍門峻□，二王即忠孝之匹；玉壘高深，三蜀是雄之」地。外□名重，司職務殷。管略高才，中冀州之從事；蕭何明斷，爲沛曹之主吏。「又遷常州義興縣令，襲爵□城縣開國公。萍江衍漾，架高浪，扛蘋洲；星境昭「□，控吳京之靈物。□歌□□，□和重子賤之琴；黠吏無欺，小已屈鍾離之化。「公生而多異，幼迺成節，□□萬尋，岱山藴其靈魄；澄漪千里，鯨海融其粹宇。「襟神皎皎，裴楷爲衆□□□；容止□□，□舒即一時領袖。解褐大行皇帝千「牛。紫御嚴凝，武光其□，□□辟肅穆□□榮於近侍。轉潞州司法參軍。府「邇京畿，要藩重委，掌司刑緯。簡而無□不經之典，欽恤迺心；釋之有寬宥之「能，此無慚。惟公立身揚名，不蹈非義，因心則動，與物舒卷。名高官拙，馮唐「有白首之悲；時泰命非，梁竦發徒勞之歎。嗟乎！逝水無停，藏舟不駐，今來古「往，陵徙谷遷。空桑有三變之田，泉臺無一曉之日，嗚呼哀哉！以聖曆二年六「月廿日，卒于洛陽道光之里第。以聖曆三年二月二日遷措於北邙山之舊「塋，禮也。涼笳動曲，咽上路□遊人；哀挽吟秋，嘶蹋轅之班馬。山煙晝苦，隴樹「寒悲，高臺傾兮人已矣，□草春兮君不知。嗚呼哀！迺爲銘曰：「

（周紹良所藏拓本　河南千唐誌齋藏石）

聖曆〇一六

【蓋】失。

【誌文】

大周故陳州溵水縣主簿周府君墓誌銘并序　吳揚吾撰　上官珪書「

君諱善持，字善持，河南伊闕人也。其先出自周□，族胤隆於秦漢，□「夫發跡泗水，太尉功冠靈□，榮光紫帳之賓，謀顯滌宮之策，自茲已」降，代有其人。祖郁，隋左親侍，位至撫州司馬。父師，屬隋季分崩，王充」竊據，宅躔寇境，身陷危城，申策馬於非君，授如熊之僞將，不獲已也。」既而鄭氛將泯，唐祚惟新，枕戈之職既停，懸車之年斯及。乃緩步林」藪，安排待終，居蹈淳德於先良，酌高資於時彦，運溫恭以接物，籍廉」潔以持身。釋褐授淄州淄川縣主簿。臨政未朞，頌聲盈路。後躬監徒」役，築護金堤，官有嚴程，人多胥怨。君誠恕既孚，卹罰斯寢。若寬之則」貽伊咎，急之則人不堪憂，乃言於衆曰：昔陶潛以三徑無資，猶不欲」折腰鄉里。我今九齡有禘，何事屈節他州？衆將勉焉，我其歸也。遂釋」筆投冠，旋于舊里，以謝客郊居爲遠，鑿户牖於中都；將沉文西園是」工，列溝塍於東郭。因天時而分地利，藝黍稷而灌嘉蔬，遂積粟萬鍾，」藏金百溢，穢陳平之糠覈，笑原憲之葭床。坐則重茵，食便兼味，輕官」則庶幾姜雅，厚養乃模範楊孫。家盈孔座之賓，日計何廚之費。乃有」通人逸士，負笈相尋；公子王孫，連鑣赴衽。亦有懸龜季主，賣藥韓生，」隔深轍以迴車，佇高簷而接武。飛觴舉白，樂飲忘疲，釋難解嘲，欲罷」不已。以此終年，不覺老之至也。乃有友人謂之曰：邦有道，貧且賤恥」也。君誕靈茲日，懷道安居，父子之養不虧，君臣之義豈廢。遂相將赴」選，而授陳州溵水縣主簿。既非性好，尋即歸焉。遂暢思玄宗，遊心釋」典，超三羅於苦轍，涉六度之良津。而積善未凝，颮焉將死，以聖曆元」年九月廿六日卒於私第，春秋七十有二。即以二年二月十一日祔」葬於先塋禮也。嗚呼哀哉！乃爲銘曰：」

邈矣夫子，冠俗之士，道自天資，行非人擬。爰及冠帶，辭家入仕，恬雅」以寧，孝友是履。輕官忽禄，厚養重味，列園智境，築居仁里。朋集英賢，」敦悦經史，專精老釋，詳求福祉。報善未融，奄焉没齒，凡我友朋，式□」銘愷，筆短詞殫，焉能盡美。」

（周紹良藏拓本）

聖曆○一七

【蓋】失。

【誌文】

唐故岐州雍縣尉太原王君墓誌銘并序　范陽盧倩撰」

君諱慶祚，字嘉胤，太原晉陽人也。自周儲上賓，慶鍾仙裔；秦將戡亂，世」有懋功。緬彼家聲，詳諸國史，昌源浸遠，良冶無替。曾祖劭，北齊太子洗」馬，宇文朝著作上士，隋通直散騎常侍、聘陳使副、儀同三司、秘書少監；」碩德耆儒，擅曲臺之典禮；研幾博識，究延閣之圖書。稽古之輿服交陳，」良史之丹青已列。祖簡，隋揚州總管府司户參軍；父子奇，唐青州司倉」參軍；並材標人傑，器蘊國楨，强學冠時，盛名蓋世。人倫由其雅尚，衣冠」以爲模楷。雖位屈安卑，而福流貽厥。君資靈粹氣，誕慶高門，天骨岐嶷，」風格凝整，言合禮經，動成軌則。爲仁由己，體顔子之不違；至德因心，同」閔損之無閒。逮乎器光琢玉，業蘊籯金，帝學盛摳衣之儀，王庭有觀光」之美。射策高第，解褐除澧州澧陽縣主簿。捧檄膺命，牽絲就職，屈平遺」袂之浦，梁竦勞人之地，其位可屈，其道則尊。秩滿，授沛王府典籤。儀形」之美，共挹安期；文雅之雄，豈唯枚叔。小山幽桂，方事淹留；長坂芳蘭，更」同芬馥。尋轉岐州雍縣尉。棲鸞鳳於枳棘，跼騏驥於庭除，贊武城之絃，」聲悲下調；踐南昌之秩，援寡中人。積善而不永年，高才而無貴仕，以唐」咸亨四年九月廿五日遘疾，終於洛州淳風里第，春秋卅有九。惟君至」德可師，清識難尚，喜愠不形於色，寵辱無介其心。以禮義爲舟車，以忠」信爲室宅。詞峰將夏雲俱峻，辯論與秋天共高。方佇三階之榮，翻積九」京之恨。粤以大周聖曆二年歲次己亥二月景戌朔十二日丁酉改」葬於洛州北邙山河陰鄉之高原，禮也。夫人清河崔氏，魏中尉琰之末」孫，唐朝散大夫寧州長史玄弼之季女。哀深杞婦，節逾高行，念柏舟以」長懷，闢松阡而送往。子光胄，欒棘纏哀，蓼莪軫慕，遵遠日而增感，瞻昊」天而罔訴，傳懿範於斯文，庶音徽之不斁。其詞曰：

家聲允塞，世禄靈長，降生才子，實顯龍光。立言立德，如珪如璋，藝成弱」冠，翻飛上庠。牽絲下邑，振藻遊梁，進德無怠，嘉謀允臧。杳杳潛運，悠悠」彼蒼，纖義明哲，閟此崇邙。寂寞玄隴，蕭森白楊，空餘盛烈，永播旂常。」

（周紹良藏拓本　河南千唐誌齋藏石）

聖曆〇一八

【蓋】失。

【誌文】

□□□相州鄴縣尉王君墓誌銘并序　奉禮郎張」

君諱望之，字光旦，太原晉陽人也。聞夫王者受天明命，誕應鴻名，象三微而物覩，齊」四大而光宅。丕承丕顯，既垂統於千齡；王子王孫，載分昭於百代。保姓受氏，可得言」焉。自文舒季道，振徽音於許洛；安期世珍，嗣風流於晉魏。金貂迭映，允前朝之羽儀；」玉鉉相趨，諒中州之鼎族。涣乎史册，家聲不渝。高祖邵，字君懋，宏材富學，備使兩邦；」册府書林，歷官三代。曾祖簡，字孝柔；祖勗，字子奇；並激水初基，肇安卑於下位；搏風」未舉，奄觀化於小年。楊府分曹，江都藉甚；青州拜職，海甸飛鴻。父慶祚，字嘉胤；聞禮」聞詩，聿翱翔於太學；立言立德，載纓紱於輕班。沛邑薄遊，玉門有俊，雍郊于役，縣吏」勞人。君爰在幼齡，早丁艱罰，孺慕三載，充窮不勝，柴毁慯然，欒棘逾甚。太夫人親加」保護，用免憂虞。亦既終喪，永懷世業，乃從師受學，觀覽藝文，温故知新，月將日就。微」言精義，入靈府而冰開；吐鳳懷蛟，下詞場而綺合。閉門藏器，漆彫之愿未移；賁帛翹」車，公孫之舉耑及。大周光膺旦暮，尚想唐虞，求舜闕之昌言，徵漢庭之大對，爰降」明制，大舉五□。君由是被朝散大夫司農寺主簿李昭先舉忠孝，景行對策，考盤□」則，裒里登科，當三道而茂陳，顧九德而咸事。仲舒首舉，别向之致已高；廣基延問，一」枝之辯斯在。有敕召見湛露殿，特加優禮，乃降敕曰：才學優長，文史□著，並資」邦選，必佇時英，可相州鄴縣尉。虞臣濟美，雖參稷卨之名；周官辯方，猶勞郡縣之職。」毛儀捧檄，歡從就養之資；門豹沉巫，遽革亂神之弊。爲山始簣，極天之勢未窮；濫水」初觴，閲川之歎行及。止年之望，亦奚恨於聰明；啓手之言，忽歸全於幽壤。以聖曆元」年三月廿二日終於相州嘉惠里之旅舍，春秋廿有九。嗚呼哀哉！孔門殆庶，恭聞白」首之年；王氏含章，奄及非春之日。風流長□□侯之恨切棟梁；宅兆于歸，姬公之禮」存窀穸。夫人清河崔氏，唐寧州長史玄弼之孫，綿州顯武令道郁之女也。芳姿婉娩，」公宫之教不違；淑問鏘洋，内言之則無替。三星至止，展咸盥於鷄初；四德不留，奄先」驅於蟻穴。以萬歲登封元年壹月九日終於合宫縣正俗坊之私第，時年廿一。鉛芳」晦色，湑澂之歲忽諸；玉樹收滋，闔茂之年同盡。徵蘭罷夢，惜珠胎之未融；仙吹排煙，」撫鳳簫之頓逝。太夫人哀纏徙宅，怨起庭蔆，慨吾孫之不嗣，悼盈篋之長封，降深慈」於置婁，結餘悲於委重。嗚呼哀哉！粤以聖曆二年歲在大淵獻二月景戌朔十二日」丁酉，祔葬於洛北邙山雍縣府君之新塋禮也。雲幰舊典，池柳新儀，錦送終之故事，」備容衛之前規，出嚴城而首路，望寒郊而遠離，嗟封樹之徒設，悵幽魂之詎知。嗚呼」哀哉！乃爲銘曰：

實沉之精，大夏之靈，南浮濟美，北上騰聲。風流第一，獨步推」吴，衣冠八世，云誰與京。秘書碩德，辭澧洌清，居齊雅致，遊梁禮經。誕生君子，淵哉有」成，孩年盡孝，冠歲賓庭。道孚皐禼，學富環瀛，登科帝念，捧檄親榮。禄養伊始，全歸」載驚，河魴早世，邙阜新塋。龍津共水，鳳穴同形，孰謂三祀，咸從百齡。悲涼古木，蕭瑟寒坰，月遄兮日湛，長無絶兮休名。」

（周紹良藏拓本　河南千唐誌齋藏石）

聖曆〇一九

【蓋】失。

【誌文】

安邑封明府夫人隴西郡君李氏幽壤記」

夫人隴西成紀人也。庭堅命族，昔稱才子；伯陽爲史，時號真人。」山西上將，弈代雄傑；隴右良家，累葉鐘鼎。高祖德明，齊瀛州高」陽郡守；曾祖奇；祖陁，隋雍州始平縣令；並載德象賢，惟忠履孝。「朱軒皂蓋，化滿百城；墨綬銅章，風行百里。父玄鑒，唐并州晉陽「縣令、濟州長史；材蘊國楨，德推人望，時亨命薄，守義安卑。汾邑「鳴絃，聲馳製錦；淄源洗幘，望重題輿。夫人冥資才淑，早承繁祉，「婉順居心，柔敏成性。閨庭肅雍之禮，得自生知；簪珮折旋之容，「矯然孤映。傍覽圖傳，内勤組紝，行必待傅，動不踰閑。女範母儀，「見推羣媛；四德六行，貽訓庶姜。自結帨移天，喻河魴之可食；御「輪揆景，比祥鳳之于飛。秦嬴偶晉，地榮兩族；衛姬嬪許，光映二「門。孝以事居，嚴以尊配，好仇知舉案之禮，激子符斷機之訓。「信具美之咸屬，方契與仁；何小年之遽催，徒聞慶善。以萬歲通「天元年九月十三日遘疾，終于安邑縣之館舍，時年五十四。以「大周聖曆二年歲次己亥二月景戌朔十七日壬寅，權改殯于「洛陽之北邙山大塋外。松阡寂寞，蒿里踈蕪，宅兆未安，寓白楸「於玆地；丘陵或變，刊翠琰於孤墳。其詞曰：

高陽緒帝，真氣登仙，栢人東徙，槐里西遷。業光佐魏，功成虜燕，「衣冠赫弈，門閥蟬聯。郡守惟良，縣宰稱異，代襲弓冶，時稱明懿。「調甿訓俗，依仁履義，清問席羊，高才絆驥。恭惟柔順，夙挺母儀，「初納徵采，申結鞶褵。中闈緝政，内範裁規，禮成徵冪，教備樿榹。「神理無徵，生涯不駐，舉族忉怛，因心孺慕。邙阜北臨，洛橋東渡，「悲風苦月，方懸隴樹。」

（北京圖書館藏拓本）

聖曆〇二〇

【蓋】失。

【誌文】

大周故貝州清河縣尉柱國房府君墓誌銘并序」

君諱逸，字文傑，魏郡清河人也。昔在聰明著聖，冀方膺九五之尊；星象降靈，」房邑列公侯之貴。虞夏殷周氏作，盛德累仍；秦漢魏晉氏興，象賢間出。子孫」逢吉，斯之謂歟？曾祖宣，隋任鄭州滎陽縣丞；邈邈高才，區區下位，桓譚之藝」能載屬，趙温之器宇不孤。祖恭，隋任定州司馬；榮毗皂蓋，道亞丹帷，其令可」以肅權豪，其政可以光風俗。考策，唐處士；擯落軒裳，筌蹄名理。遊心桂巘，仁」者見之謂之仁；泯迹桃源，智者見之謂之智。君繼陰陽之秀氣，受岳瀆之奇」精，生而能聰，幼而能俊。童烏入榛之對，何以加焉；公紀懷橘之芳，曷云尚也。」爾其憲章儒雅，探賾典墳，臨衆象而皆虛，按羣言而必盡。以門蔭宿衛，仍附成均監讀書。九重弈弈，侍衛足以表忠貞；三館鏘鏘，經術足以取青紫。上」元三年，以明經舉，射策甲第，解褐補揚州海陵縣尉。昔年鴻漸六翮，初振於」幽磬；今日鶯遷一命，且安於卑職。清以馭俗，廉以當官，聲流貢橘之區，譽動」惟揚之外。秩滿，授貝州清河縣尉。邑遷淮服，荐居北部之班；路款漳濱，行去」南昌之位。嗟乎！人事超忽，天道如何，夢夫子之兩楹，遇晉侯之二豎。以聖曆」元年四月十九日遘疾，終于貝州官舍，春秋五十有八。嗚呼哀哉！惟君直以」基身，温以毓性，識量深遠，風骨粹明。事父母而孝全，居弟兄而友備。每至緣」情入妙，翰林之蓄洩雲霞；體物成章，詞源之飛騰江漢。分階揖士，側坐推賢，」交友所以歸仁，英彥由其讓德。惜哉！福謙莫效，與善徒欺，屈雄用於短辰，摧」壯圖於長古。夫人趙郡李氏，龜文錫胤，虹氣融姿，其德也柔和，其行也堅正。」內言惟□，早諧琴瑟之音；中饋克修，即奉春秋之祀。芝蕙哀而濃露卷，桃李」盡而勁風迴。

以長壽二年臘月廿六日寢疾,終于揚州官舍,春秋五十有七。」嗚呼哀哉!嫡孫琳,次子文林郎玄之,少子左金吾衛翊衛玄則,季子鄉貢明」法及第興昌等,因心遂遠,毀骨庭闈,安宅兆而長號,覩榮枯而積慕。以聖曆」二年歲在己亥二月景戌朔十七日壬寅合葬于邙山之原,禮也。素車殷殷,」背城闕以逶迤;丹旐翻翻,指墳塋而寂歷。雲松幽藹,露草蒼茫,但聞弔鶴之」哀,終見鄰人之痛。紀音容於翠琬,掩蘭菊於玄扉,嗚呼哀哉!迺爲銘曰:」

聰明文心兮聖德彰,公侯伯子兮象賢昌。烈祖顯考兮弈葉,金聲玉振兮鏘」洋。天骨磊硌兮君子,地靈秀茂兮蘭芷。利器用兮霜飛,雄才奮兮雲起。賢夫」兮淑媛,蕣花兮竹箭,始月落兮星沉,終牽絲兮夢絹。旌旐兮行發,名聲兮靡」歇,佳城鬱鬱兮蓄寒煙,隴樹亭亭兮思孤月。」

(周紹良藏拓本)

聖曆〇二一

【蓋】 失。

【誌文】

大周故文林郎貞隱子先生墓誌銘并序　族承烈撰」

先生諱弘則,字崇道,本太原祁縣,大業初,因官徙于」洛京,今爲緱氏人也。昔帝鴻作系,周仙命氏,嵩壇降」祉,伊管成文,其後必大,史諜言之具矣。曾祖弼,隋齊」郡録事參軍;譽顯直繩,名高上席。祖才,隋河南郡緱」氏尉;不遇於時,罕言於命,廣開土宇,吾將老焉。父德」琮,唐徵士;鋒鉅自然,天機洞發，旁通三教，獨御一乘，」混名利而不知，處真俗而誰辯。瞻言後嗣，不墜家風。」君即徵士之第三子也，趨庭有立，觀象參玄。粤自妙」年，性與神遇，兼忘聃釋，大歸儒首，道無不在，人莫知」之。是以辯士摧牙，僧徒落檢，入其室者皆曠若發蒙」焉。中歲求仕，位至散郎，與人爲徒，和光而已。道生虛」白，心遊太玄，不忮不求，無待無悶。所謂名教爲樂，不」出塵勞者矣。以今聖曆元年七月一日終於神都東」都之別業，春秋六十有六。夫人扶風馬氏，隋鷹揚郎」將仁感之女也。婦德克終，友琴偕老。以今聖曆二年」二月十七日祔于舊塋，從周制也。有子思敬等，終天」永訣，叩地無容。余倚户觀化，本無言說，愍其藐爾，强」作銘云：

儒墨是佛，忠孝爲道，先生用之，慧日杲杲。」

聖曆二年二月十七日」

（周紹良藏拓本　開封博物館藏石）

聖曆〇二二

【蓋】闕。

【誌文】

大周故左武威衛大將軍檢校左羽林軍贈左玉鈐衛大將軍燕國公黑齒府君墓誌文并序

太清上冠，合其道者坤元；至聖高居，參其用者師律。不有命世之材傑，其奚以應斯數哉！然則求玉榮者，必」遊乎密山之上；蘊金聲者，不限乎魯門之下矣。府君諱常之，字恒元，百濟人也。其先出自扶餘氏，封於黑齒，」子孫因以爲氏焉。其家世相承爲達率，達率之職，猶今兵部尚書，於本國二品官也。曾祖諱文，大祖諱德，顯」考諱沙次，並官至達率。府君少而雄爽，機神敏絶，所輕者嗜欲，所重者名訓。府深沉，清不見其涯域；清軌」闊達，遠不形其里數。加之以謹慤，重之以温良。由是親族敬之，師長憚之。年甫小學，即讀春秋左氏傳及班」馬兩史。歎曰：丘明恥之，丘亦恥之，誠吾師也，過此何足多哉？未弱冠，以地籍授達率。唐顯慶中，遣邢國公蘇」定方平其國，與其主扶餘隆俱入朝，隸爲萬年縣人也。麟德初，以人望授折衝都尉，鎮熊津城，大爲士衆所」悦。咸亨三年，以功加忠武將軍，行帶方州長史，尋遷使持節沙泮州諸軍事、沙泮州刺史，授上柱國。以至公爲己任，以忘私爲大端。天子嘉之，轉左領軍將軍、兼熊津都督府司馬，加封浮陽郡開國公，食邑二」千户。于時德音在物，朝望日高。屬蒲海生氛，蘭河有事，以府君充洮河道經略副使，實有寄焉。府君稟質英」毅，資性明達。力能翹關，不以力自處；智能禦寇，不以智自聞。每用晦而明，以蒙養正，故其時行山立，具瞻在」焉。至於仁不長姦，威不害物，賞罰有必，勸沮無違，又五校之大經，三軍之元吉，故士不敢犯其令，下不得容」其非。高宗每稱其善，故以士君子處之也。及居西道，大著勳庸。于時中書令李敬玄爲河源道經略」大使，諸軍取其節度。赤水軍大使尚書劉審禮，既以敗没，諸將莫不憂懼。府君獨立高崗之功，以濟其難，轉」左武衛將軍，代敬玄爲大使，從風聽也。府君傍無聲色，居絶玩好。枕藉經書，有祭遵之樽俎；懷蘊明略，同杜」預之旌旗。胡塵肅清而邊馬肥，漢月昭亮而天狐滅。出師有頌，入凱成歌，遷左鷹揚大將軍、燕然道副大」總管。垂拱之季，天命將革，骨卒禄，狂賊也，既不覩其微；徐敬業，逆臣也，又不量其力。南靜淮海，北掃」旄頭，并有力焉，故威聲大振。制曰：局度温雅，機神爽晤，夙踐仁義之途，聿蹈廉貞之域；言以昭行，學」以潤躬，屢總戎麾，每申誠效。可封燕國公，食邑三千户，仍改授右武威衛大將軍，神武道經略大使，餘如故。」於是董兹哮勇，剪彼凶狂，胡馬無南牧之期，漢使靜北遊之望。靈夏衝要，妖羯是瞻，君之威聲，無以爲代。又」轉爲懷遠軍經略大使，以遏游氛也。屬禍流羣惡，釁起孤標，疑似一彰，玉石斯混。既從下獄，爰隔上穹，義等」絶頏，哀同仰藥，春秋六十。長子俊，幼丁家難，志雪遺憤，誓命虜庭，投軀漢節，頻展誠效，屢振功名。聖曆元年，」冤滯斯鑒，爰下制曰：故左武威衛大將軍、檢校左羽林衛、上柱國、燕國公黑齒常之，早襲衣」冠，備經驅策，亟總師律，載宣績效，往遘飛言，爰從訊獄，幽憤殞命，疑罪不分，比加檢察，曾無反狀。言念非辜，」良深嗟憫，宜從雪免，庶慰塋魂，增以寵章，式光泉壤。可贈左玉鈐衛大將軍，勳封如故。其男遊擊將軍、行蘭」州廣武鎮將上柱國俊，自嬰家咎，屢效赤誠，不避危亡，捐軀徇國，宜有褒録，以申優獎；可右豹韜衛翊府左」郎將，勳如故。粤以聖曆二年壹月廿二日敕曰：燕國公男俊所請改葬父者，贈物一百段，其葬事幔」幕手力一事，以上官供，仍令京官六品一人檢校。即用其年二月十七日奉遷于邙山南官道北，禮也。惟府」君孤峰偉絶，材幹之表也；懸鏡虚融，理會之臺也。言寡而意博，無枝葉之多蔽；謀動而事成，有本末之盡美。」夙夜匪懈，心存於事上；歲寒不移，志在於爲下。非君子之所關懷，必不入於思慮；非先王之所貽訓，必不出」於企想。自推轂軍門，建節邊塞。善毁者不能加惡，工譽者不能增美；智者見之謂之智，仁者見之謂之仁。至」於推財忘己，重義先物，雖刎首不顧其利。傾身不改其道。由是懦夫爲之勇，貪夫爲之廉。猶權衡之不言，而」斤兩定其謬；騊駼之絶足，而駑駘知其遠。至於吏能貞幹，走筆而雙璧自非；鑒賞人倫，守默而千金成價，固」非當世之可效，蓋拔萃之標准也。榮辱必也，死生命也，苟同於歸，何必終於婦人之手矣。余嘗在軍，得參義」府，感其道，頌其功，乃爲銘曰：」談五岳者，不知天台之翠屏也；觀四瀆者，不晤雲洲之丹榮也。恭聞日磾爲漢之轊，亦有里奚爲秦之娣，苟」云明哲，與衆殊絶，所在成賓，何往非晰。惟公之自東兮，如春之揚風兮，文物資之，以動色聲，明佇之以成功」兮。悠悠旌旆，肅肅軒蓋，擊鴻鍾，鼓鳴籟。云誰之榮，伊我德聲，四郊無戎馬之患，千里捍公侯之城。勳績既展」矣，忠義既顯矣。物有忌乎貞剛，行有高而則傷；中峰落其仞，幽壤淪其光；天下爲之痛，海内哀其良。」天鑒斯孔，衰及存亡；余實感慕，爲之頌章。寄言不朽，風聽無疆。」

（李希泌藏拓本）

聖曆〇二三

【蓋】杜君故趙夫人之墓誌

【誌文】

大周鼎州涇陽縣尉杜君故夫人趙氏墓誌銘并序」

夫人諱慧，字總持，天水上邽人也。胤蔚寶符，苗分」玉派，立元功於駿皂，式偏號於龍川。曾祖禮，北齊」河内郡丞；大父師，隋楚王府掾；並美逾雙日，聲越」九皐，入桂苑而談珠，出梧囚而辯璧。父達，唐鄜州」録事參軍；委績外臺，播徽中烈，既稱管轄，不避脂」膏。夫人即君之第三女也。夫人圓折開宗，方祇表」德，虔脩麗藻，夙著芳椒。沐至道於過庭，啓深仁於」徙宅。豈爲災成聚蟻，癘軫遊鵀，寢疾彌留，忽從遷」化。以聖曆元年冬臘月八日卒於鼎州涇陽縣之」官舍。二年春二月廿四日徙殯於洛陽之北邙山，」禮也。長子勤忠，誠踰噬指，志切承顔，仰朱萼而長」悲，痛黄泉而永瘞云爾。系自射熊，榮分馭騄，侍中翊趙，將軍佐蜀。職美鏘」金，文遒振玉，流徽往諜，揚芳後躅。其一。夫人肅穆，婉」順淑仁，四德居禮，三徙擇鄰。祲成遊岱，悲結凝塵，」痛斯蒿里，敬勒芳珉。其二。」

（周紹良藏拓本）

聖曆〇二四

【蓋】失。

【誌文】

周故府君墓誌之銘」

君諱素，軒帝之苗裔，姬王之胤胄。曾祖」留，隋任廣州録事；祖虎，隋任徐州司法；」考瑋，唐授朝散大夫；并思逸麟經，精超」豹略，操刀就列，利器從班。暢東里之威」恩，奮西門之風彩。公毓德中和，資靈上」善，霜華澡性，氣掩秋輝，露彩凝情，神光」春豔，詞林葱蒨，絢楊鳳於文條；筆海深」沉，渙董蛟於辯窟。然志輕軒冕，性重林」也泉，風月相趨，琴樽自得。豈謂服袄斯」漸，豎釁逾侵，以聖曆二年二月十六日」卒於私第，春秋八十有一。其年三月十」七日，葬於村西北一里平原，禮也。嗣子」□靜，痛貫風枝，悲纏露序，恐琁峰晝躍」□□□飛庶勒遺芳，乃爲銘曰：

鸞岫西」□，□□□鏡，仁敷動植，道□翔該。」

（録自《山右冢墓遺文》）

聖曆〇二五

【蓋】　大周故西平公主墓誌

【誌文】

大周故弘化公主李氏賜姓曰武改封西平大長公主墓銘并序　成均進士雲騎尉吳興姚略撰」
公主隴西成紀人也，即大唐太宗文武聖皇帝之女也。家聲祖」德，造天地而運陰陽；履翼握裒，禮神祇
而懸日月。大長」公主，誕靈帝女，秀奇質於蓮波；託體王姬，湛清儀於桂魄。公宮」稟訓，沐胎教之宸
猷；姒幄承規，挺琁闈之睿敏。以貞觀十七年」出降於青海國王勤豆可汗慕容諾賀鉢。其人也，帝文
命之靈」苗，斟尋氏之洪胤，同日磾之入侍，獻款歸誠；類去病之辭家，懷」忠奮節。我大周以曾沙紐
地，練石張天，萬物於是惟新，」三光以之再朗。主乃賜同聖族，改號西平，光寵盛於鼇」嫣，徽猷高於乙
妹。豈謂巽風清急，馳隙駟之晨光；閱水分流，徙」藏舟之夜壑。以聖曆元年五月三日寢疾，薨於靈州
東衙之私」第，春秋七十有六。既而延平水竭，惜龍劍之孤飛；秦氏樓傾，隨」鳳簫而長往。以聖曆二
年三月十八日葬於涼州南陽暉谷治」城之山崗，禮也。吾王亦先時啓殯，主爲別建陵垣，異周公合
葬」之儀，非詩人同穴之詠。嗣第五子右鷹揚衛大將軍宣王萬等，」痛深欒棘，願宅兆而斯安；情切蓼
莪，慚陟屺而無逮。撫幽埏而」掩泗，更益充窮；奉遺澤而增哀，彌深眷戀。以爲德音無沫，思載」筆而
垂榮；蘭桂有芬，資紀言而方遠。庶乎千秋萬歲，無慚節女」之陵；九原三壤，不謝貞姬之墓。其
銘曰：」

瑶水誕德，巫山挺神，帝女爰降，王姬下姻。燕筐含玉，門牓題銀，」珈珩揥象，軒珮莊鳞。其一。與善乖驗，竟欺遐壽，返魄無徵，」神香徒有。婺彩潛翳，電光非久，臉碎芙蓉，茄悽楊柳。其二。」牛崗闢壤，馬鬣開墳，黛栢含霧，蒼松起雲。立言載筆，紀德垂薰，」願承榮於不朽，庶傳芳於未聞。其三。」

（周紹良藏拓本）

聖曆〇二六

【蓋】大周故青海王墓誌銘

【誌文】

周故鎮軍大將軍行豹韜衛大將軍青海國王烏地也拔勤豆可汗墓誌銘并序

王諱忠，陰山人也。自雲雷降雹，開大國之王基；日月成文，握中原之帝業。天啓鬭馬，率衆西遷；地據伏龍，稱孤南面。祖特麗度許符別可汗，父諾曷鉢青海國王駙馬都尉烏地也拔勤豆可汗；并軍國爪牙，乾坤柱石，忠勤克著，異姓封王，寵渥彌隆，和親尚主。王丕承顯烈，特禀英奇，至若蘭臺芸閣之微言，丘山泉海；豹略龍韜之秘策，長短從横。莫不披卷而究五車，運籌而決千里。逸才天假，休德日新。接物盡君子之心，事親備文王之道。年十八，授左威衛將軍。戚承銀牓，弱歲求郎；寵溢金貂，童年入侍。後加鎮軍大將軍，行左豹韜衛大將軍，襲青海國王烏地也拔勤豆可汗。象賢開國，策固誓河；拜將登壇，任隆分閫。坐金方而作鎮，出玉塞而臨軍。朝廷無西顧之憂，獫狁罷南郊之祭。將軍有勇，期勝氣於千年；壯士云亡，惜寒風之一去。粤聖曆元年五月三日薨於靈州城南渾牙之私第，春秋五十有一。棟梁折矣，遠近淒然，以聖曆二年三月十八日歸葬於涼州城南之山崗，禮也。孤子等，痛昊天之莫訴，恐高岸之行遷，冀披文而頌德，刻翠石於黃泉。其銘曰：

壽丘茂緒，黎邑雄藩，龍興北盛，馬鬬西奔。代傳龜紐，邸降魚軒，積慶隆矣，生賢在焉。其一。自家形國，資孝爲忠，爰辭柳塞，入衛蘭宮。青海纂業，西隅畢通，玄郊坐鎮，北漠恒空。其二。夷夏以安，搢紳之望，樹善無忒，輔仁何曠。營罷真軍，星亡上將，義深悼往恩隆洽葬。其三。青烏剋兆，輤駕言迴，墳崇馬鬣地據龍堆。雲愁壟樹，月鈞泉臺，式刻翠琬，永播清埃。其四。

（録自《隴右金石録》卷二）

聖曆〇二七

【蓋】失。

【誌文】

大周故滄州東光縣丞公士王府君墓誌銘并序」

君諱進，字思儼，并州太原人也。因官遷職，徙居卜洛，遂」爲河南郡人焉。其先族派飛凫，宗芳駕鶴。鴻源滉瀁，滔」滔然萬頃之陂；神秀森林，鬱鬱聳千尋之茂。曾祖策，隨」任壽州司馬；職毗千里，光潛赤馬之舟；位贊六條，高邁」青凫之贈。祖舉，隋任觀州弓高縣令；銅章宰邑，皎子賤」之清風；制錦莅人，超魯恭之字化。考德，唐朝任青城監；」持情皎慮，思羽蝶之凝神；縱志棲心，等遊龍之柱潔。君」價重逸於前昆，振美騰於後葉。既而門風不墜，職顯清」階，釋褐從班，遂任淄州參軍事。夙承鴻漸，振六翮之羽」儀；早預鶯遷，再命而加厚禄。爰授滄州東光縣丞，廉貞」清潔，輔美闡於一同；水鏡居心，激濁揚於百里。嗟乎君」子！釋俗隨流，夢奠俄摧，藏舟易謝，粵以聖曆元年七月十六日寢疾，終于滄州官第，春秋五十有一。以聖曆二」年歲在己亥三月景辰朔廿九日甲申殯于邙山之原，」禮也。嗚呼哀哉！孤子履信，早鍾罪釁，掩遘慈天，啼叫攀」號，悲纏薤露，飾鐫幽礎，賁琰冥泉。其頌曰：蔚矣崑丘，挺生君子，桂馥層巒，珠輝圓水。因官遷族，襲」爵移徙，器蘊琳瑯，才苞杞梓。其一。魂飛蒿里，魄散荒幽，滔」滔逝水，壘壘邙丘。林踈鳥泣，隴暗雲愁，哀悲楊柳，淚灑」松楸。其二。」

聖曆二年歲在己亥三月景辰朔廿八日書」

（周紹良藏拓本　河南千唐誌齋藏石）

聖曆〇二八

【蓋】失。

【誌文】

大周故瀛州文安縣令王府君墓誌銘并序　鳳閣舍人兼控鶴内供奉河東薛稷纂　第四子前河内縣主簿景書」

公諱德表，字文甫，太原晉陽人。高祖隆，後魏行臺尚書，開府儀同三司，安陽縣開國伯，絳郡太」守。子孫因家焉。曾祖纂，齊華州别駕，汾州刺史；祖子傑，宇文朝建威將軍、徐州刺史，襲封安陽」伯；父信，隋國子博士，唐安邑縣令；公幼挺奇偉，聰明懿肅，年五歲，日誦春秋十紙。貞觀十四年，」郡縣交薦，來賓上國。于時太學羣才，天下英異，中春釋菜，咸肄討論。公以英妙見推，當仁講序，」離經辯義，獨居重席。即以其年明經對策高第，左僕射梁國公房玄齡奏公學業該敏，特」敕令侍徐王讀書，尋遷蜀王府參軍。俄以家艱去職，廬於墓左，柴毀骨立。太夫人朝夕諭及，僅」及僅免滅性。後遷鄜州洛川縣主簿，定州新樂縣丞，」瀛州樂壽縣丞。麟德之歲，薄伐遼陽，支度」使營州都督李沖寂，司庾大夫楊守訥，以公清白幹能，時議僉屬，迺奏公監河北一十五州轉，」不絶糧道，邊兵用給，卉服俄清，璽書褒慰，遷澤州端氏縣令。丁内憂，如居府君之喪。服」闋，遷丹州汾川縣令，平遷滄州魯城縣令，秩滿，授瀛州文安縣令。屬狂寇孫萬斬等作梗燕垂，」公縣當衝要，途交水陸，按劇若閑，軍興是賴。既乃犬羊之黨，侵圍城邑，公勵聲抗節，誓志堅守。」而孤城無援，俄陷兇威，雖白刃交臨，竟無所屈。賊等憚公忠烈，不之加害，尋爲俘縶，幽于虜庭。」潛圖背逆，夕遁幽府，遂首陳謀議，唱導官軍。廓清巨孽，公之力也。

巾清邊道大總管建安郡王奏」公忠果特異，請加超奬，仍命軍司，優以錢帛。瀛州刺史、高平郡王、神兵軍

瀛州刺史、高平郡王、神兵軍大總管河内郡王等」復以公化若神君，功踰健令，咸嘉其事，時即奏聞。旋降明旨，俾令甄擢。公飭

祇慮，解」印辭榮，功成不有，樂天知命，以聖曆二年三月二日寢疾，終于遵教里私第，春秋八十。公博綜」經史，研精翰墨，冠冕五常，被服六藝。至於釋教空相，玄門宗旨，莫不澄源挹瀾，必造其極，凡所」歷任，皆著異能，蠶績蟹筐，謳謡四合。初新樂之任也，太夫人遇有瘡疾，公嘗自吮癰，應時痊愈。」司馬張文琮以公孝行純深，奏課連最，河朔之地，人知慕德。嘗注孝經及著春秋異同駁議三」卷，并注道德上下經金剛般若經，有集五卷，並行於世。粵以其年歲次己亥三月景辰朔二十」九日甲申，權厝於合宮縣伯樂原，禮也。嫡孫之豫，次子前左臺監察御史洛客、前懷州河内縣」内縣主簿景、前洛州

洛陽縣尉昌等，咸以名才，並臻顯禄。三張之敏，生事愛敬；二連之孝，死事」哀戚。號纂徽業，存之銘典，用託鳳閣舍人河東薛稷爲其銘曰：」

悠悠晉水，載清載瀾，配靈周德，命族因官。連芳接武，雲逸風搏，尚□楷式，運平斗極。剌舉傳世，」聿脩厥職，言本於仁，道存其直。顯顯安邑，素風清神，上庠典胄，中都字人。俗化知恥，家歡忘貧，」貞明耀爽，沖和誕德。談盡霸王，學窮儒墨，鄉黨稱孝，妙年觀國。質疑泮水，選士射宫，復聞賈誼，」還推戴馮。來遊盛邸，見禮名公，學而上達，宦不求通。條枚既伐，蓼莪遄慕，鑽燧改火，履霜濡露。」沼集飛梟，塋來白兔，卉服憑嶮，命將出車。董其輓粟，實振戎儲，鳥谷從化，動在簡書。營道者心，」爲仁由己，教弘三德，志屈百里，婆娑太丘，留連聞喜。狂寇凌軼，稱亂燕幽，水草凶性，梟鏡逆謀，」機危執略，逼畏虔劉。在嶮能濟，唱議扼喉，帝念誅遏，嘉庸孔酬。爲而不有，氣運忽流，體」澤長謝，昭途不遊。助順終欺，福謙徒語，一術空執，百邪莫去，榮危既昇，衣衾而舉。朝發堂宇，夕」宿山原，搢紳赴會，徒御悲讙。時有迅晷，流無定源，罔極攸寄，不朽者言。」

内供奉南陽張元敬鐫，外孫弘農楊伋書。」

（傅熹年藏拓本　河南千唐誌齋藏石）

聖曆〇二九

【蓋】失。

【誌文】

周中大夫行蜀州長史上柱國鄭公墓誌銘并序」

公諱知賢，字道鑒，滎陽開封人也。舊國新國，重」開得姓之源；桓公武公，疊構翼周之業。自茲以」降，世有人焉。五代祖幼儒，魏吏部尚書；譽重山」裴，天下推其藻鑒。曾祖振，安都太守；祖元軌，緱」氏令；父玄巨，新繁令；望隆許郭，海内挹其清塵。」公宅粹五行，資靈三象，揚漪筆海，擢第文昌，解」巾德州司倉，徙尚方丞，遷漢州司馬。虎符斯贊，」光導學之風；驥足載馳，著披文之頌。除蜀州長」史。政化清美，吏民愛之，乃爲歌曰：州有長史，一」隅歡喜，調吏如琴，養民如子。方謂風謡繼響，行」延二鹿之徵；豈其霧露生災，坐軫兩楹之夢。春」秋六十七，聖曆元年五月廿五日遘疾，終于公」館。越年六月七日，返殯于洛陽平陰之原。嗚呼」哀哉！古往今來，慮高岸之爲谷，勒鴻猷於夜臺。」其銘曰：」

秀氣聿降，俊人挺生，體貌儒雅，政化和平。漢頌」無媿，蜀謡有聲，如何不淑，遽掩佳城。松垂劍影，」封疏斧形，式刊貞石，永誌芳名。」

（北京圖書館藏拓本　河南千唐誌齋藏石）

聖曆〇三〇

【蓋】失。

【誌文】

大周故中散大夫行澤州長史楊正本妻歸義縣君韓墓誌銘」

夫人諱令德，字光容，京兆人也。遠源遥緒，被之」圖諜，自曾祖已下，莫不徽猷相繼。父倫，金紫光」禄大夫、使持節亳州諸軍事、亳州刺史、黄金公；」專城宰邑，刺舉褰帷，雖郭伋之牧□，賈琮之臨」冀，無以過也。夫人賢明之德，挺自兩髦；令淑之」儀，彰乎仰髮。年十有七，歸于楊氏，和穆流於娣」姒，恭順盡於舅姑。方號母師，豈伊婦德而已。報」施茫昧，與善徒言，以聖曆二年六月十日遘疾，」終於安衆之里第；春秋五十有二。即以其年六」月十九日權殯於合宮縣平樂之北原，禮也。天」地長久，陵谷不恒，秘石傳芳，將存不朽。」聖曆二年歲次己亥六月甲申朔十九日壬寅。

（北京圖書館藏拓本　河南千唐誌齋藏石）

聖曆〇三一

【蓋】　大周故程府君墓誌銘

【誌文】

大周故朝散大夫上柱國安西録事參軍程君墓誌并序」

君諱瞻，字師仁，雍州咸陽縣人也，程伯子之苗裔。祖嵩，任」邢州任遠縣令；清規百里，撫字一同，德去飛蝗，惠留馴雞。」父衡，任端州録事參軍上騎都尉；□扶千里，助宣政於六」條；糺舉公平，實無情於私曲。君前任嶲州臺登縣丞，後」勅授安西録事參軍、朝散大夫、上柱國。器包六藝，學躡三」冬，筆開吞鳥之文，詞辨談鷄之論。停□書而展效，息恬筆」以從戎，帶楚劍以揮星，杖吴戈而曜日。決水沉沙之妙，屢」聞徹於聖朝；酬功報效之勞，夙旌顯於縻爵。文武不」墜，其在兹乎？實望千秋竹栢，永保於松筠；不謂芝蘭，彫芳」於白雪。春秋六十有四，六月十四日，卒於私第。嗣子壺冰、」次子繩直等，攀號吐血，五内崩摧，氣噎絶漿，淚窮兩目，因」窆家於帝里。以聖曆二年歲次己亥七月癸丑朔二日甲」寅改葬於安喜門北十里平原，禮也。但恐千秋萬歲，高岸」爲谷，刊石紀功，勒銘泉路。其詞曰：」六藝既該，七德俱習，筆下鵲驚，弓鳴狙泣，展效其誠，功名」乃名。其一。銷□清濁，禀氣陰陽，剛柔在己，舒卷相將。彎弓漢」月，廓靜胡方，英聲不朽，遐邇稱揚。其二。百年意氣，一朝寂然，」俄辭白日，永瘞黄泉。繐帷徒掩，絳旆空懸，崇墳燕集，弔鶴」飛□，一□塋域，萬古農田。其三。」

（北京圖書館藏拓本　開封博物館藏石）

聖曆〇三二

【蓋】失。

【誌文】

大周故左肅政臺侍御史慕容府君墓誌銘并序」

公諱知廉，字道貞，昌黎棘城人也。前燕高祖武宣皇帝之十一代孫。十代」祖燕太祖文明皇帝；九代祖恪，燕太原王；檀臺上國，列海嶽之雄；碣館崇」扉，蘊帝王之籙。不其盛歟！曾祖紹宗，北齊尚書令、東南道大行臺；樹績渦」陽，威懾於鄰敵。祖三藏，隋金紫光禄大夫，芳、疊等七州諸軍事，河内郡公；」□家沁水，道著於列藩。父正言，唐朝請大夫、兖州都督府司馬；有公望，負」大名，行可以立身，才可以經國。公騏騮逸足，鴻鵠于飛，性叶風雅，才兼禮」樂。面角生月，實仁孝之徵；地中有山，執謙撝之柄。有道一覩，稱其王佐；元」直每嘆，謂以卧龍。以明經擢第，解褐虢州參軍。秩滿，授雍州涇陽縣尉。孫」楚文雅之才，去參軍事；梅福神仙之伍，贊我大邦。太夫人隨任于魯，危痾」不救，公絶漿七日，徒步千里，因罷世情，固守天爵。大人挹邁軸之賢，」君子應蒲旌之召，應制舉及第，授雍州鄠縣主簿。又應文擅詞場舉」□第，改授雍州盩厔縣丞，」尋遷雍州乾封縣尉。地繞皇圖，城分赤縣，寮宷」□選，時議所清。尋屬雁山多虞，鵬溟起戰，朔馬蹴雲，窺河塞以將入；胡兵」□月，吹葭蘆而不散。禮部尚書裴行輟符雉闈，董我貔旅，迺引君判行軍」事。兵戎之要，咸咨於君。以功改授太子右清道率府長史，」尋奉令檢校家」令丞，職重烏練，聲高鶴籥，正人端士，非公而誰？文明元年擢授殿中侍御」史裏行。尋而即真。戴鐵冠，執霜簡，朝野竦聽，臺閣生風焉。或出監于軍□」糾射奸佞，非直熊羆增氣，故亦鵰鶚革音矣。俄以公事左遷潭州録事□」軍，秩滿遷揚州録事參軍，未赴任，恩敕攝右肅政監察御史。奉詞五」嶺之外，求瘼三溪之表，路次方城，遘疾而卒。嗚呼！天生此才，神與其藝，何」夭促其壽而不登卿相乎？春秋五十有九。以今聖曆二年八月九日遷窆」于洛陽邙山原，禮也。弟夏官郎中知晦，悲棣萼之早萎，惜佳城之再掩，」捃採金石，編序德音，置諸泉門，以圖不朽。其銘曰：」

蠮螉之塞，和龍」之宮，山川奇偉，人物英雄。緬惟世代，詳其祖武，三光比容，五行爲主。夫君」載誕，寧非象賢，忠貞自許，孝義居先。詞稱鼓吹，學兼流略，陳氏仲躬，荀家」文若。可以從政，遂登于朝，亟參揚歷，頻應弓招。生涯倏忽，人事糺紛，逸翮」摧浪，高峰墜雲。野開長隴，月對圓墳，彼顔子之何去？永地下之脩文。」

（周紹良藏拓本）

聖曆〇三三

【蓋】慕容君妻費氏墓誌銘

【誌文】

夏官郎中慕容君唐故夫人費氏墓誌銘并序」

夫人姓費氏，諱婉，字德，河南洛陽人。其先出自季友，有勳封于費，世」爲卿士，因以邑爲氏焉。曾祖遂，魏驃騎大將軍，隋晉州刺史；祖曜，唐」沁州刺史；考大辯，益州都督府士曹參軍事；並龍翰鳳翼，玉質金相，」士林以之盛衰，王國由其輕重。夫人含貞順之懿德，眪幽閑之淑靈，」生而應圖，動而合禮。十年受教，嘗聞執枲之勞；三月有成，遽列採蘋」之奠。郎中君名流仰止，雅俗具瞻，負樂令之青天，揖袁家之絳地。御」車有典，結鏡言歸。玉笄晨謁，踰閾無諂於兄弟；銀燭宵行，下堂必嚴」於保傅。才明拔類，敏識過人。總嬪德而無雙，窮女工而第一。旁羅藝」圃，隱栝書林。飛鉛灑墨，觸象而成篆畫；艷錦圖花，寓情而發詞藻。秋」生織杼，嘗鬪鳳而盤龍；春入翦刀，每裁雞而帖燕。澄冪酒醴，沃盥饋」食，肅事於舅姑，致美於宗廟。椒蘭播馥，琴瑟和聲，娣姒承規，宗姻仰」德。加以攀光妙月，飲澤慈雲，絶芳香，捐紫綺，行路金遺而不入，閨房」玉映而有餘。府君從鮑宣梁鴻之高，夫人得少君孟光之美。斯須有」變，不知玉折蘭摧；髣髴無靈，獨對悲風朗月。以上元三年八月廿九」日卒於雍州長興里第，嗚呼哀哉！夫人仁行天至，孝德日聞，幼丁士」曹府君憂，太夫人崔氏零丁鞠育，夫人誓期不嫁，情切養親，舉族敦」逼，遂歸于我。寶箱綺篋，不爲己物；繡縷金針，咸與衆共。撫誨猶子，同」於己生；

九族光輝，一門風範。及太夫人早世，夫人泣血三年，因感舊」疾，至于夭逝，可不謂孝乎？粵以大周聖曆二年八月朔九日子遷窆」於北邙山之舊塋，躑躅徘徊，舉目生哀，日黨朗兮將墜，風飀瀏兮一」來。墳樹新兮鳥既集，山門闃兮人已迴。絳紗之業何處？黄絹之詞在」哉。乃作銘曰：」

夜炯炯兮月朧朧，枕席陳兮帷帳空，琴瑟曠兮無主，閨房閑兮網蟲。」春露夕已泣，秋風朝又急，紫苔封兮山逕濕，緑草蔓兮泉門澀。存與」殁兮相還，古將今兮共然，去去勿復道，榮名以爲寶。」

（周紹良藏拓本　開封博物館藏石）

聖曆〇三四

【蓋】失。

【誌文】

大周洺州洺鄉縣尉慕容君墓誌銘并序」

君諱昪，字捧日，其先昌黎棘城人也。原夫辯方正位，仰容開就」日之暉；命世挺生，作輔運培風之力。高材禀於□□，令望光於」縉紳，靈源與積石騰瀾，垂裕共兼金藴彩。十三代祖前燕武宣」皇帝，十二代祖太祖文明皇帝，雄略緯天，宏謀括地，明以御物，」德以臨人，焕於圖牒，可略言矣。十一代祖前燕太宰太原王，高」祖魏尚書左僕射、武威郡王紹宗，聲優魯衛，譽重孫吳，儀範着」於星臺，懿躅光於碣館。曾祖三藏，隋淮南郡太守、和州刺史；祖」正言，唐朝請大夫、行衛州長史、兖州都督府司馬；器宇澄明，神」情爽邁，纘戎祖□，克紹家聲。褰帷扇千里之風，展驥毗六條之」化。父知敬，唐絳州司户參軍事。幼而聰晤，機鑒若神，夙踐義方，」早聞詩禮，蟠根在於利器，刀筆推於寀寮。解榻招賓，仙舟是泛，」萃洛中之三嘏，命荀家之八龍。望德而歸，似入芝蘭之室；不言」而至，若尋桃李之蹊。惟君履義懷仁，資忠與孝，閨庭邕穆，言行」珪璋，學總九流，詞高十字，清貞逾於水鏡，材行賞於渾金。河朔」奥區，人物殷阜，棼絲仰其是理，佐錦資其吏能。擇善而居，翳君」是賴，於是授君洛州洍鄉縣尉。材高位下，竟隨梅福之班；運促」悲深，忽奄顔回之壽。以天授二年六月一日卒於洍鄉縣之館」舍，春秋卅三。以聖曆二年八月九日遷葬於邙山大塋，禮也。北」海之隧，南陽之田，佳城不饒，隴劍長懸。宿草含露，秋松起煙，勒」銘幽壤，紀此貞堅。其銘曰：」

鳳扆靈源，龍城遠系，象賢表德，」宗英是繼。睢園起譽，禮閣飛聲，榮居曲蓋，望重專城。展驥芳躅，」鴻漸高才，藝兼游夏，思軼鄒枚。爰有猗士，□平莅職，未及百年，」俄嗟一息。日及凋蕊，雲鶴墜翼，竟掩泉扃，千秋萬億。」

（周紹良藏拓本）

聖曆〇三五

【蓋】失。

【誌文】

大周故慕容君妻張氏墓誌銘并序」

夫人諱順，南陽白水人也。其先龍分世族，鵲傳門慶，在蜀爲將，勇略著而銜」珠，爲韓報讎，名義聞而

祭石。備詳圖史，可略而言。曾祖隋遂安郡開國公鄧」州長史；祖長憖，隋遂州刺史，入唐以破薛舉
功，封息國公、豐州都督、左監門」衛大將軍、益州行臺左僕射、食邑三千户、食益州實封七百户；父孝
謨，以父」功起家，授吴王府主簿，襲爵巴國公，特加五品，改授勝州長史，歷營州都督」府長史，食巴州
實封三百户；並經文緯武，履忠資孝。將軍則賈混聯聲，僕射」則武陔同列，方申驥足，而譽滿沂中；
不假羊頭，而坐封關内。夫人藍田孕彩，」蕙苑疏芳，宋幄承規，班庭漸訓。芙蓉在呪，盥沐見賞於諸
姑；楊柳陳詩，辯對」稱奇於叔父。當腮織素，比靈媛之依星；臨鏡調紅，即仙娥之向月。初笄之
歲，」適于慕容府君焉。府君學富韋金，談優衛玉，孺子得黄中之稱，公孫兼素履」之名。爰想好仇，結
姻高媛，雍雍鳴雁，乃娉夫人；趯趯阜螽，則降君子。以膠投」漆，如瑟諧琴。戴仁戴義，造次不違於私
室；有禮有法，斯須豈懈於公宫。任情」柔婉，執性端慤，敦孝事於舅姑，鳴謙接於中外。恭祭祀之嚴
敬，每誠潔於犧」樽；先娣姒之劬勞，必躬親於蠶績。故能上下和睦，閨門式序，豈止菊銘椒頌，」團扇
寶釵而已哉！尋而府君長逝，夫人執喪過禮，二女兩男，相繼夭歿。嗟乎！」輔仁難驗，福履易褰，家喪
金夫，庭凋玉樹。階前萱草，不見宜男；井上梧桐，長」嗟半死。再哭文伯，敬姜之哀怨何深；一別秦
嘉，徐淑之芳香不御。蘭閨鎮掩，」蓬鬢長垂。夫人名教三從，琢磨四德，一子孤幼，克聞詩禮，徙鄰依
學，孟軻之」慈訓及躬；捧檄迎門，毛義之歡榮在養。豈期千鍾未享，二鬼成災，粤以垂拱」三年六月一
日終於履信里之私第，春秋　即以聖曆二年八月九日合」葬於先塋，禮也。第二子琬，衛州汲縣丞。攀
風樹而心斷，扣冰泉而思切。刊石」立銘，冀音容之如在；山移海變，俾芬烈之長存。其銘曰：」
源分白水，慶傳黄石，卿相蟬聯，公侯舄弈。綬盤蛇彩，書開鳥跡，猗歟令族，爰」誕宜家。詞芳柳絮，頌

起椒花，羅帷鑑月，錦鄣勝霞。言告女師，配乎君子，操貞」松桂，顔如桃李。爲絺爲紘，于沼于沚，能循法度，尤工組紝。名教成質，孝友因」心，寢息班誡，左右張葴。禮備有行，禍生無妄，寶釵贈別，金夫道喪。薤葉人歌，」梅花犬唱。兩男埋玉，二女沉珠，瓠鹿何望，孀鼇向隅。永悼神理，甘捐薄軀，蓬」轉無著，漭流何託。鬼即爲祟，仙非授藥，不救懸蛇，長悲弔鶴。棘人欒欒，蓼心」團團，往疑來慕，茹痛銜酸。蒿里幽兮積霧苦，松門虛兮此夜寒。」

（周紹良藏拓本）

聖曆〇三六

【蓋】失。

【誌文】

大周故同州白水縣令下博孔君墓誌銘并序」

公諱元，字元，其先下博人也。屬有隋版蕩，四海分崩，五郡三州，蓬飃梗泛，」瞻烏爰止，人定靡居，救死于頸，家無常處。洎乎星辰再浪，日月重光，九有」一家，無隔宛河之地；萬方同軌，不殊南北之居。遂家於兗州曲阜縣，故爲」郡人焉。原夫保族受氏，因生賜姓，煥天文而列象，錯地理而疏疆，孝友」承家，光暉雅頌，文章挺秀，鬱映古今。論孝則君威之德可稱，語文則安國」之風聿扇，崇基於焉峻極，迥派由是靈長。祖隋任驃騎將軍、巴州郡守；」富仁寵義，表禮多聞，策洽二權，功最萬里。父任虎賁中郎將、嵐州刺史，」德心易遠，軌度難量，潘岳之寓直同年，裴潛之桂服比德。公畢卯垂耀，」嵩碣降靈，孕含弘於地德，禀淳志於天經，伊仁與義，受之於五行；謙尊而」光，得之於四象。釋褐任右衛率府兵曹參軍。以嚴安物，持政勤人。秩滿，俄」遷并州太谷縣令。罄爲蒲之善，穆馴桑之化。重泉雅政，即見翔鸞；下邑材」高，仍嗟絆驥。尋轉同州白水縣令。探微索隱，政以禮成。鼓三善以臨人，稽」九章而折獄。豈謂天忱不與，人事長乖；奔晷難留，俄遷隙駟；逝川不捨，遽」徙壑舟；寢疾彌留，忽焉大漸。以萬歲登封元年臘月廿五日，薨于同州白」水縣之館舍，時年七十有三。夫人遼西公孫氏。門承纓冕，代習禮儀，爰縟」素章，作嬪君子，降年不永，先委泉臺。久切未亡之情，奄歸冥寞之化，以上」元元年四月廿日終于京第，春秋卌有二。越以聖曆二年歲次己亥八月」壬午朔廿一日壬寅，祔葬于洛州合宫縣平樂鄉之原，禮也。陰除已晦，泉」經無春，徒瞻露寢之宫，終列祈年之館。嗣子敬宗等，並酌飲不入，泣血漣」如，集蓼含酸，伊蒿茹痛。恐玄黄倚杵，瀛渤包桑，敬陳刊勒之規，式備湮訛」之理。詞曰：」

因采令族，孝友承家，素王流胤，弈葉飛華。上國無象，中原亂麻，塵驚五岳，」地裂三鴉。其一。蟬聯祖弈，舄弈門風，抑揚海内，冠冕區中。慶鍾猶子，業劭良」弓，任情所尚，與代洿隆。其二。乃祖乃考，如珪如璋，載誕英彦，人之令望。出入」由禮，左右無方，椅符縻爵，集雁移蝗。其三。馴桑播美，類菒纏哀，望焉觸地，□」矣聞雷。來芳易述，往駕難迴，撫傷永悼，嗚呼哀哉！其四。百身不贖，再謁無因，」微塵永謝，遺範被人。式憑貞石，用勒鴻勳，蘭芳菊藹，千秋萬春。」

（北京圖書館藏拓本　河南千唐誌齋藏石）

聖曆〇三七

【蓋】失。

【誌文】

蕭録事公墓誌銘并序」

君姓蕭氏，蘭陵蘭陵人也。曾祖岑，梁吴王；祖球，隋秘書監仁」化侯；鼎鼐相承，公侯必復。父繕，銀青光禄大夫、衢州刺史、蘭」陵縣開國男；大夫授職，爰開玉珮之榮；光禄崇勳，遂顯金章」之秩。君諱思一，則蘭陵公之第六子也。弱不好弄，長而不羣，」覃思研精，先彰下帷之業；懷仁服德，早奉趨庭之訓。起家國」子學士，横經璧沼，入太學而騰芳；射策金門，登甲科而取儁。」授珍州録事參軍，從班例也。提綱振領，糺謬繩愆，被仁惠於」黔川，播恩刑於丹徼。方當出將入相，珮玉鏦金，牽富貴而□崇高，摶扶摇而上寥廓。既而哀命有極，輔仁無驗。登山入夢，」方階捧日之期；閲水成川，遽逐驚波之迅。年月日終於」所。以聖曆二年十月十六日發故而就大塋。夫人宗氏，後娶」夫人崔氏，并陽雲降質，夜月流暉，動合規矩，言成禮節。嗟乎！」蕣花催曜，蓮渚沉暉，忽歎其亡，遂虧偕老。鏡前容色，初埋武」擔之山；匣裏雌雄，終没襄平之水。十月十六日並合葬大塋」禮也。雙魂合葬，同武子之西階；千載同墳，類平陽之北坂。諸」葛亮漢川之廟，古樹蒼蒼；夏侯嬰石槨之銘，佳城鬱鬱。其銘曰：」

帝嚳生卨，佐堯功烈，宗祧焕兮。微子承殤，食宋名彰，枝葉散」兮。蕭邑之系，興王履帝，號齊梁兮。蘭陵之胤，玉璽金印，入隋」唐兮。惟嶽降神，生甫及申，盛暉光兮。倚伏無從，始吉終凶，奄」玄房兮。

同墳合葬，雲愁野曠，赴泉壤兮。青松之門，掩藹平原，起氛昏兮。白楸之上，楊風飂亮，添悲響兮。」

（周紹良藏拓本　河南千唐誌齋藏石）

聖曆〇三八

【蓋】失。

【誌文】

衢州蕭使君男墓誌并序」

君姓蕭氏，蘭陵蘭陵人也。曾祖岑，梁吴王；祖球，隨秘書監；父繕，」皇朝衢州刺史。昔在木運，遠派黄軒，降及司徒，是隆黑帝。大齊」受終於有宋，惟梁禪位於皇陳，相國翊亮於漢王，鴻臚羽儀於」太子。譙龍握紀，則有廣陵府丞；瑞馬提衡，復有琅邪内史。其代」禄也如彼，其家風也如此。況復雄風夜月，遥臨桂樹之山；珮玉」鏘金，高步芸香之閣。股肱之郡，熊軾於是當官；几杖之榮，」鴻恩以之褒德。積善餘慶，其在兹乎？君諱言思，則使君之第八」子也。神機敏晤，識量韶明，弱冠趨庭，預聞詩禮；勝衣對容，□謝」琳琅。羊祜發言，嘉長和之爽朗；謝甄興歎，識子將之發越。況乃」性懷沖挹，志尚貞肥。隱不違親，孝乎惟孝；德非常道，玄之又玄。」仲長統之舟車，不求聞達；尚子平之損益，自遺囂塵。無慚騎之」名，有似龍蛇之蟄。方欲脱屣遥視，拂衣高蹈。乘騎日月，經過汗」漫之鄉；咀嚼煙霜，嘯慠虚無境。童男海上，不徵徐市之言；隱士」吴中，旋聞謝敷之死。人生若過，天道如何？越聖曆二年十月十」六日發故改葬於大塋，禮也。跼馬悲鳴，塗車列殉，孝經從葬，堯」典合棺，曠野蕭條，煙郊紛其漠漠；平原超忽，松柏儼以蒼蒼。哥」薤露以生悲，聽楊風而下泣。墳塋不雜，遂爲原氏之阡；丘隴長」存，即是姚家之墓。銘曰：」
□代飄忽，百齡怊悵，不睹靈長，終成淪。裦顯君子，塋心韶亮，樂」道身和，辭榮體□。方欲吐納，忽纏疲恙，莫驗囊中，旋悲隴上。第」馬同奄，塗車合葬，草積荒墳，煙埋水嶂。玄隧寂寞，白楊悽愴，牧」豎之哥，樵童之唱。平野千里，寒原一望，隨會同歸，君無與讓。」

（周紹良藏拓本　河南千唐誌齋藏石）

聖曆〇三九

【蓋】大周故張府君墓誌銘

【誌文】
大周故金花府司馬張君墓誌銘并序」
君諱達，字文遠，南陽白水人也。自軒丘命氏，稷澤疏源，靈津共」江漢俱深，峻嶠與嵩衡齊上。瑶鳩拂羽，遠傳命代之祥；綺鶡鶩」飛，載襲承家之慶。曾祖賢，祖義，并紫巖奇寶，珠泉靈液，鼎派淩」雲，擁汾川之瑞氣；金輝動野，鼓麗水之長瀾。父幹，唐朝請大夫、」左鷹揚衛郎將；代濟象賢，功横命爵，忠成輔國之望，孝自垂堂」之軌。君鳳毛五色，龍足千里。月中生字，流芳偃桂之巖；日下馳」聲，振響蟠桃之岸。學優入仕；初昇鼓篋之階；立身從政，坐負題」輿之美。加以優遊樽俎，散誕琴哥，架梓澤之良交，邁竹林之高」會。奄而魂歸東岱，智盡西山。靈草一株，空佇中洲之鳥；神香四」兩，徒窺外國之人。嗚呼哀哉！以聖曆元年十一月三日，卒於洛」州測景里之私第，春秋八十有五。夫人魯國鄒氏。珪玉其閨，蘭」桂其芳，環珮節其音聲，紃組昭其規矩。移鄰襲裕，斷織流慈，德」叶茂先之箴，譽重班姬之誠。雖泉臺遽閟，先成大暮之悲；而劍」匣同飛，俱没延平之水。嗚呼哀哉！即以聖曆二年歲次己亥十」月壬午朔廿八日己酉，同祔於河南洛陽北邙山原禮也。嗣子」神慶等，痛深攀栢，哀至匪莪，窺晝扇以崩心，撫楹書而灑泣。恐」路移京兆，冰化歷陽，敢勒字於蒿泉，紀芳猷於貞石。其銘曰：」英巖巖峻岳，淼淼長川，誕靈育慶，惟德其賢。風神獨灑，道術弘宣，」龜章舄弈，鵲璽蟬聯。盛德斯舉，規纔傳，奄歸長夜，俄凋小年。」車迴魚嶺，劍没蛟泉，玄扃一閟，白日千年。隴深沈兮思月，野蕭」索兮愁煙，紀芳徽於玄壤，惟雅譽兮長全。」

聖曆二年歲次己亥十月壬午朔廿八日己酉。」

（北京圖書館藏拓本　開封博物館藏石）

聖曆〇四〇

【蓋】　失。

【誌文】

大周故朝請大夫行鄧州穰縣令上護軍南君墓誌銘并序」

君諱玄暕，其先固安人也。昔者西戎作梗，先君將六國之」師；東魯誦詩，迺祖興三復之歎。英靈弈葉，圖史詳焉。曾祖」瑒，因宦徂遷，卜居伊洛，遂爲洛陽人也。祖彦，隋任洛州新」安縣令，唐任和州刺史；馴□温洛之汭，去獸清江之曲。考」斌，高尚其節，不事王侯，□存城闕之下，心遊江海之上。君」器宇沖邈，風神融朗，才惟天縱，學迺生知。包汝南之五行，」掩河東之三篋。爰就麟成之業，方登鴻漸之榮。釋褐授文」林郎、守司衛寺武器署丞，又遷司府寺平准丞。劍戟弓矢，」仍標曜潁之精；尺丈斗斛，即有平均之譽。經兩考，丁父憂，」哀纏罔極，喪紀遽終。服闋，選授營繕監中校署令，俄而又」遷司膳寺太官令。清白著稱，廉眘騰聲。屬布政總章，爰陳」大禮，内外寮寀，寵命咸加，制授朝議郎、行鄧州穰縣」令。仁霑鄭鄧，化洽樂都。蝗蟲作災，不入中牟之境；青鸞翊」政，且集重泉之邑。有制蒙授朝散大夫，又加朝請大」夫。始慶曾雲之舉，俄驚促露之悲，以某年月日遘疾，終於」洛陽立行里之私第，春秋五十有七。以大周聖曆二」年十月廿八日窆於北邙山，之禮也。嗣子前左金吾引駕」仁哲等，號天泣血，扣地絶漿，紫鱗騰躍，白兔呈祥，翩翩綘」旐，鬱鬱玄堂，松栢悲兮風聲慘，塋壟夕兮煙色蒼，式叙九」原之迹，俾傳千載之芳。其詞曰：

天道何殃，人生不」常，俄聞與善，遽見殲良。魂遊東□，□□□□，□□□峩，松」檟蒼蒼。

維聖曆二年歲次乙亥十月甲午朔廿八日乙酉記。」

（周紹良藏拓本　河南千唐誌齋藏石）

聖曆〇四一

【蓋】失。

【誌文】

夫人袁氏，洛州永昌縣人。曾祖君正，梁秘書監太子詹事；祖□，隋秘書監贈上柱國陽夏縣開國公；父大業，唐海州郇山縣令。以聖曆二年十月四日遘疾，終於乾封縣太平里第。以聖曆三年正月十五日權殯於長安縣龍首鄉龍首原。」

（録自《金石續編》卷六　據《古誌石華》補字）

聖曆〇四二

【蓋】失。

【誌文】

大周故文林郎彭城劉府君墓誌銘并序」

君諱胡，字素，彭城叢亭里人也。歷世遊宦上國，家于洛陽焉。自」火德摛祥，金刀命氏，英賢不乏，聖哲彌昌。酬校石渠，光禄綜九」流之目；開圖玉壘，先主居三國之雄。累葉增榮，本枝方茂。曾祖」璿，齊南辯州刺史；祖愕，隋洛州司户；並雅量波恬，幽情霞曠。南」陽善政，永劭家聲；東洛分官，聿光朝望。父讓，唐永豐倉丞；榮參」掌庾，夢叶失禾，黔甿免河内之飢，紅粟比海陵之富。君象賢無」玷，樹德不孤，共止水而同清，將斷山而比峻。克岐克嶷，如琢如」磨，業就日新，才優歲貢，以鄉舉擢文林郎，尋而稱疾不仕。子奇」樂道，竟不過於孝廉；黄憲辭榮，初暫同於倫輩。靜而能退，自守」閑居；色則爲空，恒求妙果。當謂鵬飛矯翼，直負青穹；豈期蟻鬬」爲災，奄歸玄壤。以聖曆二年七月九日終於清化里第，春秋七」十有四。夫人扶風馬氏，族茂鑄銅，祥延弄瓦，芝蘭植性，桃李爲」容。匹秦晉於嘉偶，鼓瑟琴於好合。居諸驟改，零落先秋，鏡已絶」於孤鸞，匣更沉於雙劍。以大周聖曆三年歲次庚子正月壬子」朔廿一日壬辰合葬於北邙山之舊塋，禮也。嗣子玄謦等，眷庭」闈而結欷，陟屺岵而凝哀，口澤若存，心靈殆絶。墳開白鶴之吊，」泣下子羔之血，山鳥銜啼，邊簫助咽，儻黄絹之如在，庶清塵之」不滅。其銘曰：

慶叶紫雲，祥膺白水，帶河礪岳，謀孫翼子。」導彼昌源，介茲休祉，簪紱交映，仁賢互起。其一。降生才令，幼挺珪」璋，二龍種德，千里馳芳。宦成歲貢，道茂月將，里仁爲美，鳴謙有」光。其二。退隱朝市，克諧琴瑟，鸞鳳和鳴，潘陽爲匹。藏山匪固，逝川」何疾，一歎俱沉，千年永畢。其三。松阡卜兆，柳翣陳儀，生也如寄，魂」兮在斯。霜摧宿草，露泣風枝，悼黄泉之永訣，勒玄石而旌奇。其四。」

（周紹良藏拓本　河南千唐誌齋藏石）

聖曆〇四三

【蓋】失。

【誌文】

大周故唐州司馬上柱國閻府君墓誌并序」

君諱基，字茂先，洛陽人也。其先漢河南滎陽安思皇后弟，車騎將軍儀同」三司，長社侯顯之後，七代祖瓊，後魏爲洛陽令，故子孫家焉。若乃帝嚳元」妃，誕后稷之聖；武王冢子，胤成公之封。食晉之閻，鬱爲盛族，梁山晉望，盤」□□儀。曾祖諱子真，字西昇，後魏東雍州刺史、天水縣公；大父諱師臣，」字公

□，隋齊州司馬；顯考諱令規，字休遠，唐并州都督府録事參軍事；」並風格標舉，雲和成韻，合沓煙峯，深沉月壑，邦族家牒，敞其高焉。君挺密」山之玉榮，韞流洲之鐵精。關長生之勇冠萬人，氣幹殊偉，而令涿郡之俗」悦；彭永年之身長八尺，容□甚壯，而使龐統之座驚。道合傅介子，神交衛」先生，淺近之類，孰知其情？嘗云：我逢太平，使韓白得志於前載；若遇高選，」將衛霍見慙於此時。大將軍邢國公蘇定方欽其峻格，屈與相見，眉睫纔」偶，便定旌旆之交。及有事遼東，定方之爲總管，乃引君同行，以立功爲事。」君一言相感，百金不移，利用即戎，方陪壯武。既而勳爲上柱國，官成下大」夫。聖朝革命，猶未鳴舞。府君之子辰州刺史敬客者，以長河千里之」氣，鎮大霍九疑之陽，聲振五湖，芳騰八桂。屬黄龍窮塞，密起林胡之氛；白」兔運營，佇資横漢之力。乃迴天睠，改授檀州，仍兼總管。誅鋤犯寇，落」旄頭於長劍，聲軼冠軍，誅鑿齒於太常。功高定遠，拜右玉鈐衛大將軍，封」漁陽縣開國公，仍充懷遠軍大使。於是謀孫之道方遠，翼子之慶行臻，授」君金州西城縣令，峻襃親之典也。時方寢疾，未果鳴琴，尋改授唐州司馬，」以申前屈。大江八月，方騰入斗之潮；長淮三秋，忽慟藏山之舋。以聖曆二」年八月三日，春秋七十五，終于官舍。夫人南陽張氏。河洲早穆，鐘鼓方諧，」先赴延平之津，今合豐城之影。即以三年正月廿一日合葬于河陰。漁陽」公叩地無從，終天罔及。冀東平之樹，就堯日而長榮；北芒之墳，庇卿雲而」永藹。敬託貞琰，奉揚德音。其詞曰：」

峩峩府君，高山出雲，世得而仰，物得而芬。其一。行不詭時，言不傷俗，青山萬」品，黄河一曲。其二。蓮花寶劍，柘幹琱弓，慷慨臨月，咄嗟生風。其三。書亦有云，義」實可重，感朱旗之流眄，冒白刃而成勇。其四。立功而退，垂翼不飛，有子幹蠱，」我生光輝。其五。白日落兮寒山空，玄雲愁兮太歲終，君子長往兮留哀風，河」陰春歸兮美無窮。其六。」

（北京圖書館藏拓本　河南千唐誌齋藏石）

聖曆〇四四

【蓋】失。

【誌文】

大周故壯武將軍行左豹韜衛郎將贈左玉鈐衛將軍高公墓誌銘并序」

夫總旅衛軍、陷陣降城者號良將，有一無二、糜軀殞首者謂忠臣。詳諸結刻已還，弦剡之後，實」不雙濟，名罕兩兼。緬尋東觀之書，遐披南史之筆，文才接踵，武士磨肩，其於資父事君，輕身重」義，植操於忠貞之表，定志於吉凶之分，雷霆震而不變，風雨晦而未已，在於將軍矣！」公諱慈，字智捷，朝鮮人也。先祖隨朱蒙王平海東諸夷，建高麗國，已後代爲公侯宰相，至後漢」末，高麗與燕慕容戰大敗，國幾將滅。廿代祖密當提戈獨入，斬首尤多，因破燕軍，重存本國。賜」封爲王，三讓不受，因賜姓高，食邑三千户，仍賜金文鐵券曰：宜令高密子孫，代代封侯，自非烏」頭白鴨淥竭，承襲不絕。自高麗初立，至國破已來，七百八年，卅餘代，代爲公侯，將相不絕。忠爲」令德，勇乃義基，建社分茅，因生祚土，無隔遐裔，有道斯行，況乎地蘊三韓，人承八教，見危授命，」轉敗爲功。國賴其存，享七百之綿祚；家嗣其業，纂卅之遥基。源流契郭樸之占，封崇符畢萬之」筮。禦侮傳諸翼子，帶礪施於謀孫，此謂立功，斯爲不朽。曾祖式，本蕃任二品莫離支；獨知國政，」位極樞要，職典機權，邦國是均，尊顯莫二。祖量，本蕃任三品栅城都督位頭大兄兼大相；少稟」弓冶，長承基搆，爲方鎮之領袖，實屬城之准的。父文，本蕃任三品位頭大兄兼將軍；預見高麗」之必亡，遂率兄弟歸款聖朝，奉總章二年四月六日制授明威將軍行右威衛」翊府左郎將。其年十一月廿四日奉制授雲麾將軍行左威衛翊府中郎將。永隆二年」四月廿九日除左威衛將軍。舟僑遂去，知虢公之禄殃；宫奇族行，見虞邦之不臘。庇身可封之」域，鷃弁司階；革面解愠之朝，虎賁陪輦。禁戎五校，衛尉八屯，長劍陸離，瑚孤宛轉。奉光宅元年」十一月廿九日制，封柳城縣開國子，食邑四百户。累奉恩制，加授柳城郡開國公」食邑二千户。桓子之狄臣千室，比此爲輕；武安之拔郢三都，方兹豈重。公少以父勳，迴授上」柱國，又授右武衛長上，尋授游擊將軍，依舊長上；又泛加寧遠將軍，依舊長上；又奉」恩制，泛加定遠將軍，長上如故。萬歲通天元年五月奉敕差又充瀘河道討擊大使，公奉」敕從行，緣破契丹功，授壯武將軍行左豹韜衛翊府郎將。忝跡中權，立功外域，既等耿恭之寄，」旋霑來歙之榮。尋以寇賊憑陵，晝夜攻逼，地孤猨闊，根盡矢殫，視死猶生，志氣彌勵，父子俱陷，」不屈賊庭，以萬歲通天二年五月廿三日終於磨米城南，春秋卅有三。聖上哀悼，傷慟」于懷。制曰：故左金吾衛大將軍幽州都督高性文男智捷，隨父臨戎，殞身赴難。忠孝兼」極，至性高於二連；義勇俱申，遺烈存於九死。永言喪没，震悼良深，宜加褒贈，式慰泉壤，可左玉」玉鈐衛將軍。又奉敕曰：高性文父子忠鯁身亡，令編入史。又奉敕令准式例葬。粤」以聖曆三年臘月十七日窆於洛州合宫縣平樂鄉之原，禮也。公忠孝成性，仁智立身，克嗣家」風，夙標國望。雖次房之見獲苟宇，宜僚之被脅楚勝，形則可銷，志不可奪，精誠貫日，哀響聞」天，爰加死事之榮，載編良史之册。有子崇德，奉制襲父左豹韜衛翊府郎將。年登小學，」才類大成，孝自因心，哀便毁貌。始擇牛亭之地，爰開馬

鬣之封，將營白鶴之墳，先訪青烏之兆。」將恐舟壑潛運，陵谷貿遷，雖歸東岱之魂，終紀南山之石。其

銘曰：

蓬丘趾峻，遼海源長，種落五族，襟帶一方。氣苞淳粹，人號貞良，戎昭致果，胤嗣承芳。其一。卓矣顯」祖，猗哉若人，橫戈靖難，拔劍清塵。見義能勇，有讓必仁，丹青信誓，礪帶書紳。其二。蠢爾犬羊，扇玆」兇慝，王子出師，既成我服。楊飃滄溟，撝戈蟊賊，子孝臣忠，自家形國。其三。積善無祿，輔德」有違，蒭狗一致，美惡同依。白狼援絶，黃龍戍稀，李陵長往，温序思歸。諒日月之更謝，寄琬琰於」泉扉。其四。」

（周紹良藏拓本）

聖曆〇四五

【蓋】失。

【誌文】

大周田府君墓誌銘并序」

君諱志承，虞爵氏之苗胤，漢暢公之後也。族望太」原郡，今遷肇神都永昌人也。夫以樞光紀運，垂銑」鍔於瓊津；素質歸祥，表靈圭於瑞浦。既而傳芳不」朽，嗣名千古者，詎不惟君之孝乎。祖寶，父志，母朝」並神塵智宇，崩騰觸日月之輝；廣度襟懷，磊珂厭」乾坤之氣。詎謁災纏化豎，釁結華楹，積痼不痊，遂」遊魂於即一。岱人胡氏，淑質貞亮，馳譽表於前經；」肅穆居容，播芳猷於沒史。忽以冥祇

遘厲，奄哀兆」於青烏；巨瘵彌留，望悲雲於白鶴。春秋若干，聖曆」三年一月十一日告終於斯第。即以其年壹月十」一日，大葬於洛陽縣清風鄉邙山之陽，禮也。嗚呼」哀哉！鄉閭氣絶，行路悲凄，孤子哀號而氣咽，長□」墳絶而透塋。淒淒孤隨，鬱鬱佳城，恐桑田之亟□，」勒貞石而爲銘。其祠曰：」

猗歟□祖，邈矣先宗。名標九牧，位列三公。翘情□」月；賞志煙風。聲高一代，萬載傳雍。其二。爰及於君，識」性沉默。邑望楨幹，鄉閭軌則。琴書育性，清罇□□。」輕脱五侯，賤遺三職。安貧務道，優遊之力。」

（武漢大學歷史系藏拓本）

聖曆〇四六

【蓋】失。

【誌文】

唐故同州孝德府右果毅都尉東海于府君夫人太原王氏墓誌銘并序　貝州臨清縣尉琅琊王匡國撰」

夫人諱媛，太原人也。述乎周儲錫胤，載光魚躍之美；晉臣授律，式焕龍驤之」榮。雖珪組凝煇，映國章而昭寵；而芝蘭繼葉，纂家聲而無替。曾祖操，梁中衛」將軍、尚書令；祖衡，梁黄門侍郎、中領軍長史；父逸，婺州長史；並賢豪閒出，雄」傑挺生，英算超於先古，良圖冠於當代。或威稜□鉞，折衝罇俎；或望重題輿，」紀鼇邦國。懷兹鳳藻，實謂龍光者歟！然則方浙澄瀾，彩孕成虹之竇；圓流瀉」媚，□浮蜀蚌之珍。夫人即長史之第二女也。氣逸蕙心，姿凝桂魄，幽閑克懿，」柔婉允休。桃李方春，早習三從之訓；松蘿有感，爰遵百兩之儀。年貳拾，歸于」尹氏。道洽饋魚，禮光鳴鳳。三星在户，映銀燭以增輝；九十其儀，振瓊章而動」工。用能虔恭四德，藉甚二門，崇盥漱之儀，習筐莒之禮。豈止明星有爛，顧皃」雁而矜詞；抑乃春風動帷，詠鴛鸞而趣興。只若刀尺裁縫之異，針縷黼繪之」奇，莫不妙奪圖龍，工逾寫鳳。宜家有慶，載隆琴瑟之美；作室多閑，雅合塤箎」之契。乘龍顯懿，頌燕貽休，庶冀兩鶴翔雲，永同聲而比翼；誰謂雙鷗泛水，忽」雄去而雌留。以大周聖曆二年，遘崩城之釁，怨息朝莊，哀纏晝哭。高樓獨起，」臨皓月而多悲；繐帳孤懸，對秋風而增欷。愍茲蓬首，諷誰道之亮詞；瞻彼栢」舟，懷靡他之明誓。由是占持門户，保守閨闈，躬行組織之對，允執榛羞之禮。」覩其法孝，疑孟母之重生；仰其節焉，謂恭姜之不死。歡融娣姒，譽重宗祊，有」節婦之盛容，得淑媛之儀則。貞謀莫際，峻範難窺。實冀梁日流輝，且盡當軒」之慶；誰謂寵風成釁，俄驚遊岱之魂。以聖曆二年五月侵疾，卒于私第，春秋」五十有九。嗚呼哀哉！悲夫！顯晦不恒，離會無准，離則異於伯玉，似閒陽城之」墟；會則同乎神劍，終合延平之水。死而有識，不其然歟！粤以聖曆三年一月」廿二日合葬于洛陽之北邙山，禮也。嗚呼！合葬非古，周公有之，式遵前訓，肇」建新基，傷宅土於剛日，痛埋魂於此時。銘曰：」

有□鶱兮上賓，有龍驤兮晉臣。既如熊兮佐命，亦展驥兮臨人。降及兮叔媛，」燕之美兮趙之選。感朝隮之恒理，爰輔佐兮君子。案甫洽於齊眉，桐俄傷於」半死。痛蓬首兮多違，詠栢舟兮自依。惜蕣英兮如昨，嗟薤露兮將晞。孤魂遊」兮洛浦，契同穴兮宅土。令則芬兮可尋，徽容杳其難覩。春蘭兮秋菊，長無終」兮終古。

聖曆三年歲次庚子一月戊寅廿二日壬申」

（河南千唐誌齋藏石）

聖曆〇四七

【蓋】失。

【誌文】

大周洛州合宫縣故陪戎副尉胡君之墓誌銘并序」

君諱哲，字仁感，其先安定郡人，來仕帝京，遂爲合宫」縣人也。質秉珪符，廣隆台鉉。繽紛車騎，振響於當塗；」婉嫕芳儀，流輝於典午。此並備詳國史，今可略而言。」曾祖弘，隋任車騎；祖通，隋任懷州河内縣丞；父」文，唐將仕郎；並道德冠時，風流蓋俗。公行乃依仁，」言必合禮，撿莊生之齊物，考顔氏之行藏，聊肆薄遊，」即授陪戎副尉。加以雅好博古，志惟恬曠，玄門幽鍵，」尤所庶幾。每於諸寺聽大乘經典。於是蓮花妙訣，貝」葉芳詮，窮十地之真境，究六波之彼岸。誰謂神不輔」善，棠陰不留，天結少微之禍，人起摧梁之釁，春秋六」十有二，以萬歲通天五月八日卒於洛城私第。夫人」翟氏。上月仙儀，乘星淑質，言從中饋，即事移天。不謂」蘭畹銷芬，芝田斂馥，春秋六十，奄從風燭。以聖曆三」年歲次庚子壹月戊寅朔廿二日，合祔於洛城東北」七里之原，禮也。子思斌、思誨、思温等，並風樹驚心，霜」階惕慮。恐陵谷之相變，庶有記於貞石。銘曰：

系自」嬀汭，族錫陳胡，質分金虎，廣列司徒。粤若夫君，雪白」蘭薰，法筵析滯，玄門解紛。蘭亭闃寂，竹徑荒涼，雲愁緑」蕙，風悲白楊。運隨年盡，琴逐人亡，嗟埋玉樹，痛失靈香。」

（北京圖書館藏拓本）

聖曆〇四八

【蓋】失。

【誌文】

周故明威將軍守右鷹揚衛貴安府折衝都尉上柱國王君墓誌銘并序」

夫崑山西峙，連城之寶出焉；漢水東流，光乘之珍生矣。道河積石，難窮於負勝之圖；原」始要終，擢秀於龍魚之史。不可以目擊，莊生之道又玄；不可以肩窺，夫子之牆數仞。君」諱建，字師，并州太原郡人也。通三命氏，自南河之揖讓虞賓；法五封侯，暨西漢之盛稱」元舅。爰宅典午，間出靈苗，鷩鵲起於吴城，表龍驤於晉國。珊瑚瓌寶，居海島之中央；瓊」樹瑶林，出風塵之外畔。曾祖雙，隋任徐州刺史；九包鳳子，八尺龍駒，從政斑條，自得二」龔異體；仁明弈葉，所謂三王後身。式表緹油，賁廉貪水，聞去思於人謳，佇來晚於甿謡。」銘德景鍾，揚光日旆。祖才，隋任相州鄴縣令；風神森聳，天骨不凡，道長時須，牽絲製錦。」中牟狎雉，惟桑非棲鳳之林；武城割鷄，調飪屈涵牛之鼎。有山濤之識量，迥得毛玠之公」方。字老圃舒盛德之容，交士林忘公侯之貴。父柱，唐任眉州録事參軍；器宇宏遠，迥出」雲霄，玄度之月益明，元規之風難穢。選衆而舉人，其舍諸佩；仁義以昇朝，鼓虬龍而列」職，漢年司録，榮高白簡之威；晉日持符，寵越朱門之貴。樂天知命，直道而行，愿逢青眼」之交，恥入黄頭之夢。府君發言爲論，下筆成章，道絶脩文，德存尚武。由是韞玉鈐之策，」懷金匱之書，叱吒祆氛，氣壓萬人之敵；規模鬱起，聲高八陣之圖。列戟文昌，執珪以之」爲貴；參麾武帳，擁節於是稱榮。威宣鹿角之營，勇冠虎牙之將。至垂拱四年正月十一」日恩制授明威將軍，守右玉鈐衛三交府折衝都尉、上柱國。功推大樹，業懿高」山。龍韜之變未終，馬革之悲俄及，春秋七十有八，以聖曆元年九月十六日不禄於官」第。泉石幽咽，鳥獸哀鳴，福善無徵，膏蘭喪德。單于剺面，悲酸漠北之風；將士得心，哀欷」江南之淚。邑居里聚，以絶相杵之聲；戚屬懿親，望盡鄧林之色。暨大周聖曆三年二月」三日改葬於洛州合宮縣梓澤之鄉，禮也。青烏集慶，白鶴呈祥，澗水流其東，邙山鎮其」北，八卦成刊，得龜兆於天津；三鏡叶圖，表馬鬣於墳隴。嗣子等並蘭滋九畹，芬馥足使」表其容；竹生千畝，霜雪無以奪其操。豈謂風枝不靜，露薤旋晞，集蓼凝哀，餐荼罷溢。趙」孝趙祀，恭順之美蔑方；如慕如疑，惟孝友于兄弟。但恐方平不返，子晉無歸，丘壑貿遷，」山莊斧爛。不有銘記，無以褒贊成功；不有稱述，無以揄揚德業。昔趙岐無禄，空餘壯氣」之碑；府君有功，可立大名之誌。所以雕文刻字，鎔範音徽，使萬古之後，譽發芳猷；千齡」之前，聲流琬琰。其銘曰：」

世家列傳，我巢本枝，鸞棲鵷座，人居鳳池。金渾疊彩，玉樹參差，子孫赫弈，翕襲聯禕。其一。」可以觀德，折衝樽俎，式表和戎，將軍振旅。勇過懸布，文雄檄楚，畏殊夏日，明高執炬。其二。」銘勳竹帛，勒石燕然，由不安枕，復事戎旃。兩楹夢夕，二豎災纏，懸劍有歲，賜宅無年。其三。」松蘭摧折，嗚呼君子，鶴弔集庭，人思罷市。挽鐸聲咽，容車風起，掩魄遊魂，泉扃蒿里。其四。」□葬□□□河泝洛，芝田表隧，梓澤爲郭。螻蟻不親，市朝何薄，誚成溘露，道淪糟粕。其五。」□□□□□□□□行，履霜之日，花萼摧芳。蓼蓼偕大，哀哀者傷，追遠何極，琴人俱亡。其六。」□□□□□□□□遵護喪，範君臨壤。緑碑銘德，白楊振響，天長地久，不□精爽。其七。」

（周紹良藏拓本　河南千唐誌齋藏石）

聖曆〇四九

【蓋】大周故千牛戴君墓誌

【誌文】

大周故致果校尉左千牛備身戴君墓誌銘并序」

君諱希晉，字　譙郡譙人也。昔成湯革夏，恢作帝之洪基；微」子朝周，冠爲賓之縟禮。源之濬者，其流自遠，德之盛者，其後必」茂。專門可貴，西京推習禮之精；重席爲榮，東漢擅談經之美。曾」祖冑，唐户部尚書，贈尚書右僕射，封道國公；祖至德，唐户部尚」書、尚書右僕射、襲道國公；並才爲世範，道擅人綱，繼踵於元凱」之間，致君於堯舜之上。考良紹，皇朝水部員外郎、顯義」陵署令；清襟映俗，雅道光時，人吏偃其風猷，搢紳資其准的。君」承弈葉之丕祉，得兩儀之正性。山濤器業，夙標璞玉之奇；王衍」風神，即是瑶林之秀。言必誠信，行歸孝友。劉榮一見，題以國士」之名；庾敳暫逢，許以棟梁之用。天冊開統，宸衛方嚴，必」佇茂才，用光軒侍。以君志識韶敏，地望清高。其年正月，授左千」牛備身。式諧僉望。然則精靈所降，賢俊者雖禀於天；禍福相循，」夭壽者諒關乎命。終童英妙，方期於請纓；顔子粼幾，遽嬰於不」幸。以聖曆二年五月廿八日遘疾，終於神都修業里之私第，春」秋廿有一。即以三年歲次庚子二月辛巳朔二日壬午，遷窆于」雍州乾封縣神和原，之禮也。堂兄前魏王府西閤祭酒，名」馳月旦，友極天倫。唐棣暐焉，方悦連枝之茂；鶺鴒飛矣，俄傷一」翼之摧。攀丹旐而不留，痛玄扃之遽掩。所恐塋開武庫，不知秦」相之墳；日見佳城，莫辯滕公之室。式鐫貞琬，用紀芳猷。銘曰：」

源之濬者，其流長兮；德之盛者，其後昌兮。粤我洪族，系殷商兮，」美哉餘慶，被無疆兮。於赫祖考，爲龍光兮，克誕英嶷，如珪璋兮。」恭懿端肅，禀義方兮，仁厚貞慤，擅忠良兮。方承芳土，崇寵章兮，」遽歸蒿里，掩玄房兮。天道茫昧，不可量兮；人生到此，徒共傷兮。」

（北京圖書館藏拓本）

聖曆〇五〇

【誌文】

大周故朝議大夫□京苑總監上柱國河東縣開國男姚府君墓誌銘并序」

公諱惻，字懷亮，河東舜原人也。祚靈嬀汭，得姓」姚墟。祖寬，隋荆州枝江令；父竇，唐潤州曲阿令，」並名高代哲，秀拔時英。君以生而幼奇，長而弘」□；中和成性，上善資身。長河峻岳之精靈，璞玉」渾金之朗潤；故以玄言默識，强記洽聞；學贍多」門，技該衆妙。唐朝解褐，授殿中侍御，再任尚方監丞，轉爲司農寺丞；又授京苑總監。累遷顯職。」歷奉聖朝，參榮則丹棘宣明，清禁則黄山」靜肅，方欲襲兹黽組，翥彼鴻軒，而遘疾淹辰，欻」焉漸篤。以大周聖曆三年壹月廿六日卒於」洛城私第，春秋六十有二。以二月五日窆於北」邙山之禮也。有子五人，孝彰純性，慟極哀情。俱」泣血於楹書，咸痛骨於風樹。雖名都楼日，萬祀無遷，恐丘隴埋雲，千齡厥滅。式旌泉壤，其銘曰：

昊天不憖，殲我吉士；璧喪荆巖，□□□涘。其一。□□邙阜，南□□門，長松肅肅，興志恒存。其二。

（古文獻研究室藏拓片）

聖曆〇五一

【蓋】失。

【誌文】

唐故邛州火井縣令宋府君夫人淳于氏墓誌銘并序」

夫人諱　字　濟北人也。昔齊獻公次子仲，以美德」懿親，賜邑淳于，因而命代。祖德裕於前烈，門慶隆於」後裔，由是槐英棘秀，弈葉古今，家寶國珍，炳賁圖籍。」曾祖量，陳侍中、車騎將軍、左光禄大夫、開府儀同三」司、始安郡開國公，贈司空公，謚曰恭襄。祖嵩，陳直閤」將軍、新興内史；父道，唐邛州臨溪縣令；並奇傑英明，」瓌才穎逸。夫人巫嶺昭粹，仙姬載誕，松菊貞榮，雲月」揺豔。鵷機鳳縷，賁五色而飛文；綵筆花牋，裕七篇而」設範。誠以隆孝，則禮極晨昏；愛以弘仁，則恩流童稚。」恕於事父以事舅，恕於事母以事姑，蹈禮均于闔扉，」勵節隆於斷織。長筵狎愛，方膺上壽之歡；閲水潛催，」旋委窮泉之路。嗚呼哀哉！以聖曆三年一月二日終」于洛陽道化里之私第，春秋九十有四。粤以大周聖」曆三年四月三日，葬于洛陽城西北所十里之平」原，禮也。式昭柔範，載勒幽扃，其詞曰：」

昔聞孟母，三徙擇鄰，夫人令德，千載同塵。雲霞鏡曉，」琴瑟調春，遽沉幽燧，天乎不仁！」

（北京圖書館藏拓本）

聖曆〇五二

【蓋】失。

【誌文】

大周故黔州石城縣主簿鄭君墓誌銘并序」

君諱遘，字懷遇，滎陽開封人也。滎波萬尋，遥澄鶴嶠；制巖千仞，俯映龍堂。」春茲山川，實蘊人物。祖達，北齊奉朝請，清河王府功曹參軍，太子舍」人，兗州別駕，汝南、彭城二郡守；父才，隋建節尉，司隸從事，貝州宗城」縣長，唐上儀同、大將軍、滎陽縣開國侯；並孝友基身，温恭植性，以道德顯」父母，以清白遺子孫。君託迹囂俗，無忝素尚，雖積學因師，而爲仁由」己。守勇退之節，鄙榮進之心，終以推移有寄，町畦無在，解薜爲滕王府執」乘。借使高名外來，實之賓也，况均柱史，義取和□，了不以卑高屑意，即孔」丘所謂吾何執：執馭乎？執射乎？吾執馭。曩者揵牂屢動，薄領紛回，上元二」年，調君爲黔州石城縣主簿。綱維不紊，領要逾明，虚庭閑雅，寂無留」事，凡所糺正，咸從恥格。邑宰欣於主諾，獨王心靈，不下高堂，絃歌而已。方」期衡紀淹度，聲問不窮，霧露俄侵，晦明爲疾，沉如漳浦，卧似淮陽。屬京兆」之使來，赴脩文而長往，嗚呼哀哉！以調露元年四月五日，因請告旋歸，怛」化于鄂州江夏縣之旅館，春秋六十有三。權措於神都偃師縣西南孝敬」里。夫人九門賈氏，隋太子齋師通之長女也。

德容不爽，言工斯備，遵」於曹誡，守三從於阮孀。遷宅教成，闔門訓畢。以聖曆三年臘月卅日，痾恙」不痊，告盡于稷州奉天縣之官舍，春秋七十有九。嗚呼哀哉！遶彼黄山，届」兹清洛，未諧卜宅，權殯城隅。合葬非古，肇乎姬旦，積習生常，因爲故實。今」即以其年五月十二日遷奉於邙山之陽，禮也。長子琰，第二子瑶，並」早卒；第三子前稷州奉天縣尉璲，第四子前岷州參軍瑊，並恨事」親終矣，慈顏永訣，號天靡及，扣地無追，恐絶聲芳，思寄鐫勒。璥忝猶」子，嘗稟名教，豈徒遥垂刻鶴，抑乃屢有親承。雖則詞媿雕龍，足可直書音」旨。彈毫屑泣，敢述銘云：」

流出爲榮，巖高曰制，開封錫土，偉哉昆裔。素業恒新，緇衣不弊，吾家通德，」泯然無際。其一。邦國不空，别駕之功，苴茅必復，允屬儀同。是生君子，匪我求」蒙，高室歸鳳，梁妻配鴻。其二。班夫述職，南江先化，雋母平反，西河亦謝。同穴」邙阜，俱安厚夜，一閟丘山，長捐館舍。其三。孝乎孫息，揮涕闌干，松青幾樹，楸」白雙棺。預傷經久，墳草摧殘，唯此貞石，長爲不刊。其四。」

（北京圖書館藏拓本　河南千唐誌齋藏石）

久視

久視〇〇一

【蓋】失。

【誌文】大周故司禮寺太」醫正直左春坊藥」藏局巢思玄神靈。」久視元年五月十三日亡。」

（北京圖書館藏拓本）

久視〇〇二

【蓋】大周故薛府君墓誌銘

【誌文】

大周故薛府君墓誌銘并序　冉元一詞」

公諱剛，字　，河東人也。炎精爽馭，土瑞標基；山海沸騰，人靈盪覆。君遊弱喪，遂爲京兆人焉。公之先祖，光華史册。公氣襲沖和，姿標孤秀，陸沉人隱，捐利忘名。而積善無徵，俄驚怛化。　年　月　日終于龍首里第，春秋　。旋以其年　月　日葬于長安龍首原禮也。夫人戴氏。早喪天夫，位居孀婦，孤育稚子，卅餘年，内不愧心，外無慚影，衛姜陳婦，謝德攀賢。尋以年　月　日終于懷遠里第，春秋　即以其年　月　日權殯此原也。子天護等，行高曾閔，孝答劬勞，式遵異室之儀，聿奉同衾之禮。粤以久視元年歲次庚子五月己酉朔廿四日壬午，乃遷墳合葬即其原也。蒼山激溜，碧海楊塵，勒兹貞石，永播良熏。其銘曰：

於穆幽靈，生爲隱逸，聘于戴氏，宜其家室。齊體合歡，交臂相失，今櫬雖兩，其墳是一。永翾玄夜，長辭皎日，勒夫珉礎，傳乎英實。」

（録自《金石續編》卷六　北京圖書館藏拓本）

久視〇〇三

【蓋】　失。

【誌文】

唐故麴府君墓誌銘并序」

君諱信，字多信，西平人也，即西國昭武王之族孫。代」德家聲，具標實録。曾祖保，隋威遠將軍；祖悦，隋平漠」將軍；並嶷若斷山，隱如敵國，渥泉生其駿骨，閬嶠誕」其英姿。父隆，虎威將軍；有唐之初，奉圖内附，方大任」用，會以病終，連城之珍，暫充奇觀；平吴之利，空謝明時。君生而淳至，少便靜默，敦閲詩書，不求名位。而嚴」怙早没，慈親在堂，色養有聞，孝恭不怠。及内艱在疚，」柴毁過人。服闋，或勸君仕進者。君曰：所謂纓冕，何殊」桎梏。金璧交映，莊生愿處於塗中；珪組相輝，魯連行」辭於海上。禄不逮養，何用宦爲。遂糠粃之時，榮屏絶事，」研精釋典，高卧上皇，放曠出塵，優遊卒歲。粤以永」隆二年辛巳之歲，終於私第。以久視元年庚子之歲」七月廿六日，與夫人孟氏合葬於北邙山平陰之原，」禮也。夫人肅恭典禮，敬慎言容，嬪則遠聞，母儀載洽。」未極潘輿之賞，俄聞臯樹之悲。今者齊寢時臨，鄒防」禮展，劍龍復合，瑩鶴還飛。嗣子前扶風縣尉脩政，陟」岵銜哀，繞墳增思，敬圖青琬，式表玄扃。迺爲銘曰：」

安松扃兮閟滕室，牛應占兮龜襲吉。匣劍雙沉兮會」匹泉，鑰重深兮無曉日。九原兮淒涼，萬古兮終畢。」

（録自《芒洛冢墓遺文四編》卷四）

久視〇〇四

【蓋】失。

【誌文】

大周故承奉郎吴府君墓誌之銘并序　朝議郎行司禮博士潁川韓思復撰」

君諱續，字光紹，其先濮陽人也。祖考從宦京洛，今復爲洛州合宫縣人也。昔太伯之崇高讓，幽」贊周文；長沙之總勁越，扶翼漢祖。因封命氏，開國承家，箕構相繼，蟬聯不絶者矣。曾祖孝直，陳」散騎常侍、太舟卿；大父敏恭，陳晉安王刑獄參軍，湘鄉、澧陵二縣令；王考景達，隋尚藥奉御，唐」秦王祭酒、中散大夫、尚藥奉御、永安縣開國男；並人英物秀，邦基國寶，雍容侍從之勤，哀矜勿」喜之罰，易代而資六尚，建侯而成五等，履危獲安，居屯而泰。君禀靈自遠，承規有素，觀其發直」其方，戲成俎豆，言參荷戟，十五至於學，二十通於義，不窺園圃，幾墜坑谷，精勤天授，奥業日新，」父黨於是來遊，良守爲其懸榻。屬魏王以聲雄帝子，望重藩維，闢蘭坂以翹賢，尊醴筵而問道，」始以才令充府學生。善扣鳧鍾，求聲必應；業優麟角，唯志所存。尋爲府廢，轉國子學生。果行育」德，其已著聞；强學待問，俄欣俯拾。以永徽三年明經擢第，琢玉籯金之器，弘之在人；高才下調」之悲，莫逢知己。授承奉郎，亦猶子雲疲戟，宣父執鞭，屈非由我，居然賦命。俄□内憂，勺飲不入」口，哀號無晝夜，櫪馬聞而輟蒭，鄰母感而垂泣。親族勉勵，朝夕殷勤，終從滅性之譏，遽迫在辰」之兆，以顯慶四年六月十一日奄終於温柔坊里第，春秋三十。即以其年權殯邙山，嗚呼哀哉！」惟君操履恬整，風儀秀徹，不欺暗室，動合禮容，仁孝之發天然，忠信之爲己任。若乃志高行潔，」才卓氣猛，有徐仙人之行；博聞强識，奇逸卓犖，有孔文舉之行；急病讓夷，臨危善斷，有張子房」之行；陶冶代情，甄綜人物，有龐士元之行；一祭號絶，七祭而亡，有肅祖恒之之行；抑揚衆美，翱」翔明時，可以爲天子大臣者也。嗟乎！宏其度，夭其齡，逝者若斯，福履安在？舉終古而遐觀，有慰」揚名；將此代而論功，不書麟閣。顔子淵鄰幾殆庶，曾未中年；王輔嗣引例通微，行摧杪歲。豈非」斯人之徒歟？以大周之久視元年歲次庚子七月二十六日癸酉，遷

窆於洛州合宮縣邙山之「平樂鄉陽平原，禮也。夫人郜氏，唐陝州桃林縣令師之長女，侍御史弘基之歸
妹。内則禮經，由「來暗合，中饋易象，實所思齊。地曰名家，人恭婦道，有輔佐君子之德，有母儀宗族
之風。旋喪良「人，空餘稚子，煢然玉立，獨寶金貞。母氏歐陽太夫人，即率更令詢之季女。垂愍孤幼，
將議別行。「夫人丹石生平，孰能渝變；松竹志氣，終自堅貞。誠貫神明，祈於守死，由此匪席，遂撫遺
孤，恩加「斷織，學成覆簣。承訓誘而多方，得榮命而相及，歷授江州尋陽、滑州白馬二縣令。宰邑垂
聲，勸「農成績，變梟來鳳，馴雉遷蝗，實稟通規，允兹循政。一從隻影，四十餘年，不御鉛華，歸依佛法，
心「猿已靜，怖鴿無驚。生也有涯，嗟閱川而不駐；死則同穴，悼離劍而還雙。以聖曆三年壹月五
日「終於白馬縣之官舍，春秋六十有五。式祔佳城，用遵周道爾。其兆開龍耳，塋封馬鬣，咨聖智而「皆
然，即天地而長久。洛陽城闕，北望行楸；嵩岳山原，南臨古壟。遇昆明之劫燒，人匪能謀；逢晉「原
之可作，吾其與子。敢揚盛烈，乃勒銘云：」
大哉乾元，無德不紀，降神惟岳，挺生君子。太伯辭周，延陵讓美，河源漸直，蘭芳未已。其一。聿被
祖「考，異代同輝，利建侯服，弼諧帝違。誕兹玉樹，揚彩珠璣，參玄效易，窮幽洞微。其二。始遊碣館，旋
憩「環林，材優德敏，師逸功深。一登片玉，光紹籯金，揚名欲報，未遇知音。其三。如何善慶，忽喪慈親，
豈「□孝感，行殞厥身。天之報施，哀哉若人，幼妻稚子，煢煢此辰。其四。趣機斷織，教子義方，三冬足
用，「兩縣垂芳。飛鸞舞邑，乳雉馴桑，不有此母，嚴而必傷。其五。穀則異□，死則同墳，邙山北鎮，洛汭
南「分。俯鄰城闕，傍眺風雲，去生平之所處，將丘壟而爲羣。其六。」

（北京圖書館藏拓本）

久視〇〇五

大周故正議大夫使持節都督嶲州諸軍事守嶲州刺史上柱國高陽縣開國男」許君墓誌銘并序　雍州萬年縣尉邵昇撰」

【蓋】失。

【誌文】

君諱樞，字思言，高陽新城人也。唐年外臣，山林則潁陽傲帝；漢家外戚，鐘鼎則平」恩列侯。豈直孜孝於家，褚忠於國。子將月旦，高論動於寰宇；玄度風宵，芳徽流於」簡諜。曾祖冑，齊奉朝請、西兖州司馬；祖楚玉，齊通直散騎侍郎、都水使者；父士端，」隋宋州治中；瓊珮聯音，銀章疊映，望高中禁，榮半外臺。士元展驥，載騰驤於闕里；」盧躭化鶴，坐騫翥於睢園。君沖情霧豁，逸性霞舉，韞丹穴之光彩，揚青田之羽翮。」量含公輔，材贍棟梁，秋桂有芬，寒松多節。至如周用三典，漢法九章，臯吕則科簡」雲合，鍾王則條例波委。觀璧寧分，罰金無當。公乃開披靈府，綜覈彝章，解褐以明」法授詳刑評事，遷大理丞。盛筆無冤，于門有待，轉洛州鞏縣令，蘇州司馬，秦、越二」州長史。鞏洛雲鄉，吴閶水國，會稽南越之奥壤，狄道西秦之巨鎮。公出入數藩，謳」謡載路，累遷龍州刺史，封高陽縣開國男，食邑三百户。俄除泗州刺史，又重授泗」州刺史，加上柱國。岷山導江，朱幡是鶩；泗濱浮磬，皂蓋頻飛。錫文命之封疆，尊昭」陽之職位，抑揚佳政，綏懷獷俗，任人而風化大行，作則而文儒一變。高班盛績，朝」野榮之。頃除太中大夫、使持節都督嶲州諸軍事、嶲州刺史，又加正議大夫。時青」羌尚梗，赤坂猶艱，自矜蛛蛑之衛，載舉螗蜋之斧。天子以公有連率之」才，授公以一方之任。滇池遠俗，嶲穴遐陬，張八翼於天門，撫九隆於地首。至如安」邊長策，禦寇深謀，卷蒼松之氛壒，清白蘭之亭壘。公若運諸掌，人無間言。既而高」柳風秋，長榆景暮，屢竭懸車之請，方承錫機之澤。閑園草樹，多逢杖玉之遊；虛館」煙霞，無輟揮金之賞。以久視元年五月廿五日遘疾，薨於神都進德里，春秋有八」十。墜鵠成災，巢鴛構禍，武擔之山已折，薛縣之地忽平。以其年閏七月六日，遷葬」於邙山北原。笳簫惻愴，松栢陰幽，滕公之室已扃，隨會之原不作。喪事官給，賻贈」優厚，可謂殁而不朽，禮極哀榮。夫人琅耶王氏，琅耶郡君。齊姜宋子，桂馥蘭芬，玉」樹臨雲，銀河映月。簫臺鳳曲，俱飛京兆之樓；劍匣龍文，共没延年之水。以聖曆元」年八月廿三日遘疾，終於私第，春秋七十有五。即以其日合葬，禮也。嗣子前朝議」郎行太子左奉裕長史、上柱國惟忠等，並崇蘭接秀，芳棣連輝，懷捧檄而將驩，仰」藏書而已泣。卜其宅兆，式建銘云：」

太嶽之胤，世載羽儀；高陽之國，簪裾陸離。方流孕卞，圓折生隨，良冶必復，英才不」羈。三題輿座，四引旌麾，東川閱水，西嶂奔曦，梁木其折，哲人其萎。天兮無親，德兮」有鄰，如何斯地，而瘞斯人？鬱鬱佳城兮不曉，峨峨脩隴兮無春，悲簫楚挽兮新隧，」白馬素車兮故人。萬古邙阜，千秋洛濱，弔松門之苦月，望蒿里之窮塵。」

（北京圖書館藏拓本　河南千唐誌齋藏石）

久視〇〇六

【蓋】　失。

【誌文】

亡宮者，不知何許人也。蓋以良家子選」入後宮，以備内職。天生淑態，日就貞規。」班氏遺文，常守七篇之誡；漢家舊秩，行」參八子之榮。方其位以才昇，已聞名於」鳳闕；豈謂人隨物化，遽歸魄於蟾輪。以」大周久視元年八月十五日寢疾，終於」某所，春秋若干。粤以久視元年歲次庚」子十五日庚申朔，葬於其所，禮也。嗟乎！」陽春有暮，荒涼穠李之蹊；厚夜無晨，歇」滅芳蘭之氣。式彫玄礎，永閟黄泉。其銘」曰：

燕姬擅北，越女稱西，芝蘭比秀，桃」李成蹊。良家入選，内秩仍躋，六宮有位，」四德無睽。其一。落日西黯，逝川東注，思覩」佳城，永辭芳樹。晝日何仰？聞雷勿懼，萬」祀千秋，塵埃一聚。其二。」

（周紹良藏拓本　河南千唐誌齋藏石）

久視〇〇七

【蓋】　失。

【誌文】　此誌每行俱缺一字，似是未刻。現代補一□。

君諱建達，字元禮，即隋朝鄭州管城縣□」苑士徽之孫也。族望朝歌，從宦鄭國，自□」編貫，歷代居焉。

父佛護，志隆簡素，好重□」園，擇地而安，卜鄰偃縣。君即佛護之第□」子也。志尚琴書，性多閑放，榮班厚禄，竊□」不窺。而混俗洛城，隱居朝市，怡然養性，□」淡自資。天禍忽臨，地靈難避，藥石無救，」□終于洛州合宫縣宣範里私第，春秋六□」有八。嗚呼哀哉！永往增哀，粤以大周久□」元年玖月廿日，葬于邙山瀍澗北，禮也。□」素無胤子，有女數人，號絶貫心，攀慕無□，」此爲傳紀，勒以銘云：

猗歟令德，問望惟□。」琴書樂性，枕石嗽流。形魂一逝，奄忽千□。」其一。邙山隱軫，瀍澗深林，獨河北指，清□□」臨。閑歸泉壤，松檟方森。其二。」

（河南千唐誌齋藏石）

久視〇〇八

【蓋】大周故張府君墓誌銘

【誌文】

鄧州穰縣尉張君墓誌銘并序」

君諱守素，南陽人也。墜鵲英胄，珥貂綿葉。有」神應也，道重乎帝師；有大才也，詞光乎王佐。」曾祖琳，隋懷州河内令；祖豹，唐洺州永年丞；」父表，唐宋州虞城主簿；俯跡徒勞之任，和光」代耕之秩，偉矣重規，猗歟克紹。君據於德，依」於仁，以爲昇高自下，積小成大，解褐鄧州穰」縣尉。恭隨牒也，未終南昌之尉，遽入東山之」録，以聖曆二年九月廿一日卒於穰縣之官」舍，春秋卌有八。久視元年十月五日歸葬於」北邙，禮也，嗚呼哀哉！千里之足，欲馳而蹶；九」萬之羽，將飛而摧。邦之彦兮，何嗟及矣！刊銘」紀德，垂不朽云：」粵若稽古，德如山兮。帝師王佐，智閑閑兮。克」先厥緒，俾時舉兮。靜恭爾職，年不與兮。高情」壯氣，留玄礎兮！」

（周紹良藏拓本）

久視〇〇九

【蓋】失。

【誌文】

大周文林郎馮府君墓誌銘　王博撰」

君諱慶，字貞崧，冀州下博縣人也。其源出自長樂郡，北燕文成帝跋之苗裔。曾祖于，齊威、檀二州刺史；祖長，隋平州盧龍縣令；父才，唐初深州録事參軍。惟君日景凝祥，雲光委曜，望隆燕國，久標奇士之名；家枕叢臺，夙叶將軍之氣。飛聲下邑，竊布鴻漸之由；矯制上蕃，無失□□之用。乃授文林郎。屬桂枝秋落，俄鍾犯月之妖；薤草晨晞，方嬰墜露之慘。唐咸亨四年五月，終於莊第。嗚呼哀哉！時權殯於下博北三十里祖父塋内。大周久視元年歲在庚子十月二十日，改葬於冀州城西，與夫人馮氏合葬於平原，禮也。其銘曰：

青烏卜塋，元鶴孕兆，南北神壇，東西露沼。揚貞高於玉山，播芳猷於筆杪。」

（録自《古誌石華》卷八）

久視〇一〇

【蓋】 失。

【誌文】

大周故幕州刺史洛陽宮總監褚府君夫人臨沂縣君王氏墓誌銘并序」

昔者道洽乘雲，家聲冠於中岳；言開誓水，門慶軼於長淮。龜紐聯徽，龍光」遞□。由是西朝尚主，先推太尉之宗；東晉求姻，多出司徒之胤。鬱爲茂族，」不亦可乎？夫人琅瑘臨沂人也。五代祖僧綽，宋吏部郎尚東陽公」主，拜駙馬都尉。曾祖文恭，梁金紫光禄大夫、大府卿；並温閏恬和，瑶林瓊」樹。文昌建禮，交開魯館之榮；紫綬金章，仍莅秦卿之重。祖瑋，陳巴山郡守，」隨開府儀同三司；父子忠，陳主爵郎，隨驃騎將軍、嵐州刺史、陽安縣開國」公；並曰楚材，咸成晉用。陟星階而調玉鉉，美教時敷；飛皂蓋以闢彤襜，甘」棠勿翦。夫人芳姿玉映，雅思珠明，幼精紃組之庸，夙稟詩書之訓。進退有」度，式符環珮之音；容止可觀，自得閨房之秀。用能聲標素里，譽流高族。四」德成象，見鳴鳳之于飛；三周馭輪，契乘龍之茂躅。瑶琴寶瑟，響叶蘭閨；綵」毦翬衣，榮參石窌。武德五年，封丹陽郡君；九年，坐幕州公免削邑。永徽四」年，又封臨沂縣君。國邑再遷，思榮薦委。至乃躬親瀚濯，肅事蘋羞，温顔盡」恭順之風，高節蹈賢明之軌。悲夫！福兮禍復，樂往哀來，對龍匣以摧心，侶」[illegible][illegible]而育操。撫孤存幼，内弘仁恕之慈；怡色貢詞，外睦宗姻之好。有婦德」矣，有母儀焉。所冀九節昌蒲，永駐西崦之景；豈謂一株靈草，不留東岱之」魂。永淳元年壹月廿五日遘疾，薨於洛陽之私第，春秋九十有二。嗚呼哀」哉！長子黯，朝請大夫行郴州郴縣令；光分銑社，德盛延門，早奉訓於慈庭，」屢宣風於上邑。悲纏集蓼，痛結風枝，秩滿言歸，用將遷窆。不謂輔仁有爽，」積善無徵，爰至惟楊，奄從風燭，同以久視元年十月廿二日窆于北邙山」褚府君之舊塋，禮也。北枕黃河之曲，南臨清洛之濱，山原兮膴膴，松栢兮」蓁蓁。題翠石於幽壟，庶清徽之不淪。銘曰：」

鬱鬱嵩岳，泱泱淮水，」仙駕隤祥，靈源叶祉。代司衮職，門傳戚里，令淑相望，賢才繼軌。其一。鳴鳳啓」兆，奠雁移天，禮高齊邑，孝軼姜泉。六經咸博，四德俱全，閨風外浹，閫則旁」宣。其二。白日西騖，淥波東閲，陶鶴昔悲，潘輿今別。菊委寒露，蘭摧勁雪，顧悌」絶漿，高柴泣血。其三。北臨貝闕，南枕龜川，山原膴膴，松栢芊芊。驂駕悲而復」跼，龍劍没而還全，庶清徽與素範，將萬古兮千年。其四。」

（周紹良藏拓本　河南千唐誌齋藏石）

久視〇一一

【蓋】失。

【誌文】

大周故前右衛翊衛褚君墓誌銘并序」

公諱承恩，字趨庭，河南陽翟人也。昔微子啓國承殷，師段」以功高嗣宋。爾後文學菀職，西漢播其芳猷；外戚辭榮，東」晉垂其令範。重光奕葉，可略言焉。曾祖貞，陳上雋守，隨宣」城郡守；祖朗，唐幕州刺史。並位重縉紳，望隆龜組，仁逾五」袴，德邁兩歧。父黯，朝請大夫、行郴州郴縣令；化洽昆魚，恩」覃乳雉，俗歌到晚，人詠來蘇。公少奉過庭，早聞詩禮，汪汪」萬頃，亭亭千仞。弱冠以門調任右衛翊衛；鈎陳警柝，□無」忠赤之誠；欄錡分司，實著恭勤之節。以通天元年秩滿，文」簡送天官，但違親三年，言從定省，冀盡割鮮之養，方申扇」枕之歡。豈謂禍兮福先，福兮禍復，以聖曆元年十月四日」卒於郴縣之官舍，春秋卌有二。嗚呼□哉！以久視元年十」月廿二日葬於北邙山祖之舊塋□□。夫人遼東公孫氏。」痛結孀情，哀深同穴，嗣子萬頃，年纔丱歲，孝極至誠。恐陵」谷之屢遷，慮桑田之變革，刊兹玄石，用紀德焉。

有」殷著族，啓宋承基，祚隆茅社，績莅封畿。縉紳繼軌，衮職世」司，忠臣孝子，何代無之！其一。少奉庭訓，長聞詩禮，侍衛禁闈，」驅馳階陛。令問令望，鏘鏘濟濟，履信依仁，恭兄友弟。其二。逝」川易度，隙駟難追，風摧勁節，雪委芳姿。韋珠永訣，謝玉長」辭，孀妻隻怨，稚子孤悲。其三。言歸故里，瘞此新泉，北臨馬頰，」南瞰龜川。佳城鬱鬱，長夜緜緜，方傳萬古，寄以彫鐫。其四。」

（周紹良藏拓本）

久視〇一二

【蓋】失。

【誌文】

大周故武騎尉張府君段夫人墓誌銘并序」

君諱大酺，字弘義，其先南陽白水人也。惟宗惟祖，金蛇石□」之苗；漢臣晉臣，入仕歸田之族。諒輕軒蓋，直保清虛。申屠蟠」志跡式全，張仲蔚栖閑克紹。君文以緯俗，武以安邊，博識信」該於古今，交道不謝於嵇阮。屬以皇家錫命，帝業」分枝，謁青蒲以獻書，降紫泥而立效。尋授君武騎尉，□」彰褒譽，載獲勳庸，未登賜杖之年，方遘夢楹之禍。嗚呼！隙駟」雖駐，飛鵩興災，恨恨甫從於朝露，杳杳亟奔於夜臺。春秋六」十有五，以久視元年十月二日卒於私第。夫人段氏，中閨孕」質，內範式傳，鳫饋彌恭，齊眉不怠。春秋卌有八，去垂拱二年」七月十二日卒於旗亭里之私第。豈期生也並貴，鳳皇樓上」以吹簫；死也同埋，蛟龍匣中而作媲。即以久視元年歲次庚」子十月乙巳朔廿六日庚午，合葬於北邙山王晏村北原，禮」也。南横大谷，北枕長河，川原鑿朱鳥之塋，占卜啓青鳥之兆。」固知天長地久，棺槨永閟而無開；風慘雲愁，松檟成行而獨」茂。嗣子方粲等，哀哀集蓼，慼慼銜荼，想嚴父以增悲，思聖善」而彌切。今以雕鐫翠石，紀叙洪猷，配陵谷而同遷，昭懇慕而」逾戀。嗚呼哀哉！乃爲銘曰：」

夢社摛靈，流星表異，冠蓋有易，文儒克嗣。其道也廣，其宗也」熾，日下彰名，月中題字。其一。去去同穴，千秋萬春，悠悠方瘞，惟」父惟親。荒墳作轍，拱木成薪，將期變海，俱化爲塵。其二。孝子百」齡，悲酸遽積，高士一去，魂骸幾易。白日長昏，玄堂永夕，諒宜」哀悼，共昭今昔。其三。」

（周紹良藏拓本　河南千唐誌齋藏石）

久視〇一三

【蓋】大周故袁府君墓誌銘

【誌文】

大周故相州刺史袁府君墓誌銘并序　河北道安撫大使狄仁傑撰書」

君諱公瑜，字公瑜，陳郡扶樂人也。嬀滿受封，始爲列國；濤塗得姓，實建我家。汝墳化」三老之風，漢室推五公之貴，布在惇史，今可略焉。曾祖虬，魏車騎大將軍、行臺大都」督、汝陽郡開國公；祖欽，周昌城太守、汝陽郡開國公；父弘，唐雍州萬年縣令、舒州刺」史；天錫純嘏，世篤忠貞，累仁積德，傳龜襲紫，汝潁之士，以爲美談。君體國懿姿，承家」昭範，含章踐軌，貫理達微。少有大節，以射獵爲事，嘗遇父老謂之曰：童子有奇表，必」佐帝王。年十有五，乃志于學，談近古事，若指諸掌。年十九，調補唐文德皇后挽郎，授」晉州司士。郡有事每命君奏焉。君音儀閑雅，聲動左右。唐文武皇帝歎曰：朕求通事」舍人久矣，今乃得之。時以寺獄未清，因授君大理司直。俄而島夷逆命，鑾駕東征，特」授君并州晉陽縣令，尋遷大理寺丞。宰劇有聲，恤刑無訟，人賴厥訓，朝廷嘉焉。遷都」官員外郎，歷兵部、都官二員外，尋拜兵部郎中。張燈匪懈，題柱增榮，總文武之司，得」神仙之望。」今上俔天伊始，潛德未飛，君早明沙麓之祥，預辯春陵之氣，奉若天命，首建」尊名，故得保乂王家，入參邦政。俄以君爲中書舍人，又遷西臺舍人。徐邈以儒宗見」重，劉超以忠慎推名，喻此聲芳，未足連類。遷司刑少常伯。君素多鯁直，志不苟容，猜」禍之徒，乘閒而起，成是貝錦，敗我良田。尋出君爲代州長史，又除西州長史。驥足遲」迴，殊非得地；雁門奇舛，空負明時。俄轉庭州刺史。無何，遷安西副都護。君威雄素厲，」信義久孚，走月氏，降日逐；柳中罷柝，葱右無塵，雖鄭吉班超，不之加也。惜乎忠而獲」謗，信以見疑，盜言孔甘，文致□罪。永隆歲，遂流君于振州。久之遇赦，將歸田里，而權」臣舞法，陰風有司，又徙居白州。竄迹狼荒，投身魑魅，炎沙毒影，窮海迷天，憂能傷人，」命不可續，享年七十三，垂拱元年七月廿五日寢疾，終于白州。嗚呼哀哉！永昌歲，始」還鄧州，權殯石溪里。虞翻之弔，但見青蠅；王業之喪，猶隨白虎。如意初，有」制追贈君相州刺史。恩加異代，澤漏窮泉，可謂生榮死哀，歿而不朽。前夫人孟氏，隋」車騎將軍陟之孫，唐曹州刺史政之女。玉林皆寶，銀艾相暉，地積膏腴，世多賢淑。夫」人秉閨房之秀，導芣苢之風，母訓重於紗帷，婦德光於綾障。老萊之養，未極斑衣；張」胤之哀，空留畫扇。享年卅五，永徽六年十月五日，終于京第。嗚呼哀哉！即以久視元」年十月廿八日，合葬于洛陽縣之北邙山。地卜書生，塋依烈士。楊公返葬，空餘大鳥」之悲；魏主迴軒，當有隻雞之酹。孤子殿中省丞奉宸大夫、內供奉忠臣等，淚窮墳栢，」哀結楹書，式撰遺風，丕揚億載。其銘曰：」

峨峨碩德，惟岳生焉；顯顯英望，允邦基焉。服事臺閣，厥功茂焉；典司樞要，其業光焉。」積毀銷骨，老西垂焉；微文獲戾，投南海焉。虞翻播棄，死交趾焉；温序魂魄，還故鄉焉。」遭逢明運，帝念嘉焉；追贈幽壤，朝恩博焉。北郭占墓，啓滕銘焉；西階」祔葬，從周禮焉。樹之松檟，神道寧焉；刊彼金石，休聲邈焉。」

（北京圖書館藏拓本　河南千唐誌齋藏石）

久視〇一四

【蓋】失。

【誌文】

大周故朝散郎行鄧州司法參軍事袁府君墓誌銘并序」

公諱承嘉，字承嘉，扶樂人也。西漢創基，實資其略；東京致□，亦□□」功。簪組蟬聯，罩梁竇而高視；謀猷泉涌，冠張陳而傑出。在魏則曜□」馳譽，居晉則彥伯飛聲。爰逮聖朝，衣冠烏奕，煥諸圖諜，可略」而言。曾祖欽，周伏波將軍、昌城太守、汝陽郡開國公；軍謀冠代，行籠」馬援之名；吏道成規，即闡魯恭之化。祖處弘，唐大理寺正、雍州萬年」縣令、舒州諸軍事、舒州刺史；情哀八法，政洽一同，振嚴武則義重褰」帷，播慈柔則仁深轉扇。歌之似雨，迎者如雲。父公瑜，唐中書舍人、刑」部侍郎、安西副都護，皇朝贈相州刺史；職典王言，寄隆綸誥，」既以通明爲體，即事寬猛當官，暫辭喉舌之樞，載鎮股肱之重。嗟乎！」山澤超忽，空有悲於鶴弔；謳歌改奉，光寵贈於隼旟。人臣顯榮，無以」過此。公幼摽聰穎，夙挺珪璋，匪直入室參玄，固亦過庭學禮。年甫大」學，志茂成人，略周金匱之書，即入玉階之侍，解褐朝散郎、鄧州司法」參軍。濯跡九流，式毗千里。南陽故國，章陵舊園，張平子之風猷，文章」滿目；召信臣之政術，慈惠在人。公弘度撫氓，寬和導俗，不邀榮於畫」諾，豈竊美於坐嘯。悲夫！嚴霜夙殞，遘疾彌留，既不請於秦醫，更無祈」於楚望。春秋卌七，卒於辯州。即以久視元年十月廿八日，遷葬於洛」陽縣北邙山。嗚呼哀哉！公忠孝純深，牆宇峻峙，名聲藉甚，言行雍容。」加以性愛詩書，情樂山水，每至許恂風月，千里迎賓，阮籍琴樽，一丘」自得。奄然零落，無復平生。諸葛亮之池臺，纔餘數仞；仲長統之園樹，」空列千株。嗚呼哀哉！乃爲銘曰：」

弱本分枝，歸塘演派，功深食德，能高佐霸。弈葉簪組，熏灼天下，綰綬」弘風，轉扇裁化。明珠誕慶，穎榦挺生，揄揚祖德，克振家聲。聞詩閱禮，」氣邁神清，縱容傅會，終始忠貞。濯鱗北海，隨牒南陽，主諸流譽，坐嘯」傳芳。痛斯春晼，奄穎秋霜，即佳城兮鬱鬱，列松栢兮蒼蒼。」

（北京圖書館藏拓本　河南千唐誌齋藏石）

久視〇一五

【蓋】大周故崔府君墓誌銘

【誌文】

大周故中大夫行并州盂縣令崔府君墓誌銘并序　天官郎中申屠瑒撰」

公諱哲，字能仁，清河東武城人也。魏司空林之十一代孫。冠冕之盛，爲海」內著族，爰逮後魏，大甄姓氏，衣簪人物，特冠中區。曾祖彥穆，周金紫光禄」大夫，聘齊、陳二國大使，金、安、襄三州刺史，千乘公；祖君肅，□黄門侍郎，秦」王府長史，使持節襄州諸軍事、襄州刺史；贈鴻臚卿；父思約，祠部郎中，璧、」復、和三州刺史；並偉材茂業，見重當代，備乎國史家諜，今可得而略諸。府」君珪組盛門，膏腴貴胄，幼陶名教之樂，長擅風流之美。仁而由己，孝實因」心，蘊衆妙以研幾，總多能而成器。貞標峻節，不屈於勢利之途；素履清規，」獨安乎虛淡之境。由是士林稱歎，咸以遠大許之，解褐滁州司法參軍，稍」遷衛州司倉參軍事，又除左武威衛倉曹參軍，尋加朝散大夫。于時河洛」建都，高視萬國，咸京舊地，分置四州。以公幹識周材，」制除宜州司」法。經始郛郭，總統列曹，星琯未周，繕理云畢，累昇課最，驟聞旒扆。」俄以北京肇建，睿念屬於枌榆；中陽舊居，分官俟於才秀。復膺推」擇，光踐神州，尋除并州司倉參軍，又改并州盂縣令。良能之美，特冠屬城。」方當樹彼風聲，弘兹化術，乘撫同而入相，自宰縣而儀台。嗟乎！仲弓茂德，」終焉太丘之長；亭伯高材，已矣長岑之令。位不侔量，其如命何？以久視元」年歲次庚子七月戊辰朔廿五日壬申遘疾，終于毓德里之私第，春秋六」十有九。嗚呼哀哉！以其年十月乙巳朔廿八日壬申，遷窆于洛陽城北邙」山，禮也。嗣子定王府參軍均、潞州司士志廉等，並因心不匱，」至性過人，外」絶饘溢，内殷創巨，毁疚之至，殆不勝喪。既而祖載有期，深哀迫於遠日；充」窮罔極，纏慕切於終天。思撰家聲，用旌門德。天官郎中申屠瑒，昔居仁里，」早篤交情，初悲聚散，忽成今古。淮區出守，執紼之愿無從；泉室裁銘，亡琴」之悲徒軫。式遵無媿，而爲頌云：」

營丘峻趾，清河遠流，膏腴茂族，冠冕中州。季珪素範，子玉清猷；蟬聯繼德，」舄弈騰休。其一。累慶攸集，篤生君子，嘉言孔彰，令問不已。莫交勢利，獨得名」理，峻節激貪，坦懷知止。其二。神州理劇，畿邑鳴絃，郡中清理，轂下肅然。方享」崇秩，俄終大年，百齡共盡，已矣歸全。其三。祖載旋及，容車即路，楚挽逶遲，悲」驂顧步。背國門而長往，淪佳城之大暮，懼陵谷之貿遷，勒斯銘於泉路。其四。」

（録自《芒洛冢墓遺文五編》卷四　北京圖書館藏拓本）

久視〇一六

【蓋】　大周故馬府君墓誌銘

【誌文】

大周故冠軍大將軍上柱國褒信郡開國公馬府君墓誌銘并序」

粵若步三階於大象，上帝列星宫之職；懸二柄於中區，天子設齋壇之拜。若乃名書讖緯，迹兆經」綸，爪牙當信布之能，帷幄授良平之任，謀無不用，契水石以相投；代實須才，候風雲而間出。總其」美者！其在茲乎？君諱神威，字　扶風人也。昔者穆王以八駿銘功，執御啓授封之地；趙將以三」軍制勝，解圍開得姓之源。南越鑄銅，有文淵之兵法；東平累石，得武侯之戰陣。臨洮示信，將軍處」絶席之尊；廣陵頌德，太守任褰帷之重。其詳素篆，可略玄扃。曾祖軌，隋金紫光禄大夫、行隴州刺」史、使持節；祖勝，隋銀青光禄大夫，恒、定二州刺史，絳郡公；父遷，唐金紫光禄大夫、西韓州刺史、褒」信郡開國公；天池北控，横奔浴日之濤；地首西臨，直上干星之角。貂蟬滿座，傍呑四代之榮；劍履」相趨，高視八門之貴。故能操玉節，馭彤幡，長河潛潤於九里，甘液遠飛於兩縣。天經地義，横道德」以當仁；駟馬高軒，復公侯於積善。君即褒信公元子也。雄雷感氣，大昴垂精，天馬生而千里，大鵬」飛而六月。石棱鐵色，雕戈揮白日之前；電彩霜暉，長劍倚青天之外。鴻門裹揗，割彘肩而讓楚王；」汜橋授履，習龍鈐而師漢帝。知十得二之秘，性與幽幾；彎三洞七之奇，自然雄武。初以翊衛，簡充」羽林飛騎，從班例也。禁闈清澈，荷霜戟於西垣；羽騎周陳，動星文於北落。尋授清水府武亭府左」右果毅，遷馮翊府長上折衝，屯五營之劍客，統八校之材官，善行樽俎之間，聲軼邊關之上。遷豐」州長史，又除疊州刺史，兼充露谷軍副使。地連金滿，境枕砂場，來參鳥隼之旟，出總熊羆之士。塵」清六漠，野亭無牧馬之聲；風偃百城，邑居有帶牛之化。累遷洮、松、戎三州都督，仍充露谷軍大使。」同李牧之居趙，等孟舒之在漢，老臣不讓，更來鮮水之陽；使者長驅，直取樓蘭之地。張奂韞大夫」之志，始督三州；班超負壯士之心，新封萬里。校之今日，豈可同年。恩制改授左右玉鈐」兩衛將軍，尋授三品，除左豹韜衛將軍，充河源軍經略大使。金章紫綬，開幕府之尊名；介士戎軒，」肅軍容之盛禮。馮異合君臣之義，授以關中；寇恂備文武之才，委之河内。機邊問石，即尋懸米之」源；廡下陳金，共挹投醪之味。桔槔無火，煙銷臥鼓之亭；長笛吟風，響襍投壺之樂。遷冠軍大將軍，」又授鷹揚衛將軍、褒信郡開國公，食邑二千户，仍檢校右羽林衛將軍。解驂優賞，先逢漢祖之恩；」覆蓋殊榮，更錫吴王之禮。由是景鍾銘德，彝器傳芳，山河有晝於帶礪，蘭菊不絶於終道之行矣，」身則退矣，然後伏青蒲而累奏，追赤松而長想。賜楊彪之杖，就養中樽；懸薛宣之車，班榮厚秩。黄」金聖贈，方欣永日之遊；白玉仙棺，俄結祅星之釁。以久視元年九月十五日，薨於樂城里之私第，」春秋七十九。主上恨深梁木，悼結宸軒，陳五校之輕車，縟三泉之厚禮。有子曰琮，朝散大」夫行忻州刺史。郭泰生蒭之德，丘吾風樹之悲，感仲路之南遊，痛曾元之北望。尋牛得地，取象□」然之山；弔鶴開墳，還營洛津之石。其年十月廿八日，葬於北邙山，之禮也。蕭蕭郭門之路，鬱鬱崇」邙之坂，黛柏慘兮雲愁，白楊悲兮日晚。綺羅鐘鼓兮長畢，花柳池臺兮已遠，敢相質於丹旐，遂圖」芳於翠琬。乃爲銘曰：

武有七德，天生五材，上分星位，下列雲臺。一刑一」賞，臣哉鄰哉，得而能任，何代無才。其一。茅土周代，山河趙國，闕與解圍，叢臺袨服。二卿齊號，五常同」德，七葉珥貂，八門生翼。其二。邈矣鴻緒，猗歟命世，矛戟森森，威儀棣棣。軒冕相習，英靈不替，授略黄」公，融精白帝。其三。八舍雲陛，雙鞬羽林，戎昭表德，雄武資心。折衝萬里，縱横七擒，秦臺奉璧，魯箭辭」金。其四。野分三隴，地繞雙闕，仁風早扇，美政初班。泉隨刀涌，石向弓彎，中郎遠督，司馬生還。其五。幕府」初拜，戎軒遽設，玉劍覃恩，金章就列。榮兼五將，位侔三傑，邸第相望，山河不絶。其六。道尊名立，功遂」身退，祖帳歸郏，安車入沛。與善徒爽，輔仁何昧，暫養玄冠，俄悲素蓋。其七。冥漠千載，蕭條九原，寒郊」滅影，拱木沉魂。雲愁壠隧，烏怨松門，生涯已矣，天道寧論！其八。」

（録自《芒洛冢墓遺文五編》卷四）

久視〇一七

【蓋】失。

【誌文】

大周上黨郡馮君墓誌銘并序」

公諱名，字孝德，新平郡人也。馮翊之苗胄，馮亭之□□□」先君弼諧帝室，相承冠冕，積代功臣，固守斯蕃，因茲□□。」祖略，齊任上黨郡守。父進，隋任蓋州神農縣令。君名唐朝」任漳源府校尉。志節英豪，權謀勇智，赤心安上，竭力事親，」弘毅當官，三軍將帥，迴眸曜日，噴氣驚雲。舞劍流星，東清」九種；彎弧盡月，北掃胡塵。績著縑緗，功標勒石，春秋卌有」九而薨矣。夫人李氏。徽柔淑性，體質貞專，四德兼儀，三從」合禮。時年七十有三而終矣。元子敬玄，陪戎校尉；博明諸」史，廣達羣經，藝總三端，高隆四術，時年卌而卒矣。夫人陳」氏。少子敬臣，陪戎尉；外通六籍，內曉三乘，言作楷儀，動和」規矩。不謂金風慘烈，玉樹彫殘，俄敗叢蘭，倏摧良木，春秋」六十有二而不祿也。粤以大周久視元年，歲臨庚子，建亥」之月，壬申之辰，合葬於應城西一里平原，禮也。東眺城墎，」西據長崗，南望紫雲，兼臨碧水。恐天傾西北，坼象變移；地」缺東南，山崩海竭。故勒斯石，立記千齡。其詞曰：

權謀雄」傑，剛毅嚴温，赤心佐國，竭力事親。忠節安上，跨將三軍，彎」弧寫月，躍馬風雲。驅兵電擊，叱咤雷奔，東清九種，北滅胡」塵。其一。 經顔鬒髮，素齒瓠犀，頩雲鬟下，盡月眉□。三從勿爽，」四德兼齊，時歌節婦，世號貞妻。其二。 惟昆與季，多□博識，元」后股肱，邦君羽翊。命有短長，隋遭運極，馬□來代，不如□」即。其三。 嗚呼哀哉！寒暑遞來，惜乎金□，俄變塵灰。」

（周紹良藏拓本）

久視〇一八

【蓋】失。

【誌文】

唐故右衛從善府校尉上柱國劉君墓誌銘」

君諱公綽，上黨壺關人。昔者夏鼎猶重，爰置擾龍之職；秦鏡斯亡，」更啓斬蛇之運。雄才碩量，西京之盛業迺昌；爲善最樂，東平之美」躅方遠。賢俊繼軌，人物駕肩，不朽之德，於此爲貴。祖雅，君子之」道，政事之材，割錦之術克明，佩弦之位俄陟，隋并州太原縣令。」父仵，經行雙美，識用兩高，屈栖鳳之殊姿，翊翔鸞之善政。隋洺州」武安主簿。君門襲餘慶，家傳懿德。崔季珪之詞藻，表在童年；黄叔」度之聲望，隆乎幼齒。粤自綺紈，至于弱冠。進德修業，乘馬於是不」知；敦詩悦禮，成麟由其表譽。翰林孤秀，栖夢鳥於詞條；武庫宏開，」啼玄猨於矯矢。屬以九夷不靖，五部忽驚，蟻結青丘之隅，鯨奔滄」海之浦。而皇赫斯怒，爰徵俠窟之雄。君奮不顧身，即赴疆場之」急。故能申許歷之辯，建虎彌之輪，據鴨水而沉沙，登兔城而拔幟。」南蘇壘下，面縛之虜自來；細柳營中，力戰之功載表。授上柱國。君」妙遠兵禁，深閑秘策，九攻之算無失，百勝之體必明。坐作進退之」規，若指于掌；虛實老壯之變，一貫于心。所以屈於八校之名，亞於」千夫之長，轉右衛從善府校尉，勳官如故。君披心奉國，瀝膽事」人，入紫禁而嚴更，爪牙已效；巡玉墀而警夜，筋力備輸。方去職」於豹韜，庶懸車乎鶴髮。遂迺開野徑，闢山莊，青壁萬尋，蔽虧日月；」丹崖百丈，含吐煙雲。追卧疾之劉禎，即鄰鳳浦；命遊仙之郄孟，斜」指犢山。斟桂酒而相歡，奏葛絃而成興。於是拊掌而言曰：丈夫懷」一寸之心，將七尺之命，裹糧坐甲，少壯爲掃難之臣，人主之恩」已報矣；焚枯酌醴，徂年作出塵之客，形骸之樂已申矣。但惜春蘭」秋菊，芬馥未渝；明月清風，光陰俄謝。霞外之情方得，天上之使忽」來，惜哉！光宅元年，建子之月，卒于家，春秋六十六。大周久視元」年十一月八日，葬于村西三里之原，禮也。嗣子左金吾衛翊衛仁」遠、陪戎校尉仁景、仁客等，恨切遺書，哀纏故□□□雖丘封之已」表，恐陵谷之有遷，式旌芳躅，用紀幽埏。」

（周紹良藏拓本）

久視〇一九

【蓋】失。

【誌文】

周故上騎都尉李君之墓誌銘」

君諱買，字旦，隴西人也，李嵩之洪胤，因官遂居」此地焉。昔咎繇共謀，白雲布族；伯陽論道，紫氣垂」光。漢代良家，李廣高於六郡；秦庭素貴，李良勇於」一時。仁物繁華，其來遠矣。曾祖顯，任揚州太守；」祖伽，任晉州録事；並德越陳星，集區□於玉緯；」繩愆糾謬，兹美化於百城。訓俗字人，不□於一物。」父長，志列貞松，心懷藻鏡，好文好武，□策庭謀。」主上擢以劬勞，授上騎都尉。何其嚴霜早降，迥秀」先凋，奄及忠良，歸於泉壤，以文明元年十二日」卒於私第，春秋五拾有三。夫人賈大夫之女，以聖曆」元年八月十四日終于家室，春秋六十有五。粤以久」視元年歲次庚子十一月乙亥朔八日壬午合葬」于屯留縣西卌里之原，禮也。其地右連繡嶺，下窮」谷之通泉，左俠康莊，控萬乘而東注。前臨濫沼，瀉」□浪之滔滔；後有叢山，動林風之肅肅。仍恐桑田」有變，陵谷推遷，刊石鐫題，乃爲頌曰：

其一履跡貽祥，握文集慶，公侯閒起，簪裾交映。榮緒遞」隆，音徽彌競，濟時舟楫，鑒人藻鏡。其二。」

（周紹良藏拓本）

久視〇二〇

【蓋】失。

【誌文】

大周故左衛翊衛沈君墓誌銘并序」

君諱浩禕，字浩禕，吴興武康人也。曾祖弘爽，唐贈朝」散大夫、揚州司馬；祖伯藏，成均祭酒，嘉、婺、亳、許四州」刺史，武康縣開國男。父齊文，唐右金吾衛胄曹參軍。」君承代禄之洪源，嗣累仁之景行，神彩灑落，體貌瓌」琦，敏藝兼於四科，嘉言應於千里。甫應門調，宿衛軒」墀，出入巖廊，輝映庭闕，隨仲昆之任，遊于曲阿，樂彼」後湖，言從臨泛，蜚廉起浪，始懼興公，天吴覆舟，遽沉」黄蓋。悠悠逝魄，侣伯夭於龍堂；渺渺仙蹤，偶馮夷於」貝闕。嗚呼夭札，傷如之何！以聖曆元年三月十七日」卒，春秋廿有一。夫人吴興姚氏，」虢州刺史之第九女」也。凝曜公宫，流芬盛族。夭桃始發，冠六義而垂風；標」梅早零，對三春而墜景。姚使君以靈姿已化，空流悼」於蓋泉；幽匹可期，庶結歡於金盌。於是埏交二旐，隧」合雙棺，似冥會於雙鴛，若神遊於兩劍。以久視元年」歲次庚子十一月十六日合葬於武康公神道之側，」乃爲銘曰：」

高松垂蔦，沉劍開蓮，靈心終合，神物咸然。傷兹冠日，」悼彼笄年，灰塵久翳，朱粉誰妍，猶憑金椀，永變桑田。」

（周紹良藏拓本　河南千唐誌齋藏石）

久視〇二二

【蓋】失。

【誌文】

大周故左衛翊衛和君墓誌銘并序」

君諱克忠，字　汝南人也。其先大單于遠□」窟跋襲爵爲白部大人，及大魏初基，將有南□，」遂統其部落而爲附臣。太和中，有詔諸複姓聽」從夏音，遂改素和爲和氏。自兹以還，代襲軒綬。」曾祖景樂，隋左屯衛大將軍儀同三司；□□文」武，寵隆台禁。祖君立，彈冠方仕，早喪賢良。考行」則，唐慈州司倉參軍事；百城感其廉正，謳頌盈」衢；千里鏡其仁明，府庭無事。君忠光性節，孝樹」德門，處仁義之宗，妙折旋之禮，起家調補左衛」翊衛。君志疏放，尚幽閑，絕迹市朝，遂安孝養。階」除失步，幾切於啼嬰；慈愛彌隆，遽褰於扇枕。嗚」呼！良木斯壞，哲人其萎，以久視元年十一月十」四日卒于三水縣古公鄉之私第，春秋五十有」七。即以其月廿二日殯于縣城之西原，禮也。庶」恐清徽泯滅，令譽湮沉，爰勒斯銘，用旌不朽。其」詞曰：

朔方茂族，佐命神州，爰及苗裔，克襲」箕裘。夫君德宇，人倫罕儔，□然在目，俄成去留。」

（北京圖書館藏拓本）

久視〇二二

【蓋】失。

【誌文】

大周故右肅政臺主簿路府君誌石文」

公諱庭禮，字寰中，魏郡陽平人也。世以冠」族顯。祖操，隋唐州棗陽縣令；父玄蹟，」唐定州安喜縣令；咸膺期作宰，脩業樹聲。」公德以潤躬，學以從政，始以孝廉擢第，歷」趙州房子主簿，懷州武陟縣尉。遷右羽林」衛兵曹參軍，來庭縣尉，尚方監主簿。」制授右肅政臺主簿。無幾丁內憂，執喪瘁」瘠，純至加等。服闋，應選京師，不幸遘疾。久」視元年十二月六日，終于從善里，享年卌」七。其月十七日權殯北邙山。嗚呼！天不與，淑人云亡，器高禄薄，豈不深傷。銘曰：

有志不遂，名漠達兮。于嗟天壤，何幽闊兮。「呱呱孩幼，慈父奪兮。室有姬姜，心如割兮！」

（周紹良藏拓本　河南千唐誌齋藏石）

大足

大足〇〇一

【蓋】　失。

【誌文】

大周故左衛大將軍右羽林衛上下上柱國卞國公贈右羽林衛大將軍泉君墓誌銘并序　朝議大夫行文昌膳部員外郎護軍梁惟忠撰」

君諱獻誠，字獻誠，其先高勾驪國人也。夫其長瀾廣派，則河之孫；燭後光前，乃日之子。柯葉森鬱，世爲蕃相。」曾祖大祚，本國任莫離支捉兵馬；氣壓三韓，聲雄五部。祖蓋金，本國任太大對盧捉兵馬；父承子襲，秉權耀」寵。父男生，本國任太大莫離支，率衆歸唐；唐任特進兼使持節遼東大都督、右衛大將軍、檢校右羽林軍，仍」仗內供奉、上柱國卞國公，贈并、益二州大都督，謚曰襄；智識明果，機情朗秀。屬孱王在國，不弟鬩牆，有男建、」男產，同惡相濟，建蓄捷菑之禍，產包共叔之謀，襄公覿此亂階，不俟終日，以爲國之興也，則君子在位；國之」亡也，則賢人去之。避危邦而不居，通上京而請謁，昆邪之率衆降漢，即拜列侯；由余之去國歸秦，先優客禮。」公即襄公嫡子也。生於小貊之鄉，早有大成之用，地榮門寵，一國罕儔。九歲在本蕃，即拜先人之職。敬上接」下，遼右稱之，美風儀，工騎射，宏宇瓌量，幽淵不測。初襄公按部于外，公亦從焉。洎建、産等兇邪，公甫年十六，」時禍起倉卒，議者猶豫，或勸以出鬬，謀無的從。公屈指料敵，必將不可，乃勸襄公投國内故都城，安輯酋庶。」謂襄公曰：今發使朝漢，具陳誠款，國家聞大人之來，必欣然啓納，因請兵馬，合而討之，此萬全決勝計也。襄」公然之，謂諸夷長曰：獻誠之言甚可擇。即日遣首領冉有等入朝，唐高宗手敕慰喻，便以襄公爲東道主人，」兼授大總管。公圖去就之計，審是非之策，不踰晷刻，便料安危，故能西引漢兵，東掃遼祲，襄公之保家傳國，」實公之力也。尋授襄公命詣京師謝恩，天子待之以殊禮，拜右武衛將軍，賜紫袍金帶，并御馬二匹。銜珠」佩玉，方均許褚之榮；錫綬班金，更等呼韓之賜。頃之，遷衛尉正卿。門樹勳績，職惟河海。儀鳳四年，丁父憂，哀」毀過禮，中使借問，道路相屬。祖母以公絶漿泣血，益增悸念，每勉强不從，則爲之輟食。公由是稍加飲啜，以」喻慈顔。愛養之深，不獨李虔之祖母；孝感之極，豈止程曾之順孫。調露元年九月，有制奪禮充定襄軍討」叛大使。金革無避，非公所能辭也。使還録功，授上柱國。開耀二年，襲封卞國公，食邑三千户。崇建侯之勳，傳」賞地之業。永淳元年，丁祖母憂，以嫡去職。光宅元年十月，制授雲麾將軍、守右衛大將軍員外置同正員，」勳封並如故。又奉其月廿九日敕令右羽林衛上下。心膂大臣，爪牙深寄，汪濊德澤，綢繆恩獎。垂拱二年」三月，奉敕充神武軍大總管，部領諸色兵西入寇境。公妙閑風角，深達鳥情，山川起伏之形，原野孤虚之」勢，莫不暗符鈐決，洞合胸襟。次迴滿川，賊徒大去，善戰不陣，斯之謂歟？四年九月，奉敕充龍水道大總管，討豫州反叛，賜綵一百段，御馬一匹。尋屬賊平，遂止。天授元年九月，制授左衛大將軍員外置同正員，餘並如故。二年二月，奉敕充檢校天樞子來使，兼於玄武北門押運大儀銅等事，未畢，會逆賊來俊臣秉弄刑獄，恃摇威勢，乃密於公處求金帛寶物，公惡以賄交，杜而不許。因誣陷他罪，卒以非命，春秋卌二。嗚呼！孫秀利石崇之財，苻氏及王家之患。遽而皇明燭曜，天波藻濯，雪幽冤以非罪，申涣汗於褒崇。漢帝之恨誅晁錯，非無太息；晉皇之追贈馬敦，式加榮寵。久視元年八月，乃下制曰：故左衛大將軍、右羽林衛上下、上柱國、卞國公泉獻誠，望高藩服，寵被周行，情款深至，器懷温厚，擢居親近，委以禁兵，誣構奄興，冤刑莫究。歲月湍邁，狀跡申明，言念過往，良深悼惜。褒崇靡及，宜在追榮，窀穸未周，當須改卜，式加縟禮，以慰營魂。可贈右羽林衛大將軍，賜物一百段，葬日量□縵幕手力。其男武騎尉柳城縣開國男玄隱可游擊將軍、行左玉鈐衛右司階、員外置同正員，勳封並如故。賞延于世，睦孟之子爲郎；殁而垂聲，隨武之魂可作。有子玄隱、玄逸、玄靜，踐霜濡露，崩襟殞神，懼今昨遞遷，陵谷頹易，乃祐故域，建新墳，簫挽之聲哀以聞，古來不獨今逆昔，陌上飛旌空靡靡，郭門弔客何紛紛？粤以大足元年歲次辛丑二月甲辰朔十七日庚申葬於芒山之舊塋，禮也。膴膴郊原，近接布金之埒；蒼蒼松栢，由來積石之封。其詞曰：

濱海之東兮昔有朱蒙，濟河建國兮世業崇崇。崇崇世業，扶木枝葉，枝葉伊何，諒曰泉氏，上傳下嗣，孕靈誕祉。皇考有屬，危邦不履，粤自蕃臣，來朝天子。削彼左衽，遊此中國，赫赫朝章，明明睿德。餐教沐化，扶仁抱則，列簴撞鐘，軒遊鼎食。公之象賢，秉厲操堅，識綜機兆，理措冥先。倉卒之際，謨謀在旃，辭戎禍却，還漢功」宣。河海之位，爪牙之寄，出入光暉，頻繁寵賜。凜凜風骨，邕邕禮義，忠孝傳門，山河賞地。居上則惡，用明乃煎，」浸潤之漸，誠哉必然。苟曰身歿，能以仁全，光光顯贈，實慰平津。洛陽阡陌，芒山丘隴，愊憶長辭，充窮奚奉。悲」世世兮塵滅，見年年兮樹拱，是故思厚葬之所由；莫不知送終之爲重。」

（録自《唐代海東藩閥誌存》）

大足〇〇二

【蓋】失。

【誌文】

大周故苑北面監積翠屯主上柱國弘農郡楊府君墓誌并序　　息行恭、素玉、楚玉、思玉。」

滔滔逝水，泛東川之已流；淼淼波瀾，落西山」之不駐。沈形邃户，長乖白日之遊；掩質幽埏，」永絶素交之論。昔抽簪禁苑，無懷懈怠之心；」濯影榮班，時不虧於紫闕。荒扃暫啓，鎮守於」孤墳；壠登探泉，重不歸於生路。哀感仕庶，慟」切山川。爭攀去轂之悲，競趣來轅之思。芳猶」永謝，鍾鼎長辭，其詞曰：」

合宫人士，籍注偃師，洛北啓葬，河南絶之。隙」光已往，石火難追，夜臺不載，荒隴無曦。其一。」昔生有德，没後無名，抽簪滅影，如雲蔽星。死」歸泉户，獨守神靈，楊君烈士，分處幽庭。其二。」翠栢風飄，聲多哀怨，白楊切嚮，悲千思萬。扃」路長開，鴻墳永建，生友無緣，死交莫扇。其三。」

洛州合宫縣平樂鄉北芒山杜郭村北一里許，合葬田壬癸地。大足元年二月廿九日。」

（周紹良藏拓本　開封博物館藏石）

大足〇〇三

【蓋】　失。

【誌文】

大周游騎將軍左武威衛永嘉府左果毅」都尉長上直營繕監上柱國孫阿貴夫人故成都縣君竹氏墓誌銘」

夫人諱須摩」提，其先安喜郡。姬文王子成他之别族，遼」西國君子夷齊之後，東海太守章廿八代」孫，父仁度之長女。坤儀令淑，天姿婉順，夫」貴妻榮，爰授縣君，寢疾彌留，膏肓靡救。烏」呼哀哉！以大足元年三月一日卒於神都」弘敬里之私第，春秋卅有九。即以其年三」月十二日殯於洛城北千善里之阡，禮也。」乃爲銘曰：

金管啓氏，玉葉疏榮，萊婦」齊德，鴻妻比名。乘龍叶慶，飛鳳和鳴，秀不」秋實，篁摧夏庭。娥凋月落，靨散星沉，鄰機」罷弄，里杵停音，青烏想隴，白鶴臨墳。龜筮」既吉，龍輴赴原，雲愁天慘，風悲日昏。庶清」徽之永固，刻貞石以長存。」

（周紹良藏拓本　河南千唐誌齋藏石）

大足〇〇四

【蓋】 大周故趙府君墓誌銘

【誌文】

大周故萊州掖縣令上柱國趙府君墓誌并序」

公諱進，字義玄，天水人也。造父幸於周王，即建其氏；叔帶」如其晉國，始昌其緒。魂入天庭之所，則北翟知歸；名圖雲」閣之中，乃西羌已殄。芳烈難泯，其構在兹。曾祖遐，隋青州」司户參軍事。蕭何以刀筆爲吏，比事無慚；趙壹以芝蘭屬」詞，儔芳自遠。祖相，隋洋州録事參軍事；綱紀外臺，不慚坐」嘯；懲清中部，有美立規。父威，隋宋州宋城縣令。密生三益」之對，兩不居多；鄧氏五鼓之謡，雙宜有重。公仁爲性本，孝」作身基，懷子罕之不貪，守蘧瑗之直道。以爲洪由纖起，高」以下成，解褐任家令寺直司，秩滿徙尚方右尚署丞。恪恭」厥職，夙夜匪懈。尋改營繕左校署令，又改司府平准署令。」周朝别職，既典於百工；漢載分司，式平於庶物。惟公成務，」兼而歷之。秩滿，調爲萊州掖縣令。雖未申於驥力，方欲騁」於牛刀，誰爲彼蒼，善人無與，惜哉！斯隟駿駒旋，度未赴秣。」大足元年四月四日終於洛陽通利里第，春秋六十有六。」即以其月廿三日殯北邙山原，禮也。嗚呼，材不登於廣廈，」奄歎於摧梁；舟未用於巨川，忽悲於遷壑。有子昕，痛貫心」脾，淚添泉臺之水；哀窮隴隧，聲和風樹之音。圖芳規兮不」朽，勒貞石兮爰沉。銘曰：

大矣元勳，巍哉茂胤，千里破徐，三卿分晉。垂芳不歇，惟才」復振，迺祖迺孫，惟清惟慎。其一。天乎不慭，人誰不憐，未昇百」里，倏恨千年。山門湛月，隴樹凝煙，平生壯氣，埋没重泉。其二。」

（周紹良藏拓本）

大足〇〇五

【蓋】　大周故元府君墓誌銘

【誌文】

大周故朝議大夫行婺州武義縣令元府君墓誌銘并序」

君諱字玄慶，河南洛陽人也。即後魏明元皇帝之」十四代孫，聞夫天媛降祥，徒傳本枝之慶；公侯必」復，尚居龜組之榮。曾祖奉伯，本朝大將軍、左光」禄大夫、并州諸軍事、并州刺史、武功王；祖通，隋」驃騎將軍、上儀同三司、河陽縣開國公；父雄，唐」朝滕王府主簿；並紫庭列侍，朱邸開藩，或誓彼山」河，或陪遊兔苑。府君風神秀逸，器識凝明，幼稟過」庭，夙聞詩禮，忠孝之道，率由斯至。解褐資州司兵，」轉潤州司兵，俄遷恒州槀城縣令、蒲州永樂令。屬」親累左降吉州司功，制授朝議大夫、行婺州武義」縣令。公累佐名藩，頻臨望邑，聲實具美，威惠兼施。」方將整翰南圖，指天池而一息；豈期閱川東逝，瞻」隟駟而難留。以大足元年四月七日寢疾，薨於崇」政里第，春秋六十。以其月廿九日權殯於合宫縣」界北芒山平樂鄉，禮也。嗣子峻，崩天靡訴，蹐地何」追，懼陵谷之有遷，將金石而無泯。是以勒茲貞礎，」冀述遐遒，銘曰：

猗歟令宰，風化攸宣，方搏六翮，摩茲九天。中宵景」墜，大壑□□，痛生蒭之一束，終結恨於窮泉！」

（周紹良藏拓本　河南千唐誌齋藏石）

大足〇〇六

【蓋】失。

【誌文】

大周故府君柏善德夫人仵氏墓誌銘并序」

夫人諱　其先楚國人也。夫人操業貞淑，容範詳和，敬實禮」輿，孝爲心極。先人有訓，將辭班掾之家；君子好仇，自入王凝」之室。春秋十八，歸于柏氏。閨庭既穆，帷薄相和，傍稽内則之」篇，下酌家人之繇。既而陶門鶴寡，大野鸞孀，顧蒿里而難追，」攀栢舟而易遠。故能珠胎遂映，玉樹長滋，秩累千鍾，堂崇九」仞。蘭陔動詠，方深厚褥之恩；蓼徑含酸，遽軫窮埏之酷。以久」視元年臘月廿三日遘疾，終于來庭縣綏福里，春秋七十有」三。嗚呼哀哉！重惟靈和受氣，廉順凝姿，將開淨土之因，兼奉」祇園之律。情超俗境，思入禪津。以爲合葬非古，事乖衣薪之」業；弘道在人，思矯封防之典。平居之時，愿疏别壙，遷化之際，」固留遺命。子孝感，金部主事。聿遵先託，無累後人，踐霜露而」長懷，仰穹蒼而絶訴。以爲逝川難及，懷橘之思徒勤；幽壠方」深，負米之期不再。將欲蓬蒿卒歲，縗絰終身，漿溢出於三年，苫塊幾乎千載。錫類之感，有識稱焉。大足元年五月十二日，」葬於北邙之原。嗚呼！其生也榮，成訓終於禄養；其亡也哀，貽」謀切於先覺。豈可使陵谷有變，空傳硯嶺之碑；天地相終，不」勒泉亭之碣。敢憑誠委，敬爲銘曰：」星辰聚德，忠孝相因，實開英媛，作儷高人，蒿簪去飾，蓬户全」真。其一。嗚鳳馳響，乘龍載德，道照嬪規，功流母則，率忠以孝，自」家形國。其二。柔姿外敘，貞心内映，肅穆禪林，優遊道性，陶寡標」節，桓鼇作鏡。其三。王霸之妻，梁鴻之婦，義存生外，聲彰没後，石」古泉深，天長地久。其四。」

（北京圖書館藏拓本　河南千唐誌齋藏石）

大足〇〇七

【蓋】失。

【誌文】

亡宫者，不知何許人也。蓋以良家子選入」後宫，以備内職。天生淑態，日就貞規。班氏」遺文，常守七篇之誡；漢家舊秩，行參八子」之榮。方其位以昇才，已聞名於鳳闕，豈」謂人隨物化，遽歸魄於蟾輪。以大周大足」元年六月某日寢疾，終於其所，春秋若干。」粤以其年歲次七月朔二日葬於某所也，」禮。嗟呼！陽春有暮，荒涼桃李之蹊；厚夜無」晨，歇滅芳蘭之氣。式彫玄礎，永閟黄泉。其」銘曰：燕姬擅北，越女稱西，芝蘭比秀，桃李」成蹊。良家入選，内秩仍躋，六宫有位，四德」無睽。其一。落日西黯，逝川東注，思覩佳城，永」辭芳樹。晝日何仰，聞雷勿懼，萬祀千秋，塵」埃一聚。」

（周紹良藏拓本　河南千唐誌齋藏石）

大足〇〇八

【蓋】　失。

【誌文】

大周故朝請大夫行鼎州三原縣令盧府君墓誌銘并序　洛州來庭縣尉蘇頲文」

公諱行毅，字子明，范陽涿人也。伯夷典禮，尚父爲師，爰昌四嶽」之秩，所謂大風之裔。盧實胙土，燕惟世家，自先生敖、中郎植、司」空毓、尚書珽後，稱冠族者數百祀，于今洪流淼然，休蔭無絶。曾」祖齊黄門思道，祖唐太子率更令赤松，父齊州長史承泰，莫不」思含風雅，道冠儒墨，衣簪之會，羔雁爲羣。易曰：積善之家，必有」餘慶。詩云：無忝爾祖，聿脩厥德。不其然乎？公幼而符彩炳發，機」情俊朗，臨事每中柔剛，與人不違誠信。孝者德本，行而有恒；靜」爲躁君，言則無玷。程才練識，聚學探微，肇自賓貢，揚于銓列，解」褐鄧州司倉，轉梁州之功曹，瀛州之司户，并參軍事。古能吏者，」多婁君卿、范孟博之選，皆奇節遠量，直道正辭，繼而爲之，公有」餘裕。遷冀之鹿城，鼎之三原二令，加朝散大夫。冀州既載兩河」之間，雍州積高五方以錯，公令行禁止，人莫敢欺。齊禮導德，俗」富其教，纓緌休之，臺閣惟佇。豈期徂齡遂往，景命不融，以大足」元年六月十二日終於洛陽之私第，春秋六十有二。嗚呼！代有」蘊兼人之具，利當劇之才，許以雲霄之姿，歸乎廊廟之器，競而」屈道從政，歿代遺芳。子真名動於京師，仲弓位纔於令長，公之」存謝，實兼哀榮。太歲辛丑八月辛丑朔廿日庚申瘞于邙山，禮」也。山阜南思，郊門北轍，筮以先遠，取諸大過。白楊悲兮風捎捎，」青火寒兮夜不極。有子彦緒等，號穹永訴，勒石圖徽，其銘曰：

胤齊之緒，或封于呂。自沛而遷，乃休于燕。踵德之美，實惟君子。「與時偕行，顯允能聲。芳歲不駐兮流川不舍，晨發高堂兮夕宿」中墅。鬱邙山之此路兮，聚羣悲於松櫝。」

（周紹良藏拓本　河南千唐誌齋藏石）

唐代墓誌彙編

長安

長安〇〇一

【蓋】失。

【誌文】

大周故永州司倉王君墓誌銘并序」

君諱思，字惠，太原人也。温洛吹笙，導靈源而上紀；清淮列籙，」浮遠派而横流。雖復九折路危，仍聞於叱馭；羣雄鼎沸，尚賦」於登樓。君卿之脣舌當仁，祇遇涷鯖之禮；晉主之穠華選德，」唯求禁臠之材。世載名賢，可略言矣。曾祖舉，隋任滄州宮高」令；風漸烝甿，雷震百里，鷄鳴有裕，犬牙莫入。祖榮，唐任壽州」司馬；駿驥斯展，無慚龐統之材；邦國不空，自負王祥之勣。父」德，唐任清城監；御苑王城，天工人代，勗己居職，冰清玉亮。君」貞心獨秀，至德孤標，省物而勤，篤學無倦。事親惟孝，類曾子」之爲人；接友以恭，得姜肱之處世。解褐任虢州湖城尉，尋轉」始州普安尉。晉國假塗，遽行於璧馬；秦人啓路，即控於金□。」地實殷繁，職非尊顯。仇香鸞鳳，非枳棘之能棲；梁竦賢才，實」徒勞而起恨。又轉戎州南溪丞。境控青衣，秩仍黄綬，夷多叛」德，君便立功。俄而敕授永州司倉。吴大儀之清白，且在署曹；」趙元淑之芝蘭，還居椽吏。既而氣偏銅柱，扇毒居多，藥阻金」丹，延齡實鮮。久視元年閏七月十九日，卒於永州官第，春秋」六十有三。以長安元年十一月十六日，歸葬北邙山原，禮也。」君風神奇拔，藻翰清遠，不以榮貪苟進，直道而行；不以善不」可爲，孤醒自處。李將軍之意氣，不遂封侯；鄭司農之大材，俄」悲及已。嗚呼！雲物埋暉，山川寡色，泉扃黯黯，誰聞子敬之琴？」隴隧峩峩，但慕延陵之劍。銘曰：

迺本迺枝，多才多德；惟祖惟父，有曲有則。君應風雲，弱齡挺」特，卓彼忠孝，光于家國。其一。舛薄君子，劬勞一生，尊官不遇，高」□已傾。山深月苦，隴暗雲平，風吹松栢，朝夕悲聲。其二。」

（北京圖書館藏拓本　河南千唐誌齋藏石）

長安〇〇二

【蓋】失。

【誌文】

大周故處士張君墓誌」

君諱舉，字沖邈，其先南陽□□□□□□陽郡守子孫□」越。故今爲固節縣人矣。□□□□□黄神握□□基錫□□」□利建之封構緒開源，聿著推賢之籍。遂得居轉作□，代□」五臣；入漢昇榮，時更七葉。衣裘委地，祥鳩之盛烈不泯；衆□」□天，墜鵲之遺塵嘗在。詳諸簡素，可略言焉。曾祖仁，周□」陽令；祖文，隋易州司馬；考善，唐檀州燕樂縣令，並自負」凝神，黄中蘊□，□芬或紀，騰茂躅於鸞庠；儀範克傳，紀芳規」於龜鋆，居即燕樂令之第三子也。幼好貞隱，長懷恬無，蔭□」攀桂，性樂山泉，横琴引酌，志留風月。嘗以良田廣□，□□□」□社之中；遁俗逃名，何必青門之□。五府交辟，稱疾不行，□」□曠，忘憂坐嘯。故時人器之，號爲貞隱也。每欲翹心物外，」追迹赤松；豈期奄魄人間，終傷緑蕙。以大周大足元年四月十」四日卒於里第，春秋七十有二。即以長安二年歲次壬寅正」月己巳朔五日癸酉，遷之於固節縣西北廿里金山鄉之平」原，禮也。長子思義，前任易州安義府别將，次子思儉，良鄉府」隊正，並珪璧其體，椒蘭其性，霜朝茹慕，攀隴栢以崩心，露□」□悲，膺陔蘭而絶足。猶恐原田蕪没，不存懸劍之塋；封隧摧」殘，莫紀藏書之迹，嗚呼哀哉！迺爲詞曰：」

矯矯我君，澄澄雅量，志氣孤□，風神獨王。詩禮取逸，琴樽自」放，習隱狎於□中，肥遁高於□上。貞劭蕪没，林泉悽愴，□陵」谷之或遷，□丘墳而可望。」

（周紹良藏拓本）

長安〇〇三

【蓋】失。

【誌文】

洛州合宫縣交風鄉均」霜里上柱國秦府君。長」安二年正月廿日亡。府」君妻張夫人，去久視元」年閏七月廿四日亡，殯」於城北樂村界。今欲合」葬，故立誌銘。」

久視元年七月廿五日立。」

（北京圖書館藏拓本　河南千唐誌齋藏石）

長安〇〇四

【蓋】　失。

【誌文】

大周長安二年歲次壬寅正月己巳朔廿八日景申故司□君墓誌銘」

君諱論，字伏愿，河内人也。系帝嚳之裔嗣，契之胤也。契光□□」□□爲司徒，□親伯姓，五常克叙，子孫宦歷，玉食金門，以伯□」□□□□□司馬公，因官賜族，遂錫司馬，□菜地河内其望□」□□祖□□任揚州户曹，高蹈意迹，下肅清風，化無刑而□奸」□不□□正□父幹，唐任汝州司馬，毗六條扇仁風於□里」□五聽静盧□於伯城。君愿觀□利用射策甲科，詞傾郭象」□□□□楚人之水，遂擢爲□□郎□□承資堂構，弓冶由存，」□□韶年，從於羈貫，麟經十册，以爲鐘鼓之娱；諸子伯家，賞以」□□之樂。一徵鶴板之命，便佐翔鸞之君，隨牒青州，當官□海。」君乃聰俊其器，□飛鷺鵡之文；□對詞博，辨秀家禽之辨。覽損」□職非豐黜□□□揄以自怡，賁丘園而賞性，以乾封元年五」月，□兩楹感夢，□豎嬰凶，桑井咎徵，刈蘭鍾禍，春秋廿有九，權」殯於村西一里，禮也。夫人郭氏，太原人也。遠承后稷之胤，近系大」王之□，肅穆風規，貞符割耳，霜居守志，誓不移天。以長安□□」正月十一日瓊瓌泣夢，奄喪母儀，卒於私寢，春秋六十有□□□」承果蓼莪切志，荼苦割心，發彼故靈，遷諸新柩，即以其月□□」日合□於廣武澶泉□陽禮□。長子□慶早逝，□婚□□□氏」亡女雖生非偶鳳而□洽乘龍既因□□之□□□□□壙，」然恐一生猿化，螢飛栱丘；千歲鶴來，牛崗失幟。嗚□哀哉！乃爲銘」曰：

系宗帝嚳，德門承祉，世稱□□□□」□□□乃父，文武君子，或贊一同，或毗千里，博聞孔仞，英風卓」□□鬱鬱佳氣，汪汪丞公，令問斯在，厥身奄終。勒茲銘誌，式記」□宗，有遷蓬堵，無□劍松。」

（周紹良藏拓本）

長安〇〇五

【蓋】失。

【誌文】

公諱高，弘農楊，洛州澠池縣人也。詔授太州刺史文之孫，」并州司馬慢黑之子。分土惟三，遂崇茲弟；唱和不二，乃」宅此基。夫人諱滿，壽安宮也，雍州長史徹之女。四德先彰，」六行垂範，鏘鏘許和鳴之鳳，關關留巢處之鳩。忽以大」疾彌留，童肓日漸，呑蛭未能蠲許，扁鵲無以施功。遂」大周長安二年歲次壬寅」二月戊戌朔廿日丁巳，卒于私」第。遂使閭閈慟泣，行路傷悲，鄰童罷謡，鄉婭寢」瑟而已。公忠信備用，文武兼行，汪汪澄萬頃之波，落落重」十城之價。爾迺求占白鶴，得兆青烏，護龍耳之墟，」營馬鬣之宅。以長安二年三月戊辰朔三日庚午窆於此」地，禮也。芝蘭敗秀，杞梓摧技，德以頌宣，迺爲銘勒。其辭曰：」

祚隆唐晉，系自豳周，紹斯堂構，繼此箕裘。表績閭里，籍」甚風猷，雄思内侍，僕耻外侯。蹇蹇虞臣，勤勤獻直，愛號」美鄰，拒晉垂棘。積德猶存，餘聲未息，晥彼後昆，諒行前」則。嚴霜頓菊，秋風敗蘭，揚歌夕舉，松門夜寒。荒墳闃」寂，古樹摧殘，紀上士之温潤，故勒石以銘刊。」

（録自《中州冢墓遺文補》）

長安〇〇六

【蓋】大周故劉府君墓誌銘磚，朱書。

【誌文】

大周前湖州武源縣丞故息男劉之誌銘」

浩字無竭，南陽涅陽人也。曾祖湞，」唐侍中上護軍、清苑縣開國男；祖」基，唐地官郎中尉；父纂，周前任湖」州武源縣丞、上護軍。浩隨官，以聖」曆二年歲在己亥八月廿二日，卒」於武源縣官舍，春秋一十有四，以長」安二年歲次壬寅四月戊戌朔十」三日己酉，遷殯於洛陽縣平樂鄉」邙山南原，禮也。」

（録自中村不折《禹域出土墨寶書法源流考》下）

長安〇〇七

【蓋】失。

【誌文】

大周故京兆男子杜并墓誌銘并序」

男子諱并，字惟兼，京兆杜陵人也。漢御史大夫周、晉當陽」侯預之後，世世冠族，到于今而稱之。曾祖魚石，隋懷州司」功獲嘉縣令；祖依藝，唐雍州司法洛州鞏縣令；父　，皇朝」洛州洛陽縣丞；皆文學俊異，無殞厥德。子生而聰敏，有老」成人之量，日誦萬言，尤精翰墨。八歲喪母，不勝其哀，每號」哭涕泗，中有血。宗族歸美，搢紳虛期者久矣。聖曆中，杜君」公事左遷爲吉州司户，子亦隨赴官。聯者阿黨比周，惑邪」醜正，蘭芳則敗，木秀而摧，遂構君於司馬周季童，妄陷于」法。君幽縶之日，子鹽醬俱斷，形積於毁，口無所言。因公府」宴集，手刃季童於座，期殺身以請代，故視死以如歸。仇怨」果復，神情無撓。嗚呼！彼奚弗仁，子斃之以鞭撻：我則非罪，」父超然於罻羅。爲讞之理莫申，喪明之痛寧甚。以聖曆二年七月十二日終於吉州之廳館，春秋一十有六。悲夫！安」親揚名，奮不顧命；行全志立，殁而猶生。豈與夫李暠終還，」蘇欲讎而莫中；甘寧或備，陵既舞而空往。則知貫于幽顯，」通于神明，義結魯人，冤深趙卒者，不亦痛乎？子曾未婚冠，」更羅夭枉，休其家聲，著在史筆者，不亦高乎？今以長安二年四月十二日瘞于建春門東五里。杜君流目四野，撫膺」長號，情惟所鍾，物爲之感，乃謀終古之事，而刻銘云：」

嗚呼淑哲兮不享餘慶，玉有碎兮蘭有摧，何斯人之斯命？」冥冥泉下兮，身可殁兮名逾令。」

（周紹良藏拓本）

長安〇〇八

【蓋】 失。

【誌文】

大周故金紫光祿大夫行營繕大匠上護軍遼陽郡開國公泉君墓誌銘并序」

君諱男産，遼東朝鮮人也。昔者東明感氣，踰淲川而啓國；朱蒙孕日，臨浿水」而開都。威漸扶索之津，力制蟠桃之俗。雖星辰海嶽，莫繫於要荒；而俎豆詩」書，有通於聲教。承家命氏，君其後也。乃高乃曾，繼中裏之顯位，惟祖惟禰，傳」對盧之大名。君斧囊象賢，金册餘慶，生而敏惠，匆則過人。年始志學，本國王」教小兄位，年十八，教大兄位。十三等之班次，再舉而昇；二千里之城池，未冠」能理。至於烏拙使者，翳屬仙人，雖則分掌機權，固以高惟旌騎。年廿一，加中」裏大活，廿三遷位頭大兄，累遷中軍主活，卅爲太大莫離支。官以地遷，寵非」王署，折風插羽，榮絶句驪之鄉；骨籍施金，寵殊玄菟之域。屬唐封遠暨，」漢城不守，貊弓入獻，楛矢來王。君以總章元年，襲我冠帶，乃授司宰少卿，仍」加金紫光祿大夫、員外置同正員。昔王滿懷燕，裁得外臣之要，遂成通漢，但」聞縑帛之榮。君獨鏘玉於藁街，腰金於棘署，晨趨北闕，閒簪筆於夔龍；夕宿」南鄰，雜笙歌於近韻。象胥之籍，時莫先之。聖曆二年，授上護軍。萬歲天授三」年，封遼陽郡開國公，又遷營繕監大匠、員外置同正員。坐鬭朱門，遂封青土，列旌旃於棨戟，期帶厲於山河，奄宅嵎夷，遂荒徐服。嗚呼！蠶支啓胙，蕃屏未」勤，鯷壑摧鱗，遷舟遽遠，年六十三，大足元年叁月廿七日遘疾薨于私第，以」其年四月廿三日葬於洛陽縣平陰鄉某所。

邙山有阡，長没鍾儀之恨；遼水」無極，詎聞莊舄之吟。故國途遥，輤車何日？鶴飛自遠，令威之城郭永乖；馬鬣」空存，滕公之居室長掩。雖黄腸題湊，與天壤而無窮；而玄石紀勳，變陵谷而」猶識。其詞曰：

於廓靈海，百川注焉；東明之裔，實爲朝鮮。威胡制貊，通徐拒燕，憑險負固，厥」古莫遷。爰逮有唐，化涵東户，賓延溟渤，綏懷水滸。藍夷會同，桂婁董溥，」惟彼遒長，襲我龜組。遂榮藁街，爰分棘列，甲第朝啓，承明旦謁。勳懋象胥，寵」均龍禼，遽開青社，山河罔絶。遼陽何許，故國傷心，鐘儀永恨，莊舄悲吟。旌旃」棨戟，佩玉腰金，鼓鐘憂眩，逾憶長林。留秦獨思，濟洹爲咎，聲明長畢，佳城永」久。託體邙山，遊魂遼阜，勒銘幽石，庶傳不朽。

通直郎、襄城縣開國子泉光富年十八，長安二年四月廿三日葬於洛陽縣界。」

（周紹良藏拓本）

長安〇〇九

【蓋】失。

【誌文】

大周故通直郎行杭州司士參軍事上騎都尉趙府君墓誌銘并序」

公諱越賓，字連城，其先天水人也，今爲汝州梁縣人焉。自肇派軒丘，分疆晉邑，」揚朱曦之畏景，弗絶上卿之位；瞰青山實符，俄就將軍之列。衣纓問望，史册芬」芳。曾祖超，周任曹州刺史；褰帷露冕，股肱惟良。祖度，隋冀州武强縣令；父恭禮，」唐楚州鹽城縣令；並化超蒲密，恩踰卓魯。公天資俊桀，神用聰明，少挺孤貞，幼」標秀異。心臺清鑒，照明鏡於情田；器宇高深，契冰壺於性府。凜凜奇操，温温晬」容，綜覈詞林，窮源學海。摛文掞藻，宋玉屈原之奇；吹竹彈絲，馬融伯牙之妙。春」秋廿，應幽素舉擢第，授門下典儀。板位纔舒，朝廷式序，青紫由其不濫，文武自」此區分。秩滿，授秘書省校書郎。瓌鉛天禄，握槧雲臺，魚魯行分，刊四部之訛謬；」豹鼠斯辯，釋八儒之滯疑。秩滿，授東宮左司禦衛率府録事參軍。望苑之中，親」陪鶴籥；摇山之下，虔奉龍樓。秩滿，又授洛州合宫縣尉。土中」皇宅，天心赤縣，劇務必籍於英髦，撥繁良資於茂政。秩滿，左授杭州司士參軍。」境接稽中，城臨浙右。堆案盈几，似遊刃之有閒；重義輕財，狀揮金而不吅。既而」秩滿東吴，言旋北洛，青雀渡金陵之水，黄龍息銅路之橋。桑梓舊居，昔爲行樂」之所；蒲柳摇落，更愴今辰之悲。遂遘懸地之災，便成鬬蟻之疾。未遇西山之藥，」爰從北岱之徵。春秋六十有三，以長安二年六月一日，終于洛州合宫縣崇業」里私第。即以其月廿五日，安厝於合宫縣北邙山梓澤原，禮也。惟君資和受氣，」稟粹懷靈，宅心墳典，」識性琴瑟。時康命薄，位下材高，故知與不知，皆爲流涕。有」女杜氏五娘。孝乃因心，痛深擢骨，號咷至乎泣血，殰毁幾乎滅性。夫人南陽張」氏，淚斑川竹，愁結山雲。緑琴夜兮獨鶴驚，明鏡曉兮孤鸞絶，勒翠石於千古，臨」黄泉而一訣，在陵谷而有遷，庶德音之無滅。迺爲銘曰：」軒丘析派，晉邑分疆，卿雲含祉，愛日舒光。簪組世襲，文武代昌，如玉之潤，如」桂之芳。其一。」猗歟趙君，與世不羣，德重山岳，情唯典墳。材高位下，有道無聞，如何不淑，天喪斯文。其二。」方遷春谷，忽先朝露，友朋斯仰，搢紳攸慕。魂飛上元，形歸太素，暑來寒往，日新」時故。其三。」於戲哀哉，棟梁其摧，松扃恍惚，柳駕徘徊。人悲夜壑，鶴繞泉臺，月沉霧而舍□，」風生楊而結哀，銘不期于再出，人何時兮重來？其四。」

（北京圖書館藏拓本）

長安〇一〇

【蓋】失。

【誌文】

唐故忠州司馬婁君夫人墓誌銘並序」

夫人姓周，其先汝南人也。自汝墳侯至五代祖靈起，子女」玉帛，八百餘年。祖法明，屬隋鹿初走，唐龍已戰，」唐太祖奄興晉野，先入秦關，」三分天下，未有其一。于時王」充據洛，蕭銑在荆，竇建德握兩河之兵，有四州之地。法明」屯勁楚，連大吴，得專生煞者有卅六郡。太宗文武聖」皇帝，軍在邙瀔，與王充相持，雄雌未分，詎敢議淮南之兵」矣。法明識天曆，體人謡，席卷歸唐，」三方振炭，唐之擒建德」擒王充，因我勢也。高祖以法明功興軍始，特追入」朝，太尉以下，至霸橋迎勞，子弟卅有七，莫不小者侯，大者」公。仍以法明卅六郡所歸之地命爲總管，歸郡，錫羽葆鼓」吹之從焉。父紹德，十六爲楚州刺史。夫人生於貴門，幼有」令德，年十有五，作配婁君，本姓匹婁氏，北齊十貴匹婁叡之六代孫，解褐號王府參軍，遷營府兵曹越府兵曹、」冀州鹿城令、瀛州洛壽令、潤州延陵令、忠州司馬。夫人箴」誦詩禮之規，織紝組紃之事，虔孝於父母，盡禮於舅姑，蓋」遊談者所傳，故可略而不書也。嗚呼！春秋八十有二，大周」久視元年閏七月十六日卒於洛陽勸善里之私第，以長」安二年七月廿日歸葬於邙山舊塋，禮也。銘曰：

伊邙山，面帝京，周秦漢魏共所塋，鍾鼎在兮松栢茂，子孫」盡兮荆棘生。莫不銷魂兮埋骨，飲恨兮吞聲！」

（周紹良藏拓本）

長安〇一一

【蓋】失。

【誌文】

長安二年□月十九日□州參軍辛仲連妻盧八娘之墓。」

（録自《芒洛冢墓遺文補遺》）

長安〇一二

【蓋】失。

【誌文】

大周故上柱國馬君之誌并序」

君諱擧，字肆仁，齊州歷城人也。原夫臣虞彩化，爰降」德於伯儀；分晉隆基，載延祥於萬舞。自軍興馬服，欒」奉武溪，莫不代襲冠冕，名光史册。曾祖仕通，隋任魏」州司馬；祖德琮，唐任揚州江都縣尉；或榮高展驥，或」職參馴翟，既蘭薫而桂馥，並玉潤而金聲。君河岳炳」靈，乾坤誕秀，紹白眉之俊，弘絳帳之風。雖績茂昭陽，」勳高柱國，自得丘園之逸，方遺簪笏之榮。嗟乎！神昧」福謙，天欺輔德，哲人斯殁，梁木其摧，嗚呼哀哉！粤以」萬歲登封元年三月一日，春秋六十有七，卒於神泉」里第。夫人項氏，沂州司户參軍第二女也。演慶重瞳，」凝姿淑脊，明豔侔於朝日，峻節貫於秋霜，婉彼幽閑，」作嬪君子，婦德彰於舉案，母儀見於斷機。俄次東閲」之川，遽掩西山之日。長安二年三月廿五日終於前」第。即以其年十一月廿二日合葬於流山之陽，禮也。」孝子元景、元愛、元簡等，並思極採蘭，悲深淚柏，將申」罔極之報，寄刊無媿之詞。其詞曰：」

天道悠悠，人生若浮，奄辭千月，俄成一丘。薤露興感，」揚風動愁，儻遷陵谷，庶表徽猷。」

（録自《山左冢墓遺文》）

長安〇一三

【蓋】 大周故樊夫人墓誌銘

【誌文】

大周前漢州綿竹縣主簿張廉故夫人樊氏之墓誌銘并序」

夫人樊氏，其先沛人也。父行暕，前任」洛州河陽縣丞。維夫人毓彩珠星，降」靈璧月，閨儀早著，婉順夙彰。爰適張」門，遂諧琴瑟。豈圖鳳梧偏掩，龍劍孤」飛。嗚呼哀哉！遂以長安二年十一月」廿八日卒於私第，春秋卅有二。以其」年十二月十日權殯於北邙，禮也。其辭：」
馬鬣斯崇，龜謀襲吉，言投玄壤，長辭」白日。隴月孤澄，悲風獨瑟，叩地無據，」終天永畢。」
長安二年」歲次壬寅十二月癸巳朔十日壬寅。」

（北京圖書館藏拓本　開封博物館藏石）

長安〇一四

【蓋】失。

【誌文】

大周故雲騎尉王府君墓誌銘并序」
君諱義，字信成，太原人也。后稷之苗胄，王孫賈之胤緒，并」州牧太原公王通之後也。自昔維山馭鶴，始道靈源；葉縣」鳧飛，載貽厥胄。門風祖業，可略而言矣。曾祖生，祖正，父叔，」並崑丘孕質，麗浦凝恣，抱器含輝，毓胎光而絢彩；鴻儒碩」學，播美德於一時，而爵衣冠蓋，流芳於百代。君隱生資德，」含粹降靈。璧未偷光，池水之功已麗；道該朱典，映螢雪以」揚葩，學富星墳，鼓瀛而疊彩。旌功武騎，早著清閑；秘術略」陳，勳庸薄賞。蒙授雲騎尉，隨班例也。於是脱落不仕，雅懷」山水。泉明樽酒，直對煙霞，孫登葛絃，唯陶野客。豈謂兩楹」夢軫，遂纏丘孔之痾；二豎成災，莫救晉侯之疾。長安二年」十二月八日，終于私第，春秋六十有五。夫人朱氏，會稽人」也。稟訓閨儀，承家閫則。嗣梁妻之挺質，資孟母之貞規；湛」四德以凝神，詠栢舟而成則。去聖曆二年二月十六日，卒」於家室，春秋六十有八。

以長安二年歲次癸亥十二月癸」巳朔廿九日辛丑，窆葬於州城東五里平原，禮也。嗣子嘉慶，」第三嘉福，擁旄剌舉，扇黄石之玄風；杖劍横行，運孫吴之」秘略。酬勳上柱國，泣過庭之雅訓，悲陟岵之空瞻。恐陵谷」之有遷，桑田之變易，故勒嘉聲於玄礎，式旌墜於幽泉。迺」爲銘曰：

后稷之苗，王孫之子。德一隆周，通三命氏。鶴駕騰仙，乘鳧降祉。名高千古，流芳萬祀。其一。周有英傑，負」理從戎。狼河電擊，菟堞摧兇。一朝人事，千載□空。」

（録自《考古》一九六二年二期《山西長治北石槽唐墓》）

長安〇一五

【蓋】失。

【誌文】

周故吉州長史劉君墓誌銘并序」

君諱齊賢，字景山，廣平人也。其先即西漢廣平王之後。高幹拂日，流綴天地，分豐沛之郊，龍擾甲之」水，亦有驥途高騁，東萊推正禮」之風；□派長淵，西虢重桓公之化，事光史册，可略言焉。曾祖會，」周濮陽太守、儀同三司、大將軍、城陽郡公；祖林甫，唐吏部侍郎、樂」平男；或褰帷列郡，惠政下於朱轓；或曳組香臺，權衡資於赤筆。父」祥道，文昌左相、廣平公致仕，贈幽州都督；蒼□□□，□朝高一紀」之名；黄金已揮，東門祖二踈之去。贈終追遠，□□□□□，德表」功事，光乎紀傳。君青襟對日，紈袴論玄，長裾陪□□□□，□木肅」雄州之務。由是起家弘文生，授趙王西閤祭酒，累遷□□□□

掌」吏部選事，守侍中，以公三代掌銓衡，有制□專紀傳。九流」允穆，清通展裴楷之才；八舍爰司，儒素重顔含之德。金墠擢彩，累」進於牽裾；玉諜傳榮，獨優於綸誥。左遷普辰二州刺史，吉州」長史。長沙地濕，仰妖鵩而增懷；嶺障氛連，觀跕鳶而喪魄。春秋六」十有二，薨于滏郡。屈靈均之致讒，身也不歸；李季主之凋亡，妻孥」共盡。夫人隴西李氏，柔順成性，幽閑在德。早諧鳴鳳，允穆於于飛；」晚契成龍，同歸於湘水。公長女趙郡李延之妻也，孝思罔極，創巨」痛深，悲鴒之不嗣，寄馬鬣而無日。哀情所感，令夫屈宦於豫章；衷」志獲申，羈魂返安於梓澤。以長安三年正月四日合葬於洛陽」北邙之陶原，禮也。嗟乎！晨露易晞，夜臺難曉。天長地久，託翠琰而」全貞；霜殞風驚，攀白楊而絶思。嗚呼哀哉！乃爲銘曰：

於穆」豐公，步魏而東，顯允君子，在秦爲氏。道啓鶉甸，業隆黿水，虎符式」分，蛇山□峙。鐘鼎聯耀，珪璋繼美，茂德丕泯，盛烈方傳。嗣典鏡衡，」獨珥貂蟬，龍鱗一犯，鵠履長遷。奄驚夢奠，遽痛催年。嗟乎孝女，哀」衰棘心，虔舉靈櫬，歸乎故林。青烏已兆，白鶴方尋，鄧侯終歎，蒼公」不沉。塋初栢淺，隧古松深，千齡兮同此滅，萬古兮山之岑。」

（周紹良藏拓本　開封博物館藏石）

長安〇一六

【蓋】失。

【誌文】

處士成君墓誌并序」

君諱惲，字留生，洛陽人也。自姜源啓派，析」胤榮於本枝；漢册隆班，列嗣光於後葉。祖」世寬，三端并騖，□術競馳，屬隋運失綱，唐」基創構，功標勇毅，勳洽疇庸。父文，藴異龍」章，含奇鳳藻，未窮潘子之壽，遽夭顔生之」年。君幼禀仁明，早標岐嶷，孝因心著，神由」道生，動不干時，靜非違俗。安排自逸，晤物」乘機，琴樽爲戰勝之場，風月重親朋之契。」以長安三年正月八日，終於通遠里舍，春」秋五十。擇殯於邙山，禮也。式刊貞琬，永誌」芳猷。其詞曰：

顯允君子，猗歟哲人，龍章纂智，鳳藻驚神。」冥功奄善，潛化忘親，璧埋荆岫，珠沉漢濱。」悲參朝野，慟感鄉鄰，顧夜臺而難曉，撫泉」户之無春，式刊兮貞石，永記兮芳塵。」

（北京圖書館藏拓本　河南千唐誌齋藏石）

長安〇一七

【蓋】闕。

【誌文】

唐故韓州助教向君誌銘并序」

君諱徹，字皎。原夫上相歸周，順天明而受國；左師戰魯，分」地理而開勳。其後君子推賢，集山陽之龍鳳；大夫貴德，錫」河内之膏腴。珠浦重輝，瓊林疊秀。祖康，隋任雍州録事」參軍。境控龜津，地當鶉野。肅霜威而蒞郡，氣逸烏臺；皎冰」壺而勵職，風生白簡。父舉，唐元從任募團校尉，遷德州」留守。功超百勝，叶天策而問西都；勇冠三軍，狀星文而靜」東邑。授上騎都尉。君少挺英奇，琴書是友，幼通博學，仁義」爲藩。年纔弱冠，任韓州助教。典青襟之禮樂，立行可模；貫」玄象之精華，出言成範。不謂神徵異辯，光收管輅之年；鬼」瞰明靈，不與顔回之壽。春秋廿有八，即以貞觀十九年四」月一日遘疾終於私第。夫人韓氏，娥輝淑祉，婺宿垂精。出」峽仙雲，雖發陽臺之藻；鶯林逸吹，是銷陰魂之形。對植龍」門，而悲半死，分飛寶匣，竟歎雙沉。春秋八十有一，久視元」年二月十六日終於私第。嗣子崇仁等，咸得曾參故跡，越」禮外而居喪；姬旦遺塵，考經中而用事。長安三年歲次癸」卯」二月癸巳朔廿八日庚申會葬於村西北二里平原，禮也。」東西水陸，魚鳥徘徊，南北荒阡，風烟爛」夢。石銘山上，咸推」杜預之機；玉掩泉中，幾惜文康之貌。嗚呼哀哉！乃爲銘曰：」疏源九田，□□萬仞，河朔藩周，山陽遁晉。冠嗣明德，一□」忠信，□□休述，徽猷并振。其一。輪環氣序，奄忽年□，□□□□」□，岱岳知名。草亭春色，松有秋聲，悠悠荒隴，□對□城。」

（録自《文物》一九八三年第七期《襄垣縣發現唐武后時墓誌碑石》）

長安〇一八

【蓋】失。

【誌文】

大周故處士南陽張君夫人吴郡孫氏墓誌銘并序」

君諱嗲，字弘節，南陽白水人也。因官徙秩，遷移洛邑，三代擅其」相韓，七葉光於輔漢。誦亡篋而稱敏，承墜印以疏宗，蟬聯冠劍，」鏡鑒圖史。曾祖貞，唐任杭州司馬；基宇宏邈，風韻韶舉，俗有」其康之訓，時光展驥之才。祖師，上柱國；德映珪璋，識韜龍豹，」立英名於絶域，策茂勳而高代。惟君地靈無對，天璞不彫，湛」金波以内融，秀瓊林而外朗。温恭體道，孝敬資身。下澤棲神，馬」少遊之志事；閑居養性，梁敬叔之平生。方欲三樂取容，九仙方」駕，豈期倏從朝露，俄遷夜壑，以咸亨五年六月廿五日遘疾，終」於私第，春秋四十有四。夫人吴郡孫氏。握系靈苗，鏘金令族。淑」姿榮麗，曠千載以挺生；慧性幽貞，抱六行而光俗。潔志高乎婦」德，寧家顯於母儀。昔詠栢舟，均鳳桐而半死；今悲薤曲，奄龍劍」而雙沉。以長安二年八月廿六日終於寢室，春秋五十有五。男」女等啼號泣血，擗踴墳前，未答劬勞之恩，已懷罔極之念。傷風」樹之不靜，痛寒泉之永結，粤以三年歲次癸卯二月癸巳朔十」四日景午，合葬於合宫縣北邙山平樂鄉，禮也。前臨復洛，却枕」崇邙，風悽悽兮通谷寒，雲昏昏兮景山没。猶恐溟生禹甸，鶴弔」之隧多迷；野變莊峰，雁馴之隴無據。嗚呼哀哉！乃爲銘曰：」

金鉤茂族，玉樹枯榮，重規疊矩，祖德家聲。於昭令胤，偉世之英，」金玉其質，斧藻其誠。其一。志狎山水，道存高尚，名利不居，琴書是」玉。蘭薰桂馥，霞明月亮，於焉游處，自然嵇向。其二。伯鸞齊價，德耀」連芳，俄悲壑徙，遽歎舟藏。兩沉龍劍，雙棲鳳皇，千年不朽，萬代」其昌。其三。」

惟大周長安三年二月十一日前成均進士太原王元瓌撰。」

（北京圖書館藏拓本）

長安〇一九

【蓋】 失。

【誌文】

大唐故文林郎王府君墓誌銘并序」

君諱貞，字子正，河南洛陽人也。 自岐山竦構，岧嶤列蔽日之峰；姬水」疏源，滉瀁引滔天之派。 緱山控鶴，遠導仙宗，葉縣飛鳧，遥承芳系。 本」枝所以增茂，世祀於焉克昌。 冠冕相暉，賢才接武。 祖德，隋任岐州」司馬；行越於名，德浮於位，題輿發頌，無愧家聲；來晚興謡，寧慚往彦。」父義，唐文林郎、守并州太原縣丞；夜魚不犯，道贊烹鮮；朝雉調絃，政」參訓翟。 君操履端肅，風規韶朗，刻鶴成其六行，聚蟒不棄三餘。」皇唐以孝廉授文林郎，耽好琴書，糠芥簪紱，白雲在玩，丹霞浮酌，行」藏舒卷，浩然自王。 既而溘爾朝露，清潤之彩易晞；飄然風燭，高明之」暉遽掩。 以長壽三年三月十五日薨於里第，春秋五十一。 夫人秦氏，六行克修，四德無闕，蓬首罷沐，義重移天，悼往字孤，哀深」晝哭。 雖榆柳三燧，苴菓再朞，慼貌嚬容，慘然無改，輔仁斯舛，福善寂」寥。 長安二年八月廿七日薨於里宅，春秋五十一。 息庭芝，趨庭絶訓，」斷織靡依，恭慧著於髫年，寬厚稱於冠歲。 然諾之信，黄金是輕；堅固」之誠，白珪非重。 霏花及鵲，飛筆陣以騰雲；碎葉穿犀，彀弓弦而寫月。」鄉閭推其禮讓，朋友挹其徽猷。 追感風枝，崩心泣血。 兩楹遽撤，先遠」戒期，以今長安三年歲次癸卯二月癸巳朔十四日丙午合葬於河」南北邙之原。 但仙府玉棺，奄閟黄泉之下；佳城石槨，或有白日之期。」則地久天長，懼崇陵之有變，而人歿代謝，庶高名之不朽。乃爲銘曰：」洪源深迅，茂緒緜長，惟祖及考，謁」帝賓王。世傳簪紱，家承義方，慶延後嗣，隆基克昌。其一。爰挺哲人，實崇」前構，如桂之馥，如蘭之秀。摛彩含章，凌寒獨茂，膏肓琴酒，淹留巖岫。」其二。學不求貴，行豈爲名，依據道德，脱落簪纓。得喪一致，寵辱不驚，安」排習隱，知止銷聲。其三。與仁非驗，福善遂騫，税軫蒿里，息駕悲泉。楊吟」曉吹，松昏暝烟，勒銘金石，芳名永傳。其四。

大周長安三年二月十四日同郡張秀撰。」

（周紹良藏拓本　河南千唐誌齋藏石）

長安〇二〇

【蓋】唐故獨孤府君墓誌銘

【誌文】

大周朝散大夫行定王府掾獨孤府君故夫人楊氏墓誌銘并序」

咸林故壤，太尉舊門。地實膏腴，人多令淑。葳蕤箴史，即聞飛鳳之」謡；窈窕賢才，自得乘龍之譽。夫人楊氏，弘農華陰人也。曾祖文偉，」隋驃騎將軍，開府儀同三司，温、安二州刺史，永平公。祖纂，唐尚書」左右丞，吏部侍郎，太常少卿，銀青光禄大夫，行雍州長史，太僕卿，」度支、户部兩司尚書，柱國，長平公，贈幽、易、嬀、檀、燕、平六州諸軍事」幽州刺史，謚曰敬。父守愚，唐宣州司馬，定、汾二州長史，沂州刺史，」皇朝并州大都督府司馬，雍州長史兼文昌左丞，平原公。爰從東」漢，逮至聖朝，累襲旗常，歷居台相。豈祇兩侯三主，赫奕祁家；四」世五公，紛綸朝闕。夫人機神潁晤，質性賢明，含德耀之天材，履孟」光之風範。故使于我，得委禽焉。早欽四德，先承六行，爰自入門，便」爲繼室，撫育諸子，有甚己生，中外宗姻，必先和睦，上下禮節，無忝」尊卑。由是里閈挹其聲芳，娣姒欽其軌則。府君代承中孝，家襲簪」纓，侍筆梁園，曳裾陳邸，巾櫛早睦，琴瑟載凋，邀以好仇，期之偕老。」豈謂芝蘭始茂，遽迫風霜；桃李行春，先驚摇落。安仁有恨，奉倩何」情。日往月來，光陰已遠；陵移谷徙，天地悠長。以大唐垂拱三年歲」次丁亥四月十日，終于豐安里之私第，春秋卅二。嗟呼！遽嘆小年，」遂歸長夜。星津掩婺，月魄沉娥。南楚賢姬，終從遷化；東陵聖母，空」道神仙。嗚呼彼蒼！長埋此地。即以大周長安三年歲次癸卯二月」癸巳朔十七日己酉，葬于雍州萬年縣銅人原舊塋，禮也。嗣子煜，」攀呼罔極，哀毁過人。是撰述德音，雕鐫貞石；庶春蘭秋菊，無絶芬」芳。迺爲銘曰：」

長河之英，太華之精。福禄無竭，人物有聲。煒煒開府，赫赫長平。是」生賢淑。載誕柔明。如玉之潤，如冰之清。潘楊世重，秦晉家榮。弄杼」蠶月，銜盥鶴鳴。吉凶坐變，倚伏先驚。霜凋碧草，風落紅英。誰家古」陌，幾代佳城。山河有恨，花柳無情。一歸泉壤，千秋令名。」

（録自《唐長安城郊隋唐墓》）

長安〇二一

【誌文】

大周定王掾獨孤公故夫人元氏墓誌銘并序」

夫人姓元氏，河南洛陽人，魏昭成皇帝之後也。昔軒轅徇齊，」皇道庇世，聖武英睿，天女降嬪，是生神元，奄有區夏。發迹雲」代，定都河洛，盛德之胤，百代其昌。曾祖巖，隋户部、兵部二尚」書，蜀王府長史，昌平郡公。懿業雄姿，直詞鯁氣。令圖樹於廊」廟，遺愛存乎藩服。祖弘，隋倉部侍郎，尚書左丞、右丞，司朝謁」者，北平郡守，襲昌平公。父義端，唐尚乘、尚食二奉御，唐、易、魏」三州刺史。并地靈國寶，文宗武庫，佳政滿於州邦，故事聞於」臺閣。夫人理周神用，識受冥機，敏悟生知，柔明幼發。性符詩」禮，誡無待於七篇；道入中和，教不資于三月。既而事行笄幣，」飾備纁納，年十六，歸於獨孤氏。幽求內則，懇款閨儀，鷄初之」敬就申，鳳飛之兆斯在。故能使宗黨輯睦，姪娣歡怡。載流均」養之仁，以極人倫之序。宜其光此象服，□永室家，遠懷孟徒，」長洽姜訓。而善實愆應，德亦無鄰。嗚呼□天，喪此邦媛。有唐」儀鳳二年歲次丁丑八月三日遇疾終於慶州司户參軍第，」春秋廿有七。粤大周長安三年歲在癸卯二月癸巳朔十七」日己酉，遷窆於夫氏之舊塋，禮也。子烜等，慎終追遠，卜宅哀」送。痛劬勞之莫報，懼田海之或遷；乃刻石泉門，期畢天壤。其」銘云：」

粤若稽古兮，在皇軒轅。于赫盛德兮，惟帝神元。承天撫運兮，」翼子謀孫。蘭菊無絕兮，本枝以蕃。挺生淑媛兮，嬪於高門。閨」政以穆兮，母道是存。寄之偕老兮，以保榮尊。冥微神理兮，寂」漠幽魂。永去歡愛兮，忽成山樊。天道莫測兮，萬古誰論。」

（録自《唐長安城郊隋唐墓》）

長安〇二二

【蓋】 失。

【誌文】

大周昭武校尉右鷹揚衛平原府左果毅都尉上柱國王公墓誌銘」

公諱嘉，字感，太原人也。高祖嵩，尚書右僕射，隨魏氏遷于洛邑，」因即家焉。崇基峨峨，方仙掌而聳增構；源流淼淼，將江漢而引」長瀾。祖陁，任沂州司馬；弼諧千里，遺愛在人，撫翼專城，惠政覃」俗。父僧，隋任相州安陽令，飛蝗自去，膏雨仍流。君禀川岳之清」和，應元精之秀氣，恢弘絶代，瓌偉不羣。松勁不待於歲寒，芳蘭」詎資於外境。釋褐右親衛。弧穿七札，劍敵萬夫，陟玄兔以斬長」蛇，望燭龍而斷封豕。去麟德年中，授右鷹揚衛平原府左果毅。」庶陟彼爪牙，昇茲輔弼。而昊旻寡惠，積善徒言。寸晷不留，奄馳」暉於蒙谷；尺波易謝，俄瀉浪於溟鯤。以永淳元年四月廿八日」終於私第，春秋六十一。夫人李氏，中饋剋脩，外言惟謹，三從靡」替，四德無虧。以大周長安三年二月十七日合葬於洛州合宮」縣北邙山之平原，禮也。有子曰元伯，昭武校尉上柱國；次子元」奬，右武威衛將軍、檢校左羽林衛事、檢校勝州都督。敬刊沉石，」式彰遺美。銘曰：

崇基峭㟧，江漢清流，地豐靈異，代載箕」裘。規矩重疊，忠貞是由，羽儀九服，領袖中州。其一。沂州翼惠，安陽」懷仁，腰間解犢，甑裏生塵。蝗賊去速，甘露垂新，學均齊魯，化洽」暈馴。其二。誕茲明哲，包斯父質，猛發觽年，雄生丱日。志凌霄漢，材」高梓漆，甲勁犀渠，劍揮鶴膝。其三。日馭忽兮不居，波神奄兮如逝，」川閲水以東窮，景浮光兮西暮。松風飄兮隴暗，栢淚凋兮塋故，」指白日之長辭，入黄泉之永去。」

（周紹良藏拓本　開封博物館藏石）

長安〇二三

【蓋】失。

【誌文】

大周故常府君墓誌銘并序」

君諱師，字釗敏，真定人也，至魏廿代祖彪爲趙郡太守，因即」家焉。粤若炎禎誕粹，參野摛輝，承后而疏基，胄三公而列族。」奇稜西霸，擯武安以申謀；文越東阿，掩陳王而入魏。金玉聞」響，踐天漢之星階；朱紫相輝，歷大魏之雲陛。謀孫翼二，代有」斯人。祖猷，齊任光州記室從事、貝州武城縣令；父亮，隋任博」陵郡司公書佐、趙州房子縣令；仁山疊峻，學海垂深，戢大鵬」之福天，下從馴雉；抑巨鱗之從壑，俯就烹鮮。神態多權，騁驥」之塗猶屈；仙姿有裕，飛凫之境已申。映製錦以□文，掩剸犀」而遊刃。君乃承訓傳儒，道固友於積玉；禀性疏禄，理不求於」散金。南陔載循，覽白華而照□；北窗高卧，横素以自娱。逸氣」薄烟霞，閉襟下風月。丘園獨□，終未從於鵲書；耆德特隆，竟」加封於龜綬。既而才江夜遊，□盡藏舟；愛景朝俎，理窮埋璧。」如意元年四月一日遘疾，終於私第，春秋七十有四。夫人李」氏，葦彤管，表潔霜紈，遥知式馬之恭，預顯當熊之義。年衰桃」李，頻催萬壽之春，日落桑榆，遽掩九泉之夜。春秋六十有七。「長安三年二月十七日合葬於屯留縣西廿五里平原，禮也。「青烏獻兆，白鶴呈祥，烏塊既銜，獵封斯起。嗣子襲鷟、二慶、三」基等，奉趨庭之遺訓，承徙宅之深慈，傃昊極以崩心，俯寒泉」而軫咽，披蓼莪而絶氣，染栢眠而牽淚，懼桑海之有變，志家」□而無墜。其詞曰：

參野祥禎，祇風集慶，公侯間起，簪裾交」□。□緒□隆，音徽彌竟，濟時舟檝，鑒□藻鏡。哀深埋玉，歎」□□□，蓼莪□□，欒棘心傷，悠悠玄夜，蕭蕭白楊，□□□□，□□□□。」

（周紹良藏拓本）

長安〇二四

【蓋】失。

【誌文】

大周故張處士墓誌銘并序」

君諱嘉，字善義，南陽白水人也。漢相張良之後，軒轅黄帝之苗裔。固知英名久著，導藝蹤横，代襲簪纓，光顯千里。曾祖輝，齊任隆州司法，除安州長史；祖讓，任琅琊縣令；父殊，詔授魏州昌樂縣令。身樂事親，因辭不仕，偃仰閭閻，慕平子之歸田，雅叶丘園之趣。君□標令望，幼挺珪璋，苞六德於胸懷，文雄競起。豈謂積福無驗，電影俄沉，嘆風樹之難停，嗟隙駒之易往，春秋七十有七。粤以永昌元年九月十七日奄捐私第。夫人閻，規模外朗，庭訓内明，懷貞順而習婦儀，導圖史而修女則。春秋七十有八，久視二年正月十七日□於私第。以今大周長安三年歲次癸卯二月十七日己酉□□於滏陽縣西南十三里，窆於平原，禮也。嗣子□□，事親盡力，供順竭誠，志德感於幽明，孝悌遍於閭里。豈其業謝易傾，先在墳壟之後。爾其左顧鳳臺，乍帶朝霞之色；右臨鴉浦，□澄夜月之輝。恐神山作□，海變桑田，式贊其銘，庶傳不朽。其詞曰：

應天受命，感瑞成形，光暉帝室，播美王城。其一。負天斯殊，積善俄沉，愁雲上激，哀風下吟。蒼茫隴邑，蕭索寒林，行路憎悕，戚類傷心。其二。」

（周紹良藏拓本）

長安〇二五

【蓋】失。

【誌文】

大周賈府君墓誌銘一首并序」

君諱楚，字玄德，河南洛陽人也。周康王之苗裔，漢□□□□□」文學重於東京，衣冠盛於西晉，備乎國史，可略言焉。祖鳳，隋□」相州安陽縣令。屈臨小縣，有歎牛刀；風化大行，人知蠶績。父君」相，唐任寧州羅川縣尉；安達人於卑位，忝跡南昌；勞丈夫於縣」職，栖名左尉。君生而岐嶷，幼而聰敏，爲子不闕於晨昏，事親每」怡於顔色。不謂輔仁虛膺，尋丁外艱，纏遠思於風枝，結長悲於」露草。加人一等，俯及三年，不以冠蓋爲榮，唯將孝養爲務。庭中」弄鳥，冰下求魚，板輿之樂未終，扇匣之悲遄及。君貞不絶俗，隱」不違親，鄉里稱爲善人，交遊謂之長者。西山妙藥，悲羽翼之無」期；北海靈言，痛辰已之俄及。粵以聖曆元年六月廿三日終于」洛陽脩義里之私第，春秋七十有七。至二年十月四日，遷窆於」邙山先塋，嗚呼哀哉！夫人京兆金氏，龍光耀北，鵬影圖南，金人」祭於上天，劍履榮於中國。芳年待雁，歸偶射翬，俄隨半夜之山，」倏奄明朝之露。享年七十有七，以大足元年三月廿一日終于」私第。維長安三年仲春二月十七日己酉，歸祔於君，禮也。滕公」之室，終見同居；季子之階，時聽合葬。長子鶴臺府長史元恭、次」子左臺録事元敬等，生盡其養，悲感劉殷之堇；死盡其哀，淚染」王裒之栢。卜其宅兆，青鳥白鶴之占；而安厝之，朱雀玄龜之地。」將恐鯷波三變，式鐫無媿之詞；鶴返千年，知有猶生之氣。乃爲」銘曰：」

代襲射翬，門承似虎，奕葉軒冕，陸離珪組。孝惟天性，學稱稽古，」鼎没汾河，劍沉江滸。墳開宿草，階穿合杜，有想容聲，無復恃怙。」親賓會葬，鄉人贈土，鶴埏掩而雲愁，牛崗昏而霧苦。」

（周紹良藏拓本　河南千唐誌齋藏石）

長安〇二六

【蓋】失。

【誌文】

大周故朝請大夫行陳州司馬上輕車都尉公士成君夫人平陽縣君耿氏墓誌銘并序」

夫人諱慈愛，字正儀，鉅鹿人也。自軒臺構極，黄雲蔭其本枝；姬水導源，丹書光」其弈葉。尚書獻可，曳珠履於南宫；太尉謨猷，揖銅章於北闕。門多卿相，室茂芝」蘭。虹珪表其聲塵，驪穴焕其符彩。曾祖毅，隋任本州大中正、蜀王府長史、上儀」同、鉅鹿公。天孫接嶺，陪雅宴於雄風；帝子分星，總題輿於上列。祖靜，隋任馮翊」郡通守，唐任定州大總管府長史、上開府儀同三司。名昇冀甸，譽滿燕郊，鷹揚」圖八將之營，虎視佐千夫之長。父令威，唐任雍州長安縣丞、太常博士；心凝協」律，李延年媿其新聲；職綰伶人，周公瑾先其遠識。夫人即太常君之第六女也。」清規代映，素履含貞。雪泛洛川，擁芝田而誕秀；雲翔楚峽，資蕙樓而降英。爰自」眇年，早懷嘉節，申之以傅訓，戒之以史箴。班姝謝其容和，蔡女慚其淑問。年十」有九，歸于成氏。鵲巢流詠，皓芳韻於椒花；鳳象成占，薦柔儀於荇菜。絲蘿積慶，」則見重金夫；琴瑟云調，則分榮玉閫。天授二年，授平陽縣君。化行禖燕，承宗之」道遂隆；禮洽河魴，羞饋之能克紹。所冀桐開五色，方期太上之歡；悲夫桂落三」秋，遽掩窮埏之酷。以長安二年七月五日遘疾，歿於相州官舍，春秋六十有七。」惟夫人績霏彤管，伎絢瑶筐。涼夜氣清，步韓庭而賦月；韶空色麗，命陳席而詩」天。悟真諦之虛明，痛浮生之訛幻，思弘正覺，尋鏡法流。雁塔雲披，頂金容於寶」座；龍宮霧敞，褫瓊珮於香庭。既而三昧輔年，未光於眉壽；雙童告釁，先傷於奠」楹。以長安三年二月十七日己酉祔葬于北邙山成君之舊塋，禮也。可謂豐城」劍鍔，更得聯暉；稷野蘭茝，還從比影。墳惟山上，境實天中。鼎宅前臨，則樓臺似」畫；靈河右控，則島溆如鈎。悲風勁而穸路寒，悽笛咽而巖郊晚。蒼蒼松栢，終成」深淚之條；藹藹川原，即是遊魂之府。子潤州句容縣尉維忠、相州司功參軍維」孝等，才稱幹蠱，孝極楊親，瞻露序而崩心，軫霜筵而茹血。青烏襲兆，追遠莫大」於銘功；白兔祥塋，杳終自歸於刻石。爰拓墨客，敢勒泉幽，嗚呼哀哉！其詞云爾：

擢秀軒皐，流派姬濆，金瓜葉散，玉樹枝分。狼山允武，鳳扆修文，門風令德，鼻祖」元勳。其一。夫人之生，惟蘭之秀，流暉月帳，誕靈巫岫。景佐大家，化光洪胄，十號攸」託，三明允就。其二。功深荇菜，頌美椒花，奉榛以潔，含章以嘉。降年不永，與善猶賒，」宵暉黯月，初景收霞。其三。悲風一勁，愁雲四上，穸路長冥，夜臺誰想？烟塵合兮天」地閉，簫籟激兮郊原響，旅芳魂於山足，勒英聲於泉壤。其四。

相州進士張元琰撰」

（周紹良藏拓本　河南千唐誌齋藏石）

長安〇二七

【蓋】失。

【誌文】

□周故游擊將軍上柱國南陽趙府君墓誌銘并序」

□諱智侶，南陽人也。其先承帝顓頊之苗胄，隆周之別族，若敖之胤，趙文子之裔。弈葉邯鄲，傳光周封，黼黻相承，歷晉卿之後。自我先君肅侯之代，名振九邦。爰洎敬侯，聲揚遐邇。終晨假寐，愛流冬日之暉；朝夕匪虧，卿大夫傳嚴明之美。神馬覆育，分爲二族之昌，秦雍興宗，青、益任四州岳牧。君即京兆侯元鳳之十代孫，司空公之支派，因官京師，今爲長安人也。曾祖純，隋任隆州新井縣丞；祖謙，隋任利州緜谷縣令；父僧德，唐任天官朝議郎、上柱國；並器包瑚璉，材實楝梁，詞令聞於綠墀，章奏動於丹地。玳簪珠履，元僚光展驥之能；墨綬銅章，下邑標舞鸞之政。止戈爲武，柱國垂後之名；七德俱兼，高門降文武之效。君拔俗挺生，異時間出，落落垂象，有劍士之光芒；郁郁騰文，有賢人之氣色。坐高林而卧盤石，嘯明月而傲清風。蕭然獨王，自謂神仙，倐夢兩楹，俄驚二豎。不謂西州石折，己年之夢有期；東國山巔，庚日之災奄及。孟嘗君之富貴，臺榭終平；羊叔子之登臨，江山徒在。以聖歷二年歲次己亥四月八日卒于神都來庭縣會節坊私第，春秋五十有九。夫人宗氏。悲夫！逝川易往，同激箭而不追；浮景難迴，豈麾戈而能駐。夫人慶鍾蘭室，才冠柳風，執四德以乘龍，遵二儀而卜鳳。當晨起夢，始泣秦嘉之書，徙宅垂恩，俄悲張胤之扇。成龍弱篠，染別淚以孤生；徙鳳喬梧，抱空心而半死。豈期朝露溘至，菱花奄逝，以長安二年七月廿九日終於延康坊私第，春秋卌有七。嗚呼哀哉！桃李春風，與子偕老；桑榆暮景，攜手同歸。生榮死哀，抑斯之謂也。暫分生死之桐，終合雄雌之劍。黄泉路遠，白日年深，悽吹動於簫笳，愁雲暗其旌旐。青烏卜葬，惟嗣子之纏哀；白馬奔塋，逢故人之來哭。粤以長安三年歲在癸卯二月癸巳朔廿八日庚申合葬，窆于長安縣神禾原，禮也。其日同遷葬祖父母及叔等俱同塋限。長子相王直司、上護軍令銓，次子上護軍萬慶等，孝逾天性，禮備哀榮，泣血無追，思竭送終之範。至於葬禮，今古罕傳，痛結九泉，哀深毁瘠。絶漿止美，顧悌高慙，孝感飛禽，仲由聞而下媿。庶防桑移谷變，勒琰雕銘，希海樹遷陵，千齡鑒兹遺誌。其詞曰：

終南東峙，交澗西流，寶符鼎氣，載膺洪休。其一。廊廟彝器，珪璋令名，學綜三篋，詞雄二京，雲中仰德，日下推英。其二。莫事王侯，實欽巢許，桂叢攀折，芝蘭延佇。人代共貴，天年不與，欲聽鷄鳴，翻聞鶴語。其三。家承積慶，傲俗遺榮，一邱一壑，無欲無營。琴歌酒賦，月契風情，道義相得，林泉共清。一歸長夜，永閟佳城。其四。鏡塵埋月，履跡封苔，松深霧慘，樹古風哀。泉扃一閉，幽顯悠哉。式追南峴，用讚銅臺，魂兮長去，神兮無來。」

（録自《關中石刻文字新編》卷三）

長安〇二八

【蓋】 失。

【誌文】

大周故魏州莘縣尉太原王府君及夫人中山成氏墓誌銘并序」

府君諱養，字仁，太原晉陽人也。遠祖因官，遂家於洛。琅邪擢秀，崇性本」以横宵；太原分枝，聳家條而概日。將軍在漢，息萬里之風塵；良牧居齊，」舉六條之綱紀。振纖鱗於鴳沼，淮水表其靈長；揚峻翮於鵬衢，緱山顯」其奇跡。令問令望，如珪如璋，譜諜遐編，可略言矣。曾祖岌，周任荆州」司馬；祖昶，隋任趙州録事參軍事；並榮冠朝庭，名高中外。王祥有德，」自贊歌謡；干寶多才，重敷教令。君仁，幼以學成，長而彌博，鄉貢擢第，授」魏州莘縣尉。喬玄左部，下調無言；梅福南昌，高名自遠。俄而秩滿，安車」故里，謂朋執曰：父母既殁，從物何爲？與邑子同一追福社，乃戒彼熏辛，」迴心修道。竹林精舍，行悟一乘；甘蔗禪房，坐觀三昧。當冀梁停怖鴿，漸」練堅心；豈期室歎棲鵩，俄悲促壽。以咸亨元年四月十三日亡於私第，」春秋卌有九。夫人中山成氏，漢中郎之後，魏通侯之胤。四德承儀，三從」有禮，謂諸子曰：罪福之因，其同連鑠，汝父平生之社，豈可忘乎？縱不能」身作千燈，猶冀耳聞七覺。自後所造功德，其如别録。夫人以糞掃爲衣，」數麻麥爲食。一日一夜，即求解脱之因；三十三天，實冀攀緣之路。大足」元年正月廿九日奄辭幻境，春秋八十有二。即以長安三年歲次癸卯」三月癸巳朔廿八日庚申合葬於合宮縣北邙山，禮也。胤子元楷、元恪、」元藏等，或束髮衣簪，或挂冠鄉井，匪莪興感，卧草申哀，孝徹神明，痛傷」心目。尚恐墓古成地，栢摧爲薪，紀彼石碑，仍鐫金字。銘曰：」緱山峻峙，淮水靈長，門榮臺輔，代足賢良。腰金執玉，桂馥蘭芳，承暉茅」土，降福穰穰。其一。鐘鼎舊緒，臺鉉餘暉，莅官荆服，正色燕畿。王祥詠起，劉」弘德歸，有始有卒，無失絃韋。其二。喬玄富學，梅福多才，代稱儒雅，時之良媒。」小冠纔脱，大覺心迴，剥利長者，奇哉善哉！其三。歸依念切，善巧情深，寫經」鑄像，救蟻贖禽。燈明苦獄，幡曳慈陰，起塔求地，匪悋黄金。其四。喜□之□，」寂滅爲樂，慶吊之里，凄涼祚薄。父遊東岱，母歸北郭，孝子順孫，啼號靡」託。其五。地號洛川，塋臨邙坂；蹬蹀去馬，飄飆行幰。隴上雲結，山間日晚，萬」古千秋，佳城路遠。其六。」

（周紹良藏拓本　河南千唐誌齋藏石）

長安〇二九

【蓋】失。

【誌文】

大周延州敦化府兵曹參軍事張君墓誌文并序」

君諱士龍，字天養，蒲州虞鄉縣人，其先出清河郡，漢丞相」張良之後也。昔圯橋授略，斬封豕於函關；鬼谷收圖，斷脩」蛇於楚縣。自兹以降，銀組實繁，唯可略陳，難以具載。祖禮，」隋任同州諸軍事同州刺史；建旗臨部，化逸香風，洗幘當」官，恩抽聖草。宵除禁火，晝息炊灰，忠孝克諧，貞廉可紀。遠」方宏汲，彼何人斯？父道，唐任始州武連縣丞；匡同撫俗，鸞」降歌青；佐墨清時，鳳來吟白。丹魚呴鼎，蝗化遷江，顯幽贊」於冥途，明輔弼之神道。惟公冰霜潔己，松竹封心，智韞韜」鈐，謀參豹略。綰六戎於敦化，總七葉於延州，俄聞鬬蟻之」災，掩就青烏之兆。春秋七十三，終于洛州道訓坊之私第，」遂葬於北邙山南，去神都城一十八里四望平原禮也。夫」人程氏，即河内郡前周王之伯官程休甫之後也。道邁光」雄，藝參曹左。屬天殲良善，降禍聞雷；神在聰明，投災嗜筍。」春秋六十九，乃先朝露。圯山絶望，岵岳停瞻，痛結蓼莪，悲」纏浚水。以大周長安三年歲次乙卯二月癸巳朔廿八日」庚申合葬舊墳，用光新兆，重啓如賓之敬，再諧鳴鳳之儀。」恐陵谷遷訛，海桑革易，式潤金石，以紀芳猷。嗚呼哀哉！重」爲詞曰：

天地蟠薄，日月昭迴，斬秦西上，滅楚東來。」龍光接岳，鳳彩霑雷，惟公集慶，獨稟雄才。筆揮海溢，劍掉」星頽，降年朝露，歸魂夜臺。崩城洒泣，枯竹班哀，尊貴齊滅，」蘭玉俱摧。霧苦恒掩，雲愁不開，生事已畢，幽襟痛哉！」

（周紹良藏拓本　河南千唐誌齋藏石）

長安〇三〇

【蓋】失。

【誌文】

唐故朝議大夫行兗州龔丘縣令上柱國程府君墓誌并序」

□曰東平程君名思義，字思義，南兗州刺史樓之孫也。承捧日之英靈，袞陵」雲之氣色，軒蓋炯晃，名聲璀粲。爾其明慧天縱，禮樂生知，吾十有五，而志於」學，下帷不懈，懸簪忘夕，未盈歲稔，噓吸墳素，鄉黨稱之曰聖童，郡縣接之以」國士。年十八，幽州貢明經及第，于時鯨壑久波，鼷頭未截。天子按劍，聞」鉅鹿而輟寢；將軍杖鉞，想漁陽而罷蓋。君負幽朔之勁悍，爲筆硯而徒然，委」質戎韜，控弦遼碣。久之，擢授峽州遠安縣丞、豪州鍾離縣丞、懷州河内縣丞。」雖黄氣霏祥，契靈篇而疊譽；丹巖理羽，匪梧桐而不棲。牢落江山，夷猶歲月，」幸以堯咨爾舜，天禄在躬。日月載初，聖人虚座以思乂；弓旌交騖，羣賢負」鼎以干時。君應此搜揚，遷司刑評事。于時楊豫作逆，祅氛未殄，王侯將相，連」頭下獄，傷痍誅斬，不可勝數。周興榮貫廷尉，業擅生殺，闢新開之詔獄，襲」亂常之遺噍，虐甚脱踝，文繁次骨，公卿側足，行路掩首。時有吴王子琨作牧」江右，來俊臣密樹朋黨，遠加組織，令君推問，冀陷殊死。君情深哀敬，志重平」反，寧失不經，非其罪也。於是請尚方之劍，斷佞臣之頭。天高聽卑，情莫之察。」惜乎凶而未竄，信而見疑，謗讟盈篋，排擯長謝，出爲兗州龔丘縣令，十有餘」年。鄒魯化洽，洙泗風高，入境揚其善聲，鳴琴悲其調下。甿俗欣戴，如承父母」之恩；里巷謳哥，似奉神明之化。暨乎汶陽代至，解印來歸。三老上書，惜焦延」之去職；百姓垂泣，愿曹哀之更還。吏人拜謁不絶而已。屬鑾駕西幸，瀍」洛東虚，右臺侍御史魏探玄拔自常均，素無材行，倚宰輔之重戚，狎羣小之」流言，誣君十萬之贓，切置三千之罰，横加拷察，久縶囹圄。既而天鑒孔明，推」鞠無狀，攝履乖候，風疾彌留。春秋七十五，長安三年正月廿四日卒於洛陽」縣德懋里私第。以其年二月廿八日遷窆於合宮縣平樂鄉之原，禮也。惟君」道不希指，姓好陵折，罕脂韋以從俗，任剛毅以忤時，故高材而無貴仕也。然」而雅尚朴素，妙達存亡，生平有言，斂以時服，雖崇棺椁，不至侈靡。女壻曹琰，」叨承國士之禮，深痛哲人之逝，託琬琰以圖芳，庶光榮於後裔。其詞曰：

鐸以聲毀，膏以明煎，悲哉夫子，竟損天年。道不狎塵，性惟介立，遭隨委運，騏」驥難縶。巖巖孤峰，秀出雲漢，位不求達，剛而能斷。衆醉獨醒，知死不憚。竄身」小魯，皓首而歸，讒人罔極，促我餘。膏肓靡救，奄閉泉扉，冥冥夜臺，何時可曉？」階盈吊客，樹集悲鳥，煙慘白楊，風牽素旐，貞石一載，芳聲永紹。」

（周紹良藏拓本　河南千唐誌齋藏石）

長安〇三一

【蓋】失。

【誌文】

大周故檢校勝州都督左衛大將軍全節縣開國公上柱國王君墓誌銘并序」

夫繼代像賢，承家爲孝子；開基撥亂，輔國爲忠臣。則有稟氣狼星，宣威豹略，千里荷惟良之寄，」三邊擅飛將之名。生當封侯，死當廟食者，其在王府君乎？君諱珗，字元奬，其先太原晉陽人也。」因官遂居於洛州洛陽縣焉。若乃周儲控鶴，望七日而登仙；漢相珥貂，看五侯而拜爵。家風祖」德，弈葉重輝，文獻足徵，可略言矣。曾祖陁，隋沂州司馬；祖僧，隋相州安陽縣令；父感，唐右鷹揚衛平原府左果毅都尉上柱國；並人物珪璋，仕林冠冕，文武不墜，弓冶克傳，孔奮□高，子産遺」愛。公髫年通理，早明黃石之書；弱歲參玄，無爽白珪之玷。頻登鶴翼，屢截鼷頭。垂拱二年，解褐」以護軍任朔州北樓戍主。如意元年，改授渭州渭源鎮副。載初元年，應制舉及第，加上柱國，改」授右武威衛絳川府左果毅都尉長上。萬歲通天元年，救援平州立功，制授游擊將軍、」守右羽林衛翊府中郎將。又奉敕充討擊契丹副使。惟公武烈，作鎮漁陽，若馬敦之固」汧城，耿恭之在踈勒，無勞燧象，不騁犇牛，入守帶垣，出交鋒戰。卒得煙銷薊北，霧靜遼西，百姓」安全，公之計力。聖曆元年，制授明威將軍守左玉鈐衛將軍，充懷遠軍經略副使。其年」□月，改充安撫軍大使。并趙定州立功，九月，奉敕檢校左羽林衛事。二年，」制授壯武將軍，仍借紫及金龜袋，檢校嬀州刺史、清夷軍經略大使。爲匈奴作梗，侵擾代州，公」當奉敕，合往救援，先期電激，上副天心，別奉聖恩，特加賞錫。大足元年，制授右」武威衛將軍。其年八月，奉敕檢校勝州都督。屬犬羊殘孽，鴟梟逆謀，撓亂我邊疆，憑陵」我城郭，蜂屯萬計，烏合千羣。公藝總韜鈐，氣高韓白，堅固相如之膽，鐵石王常之心，獨進前軍，」橫行深入，飛鈎亂下，白刃交揮，免胄衝冠，斬首折馘。彼衆我寡，罷卒新羈；兵盡矢窮，空拳奮勇。」以長安二年正月六日苦戰薨於橫陣，春秋五十有一。嗚呼哀哉！泣矣瓊瑰，壯士徇節，忠臣不」迴。惟公死勤王事，遽軫皇情，御製聖文，」使人弔祭，其於賵襚，特異古今，」恩制贈左衛大將軍封全節縣開國公，食邑一千户，賜物一千段，米粟五百石，所在爲造靈轝」并家口量給，傳遞發遣，使得勝致。妻隴西郡夫人李可封涼國夫人，男仙童可游擊將軍守左」豹韜衛翊府郎將，百日外起復。令上。又奉恩制存問家口，賜絹一百疋、錢五十貫。粤以長安三年歲次癸卯三月壬戌朔十一日壬申遷窆於洛陽縣之北十里北邙山之北原，禮也。」千年白鶴，如飛陶侃之塋；七尺青烏，若啓嵩真之槨。田歌悽切，疑驚出塞之聲；楚挽辛酸，非復「迴轅之駕。胤子左衛長上仙敬、左豹韜衛郎將仙童等，飡荼集蓼，毁棘銷欒，扶杖而行，溢米而「食，悲看柱劍，泣對楹書，勒字雕金，式刊貞石，嗚呼哀哉！乃爲銘曰：

開基撥亂，烈士忠臣，淮「水誓族，嵩山降神。天子重寄，將軍貴人，渾之不濁，磨而不磷。其一。偉哉烈士，實邦之彦，么「麽良平，錙銖管晏。識兼文武，能惟譎變，逐鳥成功，建旗從宦。其二。從宦伊何？曳組鳴珂，銜天倚劍，「駐日横戈。駭鯨決網，盧龍靜波，銘山勒頌，獻凱行歌。其三。松筠勁節，鐵石堅貞，芳流玉扆，任改專「城。枳棘翦伐，豺狼肅清，循良表譽，飛將馳名。其四。獫狁殘孽，邊亭陸梁，鬭頭蠆尾，烏合鴟張。夫君「妙算，遠入郊疆，雄心直突，孤奮前行。其五。將猛四七，兵少三千，鐘鼓沸地，旌旗拂天。所征無敵，所「向無前，連宵死戰，忽掩生年。其六。王事匪躬，皇切深衷，馬革攸重，爵賞斯隆。魂飄朔漠，像「畫南宫，功名不朽，令德無窮。其七。白武開塋，青龍啓路，哀笳祖道，繡衣監護。妻子泣血，朋僚追慕，「弔鶴飛飛，嘶驂步步。其八。凄凄洛水，鬱鬱邙墳，黄金掩粹，翠石題文。隴寒無日，山空足雲，千秋萬「歲，冥漠之君。其九。」

（録自《芒洛冢墓遺文三編》）

長安〇三二

【蓋】失。

【誌文】

大周故相州臨漳縣令慕容府君墓誌銘并序」
君諱懷固，字抱貞，河南登封人也。襲冠爲姓，已赫弈於燕」郊；堡山開國，名幾蟬聯於虜塞。昌黎棘城之人也，帝子天」孫之後焉，備在緗緗，可略言矣。曾祖魏光禄大夫、驃騎大」將軍、儀同三司、并州刺史、尚書左僕射，薨贈尚書令，謚曰」景惠公，追贈武威郡王。祖三藏，隋金紫光禄大夫、河內縣」開國公、和州刺史、淮南郡太守、襲爵武威郡王。父正則，隋」工部侍郎、唐隴州吴山縣令。并封歷公王，門稱將相，道光」文史，位列台司，翼子謀孫，斯之謂也。既而邦國有道，公生」于中，資孝悌以立身，備文武而爲用，解褐定州參軍，又授」齊州司士、相州臨漳縣令。滯牛刀於河朔，屈驥逾於鄴中，」似見重泉之鸞，如遇中牟之雉。方期植梓，遽迫夢桑，嗚呼」哀哉！長安二年七月九日，逝川長往。即以大周長安三年」歲次癸卯三月癸巳朔廿四日乙酉，葬於洛州洛陽縣界」北邙山，禮也。嗣子琨，訴倉昊而無從，對郊原而何極。生事」之以禮，死葬之以禮。恐高岸爲谷，深谷爲陵，靡貞石兮不」凋，冀披文兮相質。銘曰：」道飇易帝王之孫，公侯之子，位列文武，道光圖史。山嶽降靈，公其」生矣，鄴中莅職，雷聞百里。其一。道飇易往，隟影難留，朝晞薤」露，夜徙壑舟。白楊早落，壟樹先秋，金石不朽，永播徽猷。其二。」
長安三年三月廿四日於北邙山大塋北葬也。」

（北京圖書館藏拓本）

長安〇三三

【蓋】大周故王府君墓誌銘

【誌文】

大周楊州大都督府六合縣尉王公墓誌并序」

君諱則，字遺憲，太原祁人。控淮水之靈源，鬱維」山之瑞族，門風祖德，無事多談。君漢水珠胎，崑」山玉種。相如謝病，願從梁國之遊，梅福安卑，屈」就南昌之尉。初以資蔭，補江王府隊正，解褐授」揚州六合縣尉。淮海塗遥，纔聞捧檄；山林趣遠，」俄而挂冠。志尚鎔金，將有松喬之事；功虧液玉，」居纏薤露之悲。棄官凡十年，以大周長安三年」三月十二日，暴殞於洛州永寧縣之馳道，春秋」五十有四。嗚呼哀哉！即以其年四月十一日權」窆於合宫縣北邙之原，禮也。白鶴青烏，爰開宅」兆；丙門壬穴，克順商音。思勤泉扃，用刊盛德。乃」爲銘曰：」

緱岳惟峻，淮流既長，神仙授氏，孝友重光。君其」命世，蘊德含章，橋玄左部，梅福南昌。謝職淮甸，」棲真洛陽，誰謂積善，」云罹是殃。名入東岱，魂遊」北邙，空餘松檟，歲月悽涼。」

長安三年四月十一日葬。」

（北京圖書館藏拓本　開封博物館藏石）

長安〇三四

【蓋】失。

【誌文】

亡宮人六品官年七十墓誌文一首并序」

大周宮官某氏，某州郡人也。選才清貫，譽入」椒闈；拜秩紫宮，名昇壼職。方用尚」能捧日，宴衍仙臺；豈期閲水」淪姿，幽遊岱籙。春秋有七十，以」大周長安三年四月六日死于其所。以其年」歲次癸卯四月壬辰朔十一日壬寅歸葬于」其原，銘曰：」
選妙良家，昇榮紫闥，恭勤下著，巧庸」上達。電川俄逝，泉門忽幽，千年萬古，長棲此」丘。」

（周紹良藏拓本　河南千唐誌齋藏石）

長安〇三五

【蓋】失。

【誌文】

唐故恒州中山縣令史君墓誌銘并序」
君諱善法，字醜仁，濟北郡人也。肆拾三代祖霸，並□□」□大夫，叁拾捌祖良，後漢征南將軍，封濟北侯。故□□」濟北望族矣。祖、父咸任昭武校尉，並雄才拔衆，□□」之羣，弓挽六規，箭穿七札。君皇朝版授恒州中□□」令。□宇沉邃，識見高明。豈期迅足難追，遽迫西沉之□；」□舟易化，不停東逝之波。春秋七拾有五。長安二年十」一月三日，終於私第。夫人康氏。淑德内融，柔姿外映，桂」枝先墜，蘭芳早歇。掩金娥於地穴，璧月長空；沉寶婺於」天莊，珠星永没。享年六十三，終於私第。以長安三年歲」次癸卯四月壬辰朔十八日，合葬於涇川，」之禮也。嗣子」□□□□□等，並藴游夏之才能，懷曾閔之學行。文□」□經邦國，方應賢良之徵；孝可以感鬼神，終悲安措之」□。蔡順結廬之地，泣對寒松；侯嬰卜宅之詞，痛旌幽石。」其詞曰：

猗歟哲人，幼彰令問，託性夷遠，忘懷喜愠。」地屬昇平，時逢啓運，夢楹俄及，逸翮無奮。十紀北永，千」□寧延，命終没代，魂散歸天。霜朝詎久，夜燭休然，始榮」終悴，吉往凶旋。哀哀嗣子，天性長離，風乖父義，重闕母」□。千秋永訣，一見無期，蓼莪增感，風樹生悲。其三。愴芒寒」□，蕭索長原，夜臺日落，隧路雲昏。涕霑塋樹，淚墮山□，」□□不朽，天地□□。」

（北京圖書館藏拓本）

長安〇三六

【蓋】　大周故康府君墓誌銘

【誌文】

大周故同州隆安府左果毅都尉康君墓誌并□」

若夫稟山岳之氣者，必孤峰插雲；孕淮海之精者，必長」瀾浴日。故知逸羣籌策，聞勇列於關西；出俗奇謀，播芳」聲於塞北。潁川康君者，即其人。君諱郎，字善慶，魏州貴」鄉人也。植性中鯁，立志清勤。或葱嶺塵驚，唯欣逐鳥；蒲」山霧起，情切鷹鸇。匹馬長征，不渝於寒暑；孤鋒永戰，豈」憚於晨昏。積效彰功，遷授長上，以神功之歲，被積石軍」大使別奏充行，山路迢迢，蜂飛萬里；河源眇眇，蟻聚三」秋。公暫摧鋒，邊隅一靜，此時公輩，尤加獎擢，以聖曆元」年七月六日，敕授同州隆安府左果毅都尉。一」掌禁兵，幾移灰律，又奉恩敕，差充積石軍子總」管。提劍前驅，掃風塵於塞表；橫戈後騎，擁砂漠之餘氛。」未有月餘，賊徒霧散，功逾車騎，效越伏波。未叙之間，俄」然遘疾，以長安二年四月廿九日卒於馮翊縣太平鄉」府之官舍，春秋卌有三。嗚呼哀哉！歎逝悲來。痛百齡之」已謝，嗟千月之不迴，是知人代遷革，陵谷推移，庶竪石」之長存，勒微功之莫朽云爾：

少負奇質，長有」英名，横戈塞表，剋捷邊亭。其一。功著葱山，效彰蒲海，榮賞」見沾，勳庸是賴。其二。東討西征，南蠻北狄，紀事銘功，庶憑」貞石。其三。天長地久，人代推移，嗟呼永謝，泉路何之？其四。

長安三年歲次癸卯四月壬辰朔廿三日甲寅」

（周紹良藏拓本）

長安〇三七

【蓋】失。

【誌文】

唐故處士張君墓誌銘」

君諱師，字藥，上黨人也。祖儒，襄城令；父」良，朝散大夫；并舞鳳嘉榮，攀鱗顯職。君」早承芳祉，少懷聰敏，未登觀國之光，遄」見爲郎之召。年廿有八，鱗德元年終。息」太忠，幼傾庭蔭，周遊海内，紹以傍構，漸」以微班，大周長安年，蒙授陪戎校尉。雖」階尺木，倏染膏肓，長安三年七月廿四」日，春秋卌，卒於私第。忠母晉氏，爲早喪」所天，少養孤幼，舅奪其志，再改孫門。雖」重誕於韋珠，遽沉輝於巫岫。年卌二，以」爲忠之所生，孝心無絶。孫君以入道門，」夫人愿從冥養，並以其年歲次癸卯八」月一日，合窆於州西南二里之原，禮也。」嗚呼哀哉！嗚呼哀哉！」

（周紹良藏拓本）

長安〇三八

【蓋】失。

【誌文】

大周故居士廬州巢縣令息尚君之銘」

惟君諱真，字仁爽，清河郡人，吕望」之後也。春秋七十有七，奄從風化。」去調露元年八月十九日逝於鄠」縣脩德之里，即以其月廿五日遷柩於終南山雲居寺屍陁林，捨身」血肉，又收骸骨。今於禪師林所」起塼墳焉。表生從善友之心，殞」不離勝緣之境，建崇銘記，希傳不朽。」

長安三年歲次癸卯庚申朔戊辰日外孫弘福寺僧定持建」

（録自《八瓊室金石補正》）

長安〇三九

【蓋】失。

【誌文】

大周故將仕郎宋州虞城縣尉張府君墓誌銘并序」

君諱君表，字君彥，河南洛陽人也。其先住居清河縣。大事去矣，雄豪競鹿於」隋原；鴻基締諸，九五獲龍於唐運。亂離適靜，因徙居焉。廿八宿張星列曜於」東方，卅一臣張良參謀於西漢。高辯則可離於敵國，濟三板之危城；清鑒則自」識於殊珍，佩千齡之寶劍。編芳列簡，斷矣可知。曾祖邈，周任汴州長史；」祖熲，隋任懷州河内縣令。全魏雄都，覃懷奧壤。題輿展驥，當仁於龐統之才；」馴翟祛蝗，餘裕於魯恭之政。父明，唐任荆州都督府録事參軍事。高才無」其貴仕，興軫劉標；州縣處於徒勞，歎深梁竦。君弱齡負德，勝衣愛道，勤誠學」行，養性温恭。逆旅少留，果奇荀淑；通家暫叙，倏駭李膺。特深純至之情，彌篤」寬弘之宇。以爲洪波沃日，初發源乎濫觴；峻嶺干雲，固先基於始簣。年卅八，」就辟解褐任宋州虞城縣尉。淵明逸器，且辭彭澤之榮；亭伯高才，不樂長岑」之縣。高卑不等，連類宜及，尋而棄職，歸舊鄉焉。陋巷是安，里仁爲美，終朝不」孤於翰墨，卒歲每極於優遊。親故競敦崇，長幼多模楷，杳然遐觀，終□自得。」惜哉！年齡不永，痼瘵交侵。風截道而難追，火撇石而能幾？儀鳳二年十月九」日終於洛陽敦厚里第，春秋五十四。以其年十一月廿六日葬於北邙山合」宮縣平樂鄉原，禮也。夫人燉煌索，淑昚早聞，芝蘭獨茂，惟儀是恃，既請益於」於女師；謂嫁曰歸，奚作配於君子。不謝鳳皇之兆，有如琴瑟之和。織紝之道」不疲，巾櫛之規恒舉。屬所天早喪，零露先悲。泛彼栢舟，本緣於誓志；行兹三」徙，即示於訓孤。痛乎！天地無知，金丹不驗，善與何在，禍生斯及。久視元年八」月十三日遘疾，終於亡夫之寢，春秋七十。其年十月五日權殯於北邙山。以」長安三年歲次癸卯八月辛酉朔十二日壬申，遷合夫墓，禮也。月酉建辰，歲」卯會紀，凶儀有合墓之禮，商族是通吉之年，所謂暦良辰，死同穴，即其然也。」次子文成等，攀慕絶氣，啼號竭情，念天長而地久，懼谷變而陵傾。

銘曰：
終觀弈葉，世襲功名，馳芳孝友，遊刃縱横。貂聯族盛，鵲反書驚，賢風自遠，才」子攸生。君誕明哲，氣雄今古，純孝天資，言容日祖。淵懿詞窟，敷紛藝圃，地似」卿雲，家同鄒魯。仕無貪禄，隱不違親，思歸故里，謝秩時人。長幼成敬，夫妻若」賓，光陰未幾，風燭俱淪。禮有合墳，歲惟通吉，重門翠幌，千齡白日。穀異既明，」死同亦實，念蒿里兮潛静，痛泉宫兮眇謐。雲暗隴兮□沉，風悲松兮蕭瑟，夫」君子兮與淑女，噫長埋兮於此室。」

（周紹良藏拓本　河南千唐誌齋藏石）

長安〇四〇

【蓋】　失。

【誌文】

周故左衛勳一府勳衛上柱國元思亮墓誌銘并序」

公諱瑛，字思亮，先雁門人也。近代因宦，徙居洛陽，錫軒丘」之遠慶，擁華渚之遥源，崇基峻於削成，茂祉苞於江漢。家」聲累葉，開盛烈於山河；子孫蟬聯，蓄英材於帝里。門風國」籍，頗亦詳焉。曾祖志儉，隋任蘇州刺史；地積英靈，門傳」將相，家承台鉉，代襲簪纓。祖師丘，唐朝密王府户曹參」軍；國任珪璋，家成杞梓，陪遊望苑，屢承飛蓋之歡。父瑛，皇」朝左衛勳一府勳衛；早沐庠風，欽承先聖，夙陪絳帳，早」預青襟。披五典以忘疲，覽百家之不倦。豈謂金飈變序，玉」露頻移，俄成蒿里之徵，掩遘膏肓之疾。春秋六十有七，以」長安三年五月卅日，薨於毓財里之私第。夫人朱氏，唐朝」儒林郎通之女也。仙姿湛桂，蔭寶魄於恒娥；擢秀芝田，映」流風之迴雪。以聖曆二年臘月廿四日終於私第。以長安」三年八月廿四日，祔葬于北邙山合宮縣平樂鄉之原，禮」也。有子休宗，瓊萼聯芳，芝蘭疊秀。秦王美璧，光符耀乘之」輝；隨后靈珠，終懷孕室之彩。雙魂祔殯，敬傳姬旦之儀；薤」輓哀吟，終從孔君之禮。金詞可飾，用彰千載之魂；玉札書」鐫，知有百年之墓。其詞曰：江漢騰氣，山河發祥，地靈赫」弈，天秩昭彰。祖宗豪傑，昴宿騰芒，蟬冕濟濟，鸞鳳鏘鏘。其一。」琴樽倚伏，書劍生平，風雲俶儻，泉石霞明。月館空寂，風絃」罷聲，倏忽人事，須臾變生。其二。鬱鬱松栢，蒼蒼原野，人去何」悲，生死代謝。丘隴虛寂，荒扉巨夜，古來共此，誰何留者？」

（北京圖書館藏拓本　河南千唐誌齋藏石）

長安〇四一

【蓋】失。

【誌文】

滎陽鄭夫人誌銘并序」

大周長安三年歲次癸卯」九月己丑朔廿日戊申，杭」州臨安縣丞清河張岳故」妻滎陽鄭夫人權殯於洛」州城安喜門西北三里合」宮縣界平樂鄉瀍水東楊」善遇地内側。子滿兒，恐年」代遷移，故立斯誌。」

（周紹良藏拓本）

長安〇四二

【蓋】失。

【誌文】

大周故潞州司士參軍高君誌文并序」

公諱志遠，字悠，渤海蓨人也。大父敬言，唐吏部」侍郎、許州刺史；父崇業，洛州司户參軍。公即第三」子。三虎之目，我爲稱首；二鳳之名，彼其多恭。兄摳」衣負笈，藴道懷經，孝以心淳，忠由義立。拔茅連彙，」拾芥登科，解褐豫州參軍，從班例也。秩滿，授潞州」司士。壺關列塞，綿土開封，無介推逃賞之賢，有嬰」兒侵軼之患。公以德柔之，以禮齊之，四人各理，百」工咸事，專城之化，我有力焉。然神道惡盈，公其積」損；天道祐善，公其餘慶。何即事之茫昧，校斯符之」踳駮。以長安二年四月十四日遘疾，終于官，時年」卅七。以三年十月二日祔葬張楊里，嗚呼哀哉！藐」藐童稚，惸惸少室，雖有兄而不孤，號所天而將殞。」臨穴操版，搦管爲銘：

公門積胤，繁祉攸鍾，家肥得禮，躬潤惟邕。參卿安」上，班司沁曲，樂道無厭，寡求爲足。朋傾厥德，人安」其政，而抱斯材，而能斯令。惟仁却沴，惟善扃災，舟」軒昔往，撫櫬今來。怡怡氣奪，呱呱心殞，孀景寒□，」哀風夕引。雖窮玄壤，時開白日，欲訪誰家，應知吾」

（千唐誌齋藏石）

長安〇四三

【蓋】失。

【誌文】

大唐故蒲州猗氏縣令□府君墓誌銘并序　朝散大夫行麟臺郎上柱國范陽盧粲撰」

君諱隆基，字繼，渤海蓨人也。帝神農之苗裔，齊太公之胤緒。孔門達士，以淳至而」標名；漢代高人，以好學而流譽。高祖德政，北齊侍中、左僕射、儀同三司、冀州大中」正、渤海郡王，贈太保尚書令康公，配饗高祖廟；曾祖伯堅，北齊司徒東閤祭酒，贈」海州刺史；祖王臣，北齊給事中廣德將軍，襲封藍田公；父敬言，唐給事中、吏部侍」郎、許州刺史；并地靈標秀，天爵稱奇，建旗開邑之榮，執鏡持衡之貴。公才允屬，人」望攸歸。君稟氤氳之淑靈，質清明之秀氣，務本而珪璋百行，爲己而覃思六經。養」捎雲之才，暫蕪没於豐草；蓄搏風之羽，始翔集於榆枋。弱冠以國子監明經，射策」高第，調補并州參軍。摳衣問道，聰穎冠於環林；濯纓從仕，貞幹推於晉邑。丁許州」府君憂解職，服闋，除左千牛衛兵曹參軍事，又遷右驍衛騎曹參軍事。秩滿，授尚」乘直長。君明於課責，富於才智，蓄儲戎備，省試戈矛，介胄由是堅牢，騤服於焉齊」整。又丁太夫人憂去職。晏嬰之苴衰中禮，大連之節變合儀。充窮之情，革時而靡」懈；欒棘之貌，改歲而仍形。服闋，除并府倉曹參軍事，稍遷晉州岳陽縣令，又轉蒲」州猗氏縣令。君安老懷少，彰善癉惡，剛柔遞用，寬猛相資，俗阜家肥，刑清訟簡。方」冀三禾在夢，漸涉於台階；而兩楹坐奠，奄哥於壞木。以調露二年正月十五日遘」疾，終于縣之公館，春秋卌八。夫人范陽盧氏，諱靜，字慈愛，唐崇賢館學士彥」卿之孫，櫟陽主簿大道之女也。齊姜宋子，信宜家之好仇；荆玉隨珠，乃韞匱之良」寶。夫人禀秀姿於桂魄，承母訓於蘭閨，重傅尊師，婉娩十□之教；明詩習禮，遵脩」四行之規。春葛初覃，夏梅方標，兆開鳴鳳，契叶乘龍。琴瑟方調，遽聞於朝哭；芝蘭」始秀，俄遷於夜舟。以大周聖曆元年季夏之月遘疾大漸，以九月廿三日庚辰，終」於洛州温柔里之私第，春秋六十四。長子洛州合宫縣尉懿，次子□州司兵參軍」憲等。粤以大周長安三年歲次癸卯十月己未朔三日辛酉，遷窆於洛州合宫縣」平樂鄉邙山之□□，禮也。霜來露往，覩蘭菊之恒芳；日運星迴，見松檟之方古。式」披文於貞石，希□質於泉户。其詞曰：」

纂胄炎帝，鼻祖齊姜，時遷水火，代革周唐。枝分克茂，派别逾長，象賢靡替，邁德斯」昌。其一。淮海分竹，藍田錫土，從横才智，紛綸紱組。英賢間出，異人斯覩，銓綜品流，提」衡選簿。其二。顯允君子，弱歲飛聲，環林挺秀，滄波濯纓。武城流響，中牟擅名，方調鉉」玉，俄嗟夢瓊。其三。展矣好仇，惟邦之媛，承先孔懃，擇鄰無倦。西景沉烏，東川閱箭，桂」枝銷馥，□華掩蒨。其四。言占兆域，式具衣衾，崇邙近矚，清洛遥臨。鳴笳曉咽，虞挽宵」吟，永纏悲於草露，長結欷於松陰。其五。」

（北京圖書館藏拓本　河南千唐誌齋藏石）

長安〇四四

【蓋】失。

【誌文】

大周故岷州刺史張府君墓誌銘并序」

君諱仁楚，字仁楚，南陽白水人也。原夫在天成象，張星臨火正之郊；在地成形，張掖連酒」泉之郡。漢榮安世，良圖盛於光祿勳；晉偉茂先，達識存於博物志。琳琅璀璨於人紀，軒冕」葳蕤於國經，公侯慶門，有自來矣。曾祖意，歷陽太守；祖業，隋驃騎將軍、辰州別駕；父矩，唐」朝散大夫、行晉州司法參軍，累遷疊州都督府兵曹參軍事；咸愷悌仁賢，有聲當代，享膺」福禄，克紹箕裘。或望重題輿，功本隆於列將；或官分佐郡，政累效於參卿。祖德家風，聿脩」無忝。府君人倫宗範，廊廟羽儀，禀瓌傑之姿，峻忠貞之道。龜文顯異，先徵作相之階；燕頷」生奇，預識封侯之兆。起家唐東宮右率府翊衛。龍朔三年，從英公破遼，授上柱國。上元元」年，從崔智辯於清海道破吐蕃，授游擊將軍。儀鳳元年，授右衛定功府左果毅都尉，以公」事免。至永昌元年，改授左金吾衛函谷府長上折衝、押左羽林軍飛騎上下。如意元年，授」寧遠將軍檢校庭州刺史兼營田大使。延載元年，授平狄軍副使。聖曆元年，改授朝議大」夫依州刺史。長安二年，改授中大夫、岷州諸軍事、岷州刺史。若乃策名委質，環衛警於龍」樓；賈勇先登，權謀逸於翿纛。將軍建節，屯細柳而橫雲；戰士提戈，指扶桑而駐日。神兵作」氣，無資一鼓之諠；肅脅歸降，坐滅三韓之俗。於是授公上柱國，甄賞明焉；勇敢縱橫，於是」乎在。屬先零逆命，禿髮逋誅。執銅鏡於遐荒，隄封尚陋；得金行之勁氣，正朔猶迷。烏驚卑」湳之墟，蜂起燒當之域，師出以律，君其即戎。破敵摧堅，蒲海掃鯨鯢之祲；搴旗擐甲，葱巖」銷蚊蚋之虞。乃授公游擊將軍，光殊寵也。名□外府，載膺雄果之班；績茂中軍，方允誰何」之寄。天開禁衛，掌期門之佽飛；地列鈎陳，訓羽林之騎士。職分內外，道盛勳庸，於是榮渙」特隆，檢校庭州刺史兼營田大使，累遷岷州諸軍事岷州刺史。夫其董軍政，宣郡風，金章」雜銅虎之符，玉節光錦車之命。故能折衝萬里，綏緝百城，用曹鳳屯田之摹，閑鄧騭安邊」之略，非有股肱良具，矢石雄規，孰可清塞垣、充國翰者矣。是知太上立德，其次立功，斯之」謂也。嗟乎！乾坤斡運，人世休浮，户有巢鵂，高門鬼瞰，車猶即鹿，列嶽人亡。春秋七十七，以」長安三年三月十日遇疾，薨於岷州之官舍，嗚呼哀哉！夫人天水趙氏。粤以其年歲在癸」卯十月己未朔十二日庚午，合葬於洛陽之北原梓澤鄉，遵姬典也。容衣象物，對武子之」雙階；精氣光輝，没延平之兩劍。送終方會，先遠俄臨，宅兆孔臧，龜謀襲吉。旌軒摇裔，蒼蒼」凌聳樹之煙；簫挽逶遲，黯黯入邙山之路。嶺松寒色，蔓草愁氛，冥漠何從，悲涼大夜。嗣子」承嗣等，示因心純孝，罔極終天，履霜露於四時，既深摧感；望丘陵於千載，庶辯塋封。負土」之誠，哀窮玄窆。雖德音遺愛竹帛，而谷徙臺傾，俾傳銘曰：」

金鈎演慶，石邙摛祥，傳國華捨，承家有昌。英英秀哲，謇謇忠良，宏材豹變，壯氣鷹揚。其一。妙」齡學劍，出身事主，賁育慙雄，孫吴授武。掌握黄石，飛騰白羽，功絶地維，勢窮天柱。其二。寵戎」戎略，名焕令圖，實允邦命，長清塞隅。入奉蘭錡，出膺竹符，襜惟載洽，鼙鼓相趨。其三。人理哀」榮，天文迴薄，生也若寄，死無可作。隴樹雲凝，泉門景落，笳簫凄斷兮時晼晚，琴瑟淪埋兮」長寂寞。其四。

長安三年龍集單閼，月旅應鍾，桑野統辰，松銘是窆。」

（北京圖書館藏拓本　河南千唐誌齋藏石）

長安〇四五

【蓋】失。

【誌文】

大周故朝議郎行宋州司倉參軍上柱國關君墓誌銘并序」

公諱儉，字守道，河南洛陽人也。原夫拓土畫疆，因彤魚而派」緒；封王建國，迺乘龍而纂系。祖達，明威將軍，沙州龍勒府折」衝；赳赳扞城，桓桓禦侮，爟烽息燄，關儌無虞。父惠，唐循州參」軍，轉豳州録事參軍，征西有功，拜寧遠將軍，遷左金吾衛司」階；鑒局明遠，器宇宏深，既肅筆於文場，亦飄纓於武帳。英姿」豹蔚，已參多士之林；峻節鷹揚，旋總專征之任。公志懷猛鋭，」氣冠風雲，起家武選，授右衛長上。南郊及神岳輦脚，制除」左衛倉曹參軍。秩滿，授宋州司倉參軍。或入侍九重，扈」鸞輿而捧日；或出毗千里，助熊軾而宣規。且日霜遽移，凶釁」行及，入蓼逕而增感，履松阡而益痛。將尋親故，遂歷關河，而」纔泛鏡川，旋驚逝水，既頽山於稽阜，還壞木於吴門。以長安」三年五月十六日遘疾，終於越州剡縣館舍，春秋卌有四。其」年靈轝還里，即以其年歲次癸卯十月己未朔十二日庚午」遷厝於合宫平樂鄉之界，禮也。青烏卜地，白馬開塋。孝子擢」□，嗟昊天而莫報；親賓掩泣，痛神儀之不追。將恐烏兔駿□，」陵谷遷貿，清芬可紀，須憑赤石之文；令德斯存，庶表青城□」碣。其詞曰：

彤魚派緒，乘龍系宗，竹符錫授，第土疏封。其一。世襲軒冕，門承」閥閲，劍氣生虹，珠光吐月。其二。出忠入孝，乃武乃文，冰清玉潔，」桂馥蘭芬。其三。夜壑遷舟，平川閲水，倏辭蘭室，長歸蒿里。其四。

幽」泉寂寂，脩隴蒼蒼，露泣朝薤，風悲夕楊。其五。青烏卜地，白馬開」墳，縱陵移而谷徙，庶貞琰而長存。其六。」

（周紹良藏拓本）

長安〇四六

【蓋】失。

【誌文】

唐故上柱國吏部常選王君墓誌銘并序」

君諱詧，字法護；太原祁人也。自太子上賓，乘紫鴻而謁仙府，」司州契道，馭清吹而指神都，靈源與河漢俱高，祖德共嵩衡」比峻。豈直遵祥績美，賁翦功崇而已哉！史册備諸，可略斯載。」曾祖諱成，後魏游擊將軍；勇却秦營，勳榮漢秩。祖諱」海，隋安臺府左果毅都尉；幼挺熊渠之藝，長襲子卿之官。」考諱游，唐始州臨津縣丞；贊戢化清，吏仁懷惠。君」迺庇休緒，克紹堅賢。礪節行於親朋，臨之若鏡；拾青紫於廊」廟，期以轉丸。道不吾行，忽降脩郎之召。與善俄爽，奄殄箕裘」之業，以唐永淳二年七月三日，終於洛州合宮縣陶」化坊之里第，春秋五十有五。嗚呼哀哉！惟君位之台衮，可撤」明王之縣；任以宣風，堪罷國人之市。享年不永，悲命矣夫！」夫人河東解氏，年芳桃李。德瞻閨閫，既契秦晉之驩，即諧琴」瑟之道，固能匡夫斷織，訓子卜鄰。未盡綵衣之養，遄驚風樹」之酷。有子履直等，悲纏遺扇，痛結循陔，感手澤於楹書，幾崩」心於院柳。嗚呼哀哉！電流川閲，露泫霜侵。恭周文之大禮，遵」孔宣之故事。以大周長安三年歲次癸卯十月己未朔十二」日庚午，敬遷座於神都之北原，禮也。嵩巖前極，長河北流，川」長地迥，木落風秋。于嗟令德，永蟄斯丘。銘曰：」

粵若靈源，誕惟仙胄。派演宗祏，名高領袖。式播清規，遽摧貞」秀。哀哉大夜，何時能晝？臺淪苦月，野聚寒煙。風流□」矣，道德冥然。松抽古域，草合荒埏。一悲黄鳥，幾變桑田。」

（古文獻研究室藏拓本）

長安〇四七

【蓋】失。

【誌文】

大周張君墓誌」

公諱茂，字元和，其先南陽人也，因宦而宅三川，故」今爲河南合宫人焉。家承軒冕，代襲公侯，國史詳」焉，可略言矣。曾祖隆，隋朝請大夫、蒲州河東縣令；」政洽一同，化光百里。祖成，唐荆王府執杖上輕車」都尉。公唐東宫率府翊衛上柱國，承榮朝侍，陪蓋」夜遊，勳績斯隆，清規可範，方諸昔賢，曷以加此，可」謂堂堂君子矣。永昌元年三月廿三日寢疾，卒於」私第，春秋六十三。嗚呼！天不慭遺，殲我良喆，哀甚」輟春，嗟深大耋。夫人太原王氏，貞閑自得，柔懿克」宣。何圖夜壑默遷，朝輝遽掩，春秋五十五。永淳元」年六月廿六日，忽焉大漸而終。粵以長安三年十」月遷□於北邙，禮也。嗚呼！青烏既卜，白驥斯奔，嗣」子液等遠詠蓼莪，空積終年之恨；延攀松栢，思傳不朽之聲。遂爲銘曰：
白水滔滔，清瀾浩浩，人物無替，風規有操。其一也。杳杳黄泉，蒼蒼青棘，雙魂永閟，九原何極？其二也。
長安三年歲次癸卯十月己未朔十五日癸酉遷。
（周紹良藏拓本　河南千唐誌齋藏石）

長安〇四八

【蓋】失。
【誌文】
大周并州司功王公故夫人盧氏墓誌銘并序
夫人盧氏，諱　字　，范陽人也。其先伯夷佐夏，乃有吕國；太公滅殷，遂履齊土。有公子高溪者，稱賢大夫，食菜盧邑，蓋因封以得姓。秦博士之遥緒，漢中郎之茂族，基構與五城曾峻，泉源乃百川爭長。曾祖綸，祖處行，父令節，或官人惟賢，或匪爵而重。既懷登廟之寶，亦矯圖溟之翰。夫人降自昌演，誕生柔嘉，弱而聰明，笄而婉順，動循法度，言合典禮。年若干，家人之吉，君子好仇，謂嫁從夫，遂歸于我王公，名　字　，曾祖　、祖　，父。周有太子厭俗而仙，秦曰將軍有功于世，故以無忝爾祖，垂裕後昆。王公少秉清操，亦既筮仕，金玉其聲，風塵不雜。夫人能贊厥美，寶惟宜家，佩服洗濯，澄羃酒醴，婉娩其儀，淑慎其則，樂然後笑，勤不告勞，如琴之和，匪石可轉。孰謂偕老，奄墜先秋，長」安二年七月日，卒於同州，春秋卅六。公有奉倩之神傷，同」子綦之心死，遺桂空在，銷魂黯然。長安三年十月十」五日，葬於合宮縣北邙南原，禮也。寂歷空郊，蒼茫落日，晦」烟霧於孤壟，閉綺羅於此室。子永慕無及，勒銘于茲，」其辭曰：」

赫赫盛族，昭昭令儀，言執箕箒，亦結鞶褵。齊體之重，如賓」之敬，克修其容，能飾其性。夭桃落秀，穠李非春，哀纏孺子，」思斷良人。北阜帶河，南城貫洛，大夜無曉，芳魂焉託？」

（北京圖書館藏拓本）

長安〇四九

【蓋】　大周故杜夫人之墓誌

【誌文】

故司稼寺卿上柱國□□□杜夫人墓誌」

夫人杜氏，京兆杜陵人也。原夫就日望雲，降丹陵而毓慶；朱冠」白馬，御冥道而通靈。赫參羅鳥之雄，周列神羊之住，備於方策，」可略言焉。七代祖預，晉征南將軍，武庫靈姿，智囊神用，通其變」則□蛇表□微而顯則麟□知歸。曾祖勣，左監門將軍；善寶，唐」□州漁陽縣令；父嘉猷，唐務州參軍；體道居真，含章挺秀，瓊山」嶽峙，爰開抵鵲之珍；碧浪川渟，必亘採龍之寶。夫人姿靈婉淑，」操履貞凝，風舉菬瀠，川流蕙問。名爲不朽，聞杜氏之春秋；年則」有行，見楊家之輪轂。采筐景貺，征南之緒胤克隆；斷緯沉機，關」西之主饋斯在。驚逝川兮龍劍没，乘上月兮鳳臺孤。樹德徙鄰，」孟里以之爲美；欽刑輟饋，雋獄於是勝殘。委霜霰而無改，冒雷」霆而不懼，信可傳芳史管，著象甘泉者哉。豈意拾翠天津，與舒」泉而共沁；薦桃仙樹，將暮槿而同期。嗚呼哀哉！以長安三年五」月廿八日終於豳州之官第，春秋六十有三。粤以長安三年十月」十五日葬於雍州長安縣高陽之原。有子朝議郎行豳州司功」參軍事履行，以膝下之恩無逮，口澤之戀空存。纏永慕於蘭□，」結深悲於蓼徑，玆夕何夕？春非我春。鬱鬱佳城，無復長安之景；」□□舞鶴，不聞京兆之天。何脩夜之不暘，而短哥之可作。其□」曰：」

則天垂象，軌日□輝，在夏龍御，居殷豕韋。靈源濬出，慶緒曾□，」禮樂攸往，衣冠□歸。其一。鳳簫寥亮，□□皎潔，頌發春椒，韻浮□」雪。丹霞濯錦，素□生□，琴瑟不流，松蘿罷月。其二。曰仁者壽，彼蒼」者天，無聞靜樹，空想寒泉。蕪城閟景，松架來煙，未辯何日，誰論」幾年。」

（周紹良藏拓本　殘缺者據《金石萃編》卷六十五補）

長安〇五〇

【蓋】失。

【誌文】

大周王府君仵夫人墓誌銘并序」

公諱瓘，字威德，太原郡遷播蓬飛，代移□轉，即爲□」□郡人也。黃精掩耀，青色騰輝，龍衮□終，秋蘭響賁。」鳳騰江左，鶴唳吳亭，代襲簪裾，門題竹帛。曾祖楷，祖」臧，并□蛟嘯鳳，如珪如璋，或匡弼六條，撫字百里，并」紀之史册，可略而言也。府君挺節閭閻，守操鄉曲，屬」西塞蟻聚，金微狼顧，援戈電掃，負劍雷奔。汗馬功成，」勳榮錫及，賞輕車都尉。婆娑養志，嘯傲終年，去咸亨」三年三月十四日，溘終於清化之私第。夫人金相騰」□，蘭蕙含姿，四德備而聲揚，一志疑而雪白。斷縑列」□，□案□□。不謂龍匣分飛，鴛□□路，□待年□□」順，命謝桑榆，以長安三年癸卯十月己未朔五日癸亥，」□□於崇政里之私第。其月十五日癸酉，祔窆於北」邙之高原，禮也。恐陵谷遷移，勒之翠琰。其銘曰：」

黄精電謝，白日雲飛。衮冕爰襲，蘭□騰輝。代移人易，」福禄有歸。□一。門閥赫弈，枝派憑隆。奡劍同匣，鳳鸞共」□。書功翠琰，題德清風。其二。目鳥不停，隙駒倏度，痛悲」萬里，心傷薤露。其三。桂樹摧殘，蘭蕙移徙，芬芳詎歇，金」舉未已。其四。金石堅兮可□，桑田振兮長榮，□生死兮」存殊，愿服膺兮不朽。其四。」

（河南千唐誌齋藏石）

長安○五一

【蓋】失。

【誌文】

大周故處士董君墓誌銘并序」

夫死生命也，夭壽天也，適來時也，適去順也。然而高山景行，」巨海波瀾，奄惜藏舟，將歸大寢，哲人其逝，能不悲哉！君諱義，」字屯朗，隴西人也，因官遂居於洛州洛陽縣焉。若乃書法不」隱，良史光於晉朝；博學多聞，儒雅稱於漢代。家風祖德，可略」言焉。曾祖徹，隋海州治中；祖游，隋易州別駕；父安，唐汾州別」駕；並譽重屏車，仁揚別扇，冰清玉潔，桂馥蘭芬。誠有拜於温」恢，信無憂於蔣濟。君岐嶷繼體，珠璧聯輝，識鑒清高，靈臺雅」曠，風情張日，霜氣横秋。所好者詩書，所欣者琴酒。遽以東水」湍流，西春落景。神香四兩，無復返魂；靈草一株，不能移算。以」咸亨三年十一月十四日寢疾，卒於洛陽縣殖業坊之私第，」春秋卌七。嗚呼哀哉！夫人太原王氏。容輝令淑，德行齊芬，粤」自笄年，和鳴鳳兆。下機訓子，饁野如賓，文高蔡琰之才，禮極」孟光之敬。以永淳二年五月十一日寢疾而卒，春秋卌一。嗚」呼哀哉！泣矣瓊瑰，□飇易謝，行雲不迴。粤以長安三年歲次」癸卯十一月戊子朔廿二日己酉，合葬于合宫縣之北廿三」里北邙山之北原，禮也。胤子右監門衛長上醜奴，餐荼集蓼，」毀棘銷欒，悲聖善之無追，痛嚴君之不逮。嗚呼哀哉！乃爲銘」曰：

東南竹箭，西北琳瑯，漢臣儒雅，晉史忠良。家風祖業，桂」馥蘭芳，唯君奇偉，克嗣珪璋。其一。詩禮立身，珪璋比德，淑人君」子，其儀不忒。劍隱酆城，珠沉魏國，燕翼謀孫，悲傷何極！其二。南」陽北郭，棘户松丘，靈輀去去，魂魄悠悠。泉臺月冷，孤隴雲愁，」山荒野暗，萬古千秋。其三。」

（北京圖書館藏拓本　河南千唐誌齋藏石）

長安〇五二

【蓋】失。

【誌文】

□周故監門校尉陳君墓誌銘并序」

君諱叔度，潁川長社人也。唐君握鏡，乃命氏於嬀濱；周后」乘乾，即受封於陳國。其有聚星號美，飛鳳延祥，史策明諸，」詎待詳也。曾祖諱道，齊儀同三司、營州刺史；祖德茂，齊右」武衛大將軍、廣陽郡王；或褰帷作伯，翼亮齊朝；或封爵稱」王，維城鄴甸。因官樂土，食椹懷音，昭穆相承，爰居此地。父」敦，隋動侍勵威府司兵。公堂構靡虧，箕裘莫墜，親侍丹禁，」忠恪有聞，爰自冠年，迄乎知命。既而心遊方外，道逸闤中，」窺老室而體空，挹莊談而小物。逍遥得性，散誕怡神。豈期」孔仞頹山，稽松瘗幹，春秋七十一，上元元年九月六日，卒」於私第。夫人太原斛律氏。祖文端，唐任梁州廉讓府驃騎將軍；父義，金紫光禄大夫、靈州都督府蜀永州司馬。結褵」歸我，作嬪君子之門；合巹申儀，用媲良人之室。柔第表詠，」雅譽重於詩人；束素稱妍，嫣容彰於賦者。四德兼備，六行」無虧。積善無徵，奄纏痼疾，春秋五十，以麟德元年四月廿」二日終於内寢。以大周長安三年十二月丁巳朔十日丙」寅，合葬於鄴縣西卌里野馬崗大井村西二百步平原，禮」也。龍堂已構，鳳穴斯成，痛蒿里之無歸，恨窀穸而長閟。嗚」呼哀哉！乃爲銘曰：

祚土唐年，受封周日，侯伯之職，王」公之秩，濟濟冠蓋，雍雍文律。其一。傑生賢胄，挺出俊人，攸稱義」府，是曰德鄰。松貞竹勁，桂馥蘭芳，如何不淑，哲士其衰。莊」□走壑，孔仞山頹，隨會不返，陳焦詎迴！」

（録自《鄴下冢墓遺文二卷》卷上）

長安〇五三

【蓋】失。

【誌文】

周故隴西李君墓誌銘并序」

君諱玄福，字文戩，河東人也。曾祖寧，後魏隨州」刺史；祖元禮，隋同州郃陽縣令；并雅範光時，徽」猷懋世。父泉，隋左衛翊衛。遭代亂離，墜失堂構，」閉門不仕，務農首山。君即翊衛府君之第二子」也。生於姚墟，長聞庭訓，非禮不動，非道不行。孝」於閨門，仁於鄉黨，誦詩學禮，左琴右書。居近首」陽，慕孤竹之操；家枕河滸，懷子夏之風。重薜蘿，」輕簪組，永羣沮溺，不事王侯，首冠幅巾，門多好」事。久黜健羨，狎鳥不驚；雅愛老莊，易簀而止。年」在耳順，隨長男禄仕居于洛陽，遘疾終德懋里」第，時春秋七十四。以長安三年十二月十日權」殯于邙山南平原，禮也。嗣子朝議郎行左武威」衛長史弘靜等，恭承遺令，迺卜山足，聿追先懿，」式紀佳城。銘曰：

倬彼河山兮誕兹英靈，孕育潁陽兮道合沉冥。」擯俗誹世兮少微隕星，千秋萬歲兮松隧青青。」

（周紹良藏拓本　河南千唐誌齋藏石）

長安〇五四

【蓋】大周故潤州刺史王美暢夫人故長孫氏墓誌

【誌文】

□□□□□王美暢夫人長孫氏墓誌銘并序」

夫人長孫氏，河南郡人也。七族疏派，十姓分源，茂緒洪宗，光輝於圖」史；通槐烈棘，昭絢於縑緗。曾祖敞，隋金紫光禄大夫宗正卿平原郡」開國公；祖義常，唐通議大夫華容郡公；或名高去病，或聲重隱之，乍」酌貪泉，□論兵法。父朝散大夫懷州河内令瀛州司馬；貳職十城，道」光於展驥；絃歌百里，化孚於馴翟。夫人蘭畹傳芳，瓊田瀉潤，稟三靈」之淳粹，挺四德之英姿。敬慎禮儀，允恭箴訓，初筓之年，適于太原王氏。」三周既御，百兩言歸；琴瑟既諧，條枚是則。菊銘椒頌，燭耀於心田；鵷」綺鶴紋，發揮於意匠。通閨仰其柔範，列閫挹其清猷。初別」勑拜成安郡君，尋除懷德郡君，以德昇榮，從夫錫秩，既同石窌，更似」延鄉。聖曆元年，王府君止坐梃災，奠楹俄及，夫人栢舟靡託，葛藟無」依，志殞形存，景心誓。既而浮休迴薄，幹運推遷，與善徒欺，俄嬰沉痼。」瓊田靈草，重遇無期；西域胡香，再逢無日。嗚呼哀哉！以大足元年六」月廿六日薨于汝州私第，春秋五十有四。夫人宿植得本，深悟法門，」捨離蓋纏，超出愛網，以爲合葬非古，何必同墳，乃遺令於洛州合宮」縣界龍門山寺側爲空以安神埏。子昕等孝窮地義，禮極天經，思切」風枝，哀纏霜露。從命則情所未忍，違教則心用荒然。乃詢訪通人，敬」遵遺訓，遂以長安三年，梯山鑿道，架險穿空，構石崇其」基，𨻶絜陳其隙，與天地而長固，等靈光而巋然。乃爲銘曰：」

□矣洪緒，悠哉霸圖，遼河建國，靈武開都，山川演貺，人物英謨。其一。誕」斯令德，作嬪君子，聲茂葛覃，道超江汜。調諧琴瑟，譽芳蘭芷，有光淑」慎，無刑愠善。其二。良人捐背，樛枝靡託，遺象窈冥，堂隅簫索。閲水波逝，虞泉景薄，風勁蘭摧，霜霏桂落。其三。寒鷩嶺北，日慘山西，靈轜動駕，哀輓凝悽。松帷露泣，栢帳風啼，芳徽無泯，天地俱齊。其四。

（周紹良藏拓本）

長安〇五五

【蓋】失。

【誌文】大周故雍州參軍侯令璋之銘

長安四年正月廿八日。

（周紹良藏拓本）

長安〇五六

【蓋】大周故王府君墓誌銘

【誌文】大周故朝議郎行郴州録事參軍上柱國王君墓誌

公諱詢，字令謨，太原人也。自青鳧控舄，白虎隨車。世奕華滋，森森而千丈；榮高勢胄，鏘鏘而七葉。家聲具美，史諜備諸。曾祖璋，陳太子舍人、太子右衛率；祖瑾，隋鄭州司馬；父粲，唐左監門衛長史、和州長史；並稟緯誕靈，降」禎仍秩，徽猷傑立，令望挺生。當官而行，恪居所守，朞月」表政，冰壺入神。漢代得人，周行是最。公騏驥騁迹，鵷鸞」鼓羽，機衡揆物，州縣任材，方正隆規，直道貽德。樂天審」分，居顯晦而不欺；知命安排，處行藏而有裕。豈謂高春」落景，哲人將梁木共摧；逝箭奔流，寶玉與漢臯俱碎。以」上元三年五月十九日卒於私第，春秋七十有二。即以」長安四年二月十七日合葬於洛陽城北十里芒山之」原，禮也。四面山□□乩形勝。春歸南陌，花的瀝而飄霞；」秋動西郊，葉聯□而灑露。夫人趙郡李氏。地望清顯，人」倫瞻則。七花□實，賦總芳梅；百兩于歸，輪周香軫。俄而」鳳桐半死，陰陽於是喪仇；龍劍隻飛，沉浮以之睽偶。今」之同穴，生也有涯，嗚呼哀哉！殲良何遽？嗣子安定等，孝」極因心，仁深竭力，履霜怵惕，哀盡百齡；墜露潺湲，涕盈」雙瞼。念佳城之鬱鬱，見日何年？勒拱木之搔搔，悲風永」夕。其詞曰：

隙駒易逝，舟壑難藏，世遷檖火，人非」石光。何期窀穸，忽瘞珪璋，篆兮刻兮儻不朽，天兮地兮」久且長。

長安四年歲次甲辰二月丙辰朔十七日壬申。」

（周紹良藏拓本）

長安〇五七

【蓋】失。

【誌文】

大周故王府君墓誌銘并序」

君諱寶，其先太原人，後徙居洛陽，今爲洛陽縣人」也。曾祖陁，隋太子率更主□；志性弦直，風標霜明。」祖倫，唐秦州清水縣令；臨下威恩，境内清肅。父寶，」隱逸不仕，琴書自娱。君少禀貞規，幼懷奇趣，伉儷」無幾，方從遠學，千里不倦，三餘獨勤。箭水流萍，希」成栝羽；薤露銷玉，忽墮風飈。未弘闕里之聲，旋掩」他鄉之命。屬嗣子尚幼，遺骸莫收，饗祭徒勤，墳隴」無紀。夫人魏郡胥氏。四德光備，六行克彰，黄鶴悲」悲歌，思故□而振響；青鸞寶鏡，罷新莊而不飾。憂」恨已積，時序復多，因加風氣，奄從傾歿。嗣子吉州」録事思禮，痛□年之幼孩，厥父莫知；悲今日之宦」成，而親不待。即以吉辰招魂，合葬於合縣界楊堡」村東，禮也。庶死而有識，魂兮可招，赴九泉而一歸，同」兩劍而俱化。其銘曰：」

父兮昔殞，母兮今歿，雖異兩鄉，終同千月。列樹森」聳，平原超忽，魂而有靈，赴茲幽闕。」

長安四年歲次甲辰二月景辰朔十七日壬申」

（北京圖書館藏拓本）

長安〇五八

【蓋】　摯夫人銘

【誌文】

大周宣德郎李符妻摯墓誌銘」

夫君子好仇，秦晉稱匹；淑女作配，潘」楊世親。夫人摯氏，其先祖虞，垂名當」代，慶流後葉，或居宰牧，或處山林。父」護兒，高尚不仕。夫人年十有五，適洛」陽李氏。昔在閨闈，早聞四德；爰奉箕」箒，克協三從。粤以長安四年二月廿」五日終於洛州洛陽縣立行里第，春」秋七十有一。即以其年三月五日窆」于北芒山之陽。嗚呼哀哉！乃爲銘曰：」

昔聞萊婦，今見其人，藜藿不厭，紡績」彌勤。聲揚閭里，德洽親賓，輔仁愆應，」精魄俄淪，一從幽隴，何時復春？」

（周紹良藏拓本　開封博物館藏石）

長安〇五九

【蓋】失。

【誌文】

大周宣州涇縣尉杜府君故夫人孫氏墓誌銘并序」

夫人樂安人也。孫叔作相，刑政肅而風化流；孫武用兵，」法令齊而强敵震。遺烈隆茂，代無曠焉。祖襲，唐淄州刺」史；□輧十里，入境而褰幃；禮教三日，下車而廢屏。父行」廉，唐懷州河內縣尉、綿州顯武縣丞；近郊勝邑，地接王」畿；高壘名墟，星分井絡。屈翁歸於緱氏，暫勞卿相之材；」坐桓譚於安陸，竟滯瑚璉之器。夫人簪組榮胄，禮經令」族，星流婺彩，月降娥輝。發言而箴訓自成，立矩而儀範」取則。四年彰其孝行，七歲觀其聰穎。內則既閑，婦工咸」備，年十有七，歸于杜氏。作配君子，宜其室家，羞此蘋蘩。」友夫琴瑟。府君莅職長江，夫人遠從于役，别離親戚，流」飄險阻，東南瘴癘，自此無年。春秋卅六，以聖曆二年三」月廿五日遘疾，終于涇縣官舍。府君對月傷神，臨川掩」泣，思安仁之空簞，悲季直之留書。以長安四年三月晦」歸葬于河南北山，禮也。夜臺幽暗，寒樹蕭條，嗟殉鶴而」無歸，想靈龜而可驗。銘曰：」

□娥降彩，陽臺鬱雲，誕敷蕙質，穆此蘭薰。行成儀矩，言」爲典文，聰明機悟，義析微分。其一。爛其盈門，歸宋之子，諧」和琴瑟，芬芳辭理。文繡備工，蘋蘩式祀，孝侔在昔，聲壓」前史。其二。謂天何親？獨喪善人，悲涼閲水，歎惜流塵。千年」山曲，一别城闉，恨玄官之幽隱，痛黄泉而不春。其三。」

（周紹良藏拓本　河南千唐誌齋藏石）

長安〇六〇

【蓋】失。

【誌文】

□故尚藥奉御蔣府君夫人劉氏墓誌銘」

夫人諱令淑，代州司馬禮之孫，澧州安鄉令思」仁之女。夫人凝姿寶婺，挺質金娥，蕙問發於齠」初，蘭儀彰於丱序。年十有八，歸于蔣門。鳴鳳之」兆克諧，雎鳩之詩允洽。三從早備，四德咸修，舉」案申齊眉之禮，奉饍展如賓之敬。方期松竹並」茂，豈謂生死遽分。儀鳳三年二月十一日奉御」府君俄先朝露，夫人崩城起慟，懷刃自明，顧隻」劍而斯摧，對孤鸞而載絶。從子遠任，垂訓擇鄰；」斷織流芳，長垣作賦。而積善無驗，殲良奄及。東」流逝水，俄閲態於蕖川；西崦落日，亟沉暉於蕣」景。長安二年十一月七日遘疾，終於官第。春秋」六十有四。以長安四年七月十九日遷窆于北」芒山新塋，禮也。有子越府功曹參軍義弼，履霜」增慟，聞雷感擗，海變山移，刊茲□石。其詞曰：」蘭滋春苑，栢茂冬崗，凌寒逐吹，並標齊芳。挺茲」令淑，秀彼閨房，四德咸備，三從克彰。夜舟徙壑，」朝日沉□，百年方化，地久天長。」

（北京圖書館藏拓本　河南千唐誌齋藏石）

長安〇六一

【蓋】失。

【誌文】

大周故張方仁墓誌銘」

若夫白水疏源，出南陽而冠美；清河演派，入東郡以」標奇。人物冠於一時，英靈傳於萬葉者也。曾祖　，」奇材七步，寫六義以先成；雄略三端，飛八分而流譽。」祖白澤，氣調如雲，風姿若月。潘安仁之玉貌，未可擬」儀；夏侯湛之朱顔，焉能取類。父方仁，□筠□操，金石」標奇，棄名利以脩身，守忠信而成己。□□青山固壽，」黄髮齊年，何圖一旦云終，百年俄至，以長安四年歲」次甲辰八月甲寅朔七日庚辰葬于洛州合宫縣之」北原也。其地形勝，卭山之奥區；其勢最奇，洛川之第」一。北臨千里，黄河一帶而長流；南枕百城，皇都四面」而脩麗。九泉下闢，窮地脈以疏基；千日長辭，仰青天」而漸遠。

人子元哲、思哲、思盛、法珍、文琰等，同胞共氣，」俱承造化之恩；花蕚連枝，各禀陰陽之氣。劇談之日，」思渡海之嘉珍；泣血之晨，仰過庭之盛德。風枝未静，」地户旋開，三年易過，七日難裁。爰修繐帳，建彼泉臺，」號天叩地，瞻雲候雷。魂兮一去，何時暫來？逝水東流」流不息，落日西飛飛不迴。故知人有死生，物無常體，」迷至道之多端，知先王之制禮。仰瞻人事，宛然如在。」

長安四年六月廿九日亡。」

（録自《芒洛冢墓遺文四編》卷四）

長安〇六二

【蓋】失。

【誌文】

大周故處士邢府君墓誌銘并序」

君諱彦褒，其先河間人，後因官河南，今爲洛州洛陽縣人也。」曾祖端，宇文之季，任絳州太平縣令；化高三異，清逾四知，」吏乃畏威，人多懷惠。庭留棄犢，履曳飛鳬，桴鼓不鳴，謳歌動響。祖參，隋任沂州司馬倉部員外郎；泗濱浮磬，載叶芳聲，」雩壇媚景，自均深惠，紅粟充實，誠賴此君。父政，唐貞觀中」明經擢第，上護軍；勤經不倦，已聚飛螢；對策有聞，寧憂退鶂。」君即護軍之長子也。少懷貞節，長負奇調，葛亮自方於管樂，」取駭時人；賈詡見比於良平，未逢知己。唐吏部尚書裴行知」君材用，深相禮接，遂引爲典籤，列彼家臣，屈兹國器，非其好」也。後尚書遠申三略，親總六戎，因此征討，冀存提挈。君甘心」陋宇，苦辭不就，一從散髮，無志牽絲，可謂隱不違親，貞不絶」俗。及乎末歲，尤好内典，讀誦無倦，禮懺不疲，輕此身處，勤於」捨施。乘羊自樂，出火宅而遊四衢；畏鼠成災，攀井藤而離八」難。豈謂百齡非久，六識是空，惠炬滅於道飈，法船移於夜壑。」奄以長安四年歲次甲辰七月甲申朔廿四日丁未未時終」於從善里之私第，即以其年八月甲寅朔七日庚申殯於北」邙之阜、合宫縣平樂鄉王晏村西北，禮也。嗟乎！林亭改色，階」院含秋，真氣颯空，悲風忽至。沈沈玄路，曉復何年？黯黯白楊，春來詎覺。其銘曰：」

邙山之上，佳城之中，一旦長往，萬事俄終。精靈謝兮昔年異，」志氣盡兮此時空，松栢摧兮薪屢朽，狐兔遊兮徑自通。唯餘」道德，永播清風。」

（周紹良藏拓本）

長安〇六三

【蓋】　失。

【誌文】

大周故正議大夫使持節都督姚宗等卌六州諸軍事守姚州刺史上柱國皇甫君墓誌」

君諱文備，字孝忠，安定郡人也。往以大業年中，述職江左，皇唐創曆，徙第河南，仙嶠」帝鄉，即爲洛州緱氏人也。自姬水疏源，衣冠成天下之最；岷江啓胄，鍾鼎爲四海之榮。金」寶玉龜，入漢庭而二千石；鳳毛龍翰，歸晉室而五百年。圖青史者連衡，乘朱輪者疊軌，人」物許其籍甚，軒冕重其賢能，祖德家風，可略言矣。曾祖韜光，陳任吴興郡守；赤瀨名川，」紫溪奥壤。王右軍之雅操，即此臨人；謝太傅之英規，旋聞布政。祖遠，揚州江陽縣令；□」跨釣臺，城通茂苑。江瀆海甸，共棲王阜之鸞；千乘九都，咸乳仲康之雉。考師政，唐任」衡州司倉參軍；東接荆陵，西臨桃浦。千箱紅粒，分累黍於牙籌；五里香秔，剖纖毫於心計。」君玉山千仞，則光彩射人；珠闕萬尋，則清輝負月。王子猷之爽氣，稍覺絶塵；劉孟王之清」風，懸驚出俗。弱冠以明法擢第，拜登仕郎。屬以禮展泥金，功融探玉，扈陪」仙蹕，溥漸鴻勳，授居宣德郎守中書，加騎都尉。青瑣嚴凝，下鳳池而不怠；」丹墀清切，出雞樹而無言。文明元年，加朝散大夫，授右玉鈐衛長史。虵矛蓄鋭，忽八杖而」疇咨；龍劍耀芒，揆五兵而按節。旋奉中旨，遷司刑正。地肅占桐，門嚴書鼎。雋不疑」之寬貸，實賴明刑；于定國之平反，多行陰德。載初元年，遷秋官郎中。遭家不造，尋丁内憂，」痛結絶漿，悲深泣血。山巨源之苴絰，重居吏部之曹；翟方進之苫廬，更赴台衡之職。長壽」二年七月，墨制以卿久掌邦憲，識練刑書，奪禮苫庭，昇榮棘署，宜膺朝命，起復司刑少」卿。君骨立危惙，杖而後起。九月，又加正議大夫、檢校秋官侍郎。十月，奉制：三典之職，人」命所懸；九列之班，衆難其選。惟刑之恤，僉曰爾諧，宜輟美南宫，再光北寺，可重守司刑卿。」旋除營繕少匠。揆景之庭，圖星之府；神出鬼入，精通鏤鶻之奇；窮微洞幽，巧極斵蠅之妙。」萬歲通天二年，遷守邛州刺史、使持節諸軍事。俗類從星，政均時雨。榮開白鹿，途盈來晚」之歌；怪靜玄犀，野滿去思之詠。又遷姚府都督，使持節姚、宗、匡、靡卅六州諸軍事。迴控珠」溟，斜通金界，恩包兩日，虞君馴雁之鄉；譽洽二天，李仲化鳶之所。君沐春露之惠，戒秋霜」之威，自聞梟變之淳，無勞烏攫之詐。鄧攸吴郡，未終飲水之廉；賈誼長沙，忽從卑濕之瘵。」以長安四年二月二日薨於姚府公第，春秋七十三。奉敕發使臨祭，賜物一百段，粟」一百石。昔柳莊言逝，衛公申輟祭之悲；晏子云亡，齊景有行哀之痛。以君參比，信其蔑如。」惟君器宇寬明，幹局沖粹，慍不形色，樂以忘憂。暗寫一枰，默記三篋，辯中堅白，口內雌黃，」遠取異人，未之過也。以其年八月十九日遷於北邙平原，禮也。南通鄗浦，北跨鳳川，君子」歎其形勝，賢士重其自然。蒼山萬古，白日千年，敢勒金於厚穸，永埋玉於重泉。其詞曰：」

悠哉祖德，赫矣家聲，紛綸雲紀，奕葉金行。歸漢玉潔，在晉風清，軒冕中宇，珪璧上京。其一。亹」亹誕靈，祁祁秀出，旌蒲入調，彙茅征吉。外肅霜標，內明天秩，笙簧道圃，藩屏」王室。其二。毓德鳳池，棲仁鷄樹，法宥驚馬，刑寬射兔。譽動去思，歌成來暮，惠均冬暖，恩如春」露。其三。宣尼之夢，貢禹之年，中台喪輔，東里亡賢。山空思月，野曠生烟，愴埋玉於玄夜，敢勒」□於幽泉。其四。」

（北京圖書館藏拓本　河南千唐誌齋藏石）

長安〇六四

【蓋】失。

【誌文】磚，漆書。

唐故麗山府果毅都尉梁府君妻隴西李氏墓誌銘并序」

夫人諱淑，字貞，隴西人也。周柱史之洪胤，漢將軍之遠胄。公侯必復，衣冠奕葉而相繼；人物羽儀，珪組蟬聯而不絕。曾祖輝，隋并州太原府果毅都尉。常山卜相，秘略探寶符之策；驕子戢兵，戍客寢雲中之候。祖寬，唐右武衛將軍、使持節兗州諸軍事、兗州刺史；□□□陳□□謀於玉帳；俾侯子魯，闡聲教於金鄉。尹翁歸之獨得，孔宣父之不墜，粵在于兹矣。父瑗，唐泗州邳下縣令。字人之術，淮陽歌其卧理；□衆之要，泗川感其湮田。君子道消，安乎卑位。夫人即其少女也。稟靈毓粹，藴德含章，温惠夙聞，□□允洽。夫其幽閑窈窕之美，貞專婉嫕之姿。黄鳥于飛，則啓鳳凰之兆；摽梅興詠，□叶食魴之德。自作嬪君子，主饋家人，壺政聿修，閨儀昭著，尊敬師傅，已極肅雍之心，欽承娣姒，實秉和柔之志。嗚呼府君，早世而殞，嗟嗟淑質，中年孀居。梧桐半枯，悲纏永訣，栢舟自誓，之死靡他。始府君之逝也，有一子焉，未奉趨庭，幼鍾悲塞。夫人申之以德義，勗之以禮經，故能使克繼家聲，率由慈訓，非夫賢明懿範，孰能若此之盛哉？而不憖留，殲我眉壽，春秋七十有一，長安四年九月七日遘疾，終于洛陽敦厚里之私第。嗚呼哀哉！夫人容範有則，敦雅成性，女工纂組之妙，賢明貞尚之節，雖古之貞姜，殆無以過也。青春不居，幽泉永往，以其月十三日景申權殯於北邙山，之禮也。嗣子謙悲切蓼莪，哀深欒棘。陟屺無望，空茹痛於玄扃；安措有期，迺疏銘於翠右。詞曰：

窈窕淑女兮威儀聿脩，柔姿懿範兮君子好逑。共伯早逝兮而不憖留，貞姜孤潔兮歌彼栢舟。生涯溘盡兮神理共遊，厚夜將闋兮泉路永幽。嗟死生兮已矣，與代事乎長休！」

（北京圖書館藏拓本）

長安〇六五

【蓋】失。

【誌文】

大周故壯武將軍行右鷹揚衛翊府右郎將王君墓誌□并序」

夫經天地，安國家者，文之功也；定禍亂，衛社稷者，武之力焉。則有稟氣星」辰，誕靈川岳，□□鷹趾，燕頷龜文，雄細柳之將軍，輕霸棘之兒戲。同爪牙」於信布，比心腹於良平者，其在王府君乎？君諱敏，字元敏，其先太原晉陽」人也，因官遂居於洛州永昌縣焉。若乃三王尹京，五侯拜漢，陸離簪珥，赫」奕珪符，文獻足徵，可略言矣。曾祖安，隋雅州刺史；祖濟，隋荊州司馬；父才，」唐并州户曹；并風清蜀道，河潤京師，直若朱繩，貞如白玉。君良弓善治，翼」子謀孫，感靈而效紫胎，齔歲而明黄石。言行出俗，勇決過人。巧便刀戟，尤」工騎射。儀鳳三年，應舉及第，解褐以上騎都尉任左領軍衛長上」旅帥。調」露二年，別奏定襄軍行，得勳上柱國。垂拱元年，授右衛長上。載初元年，授」右豹韜衛臨高府長上果毅。天授二年九月九日恩制加階，授游」擊將軍。延載元年，應舉試高第，授左衛白渠府長上折衝。聖曆元年，奉」敕差充桂永道副使，立功，蒙授右鷹揚衛翊府右郎將，賜物一百段、銀盤、」銀擎、金屈巵、金腰帶并七事。長安二年二月，蒙」授明威將軍。其年六月，蒙授宣威將軍。長安三年，恩制加階，蒙授壯武將軍。惟君耿介，性極」忠貞，入侍龍樓，小心翼翼；出征梟虜，猛志桓桓。遽以霜露侵年，膏肓促壽，」胡香四兩，無復返魂；靈草一株，不能移算。粤以長安四年八月六日寢疾，」薨于合宮縣立德坊之私第，春秋六十有一。嗚呼哀哉！泣矣瓊瑰，公名坐」歇，鬼伯行催，即以其年歲次甲辰九月甲申朔廿三日丙午，葬于合宮縣」北之十里王晏村之原，禮也。青松鬱鬱，對廣漢之園林；白楊蕭蕭，歎先冥」之丘隴。長子胡師、次子英浦、女十娘等，號叫天地，痛切心靈，扶杖而行，溢」米而食。怨結風樹，悲深夜臺，敬紀芳猷，式刊貞石。嗚呼哀哉！乃爲銘曰：」武有七德，文有九功，宣威佐命，道泰時邕。惟君壯烈，禀氣英雄，居家盡孝，」奉國竭忠。其一。竭忠盡孝，繼代承先，横戈駐日，長劍倚天。啼猿失樹，落雁驚」弦，佩猳戴鶡，定遠安邊。其二。定遠伊何？安邊以和，册功叙德，曳組鳴珂。玄符」是□，廟算逾多，寧知塞曲，奄切虞歌。其三。返虞有祭，出塞無聞，人亡」壯士，星落將軍。心摧鐵石，氣掩風雲，竹帛流美，鍾鼎銘勳。其四。茫茫蒼隴，鬱」鬱青檀，行開石槨，坐惜楸棺。埋魂幽壤，委骨窮巒，千齡萬歲，野淨山寒。」

（周紹良藏拓本　開封博物館藏石）

長安〇六六

【蓋】　楊君之銘

【誌文】

故定遠將軍上柱國守右玉鈐衛金池府折衝都尉楊公墓誌」

公諱亮，字善文，弘農人也。若夫后稷興王，晉侯繼體，洎有文」於手，因而氏焉。乘朱輪者十人，傳芳西漢；踐丹墀者四代，襲」茂東京。曾祖休，隋上開府儀同三司，瀘、充二州刺史，平武縣」公；祖洽，隋宗正卿、陵州刺史、河山縣公；昔儀同鄧鷺以元勳」而益貴，宗正劉萬處茂族以增榮，並飄纓建節，莫脊循良之」舉；或恪勤匪懈，遂享山河之勳。父寬，唐朝請大夫，婺州長史；」先帝以外臺寄重，委德而毗理焉，藻火光服，甌駱行化，仁分」千里，風屏六條。公霜骨稜稜，風神索索。龍韜潛運，不勞丹浦」之師，鳥陣冥開，詎待青丘之□。定遠沙塞，折衝樽俎，親承聖」略，俯運神兵，探玄女之靈符，剖黃公之妙決。勳成卧鼓，禮及」懸車，日往月來，優遊卒歲。以長安四年六月三日春秋七十」有一，寢疾於合宮縣平樂里之私第。夫人滎陽鄭氏，陽武縣」君。家曳南宮之履，門橫北海之經，識量賢能，雅懷柔順。雍容」詞令，爍明月以通懷；徂謝桑榆，痛頹陽之不繫。青田兩鶴，永」絕飛楊之理；紫氣雙龍，空見沉埋之處。以聖曆二年正月十」八日春秋六十有九，遷化於私第。偕以長安四年十月廿一」日合葬於北邙山，禮也。嗟乎！塵棲弱葉，何期促哉？玄隴峩峩，煙」塵亟積；蒼山寂寂，松楸合拱。苦月宵映，悲風晝吹。恐谷變陵」移，壑遷舟往，徽猷可紀，琬琰斯刊。乃爲銘曰：」

惟岳降神，世挺英悟，廓落崖宇，牢籠識度。謀亞良平，勇過信」布，英奇間出，桓桓獨步。隙駒電滅，夢蝶風湮，家亡節婦，國喪」忠臣。雕弓虛月，粧樓罷春，終成兩劍，俱赴延津。」

（北京圖書館藏拓本　開封博物館藏石）

長安〇六七

【蓋】失。

【誌文】

亡宮者不知何許人也。蓋以良家子選入」後宮，以備內職。天生淑態，日就貞規。班氏」遺文，常守七篇之誡；漢家舊秩，行參八子」之榮。方其位以才昇，已聞名於鳳闕；豈」謂人隨物化，遽歸魄於蟾輪。以大周長安」四年十一月二日寢疾，終於某所。春秋七」十有六。粤以其年十一月朔二日葬於某」所，禮也。嗟呼！陽春有暮，荒涼穠李之蹊；厚」夜無晨，歇滅芳蘭之氣。式彫玄礎，永秘黃」泉。其銘曰：」

燕姬擅北，越女稱西，芝蘭比秀，桃李成蹊。」良家入選，内秩仍躋，六宮有位，四德無睽。」其一。落日西黯，逝川東注，忽覩佳城，永辭芳」樹。晝日何仰，聞雷匆懼，萬祀千秋，塵埃一」聚。其二。」

亡宮七品一人春秋年六十一。」

（周紹良藏拓本）

長安〇六八

【蓋】失。

【誌文】

故王公墓誌銘并序」

公諱□通，□□南□□人也。夫以□源括地，層構極天，□史鶴之」靈苗，嗣化憂之仙胤。曾祖□□，隋任楚州博士，道□雍四德，□□」庠門，人懷琢玉之□胄，子□籯金之業。祖貴，唐任□農府□，畢」□□鄰三輔，地處二南，緼帷幄之奇謀，總兵鈐之□略。父生，唐」□上柱國，咸校四海，武貫三軍，功勳夙彰，勳庸早著。公星辰異氣，」川岳奇精，忠孝基□，松筠植性。幼習經史，游泳於文河；長達色空，厭離於苦海。悟無生之法忍，旦夕經行；識有相之涅槃，精勤靡解。」不冀風枝永靜，長處法筵；何期日隙湍流，奄歸泉壤。嗚呼哀哉！春」秋七十有四，以大周長安四年九月十三日寢疾，終於私第。即以」其年十一月八日，與故夫人劉氏同窆於邙山平樂原，之禮也，遐」□悲戀，道俗□恩。嗟兩劍之化蛟，痛雙珠之瘞蚌。孤子懷感等，悲」□□□□而爲□，□霜露而崩心，聽奔雷而絶氣，聊憑貞石，敬勒」□□，乃爲銘曰：

巍巍崇岱，淼淼洪源，乘鳧鄴郡，馭鶴緱山。條分四海，葉散三川，軒」□攸襲，簪裾是傳。其一。惟祖惟考，乃武乃文，材深江海，氣逸風雲。□」□殄祲，并筆從軍，志輕龍頷，心希雁門。其二。粤有哲人，□□山岳，□」□内朝，□陵□學，體悟三乘，心捐五濁，遇塵知境，觸□先覺。其三。無」爲□樂，有待都□，澄襟六度，息慮四禪。住持戒行，妙□因緣，不事」榮利，詎羨人天。其四。樓聞鬪蟻，簷栖鵬鳩，風枝靡静，日月難留。琴臺」畫帳，□□雲□，松□□右，蒿里千秋。其五。硤牀蕪没，原野蕭條，白楊」蕭索，丹旐□□。珠沉月□，劍折星凋，北邙夜永，東岱魂遥。其六。馬鬣」行封，龍轜返路，□風潛泣，履霜增慕。慟忉聞雷，哀纏陟岵，錫□□」□，翠琰□金。□□長固，□□□卜。」

（河南千唐誌齋藏石）

長安〇六九

【蓋】失。

【誌文】

周故中散大夫上柱國行成州長史張君墓誌銘并序」

大夫諱安，字眕，清河人也。碧空凝象，耀星彩於衡前；」金野分方，泒河晶於隴右。曾祖秤，齊齊州司馬；祖夔，」隋谷城府鷹揚；父志，唐尚乘直長；文含春露，武烈秋」霜，爭求一借之恩，競舉千夫之惠。公道幾天縱，擢松」架於雲衢；德叶雷精，挺桂枝於月窟。解褐朝議郎、申」州羅山令，左珍州録事參軍，除朝散大夫，行費州司」馬，除朝請大夫，改歸州司馬，改朝議大夫，行成州長」史，又加中散大夫，行本任知莫門等五軍支度兼檢」校隴右諸州營田，復領軍馬救援諸軍事。白蓋流暉，」絳衣騰裕，雅冰清而字物，諒玉潔以調風。豈謂與善」徒欺，釭燈謝燄，春秋七十有七，以長安四年七月廿」四日卒於履道里之私館。即以其年十一月廿日與」夫人梁氏合葬於邙山之陽，禮也。嗣子景恂、令恂，痛」風枝以泣血，懼谷徙而鐫金，敬述德音，用存千古。其」詞曰：

承祧立社，祚德建侯，彰忠折卯，」惟孝傳鈎，琳瑺繼體，雷雨成州。其一。喬柯殖峻，梓樹唯」恭，再毗花組，冀翌時邕，未嗟天骨，已愴泉封。其二。遵姬」變古，同穴思齊，松深霧黯，野慘猨啼，庶令問之貞固，」託琬琰其如珪。」

（録自《芒洛冢墓遺文四編》卷四）

長安〇七〇

【蓋】失。

【誌文】

大周葛府君之墓誌」

君諱路，字德超，望本饒陽人。原夫隋失金鏡，建開□」之宏勳；唐在玉衡，啓崇家之茂業。曾祖幹，隋任□□」戈迴璧日，劍動珠星，烏號服於千夫，白驥摧於萬□。」祖弘，隋任左驍衛長上；雄圖早著，勇略先聞，忠孝君」親，榮顯家國。父他，唐任右豹韜衛郎將；高謀三□，」秘策六奇，被越霧於南邊，掃胡塵於北塞。君幼懷□」節，長負奇材，霜雪爲心，風雲作氣。東西屏難，且申□」戰之功；南北除凶，夙定三邊之寇。賞因勳厚，秩以□」高，授君忠武將軍、行左武威衛魯陽府長上折衝□」尉、上柱國。實王侯之貞幹，作天子之爪牙。本期克保百年，威吞衛霍；誰謂奄殂□」命，略盡孫吴。遘疾彌留，俄歸大夜，粤以長安四年□」一月廿七日擇葬于北邙山，之禮也。遂使桐枯□□」式空松阡。僕也不才，乃作頌曰：

人途錯謬，天道虧□，」死生異路，脩短殊年。嗟乎昊天，殲我良賢，栢淚枯□」如雨，松劍挂而含煙。青烏啓兆，白鶴來埏，長歸蒿□，」永瘞邙田。殘哲人於一代，閟英材於九泉，刊貞石□」紀誌，庶芳猷而永傳。」

長安四年歲次甲辰十一月癸未朔廿七日己酉書。」

（北京圖書館藏拓本）

長安〇七一

【蓋】失。

【誌文】

大周故濮州司法參軍姚府君墓誌銘并序」

君諱處賢，宅彦累葉，河東人也。□高陽執契，□□御曆，六□分輝，五潢」□潤，蒼□□□□帝□之□源；□□西臨，建諸侯之甸□。武都遺愛，感」棠樹而興□；□□□□藴蓬山而增價。家風祖德，青史可詳；邦彦時英，」白珪無玷。祖寶，穀州澠池令；父能，肅州酒泉令；位光銅墨，政出絃歌，□」□表其深仁，飛鳧彰其至化。公幼而岐嶷，長自聰明。魯史膏肓，見丘明」之同□；□書篆象，得輔嗣之真□。弱冠以明經擢第，解褐坊州博士。戰」□遂肥，分羊且瘦，天□擇才而見用，君子無施而□□。□常調補忠州」清水尉。居無何，以考最□改授德州平原主簿。屈公祖之宏才，守應嗣」之卑位。晚年，尤工易象莊老書藝，有制徵詣洛京，歷試高第。精金百鍊，」遂耀於霜鋒；祥鳳九苞，始鶱於錦羽。制授左鶴禁録事參軍、成均監，直」□。龍樓曉闢，既參□於□絃；鱣□辰遊，實恢弘於墳典。屬以台司出守，」部將入□青紫褰□□□適實黄紙，除濮州司法參軍事。學優寮友，政」□襜帷，□十部之□□，見六條之嘯□。豈謂芝朮不工，陰陽乖衛，□癖」不愈，疽瘵相仍。□□摇落於□滋，芬蘭蕩薄於□氣，攝提建已正在於」明年，□□泣珠□□於今日。以長安四年十一月廿八日終于道化里，」春秋六十有七。嗟夫！生也有涯，今其亡矣；殁而可作，後誰與歸？若嗣子」□官常選如金，陟□□哀，昊天罔極，望鄉山之迢忽，恐日月之逾邁。遂」權□於洛陽之北原，禮也。山川杳杳，松檟蒼蒼，見流水之東逝，痛遊魂」於北邙，懼深谷之矗上，恐盛德之云亡，殆佳城之見日，知□人之有□。」迺爲銘曰：

昔在高陽，發揮帝綱，粤若虞舜，必復天胤。瓜瓞」綿綿，子孫振振，誕生哲士，芝芳玉潤。其一。明經取位，荏苒儒吏，珪璋比德，」□□勵志。百氏□□，五經篋笥，傑豎淳則，卓生□議。其二。黄紙調位，青□」□□□部有能，□□無忒。白玉貞潤，青松孤直，冀□□□且刷□翼。其三。」天有□德，公其令之；

代有好禮，公其念茲。含光藏耀，有□□□，福不告」□□□□期。其四。鑿楹誡孤，留草諷后，九原可作，千載不朽。胡爲彼蒼？□」□□□，延州感慨，脱劍□□。其五。」

（周紹良藏拓本）

長安〇七二

【蓋】失。

【誌文】

亡宮五品誌文一首」

亡宮者不知何許人也。蓋以良家子選入」後宮，備內職。天生淑態，日就貞規。班　遺」文，常守七篇之誡；漢家舊秩，行參八子之」榮。方其位以才昇，已聞名於　鳳闕；豈謂」人隨物化，遽歸魄於蟾輪。以大周　年　」月　日寢疾，終於某所，春秋若干。粤以　」年歲次　月朔日葬於某所，禮也。嗟乎！陽」春有暮，荒涼穠李之蹊；厚夜無晨，歇滅芳」蘭之氣。或彫玄礎，永閟黃。其銘曰：

燕姬擅」北，越女稱西，芝蘭比秀，桃李成蹊。良家入」選，內秩仍躋，六宮有位，四德無睽。其一。落日」西黯，逝川東注，忽覩佳城，永辭芳樹。晝日」何向，聞雷勿懼，萬祀千秋，塵埃一聚。其二。」

（北京圖書館藏拓本　河南千唐誌齋藏石）

神龍

神龍〇〇一

【蓋】失。

【誌文】

大周故朝請郎直司禮寺太醫署朱府君墓誌」

君諱玄儼，字望之，吴郡吴人」也。以神龍元年歲次乙巳正」月壬午朔十五日丙申暴終」□神都富教里私第，春秋卅」有一。即以其月廿五日葬於」洛州合宫縣邙山之西，禮也。」有男九思，纔登四歲，銜恤在」疚，泣血茹荼，痛極乎因心，若」有成人之感。□陵谷遷貿，略」列記焉。」

（北京圖書館藏拓本）

神龍〇〇二

【蓋】失。

【誌文】

大周趙郡上輕車都尉故李府君墓誌銘并序」

夫陶鈞品彙，禀氣者唯人；江漢挺生，英靈者鮮矣。故李府君者，諱弘禮，望」出趙郡，所届中都，洛陽人也。君之曾杲，齊任益州九隴縣令；祖顯，隋任荆」州刺史；父雲，唐任朝散大夫；俱並冠蓋相仍，簪纓間出，蟬聯慶緒，鴻綴箕」裘。曾化一同，得青鸞之美譽；祖臨千里，聞白鳳之稱謡。君父唐初起義元」從人也。興王佐命，業定披荆，附鳳攀龍，志存社稷，風雲從虎，氣貫長虹。厥」旨傳芳，於斯未泯。惟君風姿天骨，杖俗地靈，踵武繼文，蹈仁履義。家禽對」菓，卯歲標奇；懷橘遺親，髫年著美。豈謂膏肓遘疾，痾瘵彌留，積善無徵，不」終眉壽。君在聖曆元年歲次戊戌七月十四日，身於鄧州而卒也，□春秋」六十有六。嗚呼哀哉！孤子等以聖曆三年歲在庚子壹月戊寅朔十一日」辛酉權葬於北芒山孫村之西也。君之夫人左氏，年七十有一，於長安四」年歲次甲辰十二月壬子朔十七日戊辰而亡。聞夫人在生之日，親族和」平，四德咸修，三從克備。豈謂蕖川閱態，媚逐東流；蕣景沉暉，俄隨西邁。遂」使巫雲□彩，對楚岫以韜形；洛霰銷光，泛流風而藏影。遽皈岱嶺，倏足芒」塵，嗚呼哀哉！神香無能救也！然則庭前謝玉，想風樹以摧殘；掌内韋珠，履」霜蓼而昏晦。此孤子等哀纏懵也，既而遷窆將逼，窀穸有期，遂卜地於青」烏，問凶塋於白馬，還於舊所，安措其宮。以神龍元年歲次乙巳正月壬午」朔廿八日乙酉可大合葬於芒山之地。庶唯孤魂杳杳，再展筐床；單魄悠」悠，翻從角枕。此仁子之情足也。孤子等聞雷感慟，陟岵情深，只恐白日長」辭，玄宮永閟，若不鎸文勒石，何乃表德傳芳。庶使陵谷遷移，桑田改變，同」二儀而永固，與日月而俱懸。其詞曰：」

赫矣宗胤，光流禋祀，閥閱表門，簪纓昌熾。千秋萬古，傳芳列記，不墜我孫，」遺蹤特異。其一。高尚曾人，混俗全真，牽絲久斷，□錦何新？長辭白日，永作幽」神，魂兮無皈，去足芒塵。其二。粵聞爾祖，褰帷荆府，哥讚兩岐，謡誠五袴。清若」冰潔，朱絲自處，積善匪慶，窮災運數。其三。承君厥父，忠貞文□，齊國亡家，捐」軀事主，□等綱紀，四人規矩，忽盡生哥，悲傷死府。其四。惟君惟妻，龍劍鳳兮，往時隻景，今日雙棲。巫嶠彩合，洛渚光迷，於茲叙契，相伴雲霓。其五。」

（北京圖書館藏拓本）

神龍〇〇三

【蓋】失。

【誌文】

大唐朝議郎行澧州司户參軍事上柱國卜君之墓誌銘」

君諱元簡，字延休，西河人也。偃以數術居晉，商以文學遊魯，」大名之兆克從，立言之曲惟茂。令德之後，君其有諸？曾祖雲，」隋滑州司功參軍；祖彦，唐滑州白馬令；地曰南河，境稱東□，」六曹主吏，允屬時髦；百里司甿，是歸人秀。父沖，唐石州定□」縣令；離石前墟，稽胡舊俗，飲羊莫犯，害馬先除。

君積善餘基，」多聞嗣業，見得思義，力行近仁，曾展效於戎旃，頗書勞於勇」爵。飭躬從政，方參會府之榮；守位安卑，且漸詞曹之秩。解褐」澧州司户參軍事。翊藩條之化，莅中江之壤，有稱公孝，寧推」孟博。九春蘭澤，媚景方暄；二月桃源，飛霜奄墜。以長安三年」五月九日，卒於澧州之官舍。粤以神龍元年歲次乙巳二月」辛亥朔廿□日，歸葬河南之北芒，禮也。君持身訓儉，待士思」恭，有言必□，無難不拯。書藏萬卷，儒家之用心也；庾積千斯，」農者之爲政也。奉道奉佛，則耽玄索妙而不倦；或默或語，則」隨時應物而有適。固可上天歸祐，明神與福。而遠壽未登，徂」□奄逮，固足悲矣！固足悲矣！子承□等，號慕無及，宅兆方安，」期紀懿於千載，願垂文於一刊。乃爲銘曰：」何歟漢式，是推質直，卓矣晉翊，能知象數。前哲流聲，後生垂」□，遠州宰邑，立法成務，祖業既隆，孫謀亦遇。胡亭展效，楚望」移官，善乃無伐，威而不殘。藩條以賴，甿俗斯安，鑒似懷月，芳」如佩蘭。銜命番禺，纏災霧潦，地生其癘，天胡不造？燭盡驚風，」□銷弱草，歸魂北芒之路，寧識洛陽之道。」

（北京圖書館藏拓本　河南千唐誌齋藏石）

神龍〇〇四

【蓋】　失。

【誌文】

大唐故公士安君墓誌銘并序　進士將仕郎滎陽鄭休文撰」

稟淳和以爲人，含神爽以爲用，在家爲孝子，在國爲忠臣，於鄉黨而則恂恂，於富貴而不汲汲，諧大隱於朝市，笑獨行於山林，斯則安君見之矣。君諱令節，字令節，先武威姑臧人，出自安息國，王子入侍於漢，因而家焉。歷後魏、周、隋，仕於京洛，故今爲豳州宜禄人也。若夫澶旌鼓吹，西臨白獸之躔；國界城池，北拒玄龍之塞。鍾山瑶樹，所以齊其積德；閶闔金精，所以生其壯氣。漢年侍子，先處烏城之域；魏代侍中，爰列蟬冠之地。亦由班家十紀，初則朔野揚聲；金氏七貂，終以近臣爲盛。祖瞻，皇唐左衛潞川府左果毅；武人貞吉，智果爲毅，或奇或正，知王帳之兵雄；千夫百夫，識金壇之卒勁。父生，上柱國；南荆則昭陽始居，西楚則共敖初作，戰功所與，今古榮之。君星辰河漢之精，泰一終南之氣，鴻鶴羽翼，雲翥風搏，松柏枝條，霜封雪抱。處長安遊俠之窟，深鄙末流；出京兆禮教之門，雅好儒業。温良泛愛之德，振人趨急之心，固以發自冥機，關諸天性者矣。屬天地大有，朝野多歡，梁上銀蛇，餘祥未竭；地中犀犬，積慶仍傳。開北阮之居，接南鄰之第，翟門引客，不空文舉之座；孫館延才，還置當時之驛。金鞍玉帖，連騎而不以驕人；畫卯乳犺，陳鼎而未爲矜俗。加以馮良居室，端肅如對於嚴賓；仇覽定交，矜莊豈聞於媟狎。義之所去，縱千乘而猶輕；道之所存，雖一介而猶重。聲高郡國，名動京師，豈獨柳市萬章，貴人爭揖；茂陵原涉，羣公慕之。惜夫静樹含悲，壞梁多恨，鵠書來赴，忽遊司命之天；鳩杖有儀，不及鄉亭之歲。以長安四年十一月廿三日疾終於醴泉里之私第，春秋六十。有子如岳、國臣、武臣等，喪以過哀，幾於滅性。鄰母聽哭，投箸而輟餐；櫪馬聞號，銜蒭而落淚。即以神龍元年三月五日葬於長安縣之龍首原，禮也。邇迤平原，參差拱樹。三千年之見日，馬識幽泉；一千歲之來歸，鶴知荒塚。乃爲銘曰：

猗遠祖之揚名，桂馥松貞；粤夫君兮挺異，珠明劍利。宿昔何從？禮教爲容，平生何託？琴樽聚樂。

月之望，年之辰，石折智士，山頹哲人。短歌送葬，長笛哀鄰，墳横鳳綬，塜次龍鱗，夜臺長夜，春非我春。

渤海石抱璧書」

（録自《陶齋藏石記》卷二十一　據《關中石刻文字新編》卷三補尾欵）

神龍〇〇五

【蓋】失。

【誌文】

大唐亡宮七品銘并序」

亡宮者，不知何許人也。蓋以良家子選入」後宮，以備内職。天生淑態，日就貞規。班氏」遺文，常守七篇之誡；漢家舊秩，行參八子」之榮。方期位以才昇，已聞名於鳳闕；豈」謂人隨物化，遽歸魄於蟾輪。以大唐某年」月日寢疾終於某所，春秋卌。粤以神龍元」年三月五日朔，葬於某所，禮也。嗟乎！陽春」有暮，荒涼穠李之蹊；厚夜無晨，歇滅芳蘭」之氣。式彫玄礎，永秘黄泉。其銘曰：

燕姬擅北，越女稱西，芝蘭比秀，桃李成蹊。良家」入選，内秩仍躋，六宮有位，四德無暌。其一。落」日西黯，逝川東注，忽覩佳城，永辭芳樹。晝」日何仰？聞雷勿懼，萬祀千秋，塵埃一聚。其二。」

神龍元年三月五日甲申。」

（周紹良藏拓本）

神龍〇〇六

【蓋】 失。

【誌文】

大唐故朝議郎行司僕寺長澤監王君墓誌銘并序」

公諱及德，字文暉，太原人也。侍晉遺苗，承殷遠裔，青鸞□」□，胄發於重泉；飛鳧降靈，族歸於葉縣。華滋世奕，簪纓□」襲，詳諸國史，可略而言。曾祖儀，隋太子舍人、太子右衛率；」祖粲，唐左監門衛長史、和州長史；父詢，郴州録事參軍□。」□集渥川，聲飛駿骨，九能效術，八命從班。公族高列宿，□」宇宏邈，器惟瑚璉，價逸連城，拔萃降神，挺生天縱，竊譽鄉」曲，擢材甲乙，起家通直郎、行楚州司户參軍事。實謂漢代」得人，周行是最；朞月表政，冰壺入神。上簡帝心，加之朝」命，乃制授朝議郎行司僕寺長澤監。羣厩恃寄，坰牧分」司，駒課之效滋深，肥碩之功逾顯。俄而徂光何幾，乙巳□」□，豈巢雟之結禍，乃栖鵩而災纏。粤以神龍元年□月廿」□日終於私第，春秋五十有九。即以其年三月六日葬於」洛陽城北邙山之原，禮也。山川四面，形勝七乩，秋悲搖落，」□候成蹊。嗣子羅漢，叩地不追，終天永慕，涕眸雙瞼，刀貫」□心，兆發龜謀，塋開烏相。式誌刊石，迺爲銘曰：

□雲啓聖，紫氣凝真，遥遥峻業，靄靄遺塵。門多皂蓋，路滿」朱輪。其一。欽若儀同，情均語默，經明行脩，鄉黨令德，庭訓有」融，家風靡忒。其二。蒼蒼彼天，寂寂厚地，時催急絃，歲同激□，」惟命脩短，誰能不死。其三。萬化同盡，九原誰作？取則沙□，寧」施石槨。年代敻遠，郊原摇落，貞潤成刊，聲華有託。」

神龍元年歲次乙巳三月庚辰朔六日乙酉建。」

（北京圖書館藏拓本 河南千唐誌齋藏石）

神龍〇〇七

【蓋】失。

【誌文】

大唐故亡宮七品并序」

亡宮人者，不知何許人也。昔以令」德，納於王宮，弼諧帝道，復我」唐業，疇庸比德，莫之與京。方當開」國承家，大君有命，豈意輔仁」莫驗，殲良奄及，享年六十有四，以」神龍元年三月二日終於某所，即」以其月廿七日葬於某所，禮也。嗚呼哀哉！乃爲銘曰：」

南鄰鐘鼎，北里笙竽，子其樂之，宛」化爲枯。千秋代上，萬古泉塗，幽明」永隔，嗚呼嗚呼！」

（北京圖書館藏拓本）

神龍〇〇八

【蓋】失。

【誌文】

大唐亡八品墓誌并序」
亡宫者，不知何許人也。蓋以良家子選入」後宫，以備供職。天生淑態，日就貞規，班氏」遺文，常守七篇之誡；漢家舊秩，行參八子」之榮。方期位以才昇，已闡名於鳳闕；」豈謂人隨物化，奄歸魄於蟾輪。以大」唐神龍元年四月十五日巳時寢疾終於」某所，春秋六十有五。粤以其年五月七日」乙酉葬於某所，禮也。嗟乎！陽春有暮，荒涼」穠李之蹊；厚夜無晨，歇滅芳蘭之氣。式彫」玄礎，永秘黄泉。其銘曰：
燕姬擅北，越」女稱西，芝蘭比秀，桃李成蹊。良家入選，内」秩仍躋，六宫有位，四德無睽。其一。落日西黯，」逝川東注，忽覯佳城，永辭芳樹。晝日何仰，」聞雷勿懼，萬祀千秋，塵埃一聚。其二。」
（周紹良藏拓本　河南千唐誌齋藏石）

神龍〇〇九

【蓋】失。
【誌文】
大唐中興弘農郡楊使君墓誌銘文」
君諱思玄，字處寂，其先華陰人也，因官徙居洛州，今爲河南伊」闕人也。自啓族隆周，馳聲大漢，三鱣表瑞於講席，九龍踐美於」臺階。祖德嘉聲，備笙鏞而藹藹；琳瑯杞梓，焕圖牒而章章。育子」番孫，靈根自遠；金箱玉質，列傳所該。曾祖英，周任扶陵郡守、青」州刺史；祖威，隋任通議大夫、永嘉府鷹揚朗將、河陽關留守；父」成，隋任括州刺史；並金渾龍翰鳳翼。陳仲舉膺時傑出，望重題」輿，楊子雲含章挺生，仍疲執戟。君器識沉敏，風守端確，崇堂克」構，良冶不虧。唐麟德元年，解褐授右衛翊衛。天授二年，授遊擊」將軍、右監門衛長上。萬歲二年，授遊騎將軍、左鷹揚衛懷德府」右果毅都尉。聖曆元年，授寧遠將軍、朝議大夫、守安南都護府」長史。神龍元年，授中大夫、使持節富州諸軍事守富州刺史、上」柱國。七年不識，罩日表於初萌；三載未鳴，凌雲彰於始鷇。入」丹墀而警衛，譽重鉤陳；出合浦而宣風，聲流皂蓋。既而年代遷」徙，光陰倏忽，搏鵬始運，方騁翮於南溟；怪鴞方來，遽飛魂於東」岱。嗚呼哀哉！飛旐晨舒，靈轜宿駕，青烏列隧，訪書生之幾年；白」馬斯來，追故人而不及。春秋七十二，以神龍元年五月四日，終」於私第。即以其月廿四日，殯於城北十里邙山之□□禮塋之。」悲夫！陵谷易遷，崦嵫難駐，式刊芳石，用紀嘉聲。乃爲銘曰：」

猗歟公族，挺生君子。令問令望，人綱人紀。常握之寶，東南之美。」韋氏雙珠，吾家千里。其一。祖德不墜，家聲克崇，司戈」北闕，露冕南中。俄驚逝水，忽歎悲風。式刊真石，芳價不窮。」

神龍元年伍月貳拾肆日。

（北京圖書館藏拓本）

神龍〇一〇

【蓋】失。

【誌文】

大唐故亡宮六品誌石」

亡宮者，不知何許人也。蓋以良家子選入」後宮，以備内職。天生淑態，日就貞規。班氏」遺文，常守七篇之誡；漢家舊秩，行參八子」之榮。方期位以才昇，已聞名於」鳳闕；豈謂人隨物化，遽歸魄於蟾輪。以大」唐神龍元年八月日恭終於某所，春秋六」十有五。粤以其年八月廿五日，葬於某所，」禮也。嗟乎！陽春有暮，荒涼穠李之蹊；厚夜」無晨，歇滅芳蘭之氣。式彫玄礎，永秘黃泉。」其銘曰：

燕姬擅北，越女稱西，芝蘭比秀，桃李成蹊。」良家入選，内秩仍躋，六宮有位，四德無睽。其一。」落日西黯，逝川東注，忽覩佳城，永辭芳」樹。晝日何仰？聞雷必懼，萬祀千秋，塵埃一」聚。其二。」

（周紹良藏拓本　河南千唐誌齋藏石）

神龍〇一一

【蓋】失。

【誌文】

唐故亡宮七品誌石」

亡宮者，不知何許人也。蓋以良家子選入」後宮，以備内職，天生淑態，日就貞規。班氏」遺文，常守七篇之誡；漢家舊秩，行參八子」之榮。方期位以才昇，已聞名於鳳闕；豈」謂人隨物化，遽歸魄於蟾輪。以大唐神龍」元年九月日葬終於某所禮也。嗟乎！陽春」有暮，荒涼穠李之蹊；厚夜無晨，歇滅芳蘭」之氣。式彫玄礎，永秘黃泉。其銘曰：

燕姬」擅北，越女稱西，芝蘭比秀，桃李成蹊。良家」入選，内秩仍躋，六宮有位，四德無睽。其一。」落日西黯，逝川東注，忽覩佳城，永辭芳樹。」晝日何仰，聞雷必懼，萬祀千秋，塵埃一處。其二。」

（周紹良藏拓本）

神龍〇一二

【蓋】失。

【誌文】

大唐故右衛翊衛吏部常選甯府君墓誌銘并序」

公諱思真，字子仙，汝南人也。原夫開家令氏，帝顓頊之風猷；」食采分茅，姜子牙之茂族。愚智坐怡，孔宣父之興歎；扣角□」歌，齊桓公之夜爝。由是代參龜組，官襲蟬聯，史諜再詳，可略」而言也。曾祖威，齊任朝散大夫；文敷表質，朝野挹其規模；」德善居仁，朋友欽其令範。祖詮，隋任澤州刺史；六條稱教，」褰帷馳茂勣之功；百邑馴人，乘轓於焉不下。父信厚，唐任」遊擊將軍、絳州桐鄉府左果毅都尉、上柱國開國男，食邑三」百户；千夫之長，勇冠軍前；萬里持謨，横戈在後。公承兹品秩，」不墜箕裘，起家任右衛翊二府翊衛、吏部常選。公以閑居養」性，盛德在仁，束帛丘園，徵而不就。陶陶然有嵇君之雅志，侶」侶然有顏回之獨樂。不仕無義，聊持執戟之官；有道閑居，自」得安排之性。風亭命友，常招鄭驛之賓；月館開筵，即是無生」之客。誠可規模作範，將遺後昆；豈意夜舟，將同朝菌。公春秋」七十，神龍元年十月七日終於洛陽縣履信之私第也。即以」十月廿四日甲時，殯於北邙山王趙村十里高原，之禮。嗚呼」哀哉！青烏既啓，望荒壠而增哀；丹旐戒塗，睎松檟而流涕。黄」泉白日，聽鐘鼓之何時；釣渚弋林，知大暮之長夕。將恐桑田」碧海，蕪沒周原；深谷青山，俄沉胡邑。遂勒茲琬琰，以記當時，」頌彼賢才，未窮其妙。

顓頊命氏，呂望謀商，自君作固，諸侯檀方。封菜食邑，錫土分」强，調弦百里，非唯五簧。武標雄略，文質稱汪，定焉夫子，堂構」彌芳。丘園賁帛，養素行藏，何圖不意，殲我賢良。」

（録自《芒洛冢墓遺文五編》卷四）

神龍〇一三

【蓋】失。

【誌文】

南陽白水郡張公墓誌銘並序」　陝西桃林縣主簿張秦客撰」

昔者銅馬運虧，田龍矯翼，圖開白水，歷應黄星。屬以岌起南陽，聿來東井。論公繼世之業，則閈立芳碑；序其離居之謂，則臺封盛籙。別業京兆，因而家焉。公諱景，字世雄，即京兆高陵安道里人也。漢朝張霸，俗號曾參；宋國張曼，帝稱楊柳。生才可貴，馳譽五龍；死節不凋，飛英三葉。祖問，弱冠誕節，博達禮經，仰靈臺而千仞，聳情峰而萬峙。雖復奉黄公之石策，不貴將軍；襲素王之玉牒，甘心學士。隋朝官至慶州司馬。匡樹近藩，飛華遠著，辭氣爽拔，若不可干。秉生知之德，握天成之器。悲乎！年疏壠樹，風流不滅於平生；霜翦庭蘭，茀鬱尚聞於今日。父志，基構重複，門閥門軒，淵源濬深，冰清水潔，少有大度，長富虛閑，爰至立身，棲名翊府，執殳丹陛，結劍紫闈，行陪日月之躔，位接星辰之列。千門萬户，時晝地而斯成；雄辯高談，答昇天而靡滯。自强能用，行不失時，隋朝累遷至晉州録事。川含鼎寶，地出祥雲，人興附麥之謡，俗返甘棠之化。嗟乎！莊舟夜失，騰城晝開，道長運銷，卒於斯職。公以因星授彩，問日標奇，玉樹生庭，金蛇主廟。見北海之童子，並入龍門；逢洛陽之年少，競馳羊駕。器識沈毅，風儀俊爽，立言立德，有質有文。從己及人，自家移國。我大唐之爲君也：玉召山藏，車延草隱，尋聲擿實，代藉奇林。公遂唱策五經，躬參百揆，時膺選妙，惟公得人，解褐拜金州參軍；旬月，更爲秦州倉曹參軍事。兵儲是委，軍用其司，舉□有章，公私無滯。既而年符鄭嫗之相，疾甚巴翁之藥，忽乎大漸，奄見殲良，春秋卌五，卒於私第。以神龍元年十月廿七日，葬於萬年長樂鄉古城之陽也。公忠孝爲基，仁義爲准，吐納風月，騰嘯煙霞，雖混迹於簪纓，終寄心於江海。遺子之寶，黄金不貴於一經；居官之道，清操不踰於寸禄。胄子福，仲子表，季子猷，並仰遵非月，俯闢幽泉，崇雁塔於玄坰，鏤龜銘於緑野。嗚呼哀哉！乃爲銘曰：

因蛇命氏，走馬傳祧，五世封璽，七葉冠貂。兵書神授，丹竈仙調，霸城肅肅，金穴遼遼。其一。庭春玉樹，室孕明珠，生膺數合，才爲時須。學古入官，知新道逾，己犯自舉，非關勿諏。其二。業擅京輔，聲高隴山，其風可楫，其跡難攀。昇天辯妙，晝地工閑，己年會夢，庚日傷顔。其三。丸無五色，醫乖二童，大運斯及，幽精上空。墳陪數燕，塔聚羣鴻，刻傳攸續，列代遺功，悲餘松檟，獨見菁葱。其四。」

（録自《陝西金石志》卷十）

神龍〇一四

【蓋】無。

【誌文】塼。

蓋聞靈要率周，是稱六」合，坤儀之際，斯異發華。以」覆祭昭於家，擅休明者剛宅。」是以今日康富多夫人康氏，以」十月廿四日亥時崩愕。栖宿之」情，無之有也。已取其月卅日」卯時葬於邦東荒野造□」墓。然以龍輴既動，猶子竭」情，躃踴啼悲，哽咽不返。但以」久冥幽闇，載出無期，故述」其文，已明後矣也。」神龍元年十月卅日墓銘」

（録自《高昌專集》）

神龍〇一五

【蓋】失。

【誌文】

大唐亡宮九品墓誌文并序」

亡宮人，不知何許人也。初以名族名家，」幽閑窈窕，選充於職，侍奉中闈。鏘玉」珮於雲亭，濯金鈿於霞觀。漢儀□□，已」分八子之榮；周禮德遷，猶望九嬪之貴。」龍頭枕膝，未應靈心，豹尾行車，俄辭」華堂，風摧桂苑，霜墜芝房，享年不永，以」春秋五十，奄終於某所。大唐神龍元年」十一月十四日也。山沈□兮煙黯，林梢」梢兮樹寒，永閟佳城，何年月日。銘曰：蕙心蘭質，婉孌芬芳，星嬪合彩，月媛分」光。朝昇瓊閣，夕宴金房，天乎不假，人之」云亡。銀繩緘露，珠樹摧霜，佳城冥漠，□」隧蒼茫，玄扃一閉，心摧以傷！」

（周紹良藏拓本　河南千唐誌齋藏石）

神龍〇一六

【蓋】失。

【誌文】

大唐故處士康君墓誌銘并序」

君諱哲，字慧哲，其燉煌郡人也。昔因仕鄴，」今卜居焉。匡後魏而盡忠，輔齊邦而獻鯁，」故迺霏英繡篆，灑絢瑶圖，門閥家風，可略」言矣。曾祖□，北齊金紫光禄大夫；祖君政；」考積善；並蘊相國之奇謀，包衛尉之宏略。」君生而秀嶷，絶俗孤標，朋友挹其徽猷，鄉」黨欽其孝悌。竊謂上旻貽福，豈圖於此無」徵。旋屬艤掉淇洹，波濤泛溢，神龍元年六」月四日，倉猝終於涉洹之濟，親友傷悼，行」路悲嗟，粵以大唐神龍元年歲次乙巳十一」月丁丑朔廿六日壬寅遷窆於州城西北二」里之平原，禮也。親安氏，慟切明珠之碎，悲」深玉樹之摧，嗚呼哀哉！迺爲銘曰：青烏」薦兆，白鶴標墳，飛龍北走，沉鳳南分。平蕪」泣露，晦壟愁雲，行嗟玉碎，遽歎珠焚。」

（録自《鄴下冢墓遺文二卷》卷下）

神龍〇一七

【蓋】失。

【誌文】

大唐亡宮墓誌并序」

亡宮者，不知何許人也。昔以令德，納于」内宮，弼諧帝道，復我」唐業，疇庸比德，莫之與京。方當開國承」家，大君有命；豈意輔仁莫驗，殲」良奄及。享年有六十，以大唐神龍元年」十一月五日，終於某所。即以其年十二」月十四日葬於某所，禮也。嗚呼哀哉！乃」爲銘曰：

南鄰鍾鼎，北里笙竽，子其樂之，苑化爲」枯。千秋代上，萬古泉塗，幽明永隔，嗚呼」嗚呼！

（周紹良藏拓本　河南千唐誌齋藏石）

神龍〇一八

【蓋】失。

【誌文】

大唐五品亡宮墓誌銘并序」

亡宮者，不知何許人也。詳夫得姓，承家固世，」源深訓遠；惟祖惟考，有武有文，蓋存史册，可」略言者。亡宮禀秀坤儀，資神光德，端莊早着，」婉順夙聞。三五蕣年，本謂良家之子；九重椒」掖，旋登内寢之班。簪珥以禮，袿襹以則，足光」彤史之譽，有茂含章之道。而歲時易往，霜露」頻侵，婺女落於珠星，恒娥沈於璧月。以神龍」元年十二月廿日卒於某所，春秋五十有五。」即以其年十二月廿六日葬於某原，禮也。悽」愴郊野，荒涼封域。重陽季月，詎傳秋菊之文；」大夜窮泉，即對寒松之璲。乃爲銘曰：

端淑柔明，良家之子，四德六行，後宮之美。銘」菊秋餘，頌椒春始，□淹星律，足光彤史。百年」俄謝，千金莫恃，忽去椒房，奄淹沈蒿里。月苦」宵映，風悲晝起，荒璲冥然，佳城誌矣。」

（周紹良藏拓本）

神龍〇一九

【蓋】失。

【誌文】

大唐故亡宮九品墓誌」

亡宮者，不知何許人也。昔以令德，」納於王宮，弼□帝道，復我唐業，疇庸比德，莫之與京。方當開國承家，」大君有命，豈意輔仁莫驗，殲良奄」及。享年六十，終於某所；即以神龍」元年十二月廿六日葬於某所，禮」也。呼嗚哀哉！乃爲銘曰：

南鄰鐘鼎，北里笙竽，子其樂之，苑」化爲枯。千秋代上，萬古泉塗，幽明」永隔，呼嗚呼嗚！

（周紹良藏拓本　河南千唐誌齋藏石）

神龍○二○

【蓋】失。

【誌文】

周故亡宫八品誌石」

亡宫者，不知何許人也。昔以□」德，納於王宫。弼諧帝道，復我以」唐業，疇庸比德，莫之與京。於戲，」開國承家，大君有命，豈意輔仁」莫驗，殲□奄及，享年七十，以神」龍」二年正月十一日終於某□，」即以其月日葬於□，禮也。嗚呼哀」哉！乃爲銘曰：

南鄰鐘鼎，北□□□，於其樂之，宛化爲枯，千秋□上，萬古泉塗，幽明永隔，呼嗚。」

（武漢大學歷史系藏拓本）

神龍○二一

【蓋】失。

【誌文】

大唐故使持節亳州諸軍事亳州刺史李府君墓誌銘并序」

夫道之所存者久，德之所及者大；非明道不足以聿脩祖業，非盛德不足以貽」厥孫謀。故百代之祀，不唯代禄之胄；千載之慶，必歸積善之家。英門冠族，於是」乎在。公諱㥫，字納言，趙郡元氏人也。曾祖陽平郡守仲通；通生洛州司兵孝端，端生晉陽府君知本。公即晉陽府君之第三子也。幼淳至，以孝友著聞。居家悌順，爲吏清白，怡怡如家人，莫見其喜愠者。窮覽載籍，不爲章句。數代同居，闔門百口，勤苦凍餒，以身先之，所受貲俸，悉以周給。朋友之義，引重推多；僚吏之間，居難違易。弱冠明經擢第，調補梓州飛烏尉，歷揚州江都尉、華州華陰丞、洛州河南尉、雍州乾封主簿。所在咸以介特自處，刀筆稱能。丁内憂，柴毁過禮。服闋，舉清白尤異，對策昇科，授洛陽丞，除右御史臺殿中侍御史。立朝正色，有澄清之志，輶車所指，無不靡然。轉本臺侍御史。有制，廉問河東，賞善黜惡，衆咸勸畏。頃之，拜尚書駕部員外郎，徙度支郎中。心計目覽，不失豪末，軍國殷贍，於今稱之。屬東胡猖狂，寇逼燕趙，以君爲清邊軍長史。軍謀戎政，咸取決焉。公乘險若夷，臨事善斷，衆所迴避，居之坦然。以中表之累，出爲洪州都督府長史。委心去留，正身率下，宛頸戢翼，不飛不鳴。數年，除越州都督府長史，累遷泗州刺史。歲餘，除揚州大都督府司馬，又遷貝州刺史，亳州刺史。軒車所臨，壺漿繼道。借留之請，洽聞於朝聽；奏課之聲，相趨於闕下。粤以神龍元年，國朝中興之始，公自亳還都。屬賢能彙征，君子道長，方疇咨元老，以康庶績；衢亭運否，時泰命屯，嗟白日之不留，棄蒼生而長逝。嗚呼已矣！復何言哉？是歲四月廿七日遘疾終，春秋七十有二。二年歲次景午正月廿一日，安厝於北邙山原之舊塋，禮也。夫人范陽盧氏，之道之孫，元將之女，正位居室，象服是宜。總章三年，終於陶化里第，至是而遷祔焉。子處厚、處實、處直、處沖、處恭、處虚等，慎終追遠，邁德成志，卜宅題阡，瘞石壙道。其詞云：

國稱趙郡，地曰常山，邦懋時傑，錯絡其間。玄言牝谷，紫氣函關，厥迹雖謝，遺芳在焉。奕代增輝，聿脩懿德，英英夫子，行惟士則。學究本元，道夷語默，允矣悠矣，」其儀不忒。率由孝友，服勤儒墨，直內方外，自家形國。珥筆含香，建旗憑軾，所謂」君子，邦之司直。義達邦邑，名芳搢紳，善欺誰與？德曠無鄰。頓轡脩路，淪輝短辰，」于嗟天道，所輔何人？」

（周紹良藏拓本　河南千唐誌齋藏石）

神龍〇二二

【蓋】失。

【誌文】

唐故承奉郎雲騎尉行并州録事朱府君墓誌銘并序」

昔者列肆鼓刀，魏公禮其國士；尚方請劍，漢主旌其」直臣。關中任氣於五陵，江左盛名於四族。其後英靈」輩出，簪組肩隨，翼子謀孫，可略言矣。君諱照，字光庭，」家本秦雍，近居河洛。宜禄縣丞卿之孫，合河縣尉感」之子。君幼而敏捷，長而庶幾。郭泰暫屈爲吏人，馮唐」且甘於郎署。解褐任殿中省司庫。每恂恂於謹厚，不」遑遑於禄薄。毗六尚而成務，居百僚而式序。後任并」州録事。周朝則豐沛名都，唐家則會昌雄府，雄堆」案盈几，各有司存，而撮要提綱，非君莫可。不謂井桑」流夢，梁木其摧，幽塗既隔，哲人永往。去神龍元年八」月十日，卒於并府之官舍，春秋卌有七。於時痛結僚」友，悲纏行路，生妻無同匣之懽，稚子有終天之酷。以」今神龍二年閏正月十四，靈柩至都；即以其廿七日」權殯於北邙山，之禮也。嗚呼哀哉！遂爲銘曰：

大隱市朝居大梁，漢有直臣逢漢皇。推誠義士交道」芳，燮諧邦國吴業昌。惟君克構嗣崇堂，洪由纖起仕」晉陽。禍與福兮天靡常，生涯短兮死路長。墓田儼兮」枕北邙，郊野望兮鬱蒼蒼。稚子生妻兮日以泣，但見」悲風飄白楊。」

（周紹良藏拓本　河南千唐誌齋藏石）

神龍〇二三

【蓋】失。

【誌文】

曹氏故妻王三娘，長安人也。少脩真媛，苦空閑恬，觀身虵篋，五蘊防非，調善誠心，遊遣因，圓業謝奄，忽從自風，春秋卅有八。儀鳳二年八月五日捨化，即其月殯亡親院後。息智度，恐陵谷石移，人處隔易，剷題玄石，表此芳猷。至神龍二年二月八日脩建墳焉。」

（録自《金石苑蒐古彙編》卷二十二）

神龍〇二四

【蓋】失。

【誌文】

唐故右金吾胄曹參軍沈君夫人朱氏墓誌銘并序」

夫人諱武姜，字十忍，諫議大夫、國子司業子奢之孫，宣」州漂水令憺之第二女。代爲吴國著姓，春秋有邾，實建」我國，東南得朋，載昭其族，固以爍弈錫羨，代濟弘道者」焉。夫人毓柔順之茂範，誕英德之高胄。蹈禮承顔，既漸」闈閫之教；達識昭情，實備容則之美。年甫十六，有行沈」氏，克從鳳鳴之兆，且叶龍夫之睦；婉彼瑟琴之和，隆兹」紱佩之義。夫氏調宦，歷右金吾胄曹參軍，即成均祭酒」武康公之長子。茂族芳聲，德昭藝美，增冀賓之敬，暢河」魴之歡。餝恭初盥，虔奉中饋，建事武康公、吴興夫人，將」盡愛敬之道，宗黨稱孝焉。既而天實爽仁，夫氏喪背，履」煢孀之艱，存鞠養之節，觸教成訓，撫事增規，婦典母範，」形乎中外。加以恭聞義諦，禀味禪悦，契明惠之夙情，證」勤忍之精至。而福兮不諒，薪電無留，春秋六十四，大周」長安四年三月十四日，終於洛陽毓德里之私第；即以」大唐神龍二年四月廿三日，改祔於北邙之舊塋，禮也。」孟鄰撤祖，杜藏留紼，劍合泉關，□迴穀室。嗚呼哀哉！其」銘曰：」

隱嶙崇邙兮有洛泱泱，高岸深谷兮何被天長。終白日」兮匪見，哀玉樹兮埋光。蘭可摧兮桂折，噫貞惠兮委絶。」琬琰刻兮已闕，眇千秋兮苦月。」

（河南千唐誌齋藏石）

神龍〇二五

【蓋】失。

【誌文】

大唐故亡宮九品墓誌并序」

亡宮者，不知何許人也。昔以令德，」納於内宮，弼諧帝道，復我」唐業，疇庸比德，莫之與京。方當開」國承家，大君有命；豈意輔仁莫」驗，殲良奄及。亨年六十，以大唐神」龍二年四月廿七日終於某所，以」期年四月廿九日葬於某所，禮也。」嗚呼哀哉！乃爲銘曰：

南鄰鐘鼎，北里笙竽，子其樂之，宛」化爲枯。千秋代上，萬古泉塗，幽明」永隔，嗚呼嗚呼！」

（周紹良藏拓本　河南千唐誌齋藏石）

神龍〇二六

【蓋】失。

【誌文】

大唐故上柱國孫府君夫人李氏墓誌并序」

君諱惠，字智藏，其先樂安人也。因官徙族，遂居洛川焉。原夫錫裔魯邦，」茅土列僖公之胤；應符岷隴，祥虹標蜀主之門。是知臺嶺興謠，訓赤城」而長往；函關候氣，乘紫雲而不歸。祖德嘉聲，可略而言矣。曾祖噲，隋任」正諫大夫，忠亮允昭，器宇弘達，效明謀以蹇節，志務埋輪；懷讜言而匪」躬，情逾折檻。豈特譽振臺輔，名隆股肱者焉。祖愿，唐授文林郎，早沐詩」書，預遵堂構。登四科而入仕，累辟金門；對三道以昇賢，載飛雲路。惟君」毓德里閈，降心法門，尊儒好生，顧義存名。屏跡塵滓，閑居致高尚之猷；」捐名市朝，偃息敖王侯之貴。往屬申威蒲海，誅叛葱山，君首應驍雄，坐」登勳級。雖遺功棄賞，終標柱國之榮；而累善居仁，卒復丘園之趣。夫人」蘋蘩展敬，容行稱尊，操軼姬姜，道諧琴瑟。故得夙嬪高族，永結松蘿。豈」謂雄劍先沉，幾愴平津之水；栢舟後殁，更纏吹棘之哀。君以聖曆元年」七月八日寢疾，卒於里第，春秋七十有三。夫人以長安四年正月十四」日染疾，殞於家廬，春秋八十。比爲歲次相衝，辰建交歷，久虧同穴，式慘」遊魂。今乃廣選吉辰，重開塋域。青烏啓兆，崇邙枕交雨之川；白鶴來賓，」脩隴對緱山之路。即以神龍二年歲次景午五月癸卯朔七日己酉，合」葬於北邙原，禮也。嗣子右領軍衛翊衛德成，次子登仕郎、行光禄寺太」官署監膳、武騎尉德儼等，并恨深荼蓼，思切冰霜。氣結泉途，泣佳城而」長暮；心摧蒿里，悲白日於何年。山幽幽而柳挽悽，遂窀墳櫬；魂沉沉而」夜臺夕，永窆邙塵。寄列英猷，式鐫貞礎。其詞曰：

分茅啓族，指樹疎源，位隆冠冕，道貴璵璠。累葉載德，爲翰居藩，本枝流」胤，光於格言。其一。再誕岐嶷，克躬知止，栖閑里閭，屏跡朝市。從戎蒲海，稜」威赤水，高賞斯捐，茂勳攸紀。其二。室妻姬姜，道侔秦晉，如何不淑，降斯殃」舋？徂隙難停，逝川逾峻，永窆泉壤，長歸墳櫬。其三。神理遷移，化途冥寞，恨」切荼蓼，思纏城郭。地啓青烏，塋悲弔鶴，與千齡而共盡，同萬古兮寥廓。其四。」

（周紹良藏拓本　開封博物館藏石）

神龍〇二七

【蓋】大唐故永泰公主志銘

【誌文】

大唐永泰公主志石文　太常少卿兼修國史臣徐彦伯奉敕撰」

臣聞絳河南澳，天女懸於景緯；湘巖北渚，帝子結於芳雲。是以彼羲者唐，贊肅雍之」禮；坎其擊鼓，殷作配之儀。則王姬之寵靈光赫，其所由來者尚矣。公主諱仙蕙，字穠」輝，」高祖神堯皇帝之玄孫，」太宗文武聖皇帝之曾孫，」高宗天皇大帝之孫，」皇上之第七女也。倬矣帝唐，麗哉神聖，故以轞轢於王表，葳蕤於□」國□矣。公主發瑶臺之光，含珠樹之芳，蓄兑靈以纂懿，融須編而啓祥。神授四德，生」知□行，郁穆韶潤，清明爽烈。瓊蕤泛彩，拂穠李之花；翠羽凝鮮，綴香茗之葉。是以奉」言彤史，承訓紫閨，敏學雲□，雕詞錦縟。歌庶姜之絶風，吟師氏之明誥。動必」由禮，備保傅之容；言斯可則，興后皇之歎。慧志罔渝，韶音允塞，天光」誕集，楙册遄開，寵盛簪珥，邑延湯沐，大啓平陽之園，俄聞單伯之送。以久視元年九」月六日，有制封永泰郡主，食邑一千户。嗣魏王武延基，濯龍英戚，嘉魚碩望，」□樂攢於厥躬，琳琅奪於羣寶。闕父之子，獨預王姻；齊侯之家，仍爲主第。結褵星□，」□粹河洲，寶弓藏櫝，紛泌泉之上；神璫藴笥，爍炎庫之庭。紫闥盈軿，黄珪委綬，澤□」□鎖，番匳凝鏡，蔚金翠於西城，降歌鐘於北闕。自蛟喪雄鍔，鸞愁孤影，槐火未移，柏」舟空泛，珠胎毁月，怨十里之無香；瓊萼凋春，忿雙童之秘藥。女娥篪曲，乘碧烟而忽」去；弄玉簫聲，入綵雲而不返。嗚呼哀哉！以大足元年九月四日薨，春秋十有七。」皇帝在昔監國，情鍾築館，悲蒼昊之不仁，嘆皇罄之無禄。寶圖伊始，天命惟」新，顧復興念，追崇峻典。銅巖北麓，劍水東湍，賦列千乘，家開萬井。疏彤壤之贍腴，錫」□泉之首命。讀平原之誄，已徹神明；循穀也之篇，竟聞同穴。以神龍元年追封爲永」泰公主。粤二年歲次景午五月癸卯朔十八日庚申，有制，令所司備禮，與故」駙馬都尉合窆於奉天之北原，陪葬」乾陵，禮也。縞駕紛紛，頹旌掃雲。香袿□滅，哀挽風分。紅癬濃兮碑字古，蒼山合兮山」道曛，珠襦玉匣竟何向，石馬陵邊皇女墳。其銘曰：」
寶系重光，葳蕤焜煌。於穆不已，明明天子。克誕王姬，顏如桃李。桃李伊穠，王」姬肅雍。柔嘉弈德，婉嫕其容，其□允淑，既温而肅。銑鏡含葩，瓊蕤可掬。委委虵虵，如」山如河。鳳棲樓柱，龍盤織梭。百行無闕，降嬪登月。雙帶結褵，六珈環髮，神劍難駐，仙」雲易歇。仙雲歇兮慟睿情，玉管飄颻無留聲，蠨蛸飛兮錦笥滅，蝘蜓去兮銀墀」傾。哀縞挽兮露□解，徂靈輴兮日少晶。奉天山兮茫茫，青松黛栝森作行，泉闥夜臺」相窅窱，千秋萬歲何時曉？」

（周紹良藏拓本　參見《文物》一九六三年第一期武伯綸《唐永泰公主墓誌銘》）

神龍〇二八

【蓋】失。

【誌文】

大唐故中大夫上柱國行婺州東陽縣令桑君墓誌銘并序」

君諱貞，字正道，黎陽臨河人也。胄纂高辛，派分姬水。唐叔封晉，鄂伯紹」其隆基；穆公霸秦，子桑列爲卿士。假王父而開族，疏帝女之本枝，獻心」計以登榮，沐天漢之洪潤。曾瀾由其括地，夸條以之拂日。祖湛，明經高」第，累遷梓州飛烏、洛州温縣二縣令。碧樹千尋，黄陂萬頃，服膺儒術，期」拾芥以登青；歷踐吏途，屈宰蒲而綰墨。父師，不仕，隱於緱氏山。頻降」制召，箕踞自若。謂使者曰：上有唐堯之主，下有巢由之臣，何苦相迫！意」不之就。濠梁獨潔，詎希金帛之榮；谷口韜光，無求鐘鼎之貴。常思避地，」不愿成名；州縣勞人，將同桎梏；琴罇得性，自樂江湖。君毓彩丹山，誕靈」珠浦，權奇逸氣，歷東道以高驤；特達英暉，出西崐而待價。年在弱冠，有」志立功，幸承擊壤之驩，方效營田之勣。解褐比部主事，俄授都省主事；」秩滿，轉遷尚書都省都事。文昌八座，擬天樞之列星；吏局九班，光帝圖」之盛日。君清以自勵，直以奉公，妙窮管轄之機，深知算術之數，累踐臺」閣，無媿當仁。尋以君歷宦年久，廉能著稱，爰加朝命，制授朝散」大夫，尋遷晉州神山縣令。朱紱崇榮，銅章美秩，有德斯授，非賢勿居。君」化洽侵星，政成朞月。中都莅職，可爲溥天之範；下邳御人，不聞災雹之」異。俄除河州長史。公以地鄰邊服，職居上佐；思隆展驥之名，愿陳汗馬」之勇。但以疾同玄晏，頗溺書淫；材冠鎮南，常嬰傳癖。固辭此職，因而不」行。尋有恩制，改授婺州東陽縣令。公善於字物，長於御下。出宰」百里，郎官上應於星文；布政一同，令長助宣於風化。方冀江陵薄俗，變」長者之深仁；灌壇遺老，荷神君之美德。豈期時不我與，亭伯見棄於長」年；天道無知，公明不享於遐壽。以大唐神龍元年十月九日遘」疾終於官舍，春秋六十有八。即以二年歲次景午五月癸卯朔十八日」庚申，遷窆於邙山之原，禮也。嗚呼哀哉！迺爲銘曰：」

帝嚳之胄，穆公之臣，簪纓遞襲，祖德相循。或欣縉墨，或樂垂綸，語默殊」致，同出風塵。夫君載誕，氣稟星辰，良弓襲構，竹箭含筠。入參建禮，出撫」齊人，未極三歎，俄辭萬春。風雲鎮慘，松檟長新，一去千歲，旼來未因。」

（北京圖書館藏拓本　河南千唐誌齋藏石）

神龍〇二九

【誌文】銘題原作「故雍王墓誌銘」，後改「大唐故雍王墓誌銘」。

大唐故雍王墓誌銘并序」

王諱賢，字　，隴西狄道人也。「太宗文武聖皇帝之孫，」「高宗天皇大帝之第二子，」「今上之兄。述夫神源長發，聖構遐遠：白雲垂祉，虞臣所以邁德；紫氣凝禎，周史由其敷道。至哉衛尉，播雄烈於隴西；赫矣武昭，定霸功於河右。自兹以降，厥緒尤繁，克茂本枝，逾徵後大。故得神衹叶贊，天地會昌，彈壓八荒，牢籠萬古。梯山航海，局疆寓於義軒；茅社桐珪，陋車服於梁楚。王稟靈宸極，有縱自天，直置而高，自然斯遠，早標岐嶷，夙挺珪璋。孝友基身，非得之於外奬；温恭植性，固不待於傍勗。重以沖情峻舉，雅量宏通，落落千尋，汪汪萬頃，枝格上竦，波瀾長邁，邈與瓊崐等列；鬱將瑶碣齊高。梁棟乾坤，舟輿宇宙，公卿籍甚，遐邇謳歌。既而傍該流略，博綜墳典：詩析齊韓，洞嚴扃於楚囿；易分殷夏，啓秘鍵於沛場。曹國有託論之聲，丁廙致假詞之潤。分鑣並騖，重在兹辰，故以冠冕庶邦，羽儀列辟，爲五宗之領袖，當百代之規模。高宗御玉牀，握金鏡，分司列職：右戚左賢，式固邦家，用隆藩屏；頒昭叙穆，峻以寵章，礪岳紳河，延其代載。發天涣，叶良辰。迺命秩宗，搜古今之令典；爰徵掌固，草封拜之嘉儀。於是勾龍率職，分色土於宗社；司空畫界，裂奥壤於方輿。當寧昌言，徐申利建之義；揚庭在位，敬承永錫之休。迺宅附庸，奄荒晉甸。粤以永徽六年，封潞王，食邑一萬户。紅蘭被陂，朱荷冒池，東閤西園，枚鄒列客；一吟一詠，金石叶諧。聲高宗國，譽表侯甸。若乃八水朝市，五方交合，實稱天府，是曰國樞，都鄙混并，衣冠雜襲，辛家黑白之里，甲第王之居，輕軒動而川流，長袂舉而帷合，實資良懿雅望鎮之，明慶元年，拜岐州刺史，其年加授雍州牧。振綱理目，寬猛相權，曾不浹旬，政平頌舉。龍朔元年，改封沛王，加授使持節都督揚、和、滁、潤、常、宣、歙七州諸軍事，揚州刺史兼左武候大將軍，雍州牧如故。外連甸服，内兼周衛，遠近悦豫，朝野肅寧。麟德二年，加右衛大將軍，其年從駕東封，攝兗州都督。遞參心膂，兼總股肱，翊欄錡以星陳，建旌麾而岳列。暨乎登封降禪，刊玉泥金，大禮聿修，能事斯畢，巡警克著，統攝攸宜。咸亨三年八月，改封雍王，食邑萬户。出入雲霄，負揭日月，君王邈矣，度越前修，遐哉敻乎，固無得而稱也。夫前星著象，式標元子之尊；重震凝規，載列長男之位。儲副斯在，家嫡攸歸。上元二年，册拜皇太子。光膺守器，克嗣丕基。而二疏不追，四友孤絶，箴規有闕，調護匪宜，監撫虧良，宗祧弛盛，摇山落構，望苑摧基，一墜卯精，永託辰尾。文明元年二月廿日薨於巴州之别館，春秋卅有一。至垂拱元年三月廿九日，恩制追贈雍王，謚曰悼，葬於巴州化城縣境。主上端旒黄屋，正位紫宸，負扆長懷，陟岡永歎，痛飛鴒之遽絶，切斷雁之逾孤，迺命司存，緬追休烈。神龍二年，又加制命，册贈雍王。禮盛漢蒼，恩逾晉獻。乃敕金紫光禄大夫、行衛尉卿、上柱國、西河郡開國公楊元琰、正議大夫、行太子率更令、騎都尉、韓國公賀蘭琬監護喪事，册贈司徒，仍令陪葬乾陵，以神龍二年七月一日遷窆，禮也。惟王調函律吕，質藴珪璋：荆山之下，瑜瑾挺其温潤；軒丘之上，鸞鳳炤其煇光。包柱石於胸襟，動風飈於懷袖。孤挺天爵，高擅人龍，排閶闔而上征，凌扶摇而獨運。光前絶後，莫之與京；倚伏糺紛，屈伸舛互。藏山易負，去日難維，九原不追，百身奚贖。雖天長而地久，諒海變而舟移。敬輯遺塵，紀盛烈於黄絹；庶垂來代，勒不朽於玄房。其詞曰：」

兩儀交合，五運遞遷，緑圖沿渚，赤字浮川。握符括地，受命承天，本枝繁衍，茂緒蟬聯。天地降祥，山川納祉，乃資人傑，實縱英峙。瓊萼躋跗，皇孫帝子，曾嶠迥立，崇峰崫起。赫矣飈舉，悠哉海運，蘭桂異芬，琳琅奇韻。暉映萬古，磊落千刃，鳳穴驪川，含輝吐潤。康叔君衛，公旦封魯，於穆我王，重規沓矩。茂實綿宙，英聲溢寓，服義佩仁，迺文迺武。秦邦楚甸，繼稱藩國，惟玉戾止，人倫之則。寬猛靡乖，弛張不忒，帝室楨榦，天朝羽翼。儲副攸繫，冢嫡斯俟，師表列辟，津梁多士。鳴玉鏘金，旌旆猗狔，令問令望，優哉美矣！匡弼玄猷，翼宣王度，慶弔紛亂，吉凶舛互。遽迫夜舟，奄零朝露，撤樂興感，罷市纏慕。乃筮圖史，言占塋壙，丹旐逶迤，素帷飄揚。悲笳夜咽，薤歌曉唱，去我桂巖，來茲松帳。長天運節，短日摧年，冥冥萬古，杳杳三泉。墓攢哀木，塋聚寒煙，生靈共此，無聖無賢。」

（周紹良藏拓本）

神龍〇三〇

【蓋】失。

【誌文】

唐贈太子中舍人丹陽甘府君墓誌」

君諱基，字基，丹陽之著族也。昔夏之少子，天錫其封；殷之□□，□」尊其學。自齊之楚，實爲賢相之家；移秦仕吴，更是將軍之後。父□，」隋青州刺史南陵縣公，岱岳參雲，營丘負海；惠音彌紹，物在而人」亡；遺愛如初，跡遠而名秀。公嗡淳浩之精，酌河海之靈，遨翔於禮」樂之林，宴息於藝文之囿，退非矯於巖石，進不取於軒裳。仰幽人」貞吉之心，識君子全真之地。含道蘊德，自實流根，子孫多祜，公侯」必復。大唐神龍二年二月，應天皇帝以其孫元柬累竭誠亮，克」宣終始，乃下制曰：鴻臚卿、上柱國、丹陽郡開國公甘元柬祖基」等，被服詩禮，周旋道德，行爲士則，望乃人英。雖才重於時，而位不」充量，輔仁冥昧，早謝昭途，積慶洋溢，誕茲休胤，疇庸之典，已誓於」河山，錫類之恩，宜洽於泉壤。祖可贈太子中舍人。弈弈崇賢，英英」博望，綺季抗栖巖之策，乃步瑶山；闞澤飛上月之名，來遊少海。延」孫光祖，寵命遠祈於聖朝；爲官擇才，嘉名載輝於神道。揚先之」榮已備，奉終之禮未申，粤以神龍二年七月一日與夫人唐氏贈」酒泉縣君合葬於邙山，禮也。夫人坤德降靈，柔祇叶祉，都閑挺於」嬪則，婉淑聞於女儀。賓客承大被之恩，子孫洽長筵之慶。百年琴」瑟，褒贈與金夫濟美；兩劍雄雌，飛鳴向石門終合。王休徵之鑿隧，」北阜堅貞；杜元凱之爲墳，西瞻宮闕。清笳曉引，高旐晨飛。秋風起」而松檟悲，白露下而郊原慘。長子房州刺史元琰、次子鴻臚卿元」柬、少子元瑜等，并愛深同爨，無忝訓於高門；悲慟鑿楹，愿旌德於」幽壤。敬承休眄，乃述銘云：

邙之阜兮，俯瞰皇州；長河北派兮，清洛南流；山如城郭兮，地出」公侯。容衛一散兮，虛寂空留；松門何有兮，露白風秋。」

（周紹良藏拓本　河南千唐誌齋藏石）

神龍〇三一

【蓋】失。

【誌文】
大唐故亡宮七品誌石。年六十。」亡宮者，不知何許人也。昔以」令德，納於王宮，弼諧帝道，」復我唐業，疇庸比德，莫之」與京。方當開國承家，大君有」命；豈意輔仁莫驗，殲良奄及。」以神龍二年七月一日葬於」某所，禮也。嗚呼哀哉！乃爲銘曰：」南鄰鐘鼎，北星笙竽，子其」樂之，宛化爲枯。千秋代上，萬」古泉塗，幽明永隔，嗚呼嗚呼！」

（周紹良藏拓本　河南千唐誌齋藏石）

神龍〇三二

【蓋】失。

【誌文】

平昌孟公祖母吴郡陸氏墓誌銘并序」夫人吴郡陸氏。昔將軍之固守西陵，大夫之請羈南越，在吴」則三江著姓，居代則六郡良家。洎宇文孝皇，龍戰於野；夫人」列祖，鶴鳴於幽。仲父之飛鴻爲翼，武侯之猶魚有水。故吹律」而知始祖，委輅而易本宗，遂爲河南洛陽人也。大父以鳳」策勳，躍爲拜爵，出交霜戟，入陪雲陛。考秀，隋金部員外郎，稍」遷青州刺史，錦帳方褰，彤襜欲去，行不疵於侍女，言必信於」童兒。夫人麗以玉顔，佩以金燧，鳳儀婉順，初偃蹇於執巾；天」骨柔閑，竟芬芳於奉箒。年廿有二，適慶州刺史平昌孟氏諱」孝敏。諧玉琴於宋子，韻寶瑟於齊姜，母訓克宣，女師逾劭。蘭」言則軌範閨闈，蕙問則儀形邦國。嗟乎！雲臺神女，畹晚何依；」雪浦仙妃，飄飄永去。春秋八十有五，永淳二年十月三日終」於以神龍二年七月廿日，遷祔於先塋，禮也。惟夫人廣」被昭乎内則，徹薦洽乎中饋，□修斷織之教，式旌投杼之恩。」何晤乘龍，翻傷逐鳳。孫處忠，昭武校尉、前左武衛新林府左」果毅都尉。痛貫杯圈，哀纏匳鏡，粟支養祖，禄賜順孫。方懷孺」慕之悲，旋誌幽貞之操，銘兹翠□，飾彼黄泉。其詞曰：」浩浩洪源兮火爲正，芒芒始祖兮宇爲姓。美彼禯華兮擅材」令，灼若芙蕖兮甫行娉。奉悦就養兮承温清，結纓祇事兮先」至性。黄金不眄兮資淑哲，白璧見辭兮推義烈。悙悙弄鳥兮」誰復悦？愴愴初鶏兮禮焉設？泣玉崩心兮治以絶，勒石旌芳」兮期不滅。」

（北京圖書館藏拓本　河南千唐誌齋藏石）

神龍〇三三

【蓋】失。

【誌文】

大唐故右金吾衛守翊府中郎將上柱國黑齒府君墓誌銘并序」

公諱俊，即唐左領軍衛大將軍燕國公之子焉。分邦海濱，見美玄虚」之賦；稱酉澤國，取重太沖之詞。公」熾種落於遐荒，積衣冠於中國。立功」立事，懸名於晝月之旗；爲孝爲忠，紀德於繫年之史。曾祖加亥，任本」鄉刺史；祖沙子，任本鄉户部尚書；並玉挺荆山，珠光蔚浦，耀錦衣於」日域，風化大行；撫仙署於天涯，□臺時叙。父常之，皇朝左武衛大」將軍、上柱國、燕國公，贈左領軍衛大將軍；材冠孤臣，行光金氏。功蓋」天地，仲孺之任將軍；賞茂山河，邵奭之封燕國。死而可作，褒贈載榮。」公稟訓將門，夙懷武略，陶謙兒戲，即列旌旗；李廣所居，必圖軍陣。由」是負燕頷之遠略，挺猿臂之奇工。弱冠以別奏從梁王孽西道行，以」軍功授游擊將軍，任右豹韜衛翊府左郎將，俄遷右金吾衛翊府中」郎將、上柱國。高践連雲之閣，俯從秋省之游，珥晉代之華貂，盛漢年」之車服。方冀七葉貽慶，以享西漢之榮；豈圖二豎作□，俄從北斗之」召。以神龍二年五月廿三日遘疾，終洛陽縣從善之□，春秋卅一。烏」呼！城府颯焉，邦國殄瘁。惟公志氣雄烈，宇量高深。雖太上立功，劬勞」苦戰；而數奇難偶，竟不封侯。奄及殲良，朝野痛惜。即以神龍二年歲」次景午八月壬寅朔十三日葬於北邙山原，禮也。途移楚挽，路引周簫，」窀穸將開，黃腸遽掩。封崇既畢，翠柏方深，紀餘恨於珪玉，庶碑字之」生金。銘曰：於維后唐，求賢以理，頹當見用，秺侯入仕。西戎孤臣，東夷之子，求□如不及，片善斯紀。其一。紀善奚謂，加之冠纓，忠以立勳，孝以揚名。允矣」皇考，早勵清貞，孝哉令嗣，無墜厥聲。其二。厥聲伊何？將門武德，受命」分閫，立功異域。克定禍亂，掃除氛慝，哥鐘賞賢，車服表德。其三。車服伊」何？金吾最盛，美矣夫子，膺兹寵命。高閣連雲，華貂疊映，享此積善，冀」傳餘慶。其四。餘慶不延，俄終小年，梁木斯壞，彼蒼者天。挽悲蒿里，簫喝」松阡，一埋白日，永瘞黃泉。其五。」

（北京圖書館藏拓本）

神龍〇三四

【蓋】 失。

【誌文】

大唐故亡宮九品誌石。年七十。」亡宮者，不知何許人也。昔以令德，」納於王宮，弼諧帝道，復我唐」業，疇庸比德，莫之與京。方當開國」承家，大君有命；豈意輔人莫驗，殲」良奄及。以神龍二年九月十九日」葬於某所，禮也。嗚呼哀哉！乃爲之」銘曰：

南鄰鐘鼎，北里笙竽，子其樂之，宛」化爲枯。千秋代上，萬古泉塗，幽明」永隔，嗚呼嗚呼！」

（周紹良藏拓本　河南千唐誌齋藏石）

神龍〇三五

【蓋】 大唐故崔府君墓誌銘

【誌文】

大唐故文林郎崔君墓誌銘并序」

君諱沉，字處道，博陵安平人，晉吏部尚書洪十一代孫也。□龍」降神，玄龜啓繇，匡周翊夏，勤宣底績，輔秦相齊，恢列洪緒，備於簡」諜，可得而言。高祖延伯，後魏豳、□、荆、并四州刺史，左衛將軍，贈儀」同三司，定州刺史，司空，新豐武烈公； 含元亨之德，蘊仁明之度，道」源純深，政理寬簡。 曾祖丘山，北齊輔國將軍、山陽郡太守； 祖公逸，」北齊開府參軍，隋泗州司馬； 父善操，隋宋城令，皇朝檀州司户」參軍； 咸以增基重芬，昭慶繁祉。 君七歲誦孝經、論語，十二通毛詩、」尚書，皆精義貫理，默而識之。 司户府君昔任蘄州司法，時刺史隴」西李玄道材地之選。 君年甫丱稚，嘗侍坐談論，釋難如神。 李君敬」而愛之，期以深寄。 雖元禮之賞文舉，不能過也。 十六師冀州蘇諶，」講左氏春秋，鈎深索隱，欑義激滯。 諶斂衽牽對，迷向所圖。 既而歎」曰： 吾道盡於此矣！ 豈異人乎哉？ 由是遠近稱之，謂爲英妙。 尋丁外」艱，漿水絶口，號慕感鄰，杖而後興，家人莫識。 貞觀十七年，□貢明」經高第，授文林郎。 十八年遘疾，終於宋城縣欽賢里第，年廿有四。 」嗚呼哀哉！ 君器幹天成，仁義冥受，言爲憲則，動中禮經。 加以神用」無方，巧藝極思，嘗耳目所覽，必闇成於心，雖古之班□何以爲匹。 」顔子云亡，孔父斯慟，豈與夫知與不知，感慨如失者耳！ 猶子仙童，」等，以神龍二年十月十四日遷兆於偃師縣西廿五里邙山之陽，」禮也。 地繞河洛，山原自古； 墳幽泉夜，穸室長寒。 銘曰：」

山嶙峋兮盤崖藏雲，而降靈氤氳； 河渤潏兮衝濤沃日，而異」不閒」出。 珪璋璀□兮明其度，芝桂芳薰兮盈其室。 聳喬梧兮綵□□，冒」芳卉兮春露晞。 言行成兮虚義宇，琴書謝兮空禮闈。 黯孤墳兮儼」雙闕，荒草露兮寒松月。 閟宅兆兮終古，藹聲塵兮無歇。」

前洛州伊闕縣尉河南褚璆文。

（周紹良藏拓本）

神龍〇三六

【蓋】失。

【誌文】

□文政墓誌」

□諱客，字文政，其先扶風人也；隋任遷居，故今爲邢州青山縣人焉。丹水□」祥，含八川之粹氣；紫泉流慶，飛三輔之英聲。引派疏湟，遂傳芳於兹邑，詳」諸簡牘，可略言矣。祖通中，承亞聖大賢散騎常侍，後遷恒州真定縣人；」卿門耀日，旋臨岱國之符；帝幄聞哥，高取漢皇之印。後將軍之車騎，寵謚□」時；京兆尹之風神，聲飛季葉。高才大略，鄉族所推；彊記博聞，親朋駭□。□」斤錯□，坐銅墨而多閑；白雪調弦，處脂膏而不潤。父政，少而岐嶷，有宗□□」遠量，天性孝友，童幼時便卓爾不羣。閑曠寡欲，不言世利，博尋經史，□有□」才。州閭鄉黨並敬而慕之，朝庭公卿皆愿通友，遂聲名遐振，上徵爲廣武將軍。□」身參七略，志列五戎，出咆勃於邊隅，入屈骨節於行伍。豈謂彼蒼不饒，構□□□」春秋七十有三，終於私第。夫人何氏，凝情碧落，分月以符禎；毓質銀河，□□」□而降祉。故得器宏川嶽，禮義峻其神□；理當寰瀛，□□□其性□。□□」□□，□家之悔是同；五德不足，六壼之規斯茂。□其□□□日□□□□□」□鏡於粧蓮，翳蒼茫之沴氣，春秋三十，終於家閣。以神龍二年十月□」□□葬於青山縣南十里平原，禮也。其中西鄰鵲嶠，與霄漢而連峰；」□□□濱，共滄溟而洸瀁。南□□□俱傳耆舊之□□北帶脩基，列□」□□之屢集。嗣子胡仁等，追昊天之罔極，徒□負米之悲，

□□迷魂，有虧」抽笋之癒。蓼莪□□松柏頹□恐陵谷之變遷，述斯文以爲記。其詞曰：」
□泉流□，川水降祥，氤氳□□，□□芬芳。派枝分葉，立紀□綱，□□□」□，□守□陽。其一。簪纓累
襲，冠蓋□□，蟬聯統結，黼紱□鞫。規撫遐邇，□□□」□，爰□斯□，用贊欽明。其二。叩地有□，昊天
無報，□□□□，堂高□造。」□□□□，□□何告？□□□□□□□□」

（録自《京畿冢墓遺文》卷上）

神龍〇三七

【蓋】失。

【誌文】

大唐故朝議郎行益州大都督府士曹參軍事李君墓誌銘并序」
君諱延祐，字同心，趙國贊皇人也。重華濬哲，選咎繇以期理；宣尼齊聖，師老」氏而休復。世濟其美，
不墜厥聲，備乎史牒，言之詳矣。七代祖比部尚書，太常」卿、秦、梁、雍、益四州諸軍事，征南將軍，開
府，太尉，高平宣王順；順生兗州刺史、」秘書監、東平將軍、濮陽康侯式；式生淮南大都督、驃騎大將
軍、信州刺史、鴻」臚卿、文公希禮；禮生明威將軍孝衡。并氣壓時雄，才灼邦彦，隨陸無武，絳灌」無
文，匣干越而三顧，凌扶摇而一息。祖素王，隋左親侍。靈鳳將鶵，始鳴丹穴；」觸龍季子，爰備黑衣。
何昇其華，而墜其秀。父仁緯，徐州司户、蘇州司功、相州」臨漳、滄州東光二縣令。文虔雨洽，許劭風
行，既割漳浦之雞，復狎海濱之雉，」物偃斯化，載紆其德。君即東光府君第三子也。傑穎騰楚，崇巖翥

拔，滋畹蘭」以振馥，藝甫柏而淩寒。搴粹經史，揚華文翰，名教多地，禮樂固天，雅尚沉古，」不求聞達。而四人異業，三徑屢空，始就翹車之命，言從代耕之秩，授絳州龍」門縣主簿。鄧殷茂士，仇覽大賢，虛往實歸，上欽下理，轉蒲州河東縣主簿。晉」野西垂，秦征東壤，鴞集維栩，鸞棲於棘，遷彭州司士參軍事。啓塞從時，器械」不窳，咸洎庶績，佇君而康，遷益州大都督府士曹參軍事。西南奧府，雕綺實」繁，鐫鏤參神，精妍若化，織羅雲卷，絢錦霞縟，百工所就，四海是資。君革其濫」苦，公私僉賴，方階尺木，以躡雲景。如何分陰，倏焉零暮，以大唐神龍元年十」二月一日暴終於益州之廨舍，春秋五十有五。君操履沖和，玄姿孝友，秉彝」允淑，復禮歸仁，道映簪組，家聞郡國，毀譽不驚，得喪無概。乘浩然以頤曠，泛」逌爾以遠適。方當正容悟物，宜道佐時，彼倉者天，殲我良懿，嗚呼哀哉！粵以」神龍二年歲在景午十一月辛未朔二日壬申葬於東都北邙山之舊塋，禮」也。夫人清河崔氏，祖義玄，御史大夫；父神基，大理卿。華緒昌冑，含章毓德，芳」萍水閱，孤竹山頹。望千騎而摧心，懷兩髦以永泣。三子曰回、曰縚、曰求。藐是」童幼，慕深欒棘，踐詩庭而罔極，攀作室而長號。言識徽音，旌之埏隧。銘曰：

赫矣高陽，世篤不亡，顯允君子，知微知章。經德秉哲，謂壽而昌，曷云遘厲，天」命不將。玉匪堅朗，蘭匪秀芳，令問令望，峨峨湯湯。」

（周紹良藏拓本　河南千唐誌齋藏石）

神龍〇三八

【蓋】失。

【誌文】

唐故潞州銅鞮縣□□□□□君墓誌銘」

君諱仁，字方；彭城□人也。□漢水開源，分軫□」之遠派；汾川湧浪，□朔鳳之□基。可略而言。□」祖進，板授洛州長史；祖萇，板授雍州長江縣」令；並山河異氣，星□奇精。學以周孔爲師，德□」温良爲本。不謂石□易謝，未盡登山之遊；水閲」難停，俄軫逝川之歎。春秋五十有六，卒於家第。」夫人趙氏，姿容挺妙，□凝伴鳳之棲；骨法多奇，」色湛遊龍之浦。豈其□凋蕙苑，雪下芝田，徒看」向月芝影無復淩波□□步。即以神龍二歲次」景午十一月辛丑朔□日己酉，合葬於銅鞮縣」北四里平原，禮也。其□□櫝參差，恒悽苦霧，白」楊肅索，鎮起悲風。孤□□女，擗踴攀號，淚班飲」雪之筠，思斷摇風之□。嗚呼哀哉！乃爲銘曰：」

前漢後元，龍躍鳳翔。□□其貴，五代其昌。居晉」道合，佐蜀名揚。祖宗□□，帝系彌長。君惟杞」梓，人似琳瑯。夫□□□，作訓閨房。天邊□白，」地下泉黃。千秋萬□，□□倉□。」

（古文獻研究室藏拓本）

神龍〇三九

【蓋】 失。

【誌文】

大唐天水趙氏故山陽范夫人墓誌銘并序」

若夫靈根擢秀，峙繁林而交蔚；昌源寫潤，疏易水而」分流。故能道貫三從，昭母儀之合則；業該四德，合箴」婦之規模。曾祖昂，隋任舒州録事參軍；埒心風草，比」節松筠，矯翮霄崖，排虛之操逾遠。祖彦褒，唐任泗州」漣水主簿；夙標岐嶷，幼履忠貞，仁義昭明，孝讓早著。」父守玄，唐任趙州象城主簿；渾金潤彩，映紫嶠以韜」明；秀玉流津，折翠波而含色。夫人范氏，山陽河南人」也。凝姿淑婉，影泛標靈，動合禮儀，言成訓典。忽以幽」隧杳冥，賢愚不間，夜臺無昧，今古同歸，忽恍之間，幽」明遂隔，寤寐之際，留去永乖。嗚呼哀哉！粤以神龍二」年十月十二日於澠池縣，其日終於私第，春秋年」登六十。即以其年十一月二十日殯於河南縣北邙」山平樂鄉，之禮也。夫人夙習善緣，平生齋戒，闡揚聖」教，精微體生滅之機；不二之談，以拯羣迷之説。豈謂」逝川易往，隙駟難留，落月將沉，摧兔輪而掩魄。嗚呼！」乃爲銘曰：

蘭芳桂馥，水潔松清，操志彌重，恭順逾」明。其一。東注逝川，西傾落景，音徽一謝，去留斯永。其二。動合禮」儀，言成訓典，德備内則，名芳外闈。其三。寂寂荒郊，悠悠蒿里，薤露朝晞，揚風夕止。」

（録自《芒洛冢墓遺文五編》卷四）

【蓋】失。

【誌文】

大唐故處士騎都尉李君墓誌銘并序」

君諱通，字庶幾，之先趙郡人也。曾祖建，北齊澤州晉城縣令。始公爲密」縣丞也，仰止嵩巖，高尚潭壑，將卜鄰於仙室，創別業於神畿，代嗣習居，」因爲河南告成人也。祖興，隋蜀王府騎曹參軍事；父寬，皇朝定州」無極縣令、上柱國；才與代出，官惟德進，曳長裾而聲雄，理中都而化美。」君間氣鍾秀，元精授和，金玉其光，芝蘭其馥。弱冠侍衛天闕；考終，」調補滑州酸棗縣丞。清防嚴更，表勤勞於八校；彈冠結綬，得妙選於貳」曹。未到官，會無極府君卒，崩心絕地，泣血終天，至性之極，時輩無比。服」闋，迺無宦志，於鄉黨恂恂如也。甲第陪於京室，得安仁于洛之閑，梵宇」列於庭闈，持菩薩在家之戒。其營寶偈，廣造真容，珍琦藻繢之蕃飾，香」蓋幡花之徧滿。君箕坐卒歲，蔬食清居，富貴委於子孫，農桑率於僮僕。」福謙與善，天恒其數；甘食美服，歲廣其資。樂氏之遠，聞於聚散；計然之」德，屢及於親友。俄丁母艱，沉痛瘖巨。雖禮從俯就，墓服可以外除；而慕」感永終，柴毀結於内疚。浸成痼疾，迨及頹齡，精意法門，顛沛無怠。春秋」七十有六，終於洛陽遵教里第。天不遺老，代忽殲良，凡曰親仁，孰不流」淚。夫人渤海高氏，勤劬婦道，鏡監女圖，空流芬於内則，早沉輝以下代。」粤以神龍二年十一月廿日，合葬於北邙山平陰之原，禮也。嗣子懷遠，」前任宣城公主府功曹參軍事、朝議郎、上柱國；次子懷俊，前任京苑總」監西面監、正議大夫、上柱國。大連之弟，小吴之兄，慟極拜圖，哀窮晝壁。」閟雙魂以同穴，既叶周公；觀九原以思人，須知隋武。迺掇芳里頌，撰美」時談，刊石勒銘，以存不朽。其詞曰：」軒皇命氏實蕃類，伯陽厥宗特隆熾，遥遥子孫紛不墜，藹藹行藏兮迺」異。人皆拘滯好榮事，君獨清閑討真秘，茹哀風樹禄不遂，蔬食洛京守」淳粹。重農水火比充備，賑物州閭賴兼遺，祇礪童蒙激頹季，故得傳芳」異天地。」

神龍二年歲次景午十一月辛丑朔廿日庚申。」

（北京圖書館藏拓本）

神龍〇四一

【蓋】失。

【誌文】

大唐故通議大夫使持節興州諸軍事興州刺史上柱國劉府君墓誌銘并序」

府君諱寂，字無聲，梁國濉陽人也，蓋陶唐氏之苗裔。流芳垂裕，緜」緜乎遠哉。府君即漢梁節王廿五代孫，盛烈傳於國史，外姻備於」家諜，是以略而不載也。高祖景度，後魏太常卿本州刺史；曾」祖裕，北齊兖州刺史；祖霸，隋括州刺史；父瑗，皇朝雍州櫟陽」縣令；並令問承家，象賢繼體，金箱玉振，弈葉重輝。府君降河岳之」靈，禀沖和之粹，公材公望，允武允文。敦百行以資身，精六藝以致」用。海内名士，莫不思謩其翰藻，欽屬其高義。非道成業就，其孰能」與於此乎？於五聲十二律，妙絕終古，恨時無知音者。作樂論一章，」以俟來哲。年未弱冠，明經甲科，解褐洛州參軍，歷職十四政，入登」尚書郎，出撫郡國，位至通議大夫、沔、興二州刺史。孝於惟孝，友於」兄弟，自家刑國，達於爲政。故所在著能名，百姓畏而愛之，信而安」之，古之循良，蔑以過也。春秋七十有二，神龍二年四月八日遘疾，」卒於興州官舍。吏人街號巷哭，若喪慈親，士大夫流涕，泣其遺愛，」所謂愷悌君子，人之父母者歟？夫人河東裴氏，祖湛，相州鄴縣令；」父玄慶，大理司直。女則婦容，光稱絕代，如何不淑，碧樹先凋，享年」卅，上元二年二月廿一日夭於長安，權殯於滻川之西原。粤以神」龍二年十一月卅日合葬於洛陽北邙山，遵周公之制也。子通等」烝烝孝心，哀哀孺慕，懼陵谷之遷變，懿金石之永存，思銘景行，垂」之不朽，乃顧狂簡，直書其事。雖文野而質勝，貴詞約而義實。遂爲」銘曰：

放勛欽明，餘慶延兮；綿代暨漢，惟弈賢兮。帝王之胄，」增蟬聯兮；於昭使君，孕璿泉兮。天姿瓌傑，挺自然兮；强學美藝，人」文宣兮。達樂識音，雅論傳兮。才爲時須，拾青紫兮；歷官十四，仁風」靡兮。生涯超忽，溘已矣兮；白馬旒蘇，歸帝里兮。嘉偶先謝，拱樹迥」兮；改卜兹土，佳城閉兮。恭聞名者，實之賓兮；敢援直筆，揚清塵兮。」

（周紹良藏拓本　河南千唐誌齋藏石）

神龍〇四二

【蓋】　失。

【誌文】

大唐故亡宫九品誌石」

亡宫者，不知何許人也。昔以令德，」納於王宫，弼諧帝道，復我」唐業，疇庸比德，莫之與京。方當開」國承家，大君有命；豈意輔人黃驗，」殲良奄及，年享神龍二年十一月」二日終於墓所，即以十二月三日」葬某所禮也。嗚呼哀哉！乃爲銘」曰：

南鄰鐘鼎，北里笙竽，子」其樂之，宛化爲枯。千秋代上，萬古」泉塗，幽明永隔，嗚呼嗚呼！」

（周紹良藏拓本　河南千唐誌齋藏石）

神龍〇四三

【蓋】　失。

【誌文】

大唐故處士陳君墓誌銘并序　別敕選韓筠撰并書」

君諱泰，字泰，潁川人也。原夫西漢舒驩，投轄之賞飛舉；東」吴待士，懸榻之躅騰徽。代有其人，豈假一二談也。曾祖逸，祖」暉，父方，並傳以仁義，富以詩書，遠掩題月之名，旋紹聚星之德。」君惟良構，乃胤崇基，年甫弱冠，補州學生。友十哲而昇堂，」契四科而入室。成麟之業言就，翥鵬之吹詎遵。爰徇棲遲，」甫循高尚，閑居之歲未洽，壯室之年奄終。以顯慶五年十」月十一日遘疾，終於會節里私第，春秋廿九。夫人常山房」氏。巫雲授彩，洛雪凝姿，箴誡兩兼，容德雙美。往以君先朝」露，將閟夜臺，守志孀帷，亟移灰管，暑遷寒襲，卌餘年，撫幼」攜孤，聞諸里閈。易錦裀以苫席，代羅幬以素帷。崩城之泣」坐踰，同穴之幽行際。復以神龍二年十二月七日，終於南」市旗亭里第，春秋七十二。粵以其年歲次景午十二月辛」未朔廿七日丁酉，同窆於邙上之陽，禮也。縞騎吹舟，旐横」空際，崇邙以啓塋，踰清洛以徑渡。君以家罕當璧，室有盤」絲，爰命好仇，作配君子。長女前壽春王府司馬徐知運妻。」眄風樹以崩心，茹霜荼而裂膽，嘯僕松槧，來紀楸銘。詞曰：」

承舜緒兮而封陳，光垂裕兮際伊人，遺榮名兮物外賞，實」英髦兮席上珍。驚閱川兮流忽逝，歎徂景兮輝遽淪。有好」仇兮洽潘陽，悦和鳴兮鏘鳳皇。鴛屏驩兮共履，龍匣掩兮」齊芒。祭有數媛，庭無主喪。惟淑媛兮號旻蒼，勒兹銘兮天」地長。鶴塋一閟何緜邈？丘隴空懸明月光。」

（北京圖書館藏拓本）

神龍〇四四

【蓋】失。

【誌文】

□唐故亡宮八品誌石」

亡宮者，不知何許人也。昔以令」德，納於王宮，弼諧帝道，復哉」唐業，疇庸比德，莫之與京。方當」開國承家，大君有命，豈意輔人」莫驗，殲良奄及，享年七十。以神」龍三年正月十一日終於某所，」即以其月日葬於□禮也。嗚呼哀」哉！乃爲銘曰：

南鄰鐘鼎，北里」笙竽，子其樂之，宛化爲枯。千秋」代上，萬古泉塗，幽明永隔，嗚呼嗚」呼！」

（周紹良藏拓本）

神龍〇四五

【蓋】失。

【誌文】

唐故户部侍郎贈懷州刺史臨都公韋府君夫人河東郡夫人裴氏墓誌銘并序」

原夫四教聿修，實告虔於蘋澗；三從展義，終致養於蘭陔。鮑」門率禮有儀，孟里擇遷成訓，濟斯美者，允屬夫人乎？夫人諱」首兒，河東聞喜人，魏中書侍郎、散騎常侍讓之之曾孫，隋膳」部員外、常州司馬掞之之孫，皇朝通事舍人，樂壽、臨津二縣令」恭道之長女也。鼎氣摛靈，映玉山而并照；羽儀冠代，蔚領袖」而孤標。黼黻搢紳，軒蓋區宇，傳諸縑簡，可略言焉。夫人誕自」禮闈，夙承母教。柔儀婉順，藻旭景於虹梁；雅性仁明，滌光風」於翠渚。汾澤圖史，鄙夜觀之匪公；砥礪組紃，固朝聞之是與。」女則攸屬，人無聞言。洎乎六禮克陳，三星在御，結褵式誡，侍」櫛思虔，恭修帉帨之容，載驛珪璋之美。鳳鳴之兆，躋好合於」瑟琴；螽斯之德，飾勞謙於帷闥。蕙聲由其允塞，松操於是彌」堅。臨都公望重郎官，位隆京尹，黄裳元吉，朱紱斯皇。夫人慶」叶乘龍，禮光服翟，從夫有秩，授河東縣君，未幾，又進封郡君。」累荷朝章，亟紆命室，道孚主饋，行遵舉案之儀；寵洽專城，遽」軫頹墉之酷。有制贈公懷州刺史，夫人因錫河東郡夫人」焉。悲夫！儀班泉户，式念舊而加榮；拜秩孀閨，歎偕先而增慟。」閫門成化，闢虞堂而薦賞；藏舟忽往，掩莊壑而俄淪。以神龍」三年三月六日遘疾，終於合宮道德里之私第，春秋七十六。」粤以其年四月六日，權窆於洛州平樂鄉之原，禮也。敬叙德」音，俾鐫琬琰。其銘曰：」汾河寶鼎，鄒魯金籯，代濟其度，人擅其英。元符好合，實謂和」鳴，言容粉黛，孝友鞶纓。賓儀鏡湛，閨範璣明，七章貽則，三徙」居貞。方期南壽，遽税東征，唯餘松路，永播芝聲。」

（北京圖書館藏拓本）

神龍〇四六

【蓋】 大唐趙郡李氏墓誌銘

【誌文】

大唐太原王君故夫人趙郡李氏墓誌銘并序」

夫人諱清禪，趙郡人也。曾祖德盛，隋西城郡守，」皇朝贈魏州刺史，謚獻公。祖義府，皇朝中書令、右」相、河間郡公。周贈揚州都督，皇朝贈太子少保。父」澤，周朝任桂坊司直。夫其厥初命氏，紫氣浮開，中葉」發英，仙舟泛洛，降及魏晉，翼嗣浩繁，迄於周隋，象賢」不泯，公侯必復，亮采皇家，器業光隆，聲芳溢曜者」矣。夫人誕靈淑慎，植性惠和。躬儉由師，志在幽閑之」致；尊敬保傅，情專煩辱之勤。年甫十九，嬪於太原王」昕。詩不云乎？女子有行，遠父母兄弟之謂也。既而輔」佐君子，光輝内則，沃盥無怠，薄澣靡寧，體静嘉以出」言，習純柔而演訓，婦德光備，閨儀温肅。庶幾與子偕」老，宜其室家。而石火道飈，生涯奄倐，春芳夏縟，霜露」先秋，以神龍三年三月廿九日遘疾，終於私第，春秋」廿有五。

以其年四月六日，權殯於邙山之高原，禮也。」邙山壘壘誰家墳？刻石昭昭閟斯文。君見壠頭懸苦」月，豈知泉下瘞行雲。迺爲銘曰：」窈窕淑女兮作嬪君子，芳菲穠李兮春榮資始。期偕」老兮良愿違，未凜秋兮嚴風起。古來先後兮更相送，」一晝一夜兮東流水。」

（周紹良藏拓本　開封博物館藏石）

神龍〇四七

【蓋】　大唐故任夫人墓誌銘

【誌文】

維大唐神龍三年歲次丁未四月廿」四日，雍州櫟陽縣嚴明府夫人任氏」卒於延康里私第，春秋卌。粤□□五」月五日壬寅權殯於雍州萬年縣滻」川鄉之白鹿原。嗚呼哀哉！夫人有德」有容，克言克藝，宜我家室，光我瑟琴，」肓子惟三，歷年六十，次疾一□，棄此」而止。天乎天！何毒之甚。略銘之曰：」悲夫皇天，今我哭訴。兹婦柔哲，内□」□及。□劫何愆，中年奄故。忍棄沖藐，」俾於偏露。篋笥非主，脂粉猶香。聽靡」遺息，瞻無一光。去此堂隩，歸乎野荒。臨穴□舟，風吹白楊。」

（録自《考古通訊》一九五六年第六期　「西安東郊唐墓清理記」陝西文物管理委員會）

神龍〇四八

【蓋】失。

【誌文】

大唐中興成王府參□楊府君墓誌并序」

君諱承胤，字龍，洛州□縣人也，炎漢楊太尉後。弈弈仙基，分軒丘而吐冑；攸」攸別派，掩鼉水而疏疆。徙層構於天街，族高河石；系芳蕤於地緒，道映區中。」瓜瓞滋緜，羽儀紛藹，斯並焕乎家牒，刊夫國史。曾祖彥，隋任邛州司馬。藏用」見人，經文緯武，簪纓統緒，凝監前脩，縉紳紬胤，羽儀當代。祖禕，唐任隆州司」户。韞異幾符，馳聲剌舉。亭亭直上，切雲漢以横飛；落落高標，冠士林而擢秀。」父行褒，唐任舒州司法。含咀微言，抑揚至敬。聲馳日下，流雅譽於黄童；道靄」雲衢，擅清猷於樂鏡。君稟粹金精，敷華玉種。鳳毛夙表，先輩欽其象賢；麟角」□彰，邦后嘉其雄辯。括蒼溟於雅量，納漢吞江；飛爽韻於清飈，吟松振竹。罩」□門而爲譽，浹天壤以馳芳，皎皎焉若瑶臺之銜璧月，嶢嶢也似嵩嶺之冠」羣峰。固以絶迹後昆，連華上哲矣。長安元年，釋褐爲海州參軍。朱鸞聳翮，仰」天路而層飛；騄騏驤首，瞻帝閑而迴躍。神龍二年，昇爲成王府參軍事。連城」去趙，高騰就日之輝；照乘遊梁，俯諧澄月之賞。若乃羽陵逸簡，緗紈縹卷之」書；延閣靈文，王板金縢之記。漢皇遺篋，魏冢殘編，西母真圖，南宫故事，亦有」青箱秘説，理奥言微；黄絹貞碑，詞幽旨遠。莫不五行流吻，舉目便執其宗；一」覽緘心，啓軸輒諺其賾。眇符秋駕，涣若春冰，無俟沉妍，自登其用。豈謂玉衡」馳運，降昴不留，箭水驚瀾，逝湍長委。乃以神龍三年歲次丁未五月戊戌朔，」遘疾於永昌縣章善坊私第；其年六月丁卯朔七日癸酉，豈謂積善無徵，奄」從風燭，春秋五十有二；其年七月一日景申朔，旋葬於北邙山之平樂鄉之」原，禮也。惟君沉深有雅度，廓落多奇節，壯鋒鋭於情關，坦繩准於心路。遊源」泳末，挹者莫窺其涘；離堅合異，聽者咸解其頤。鵬路方亨，俄聞折翮；龍津旦」躍，遽見摧鱗。遂使隴上新哥，悲延薤露；平陵舊曲，恨切衰桐。哀子嗟扣地」之無追，恨終天之永隔。以爲巖巖華表，事匪貞堅；烈烈行楸，終應槎枿。刊諸」翠琰，摭彼遺塵。其詞曰：」

登龍錫胤，和犢遷苗，重規齊美，奕代光昭。載生雄傑，克誕琨瑶，清瀾海鏡，層」仞霞標。其一。有美象賢，重暉華緒，躡景駿發，披雲秀舉。韻爽梧孫，芳凝桂嶼，澄」陂可詠，孤風誰侶。其二。望優補衮，文艶思玄，徒勞控地，終謝沖天。不齊英哲，亭」伯通賢，咸嗟絆驥，並屈亨鮮。其三。譽美身辱，名高位下，官止割鷄，神虚牧馬。禘」紱南郭，銷聲東野，放曠一丘，留連三雅。其四。能經不驗，羽毛難期，吁嗟命也，殲」□人師。武城餘□，桐鄉故祠，千秋萬代，冥漠何之？其五。」

（録自《芒洛冢墓遺文四編》卷五）

神龍〇四九

【蓋】失。

【誌文】

大唐故亡宮九品」
亡宮者，不知何許人也。昔以令」德，納於王宮，弼諧帝道，復我」唐業。疇庸比德，莫之與京。方當」開國承家，大君有命；豈意輔人」莫驗，殲良奄及。享年六十，以神」龍三年六月日終於某所；即以」其年七月二日葬於某所，禮也。」嗚呼哀哉！乃爲銘曰：
南鄰鐘鼎，北里笙竽，子其樂之」宛化枯，千秋代上萬泉塗。幽明」永隔，嗚呼嗚呼！」

（周紹良藏拓本）

神龍〇五〇

【蓋】失。

【誌文】

大唐河間邢君故劉夫人墓誌銘并序」
夫人諱達，徐州彭城人也。父汝州梁縣丞之女。昔日豢」在夏，卯金得姓。遇白蛇而啓祚，因赤伏以開祥；歷九五」以虬飛，出四六之豹變，時遷晉魏，不虧環珮之音；代變」齊梁，無絶握蘭之馥。漸以金枝散彩，玉葉分暉：或臨太」守以行仁，蒲鞭見恥；或在邑宰而布德，叩地以銷災。或」榮辱兩除，是非俱遣，蕭聲私室，維感夢虵。即有御月之」姿，婉有弄珠之態；德行圓滿，風神挺特，雅操自整，貞亮」爲宜。託鳴鳳以申歡，寄河魴而結好。遂則移天邢氏，崇」蘋藻而蒸嘗；調御閨帷，温順清肅。奉事則心乎麟趾，育」子則均若鳲鳩。鄉黨慕其芳猷。鄰邑欽其雅則。不謂風」枝屢振，露草頻晞，莖傷無帝女之精，霎失絶天人之粹。」嗚呼哀哉！春秋七十有八，以兹神龍三年四月十二日」卒於福善坊里第也。其年七月七日葬於合宫縣界邙」山之曲。其嫡孫思慎，蘊德魁悟，韞光懷寶，榮承堂構，宿」衛太階；昇北阜而號天，望南陔而氣絶。嗚呼哀哉！月往」年催，歎逝川兮東注，嗟隟影兮西頹。哀怨兮朝露，魂歸」兮夜臺。其詞曰：」

卯金失玉，彤雲不形，纖摧璧月，艷墜珠星。魄遊東岱，魂」歸北冥，長疏峻宇，永昵佳城。丘墳纍纍，松柏青青，愁雲」鬱鬱，悲吹泠泠，痛傷聖善，何處慈聲？」

（北京圖書館藏拓本）

神龍〇五一

【蓋】　大唐故亡宫墓誌之銘

【誌文】

大唐八品亡宫才人誌文并序」

亡宫者，不知何許人也。在昔以幽閑著」代，爐婉光時，選賢與能，恭備職以翼，捧」戴天人。□之□之，發揮靈監，遂使」有唐復命。我□祭□，文庇黔黎，輝光」宇宙，方諸吉者，無以過也。量與夫樊姬」衛女，徒止乎輟食忘音而已哉！方當」翠鑾復入，駕封東岳，秤雲亭，高視振古，」傳□來業。豈期上皇輟神之靡聽，享年」不融，春秋□□神龍三年八月十九日」終於某所。即以其年八月十九日葬於」某所禮也。嗚呼哀哉！乃爲銘曰：

紅桃灼灼」兮生□，碧草油油兮春時。方冀延誠兮紫極，」秋風兮淬之東流。□水兮去不西頽，□還」古兮秋水□謝。交交黃鳥兮。」

（北京圖書館藏拓本　開封博物館藏石）

唐代墓誌彙編

景龍

景龍〇〇一

【蓋】失。

【誌文】

大唐故胡國公嫡孫許州鄢陵縣丞」秦府君墓誌」

君字利見，齊郡人也。」操帷楨幹，志全文武，孝悌理於閨門，」忠鯁絶於今古。以天策萬歲元年」鑾駕有事圓丘，輦脚出身，敕授」許州鄢陵縣丞。在官清確，無墮國風。」謡譽日隆，謳歌不息。祖叔寶，佐命唐」初，樹功運始，歷任朱紫，位光終於左」武衛大將軍；外祖尉遲琳，衛尉卿；父」□道，左衛左郎將。君内外姻戚，表裏」勳舊，龍騰鳳躍，業著山河。和而不同，」終始如一。以神龍三年八月廿五日」薨於合宫縣道光坊宅。以其年十月」六日塋於東都城北北梁村下神柩。」

景龍元年十月六日。」

（北京圖書館藏拓本）

景龍〇〇二

【蓋】 失。

【誌文】

唐故雲麾將軍右金吾衛將軍上柱國漁陽縣開國子閻公墓誌」銘并序」

公諱虔福，字敬客，河南洛陽人也。其先蓋有周之胤。晉成公之子，食菜於閻，因卿」族以命氏。鐘鼎紳珮，飛聲延光，俊造英良，弈葉累襲。祖令，唐并州録事參軍事；」父基，唐州司馬；并卷懷上德，栖遲下位，陰施陽報，詒厥孫謀，積行累仁，鍾美於後。」公含四氣之和，總五行之秀；標格雄偉，襟靈爽拔，神交黄石，早得兵符，道遇白猿，」尤精劍術。禮部尚書裴行儉出爲北軍元帥，聞公壯志，辟從軍幕，遂效功荒服，策」名邊鎮，累遷游擊將軍、夏州寧朔府折衝。丁母憂去職，孝思之極，人倫莫比。有」制起爲辰州刺史，時年卌八。年未强仕，位爲方伯，文武兼綜，威令允孚，當代以爲」榮矣。尋轉檀州刺史，仍爲清邊西道前軍大總管。屬契丹賊帥李盡滅等作亂，將」軍張玄遇燔師於前，尚書王孝傑喪元於後，幽州總管建安王嚴城晝掩，神兵總」管河内王棄甲宵歸，屠陷我冀方，侵軼我河朔，百姓走險而聚，天子當寧不怡，」朝廷勞於旰食，亭候疲於奔命。當是也，公以偏師，獨當巨寇，挫其南侵之勢，斷其」北歸之跡。單于係頸而受馘，林胡舉落而面内。燕薊解倒懸之難，趙魏忘左衽之」憂，實惟公之力也。帝念元功，載錫休命，拜右玉鈐衛大將軍、上柱國，封漁陽縣」開國子。光國之勳，龜玉全於宗廟；致親之禄，金紫爛於庭闈。豈直南仲干城，毛」義捧檄而已。尋爲懷遠軍防河經略大使，俄轉天兵西道前軍大總管。丁司馬」府君憂，創鉅因心，柴毁過禮。尋有制，起爲左金吾將軍、平狄軍大使。軍次塞垣，」與虜相遇，一日之内，九戰皆捷。既至自代北，屬寇擾河西，雖我師克全，而諸將喪」律，憲司責以救援不接，竟坐免官，蓋爲法受惡，非其罪也。皇眷嘉庸，旋錫寵命，」復改爲天兵副使，仍拜右衛中郎將。今天子中興之際，公自鎮來朝，敷奏以言，」啓沃惟允，改授右衛親府中郎將。内託心膂，外委爪牙，參謀鳌革，翊成締構。俄出」爲勝州都督。匈奴素重威名，不敢犯塞，州人纔沐德教，咸安其業。又以山東空虚，」慮有變故，轉公爲河北道諸軍州防禦大使，拜右屯衛翊府中郎將、判將軍事，加」雲麾將軍，佩三品印綬。地班四履，實當分閫之任；榮高三命，獨受昇壇之榮。奇功」未立，景命不融，春秋五十有二，以神龍三年四月八日遘疾，薨於京第。主上爲」之輟膳廢朝，賵贈甚厚。追贈右金吾衛將軍，葬事所須，並官給，仍令京官六品一」人監護。粤以景龍元年歲次丁未十一月乙未朔八日壬寅，歸葬於邙山，禮也。嗣」子庭玉、次子庭訓等，孝思純至，追遠罔極，惟所以旌不朽之德，迺刊石勒銘曰：」昔聞方邵，藩翰周王，爰洎衛霍，恢復漢疆。惟公作武，邁於前良，鋒逸駭電，威厲崩」霜。歸邊萬里，輯寧三方，信人之傑，爲國之光。忠則功茂，孝實名揚，景命不永，如何」彼蒼，刻此樂石，置之冥堂，俾我休令，殁而不亡。」

通直郎行汝州司功事崔堅撰文。」

（周紹良藏拓本）

景龍〇〇三

【蓋】失。

【誌文】

唐故許州扶溝縣主簿滎陽鄭道妻李夫人墓誌文」

夫人李氏，趙郡贊皇人也。祖放之，隋開府行參軍，襲爵」廣平伯。父公淹，唐右司郎中，渭、建二州刺史。地積慶靈，」人豐淳懿，衣冠禮樂，盡萃一門，師表儀形，輝光累葉。夫」人柔明宅性，婉順凝姿，識洞真寂，體捐華侈，年甫初笄，」忽歎曰：古人云：纂組文綵，害女工也。吾豈習其非哉。遂」不衣錦繡，可謂天挺其真矣。自作嬪君子，厥有令聲；睽」偶良人，載敷稚訓；克勵恭姜之節，聿遵孟母之言。及諸」子冠成，遂屏絶世事曰：吾平生聞王母瑶池之賞，意甚」樂之，余可行矣。是乃受法籙，學丹仙，高丘白雲，心眇然」矣。晚年尤精莊老，都忘形骸，因曰：夫死者歸也，蓋歸於」真；吾果死，當歸於真庭，永無形骸之累矣。神龍三年七」月，終於河南之私第，時年七十七。夫人有遺訓曰：合葬」非古，始自周公，淳真之道微矣。汝曹無喪吾真。夫孝在」因心，仁□忘本。本之者真也。古人不封不樹，喪期無數，」斯蓋得其真矣。小子勉之哉！即以景龍元年十二月廿」六日窆於北邙之平原，奉遺訓也。嗣子履謙，蓼莪切體，」欒棘爲心，欲報之恩，昊天罔極。乃篆華雲石，紀實陰泉，」儻披文之有在，俾盛烈兮恒傳。遂作銘曰：

雲心杳兮冥至真，捐華服兮在青春。達人無我兮安可」親，形守聚散兮理自均。欽遺訓兮何窮已，播清塵兮彌」□祀。」

（周紹良藏拓本　河南千唐誌齋藏石）

景龍〇〇四

【蓋】失。

【誌文】

大唐故蜀王府記室參軍蔡行基墓誌銘并序」　校書郎韓覃撰」

君諱行基，字德業，陳留濟陽人也。緬惟周邦，重封於蔡，錫王受姓，因」而氏焉。三明在都，朝野詠其儒雅；兩葉居宋，天子歎其佳鬼。代有奇」節，聲華籍甚。曾祖彥高，梁太子舍人、尚書郎；宦成兩宮，望重三閣。祖」疑，陳尚信義長公主駙馬都尉、黃門侍郎；榮增尚主，寄隆華禁。父居」師，涇州刺史、忠武將軍。大樹論功，即呼以殄盜；長城作鎮，即風以慰」人。君天縱生知，器宇純粹，日新厥德，容止甚奇。交而有禮，久而益敬，」膏粱舊地，山松自直。驥途未騁，空健羨於天衢；鴻陸將飛，遒自邇於」王府。起家徵蜀府記室參軍，非君好也。孟嘉實爲勢御，劉琨未履方」伯，而志既忽忽，居多怏怏，俄稱疾免，訓篤私庭。君侯門人，無非卿相；」郡縣立政，皆其子孫。善不爲徵，天厲奄及；聰不與壽，哲人云亡。春秋」八十有一，終於私第。即以景龍二年正月十五日，葬於河南之邙山」北原，禮也。會弔數百里，悲深墮淚；傾邑數千家，春不相杵。旐先白馬，」地染青烏。氣鬱佳城，即窆滕公之室文慚少婦，徒紀□□之風。嗚呼」哀哉！乃爲銘曰：

天地氤氲，萬物化淳，開疆劃地，憑人立君。是有封建，逮於周文，錫土」命氏，姬流遂分。其一。本枝百代，綿歷千祀，系隆帝籍，名傳舊史。開國承」家，沿孫襲子，派遠基峻，高山仰止。其二。郎官應宿，主賀姻天，鷹揚緹騎，」武視涇川。必復其始，流芳在焉，相家出相，賢門有賢。其三。載誕於君，克」岐克嶷，始屈入仕，終申謝職。訓子謀孫，振振翼翼，天下共寶，連城賈」色。其四。永年降義，天命匪由，即君寢疾，如何不瘳？魂香詎返，肓豎空留，□」京兆茫昧，誰其與遊！其五。送客千乘，悲聞數里，于邙之原，逾洛之涘。烏」封馬鬣，牛枕龍耳，事極玄門，千秋已矣！其六。嗚呼兮哀哉，長夜一去不」復迴。夜有月兮月有明，泉有門兮門不開。雲凝陰以轇轕，馬悲鳴以」徘徊。北邙山北千里陌，丘爲水兮墳爲宅，雖松摧以錯薪，冀文全於□」石。其七。　景龍二年歲次戊申正月乙未朔十五日己酉。」

（周紹良藏拓本）

景龍〇〇五

【蓋】　失。

【誌文】

大唐故申州羅山縣令王府君墓誌銘并序」

君諱素臣，中山人也。自呂刀傳慶，郭筮摛祥，冠冕彰於國史，鐘」鼎備於家諜。忠規峻節，吐馭馳聲，孝感高名，薦魚流譽；豈惟朱」輪疊映，孤擅楊門，青組交暉，直稱袁氏而已。曾祖崇，隋太子率；」祖怨，皇朝趙州司馬；父德感，絳州萬泉縣令；並局量宏」遠，宮牆峻邈；澄九派於黃陂，聳千尋於稽岫。

或四率鳴玉，或半」刺題輿，卓彼萬泉，獨高百行。故能誕斯明哲，克荷隆基。君禀川」岳之靈，挺珪璋之秀，業該嵩簡，學優汾篋，明經擢第，捧檄隋班。」解褐授并州盂縣尉、宋州虞城丞、申州羅山令。君秉青萍之姿，」從黄綬之列，遂使萑蒲遁跡，姦豪斂袂，撫其君子，襲我蘭芬，和」彼小人，誅其薙本。秩滿寓居襄城，莊臨潁水，陟箕山，簫然有終」焉之志。俄而棲鵂構孽，止服延災，未昇拾紫之榮，旋軫泣瑰之」夢。以長安五年七月廿九日終於莊，春秋六十。嗚呼哀哉！妻河」間劉氏。曾祖會，秘書監；祖玄，德州司馬；父德，左衛將軍。夫人斷」機流訓，從宅宣慈；内則被於閨門，中饋潔於蘋藻。以神龍元年」十一月十一日卒於毓財里第，春秋六十一。即以景龍二年歲」次戊申二月甲子朔廿四日丁丑合祔於合宫縣平樂鄉北邙」山，禮也。嗣子前同州東河府別將無虧等，趨庭殞息，陟屺崩心，」對楹書而永慕，視鏡奩而泣血。懼居諸亟斡，陵谷行遷，式誌佳」城，乃刊幽礎。其銘曰：」

天道悠悠，人生若浮，有美良宰，彈琴化流。秩滿言歸，斂衽忘機，」水亭篠暗，澗户花飛。與善空傳，殲良在旃，千秋白日，萬古黄泉！」背邙卜擇，面伊究穸，拱木行吟，宿草方積。同丘山之永固，畢穹」壤兮無易。」

（周紹良藏拓本　開封博物館藏石）

景龍〇〇六

【蓋】失。

【誌文】

大唐故忻州定襄縣令杜府君墓誌銘并序」

君諱安，字元安，河南洛陽人也。自豕韋」啓胄，蛇精係胤，代盛二冠，家傳漆簡。曾」祖毗，周硤州刺史；祖石，隋壽州霍山縣」令；父英，唐汝州魯山縣丞。並人秀國華，」軒蓋相次。公解褐豫州新蔡縣尉，又改」相州内黄、雍州涇陽二縣尉。南陽公張」亶出鎮天□軍，欽其聲望，引參軍事；」敕授忻州定襄縣令。未至浹辰，風化甚」肅，禍丁有驗，積善無徵。以景龍二年歲」次戊申二月十五日遘疾，終於京第，春」秋六十有五。以三月廿八日辛酉，歸葬」於邙山之原。嗣子勤忠等茹荼泣血，追」思罔極，志惟不朽，銘曰：

有美德政，」冰碧成操，□卧漳濱，遽遊京兆。蒿閟泉」扃，松悲隴道，千齡萬古，傳諸雅誥。」

（周紹良藏拓本　河南千唐誌齋藏石）

景龍〇〇七

【蓋】失。

【誌文】

唐故陳州參軍事袁君墓誌銘并序」

君諱景慎，字克兢，本陳郡人也。曾祖崇業，陳黄門」侍郎、駙馬都尉；漢廷則英髦繼踵，地積五公；江左則」禁臠推名，榮膺三尉。祖讓，皇朝舒州録事參軍」事。父希範，皇朝朝散大夫、行恒州石邑縣令。并」松筠勁節，杞梓宏材；志雖厲於雲霄，位同屈於州縣。」君甫生丹穴，即抱仁義之文；逮閲青編，更達異同之」旨。起家左衛翊衛。神龍二年，授陳州參軍事。苑丘之」下，既肇迹於牽絲；溵水之陽，復追蹤於晝錦。孔愉靡」聞於龜報，吕石翻夢於馬迎。蘭敗秋風，薤晞朝露，以」三年八月十五日遘疾，奄終於官舍，春秋四十六。嗚」呼哀哉！即以景龍二年四月廿三日，歸祔於」先君邙山之舊塋，禮也。嗣子仲容等，充窮蹈禮，孺慕」綿哀，式誌泉扃，而爲銘曰：」

嬀水源廣，株林地膏，英賢每誕，州縣初勞。器藴奇特，」人推善操，遽從萬化，俄切三號。葬北邙弈弈，覘東逝」之滔滔，從今宿草，幾變青枹。」

（李希泌藏拓本）

景龍〇〇八

【蓋】失。

【誌文】

□□大夫行蘇州司馬上柱國張公誌序　孤子迦羅奉撰」

公諱利賓，字　，清河貝人也。祖歸，唐」任兖州平陸縣令；父運，唐任果州南充」縣令；並至德在躬，温良恭儉，觀光利用，」咸薦賓王。故得待問金門，名通玉輦。久」熏令譽，作宰鄒魯之間；時而揚之，授藩」維加吴越。門維道德，歷職十政，名傳遠播，」業盛薰猷，義重德隆，待駕蘭闕。不謂」積善無徵，禍延斯遘。今於景龍二年五」月廿五日卒於河南城履道，葬於北邙」山之陽，禮也。嗟乎！今古代謝，棟折桷榱，」先人見殞，後代其萎。故立斯誌，年往歲」來，子子孫孫，共誌頃頹。祖述翹想，子祀」孫歸，

□有鑽仰，垂業將來。

景龍二年六月　日。」

（周紹良藏拓本）

景龍〇〇九

【蓋】　失。

【誌文】

大唐故朝散大夫東都苑總監元府君夫人」河南獨孤氏墓誌并序」

夫人諱其河南人也。曾祖藏，隋通□大夫、金」州刺史、□□郡開國公；祖機，皇朝滄州□」史、上柱國、□國公；父脩本，朝請大夫行瀛州」司馬。夫人世榮軒冕，德融閨閫，□戒師氏，作」偶華宗。既□兩髦輟儀，泛中河而自誓；復□」秋絶胤，□上路以纏懷。方冀享壽遐年，南□」是固，豈□□□翌日，東岱忽遊。□□庭闈，感」□行路，□景龍二年八月廿六日，終於合宮」縣樂城坊里第，春秋七十。即以其年九月十」三日，權殯於洛州合宮縣梓澤鄉後魏宣武」皇帝陵北一里，禮也。嗚呼哀哉！乃爲銘曰：」

藹藹望族，載華其聽，作嬪於元，有行惟敬。母」□式範，炳言成令，接閫鸞輝，通閨玉□。其一。」□□□遺，與善無赦，如何茂則，淪光入化。□」□□□，邙山色寡，清徽一泯，音容永謝。其二。」

（周紹良藏拓本）

景龍〇一〇

【蓋】失。

【誌文】

大唐故太中大夫、泗州刺史趙本質妻温氏晉」陽郡君墓誌并序」

維景龍二年歲次戊申十月己丑朔廿六日甲」寅，郡君葬於洛陽之北邙山之南。郡君族望太」原，出適天水趙府君。褰帷泗水，作牧下邳。郡君」祖大雅，禮部尚書贈右僕射；德重一時，位居八」座，氣蘊孫弘之矩，名高蕭相之徽。父無隱，瀛州」刺史；剖符千里，扇仁化於河間；播美百城，著清」規於漳浦。郡君年非鶴髮之壽，奄辭鸞鏡之粧，」痛閨庭兮闃寂，悲壠路兮蕭條，啓泉宮而永瘞，」入隧路而長居。嗚呼哀哉！乃爲詞曰：」

幼懷令德，長履徽猷，鴻妻之範，萊婦之休。在生」貞潔，居家芳流，作配君子，實謂好仇。齊眉□□，」□行姑章，軌模節女，矩則恭姜。仁恕我□，□□」□將，三從成順，四德不忘。奄辭蘭室，永瘞□□，」一啓荒隧，萬古幽塋。」

（周紹良藏拓本　開封博物館藏石）

景龍〇一一

【蓋】大唐贈并州大都督淮陽王韋君墓誌銘。

【誌文】

大唐贈衛尉卿并州大都督淮陽郡王京兆韋府君墓誌銘并序」 大中大夫守秘書監修國史修文館學士上柱國臣劉憲奉敕撰」

蓋聞玉林皆寶，秀映出於風塵；鳳穴將雛，光彩含於仁義。亦猶名駒千里，元王好學之門；才子八人，荀卿著書」之後。況乃軒轅顓頊，以帝德稱尊；大彭豕韋，以霸道爲盛。節侯之儒術，恭侯之文彩，登丞相而繼位，胙扶陽而傳國。斯則聖賢之烈，無乏於祖宗；君臣之功，殆半於今古。慶靈之所烝液，事業之所發揮，藏塗山於讖緯，兆嬀汭於疇昔。豈徒陳實子孫，星文恒聚；謝安子弟，風氣將高而已哉。王諱洞，字沖規，京兆杜陵人也。曾祖材，隋儀」同三司、左武侯驃騎將軍、坊州刺史、恒安縣開國伯；宇量深沉，風神標牓，文窮幾象，武究韜鈐。儀同之班，比於」鄧騭；驃騎之秩，侔於衛青。有功則侯帶礪而荒茅土，分憂者守循良而剖竹符。德績粲良史之書，風謠喧故老」之口。祖弘表，隋左千牛，皇朝遊擊將軍、曹王府典軍致仕，贈特進揚、潤、宣、滁、和、湖六州諸軍事，揚州大都」督，魏國公。擅景族之衣冠，列貴遊之紈綺。儀形奕奕，奉漢握以晨趨；威望軒軒，導梁騶而曉引。安車行馬，隱動閭門；贈印封墳，光華泉路。考玄貞，雅贍文藝，博觀載籍，每讀高人逸士傳，未嘗不想見其人，遂遊江東之名山」焉。後迫朝旨，歷普州參軍、使持節豫州諸軍事豫州刺史，贈上洛郡王，尋又改贈太師，雍州牧，益、緜、梓、隆等二」十一州諸軍事，益州大都督，上柱國，謚曰獻惠。雙珠百金之英，太一終南之精，□軒耀之著明，膺賢期而挺生，」本之以深識曠度，文之以高情勝託，符彩驚人，聲華冠代。稽山禹穴，初從汗漫之遊；江漢荊河，姑屈朝廷之命。」吏師之重，遺愛不忘；后父之尊，追崇有典。光昭簡册，寵悼極於宮闈；大備徽章，哀榮動於都邑。王即」獻惠王之第三子，順天翊聖皇后之弟也。積德延和，殊祥啓懿。咳名之際，固已授色知心；鞶革之」辰，居然體仁成性。不顧道傍之李，見賞懷中之橘。元禮問而通家，伯喈迎而倒屣。親朋拭目，覺杜乂之膚清；朝」野同聲，歎王衍之神俊。風猷甚茂，才略非常，總百慮以研幽，觀萬殊而澄鑒。雖項橐七歲，能爲聖人之師；揚烏」九齡，即定玄經之草；無以過也。故當時美論，號曰智囊，與夫鼂錯之在漢朝，桓範之居魏代，咸登壯齒，乃獲嘉」名，校其優劣，固不同年矣！加以雅杖忠烈，尤好公方，得事君之要道，有從政之良術。屬坤德未亨，門風不」競。先王遘否，方荷澤於南溟；諸子偕行，遂趨庭於北户。王乘凌瘴厲，辰轉艱危，輭脆之體難堪，羈旅之魂不返。」珠崖銅柱，玉質湮沉；荔浦桂林，蘭芳銷歇。春秋一十有六，以如意元年月日薨於容府，嗚呼哀哉！神理冥漠，生」涯夭枉。夢歸多恨，憶鄉里而何言；樹靡含悽，望咸陽而幾載。神龍元祀，大君復辟，恢張百度，惇叙六姻，」嗟右戚之喪家寶，感中闈之失賢季，乃追贈衛尉卿。二年，追封淮陽郡王，仍迎置京邑，具禮改窆，止之日」百官陪列於青門之外，二聖親幸長樂宫以過喪焉。皇后仁愛之心，合於天地；友悌之德，通」於神明。望路長號，山川由其變色；憑軒雨泗，嬪御莫能仰視。都人結欷，空里閈以羣悲；朝列銜酸，傾衣冠而一」慟。允所謂黄中通理，風流名士，道在則尊，没而不朽者矣。以景龍二年歲次戊申十一月己未朔日陪葬於」榮先陵，喪事官給，賻物□千段，米粟五百石，衣等九襲。禮部尚書彭國公韋温、太子詹事陳國公陸頌、秘書監」虢王邕、試雍州司馬崔日用等充使監護，又加贈使持節都督并州諸軍事并州大都督。賜東園秘器，葬日給」班劍卌人，羽葆鼓吹儀仗送至墓所往還。長安調卒，將作穿土。會五月之侯家，交兩宫之節使。車徒成列，」達靈文之寢園；鐃吹相喧，震京兆之阡陌。制以王年未及室，靈櫬方孤，求淑魄於高門，代姻無忝；結芳神」於厚夜，同穴知安。乃冥婚太子家令清河崔道猷亡第四女爲妃而會葬焉，蓋古之遺禮也。桑梓迴薄，池隍枕」倚。秦川可望，視八水之寒波；漢邑相承，看五陵之古樹。容衛慘而西日，郊原空而北風。爰降明制，得旌幽壤。微」臣託於史官之末，敢闕其文哉！乃爲銘曰：」

肅肅遐軌，皇皇盛烈，嘗謂鼎門，宛成金穴。發秀興祉，重賢累哲，玉蘊方流，珠生圓折。其一。曰文曰武，惟祖惟曾，才」稱命代，德以安恒。天朝王國，爪牙股肱，事功斯允，侯服乃登。其二。於穆獻惠，克由禮樂，泉海宏詞，丘山富」學。高節散朗，遠圖寥廓，浮於三江，掌於四嶽其三。聖女吉夢，捫天降祥，神童奇表，入室生光。宜蒙有慶，謫去」翻傷道存時革，人謝業昌。其四。淮陽矯矯，是稱英妙，幼智含幾，童顏吐曜。折旋中矩，言談盡妙，識洞於微；道臻其」要。其五。遨遊戚里，籍甚京華，慈明執馭，休奕馳車。好是正直，嫉夫回邪，方憑忠氣，式贊邦家。其六。象郡越屬，容山海」畔，草木虵蔾，川原鬼彈。還徙何酷，凋零可歎，墳隧常孤，炎涼幾換。其七。皇極既建，躬親萬機，坤儀乃復，」陰教九圍。贈終之典，册命自輝，兩宮情慟，萬里魂歸。其八。出郭哀迎，還鄉制葬，晨務復土，宵陳供帳。」藹藹寵錫，森森儀仗，落日桐闇，寒風薤昌。其九。丘陵此地，碑闕相望，平生一遠，松柏成行。光陰悽愴，代祀蒼茫，有求」觀者，長議賢王。其十。」

（見《文物》一九五九年第八期）

景龍〇一二

【蓋】失。

【誌文】

大唐荆州大都督府祁□□明府故藺夫人墓誌銘并序」

夫人諱尼，字二娘，西河人也。晉穆侯之少子，利建於韓，韓□子之玄孫，」食邑於藺，因地爲族，其在兹乎。仕趙名有藺相如入秦，□秦者隨司馬」錯伐蜀。衣冠振古而襲映，人物當朝而繼踵。曾祖衡，隋春宫右千牛備」身，唐易州刺史、上柱國、永富縣開國男；祖仁基，隋右千牛備身，唐□、□、」翼、洺四州刺史，上柱國，并州長史，原、代二州都督，殿中監，贈秦州刺史，」樂陵縣開國伯，金紫光禄大夫；父嗣恭，唐右千牛備身左右，滄州司倉」參軍事，並業冠英靈，材包利器。其生也望重，一時無絶；其死也名善，千」載不朽。公侯子孫，必復驗丘明之傳；窈窕淑女，好逑叶詩人□□。夫人」生於貴族，出自名家，姿範端妍，興敷葛業，才章敏茂，詠入□□□雁，□」其新婚，乘龍諧其出適。年十七，歸於陳氏。女也不爽，婦德□□，譽洽孟」姜，聲高宋子。夫其雅守謙謹，夙著廉讓，衣服滋味，不以綺麗珍饌爲榮；」貞婉聽從，唯以幽閑專壹爲善。謹身節用，親友同欽。侍奉舅姑，卅餘載。」六姻仰其令淑，九族資以邕和，侔之逸妻以思戴畚，均乎孟母而崇□」織。趙姬恭而有讓，樊姬順而好禮，雖位望非等，彼有令名，而賢明是齊，」我無慙德。宜其以終三壽，行昇石窌之封；何圖未享百年，忽起金夫之」悼。以景龍二年歲次戊申二月廿二日遘疾，卒於京通善里第，春秋五」十一。二男二女，一男在於繦褓夭折。長子居士，顧寒泉而擗摽，瞻手澤」而充□。粤以其年十一月巳未朔十二日庚午，窆於洛州永昌縣平陰」鄉從新里北邙原舊塋之側，禮也。薤露悲響，揚風淒吹，□水平而急□」馳，郲山没而愁雲積，用表幽閫之域，須陳博約之義。正源謬充子婿，□」承撫育，俄愴古今，痛貫心目，文不逮意，敢叙清規。其銘曰：」
猗歟仕趙，有美入秦，象賢無替，邦媛有鄰。南有樛木，于以采蘋，聲飛舉」案，譽發如賓。舅姑歎美，娣姒稱仁，敏識天縱，高才日新。性惟廉謹，德又」貞淳，綺羅無飾，珠玉不珍。正位居内，以保其身，天意倏忽，莫與善人。桐」□半死，草落輕塵，孤雁哀唳，一劍沉津。邙山之曲，洛水之濱。千秋萬載，」□樹悲春。」

（河南千唐誌齋藏石）

景龍〇一三

【蓋】 大唐故郭府君墓誌銘

【誌文】

大唐故中大夫使持節龍州諸軍事龍州刺史郭府君墓誌銘并序」
君諱恒，字知常，太原介休人也。介山北峙，汾水東流。祥盤變武之奇，瓊鼎」成龍之氣，所以自天降德，唯岳誕靈。於家則令譽孝恭，於國則芳聲忠謹。」甘泉碧海，未疋廣深；華蓋蓮峰，詎齊高峻。器苞瑚璉，材光杞梓者，君讓以」得之矣。曾祖孝恭，隋襲封長安縣開國男、翊軍將軍、大都督、安州安陸縣」令，改封崇義縣開國男。祖敬玄，并州大都督府司馬、勛官大將軍。父大寶，」衛州長史。唯祖及父，既明且哲。□六條於上佐，韜三略於下車。泉智逸於」赭裾，霜鋒光於錯節。君夙□其敏，擢第甲科；解褐授絳州參軍，除原府法」曹、始州司士、宣州司法。清慤居心，公平在職。朋寮欽其問望，朝野挹其徽」猷；遷梁州城固縣令。馴雉中牟，何獨魯恭之令範；鳴琴單父，豈唯密賤之」高風。非譽昔時，亦美今日。敕授集州司馬，遷朝散大夫、定王府掾；」又除魏王府諮議參軍。蘭臺石室，是所洽聞；白馬飛孤，逾高詞氣；除」昭陵令。時應龍興，數歸鳳曆；復子明辟，中建皇圖。德澤唯」新，衣冠任舊；遷中大夫，使持節龍州諸軍事、龍州刺史。雖守政藩邸，然心」逸丘園；二疏之志既堅，千秋之年斯邁。表請致仕，皇恩允許。可謂」極貴於國，極榮於家。既而五將星亡，三臺岳裂；氣厲弗戒，奄然終極。以景」龍二年十月四日遂捐館舍，春秋七十九。夫人京兆韋氏，桂州都督玄泰」之妹。合葬之禮，先自三王；同穴之儀，首從六義。珠中雙鶴，同萃喬松；匣内」二龍，共沉延水。以其年十一月十四日合葬於豐邑鄉馬鄔原，禮也。嗚呼！」孔明之宅，無復琴臺；公理之園，唯餘古樹。嗣子謙等，哀傷盡禮，摧毁過人。」歎風樹之難停，三年泣血；痛白駒之易往，五日絶漿。恐谷徙爲陵，田變成」海；思道德而將没，遂刊石而傳芳。嗚呼哀哉！乃爲銘曰：」

鼎氣龍躍，盤形武蹲；地唯物貴，人以道尊。信依竹馬，舟泛龍門；是俊是乂，」乃子乃孫。其一。子孫伊何，德行者多；文該經籍，武偃干戈。鳴鐘列鼎，玉葉金」柯；車榮朱轂，馬振紅珂。其二。降此□章，生兹秉德；忠孝天挺，禮義人則。廣幕」參謀，雄藩典職；貞稱柱石，名光輔翊。其三。辭榮罷紱，樂道安居；宅鳴緑綺，樓」開素書。歸田作賦，臨洺觀魚；霜劍斯在，黄金尚餘。其四。倚伏何窺，禍福難知；」良木斯壞，泰山是虧。人閒事已，隴上風悲；唯餘銘石，空傳代奇。其五。」

(《西安郊區隋唐墓》第一一四頁)

【蓋】　失。

【誌文】

大唐故游騎將軍守永嘉府右果毅都尉上柱國于府君墓誌銘并序　左御史臺殿中侍御史張嘉之撰」於戲，祚必復始，慶延於後；陰德有徵，高門自廣；世濟其美，可略而詳。公諱賁，字履謙，」東海郯人也，漢丞相于公之後。九代祖禁，魏將軍、益壽亭侯。曾祖晟，周壯武將軍、南」城郡公，宏材命代，英略冠時。祖詮，隋長沙郡守、襄城郡公，循良其道，神明其德。父士」俊，皇朝使持節延州諸軍事延州刺史、上柱國、東海郡公，贈瀛州刺史，鎮高方嶽，」聲振外臺，故得禮被哀榮，位隆褒贈。公芳庭玉樹，合浦珠胎，早挺端嶷，夙鄰殆庶，言」擇詩書，業傳弓冶。文場迥望，煥組績以相輝；武庫榮觀，見矛戟之森列。而承陰若木，」漸潤長河。起家以門緒授左衛勳衛，及筮將登仕，學而從政，利用作賦於王庭，」動靜必光乎吾道。軼鵬路而輕羽，風摶六月；奔驥途而騁力，日馳千里。解褐調擬徐」州司户參軍事，簡賢選能，進善黜惡。弘農坐嘯，推幹器於邦君；越嶺長謡，幾勞人於」州職。屬頑兇僭逆，江淮震盪，有敕委州將擇清强官統兵討之。公以材應選，」道不墜地，誅乃順天，雷震雹擊，戰勝功取。恩敕賞口加階放選，旋丁母憂告」罷，泣繼以血，起扶以杖，三年之喪，再朞而已。值國家受終革命，觀風省俗，輶」軒長驅，絲綸遠降。公光輝以牧，令望自高，被劍南道存撫使奏充判官，爲時」須也。及還，以舊功累叙，恩制加五品，授遊擊將軍、行左武威衛左司階。策名」清時，列侍丹陛，忘懈倦於興寐，竭公忠以巡警。俄丁父憂，苫塊自持，哀毀逾」禮，廬於墳側，杖而後起。服終，蒙授遊騎將軍、守永嘉府右果毅都尉。公博覽史籍，特」曉軍謀，士卒仰其威惠，兵甲賴其訓率。方謂雄圖自遠，當萬里之通侯；豈期禀命不」融，將百年而異代。以聖曆元年四月遘疾，其月廿七日奄終官舍，春秋五十有三。即」以其年五月權殯於府之廨田，悲夫！九原可作，千齡共盡。龜謀啓兆，考卜宅以終安；」馬鬣因封，見佳城之遽闢。粤以景龍二年十一月廿七日遷厝於洛陽北邙舊塋，禮」也。夫人河東柳氏。長子行蒲州猗氏縣丞光業，次子天宫寺僧住禪，第三子吏部常」選光祐，第四子右千牛光彦等，並慎終追遠，天號地擗，惻霜露於行踐，悲歲月之遄」易。綺羅熏歇兮池臺謝，松柏簫森兮烟霧積，期不朽於窮泉，庶無刊於貞石。銘曰：」

于公高門，貽慶後昆，陽報不已，陰德猶存。梓材竹箭，桂馥蘭芬，生我哲士，猗歟道尊。」其一。可久可大，克岐克嶷，吴鐔洞彩，隨珠爛色。東海振鱗，南溟奮翼，實惟國幹，徒」勞州職。其二。豺狼構患，淮海驚濤，爰整師旅，見挹吾曹。其道不墜，其功自高，委身雄列，」韞德龍韜。其三。煞敵爲果，智果爲毅，勇冠遠圖，才宏壯氣。方將萬里，坐通榮貴，誰期九」原，行當悽欷。其四。卜宅厝之，嘉命在兹，青松霧苦，白楊風颼。丘隴殘兮長閟，池館□兮」永思，終昊天之罔極，見白日之何期。其五。」

（周紹良藏拓本　開封博物館藏石）

景龍〇一五

【蓋】失。

【誌文】

大唐永州刺史束君墓誌銘并序」

君名良，字嘉慶，魏郡元城人也。自白蛇哭野之歲，臨渤澥而開基；黄雀巢」桂之年，據崩沙而析氏。漢朝太傅，辭榮而散黄金；晉國先生，補亡而賦朱」萼。鴻猷赫矣，鳳諜詳焉。祖斐，唐許州長社令；父液，唐泗州録事參軍。惟君」弱冠鄉貢，明經及第，即授江王府倉曹，又授單于大都護府功曹。應清白」著稱舉，敕授代州五臺縣；又應清白著稱舉，又授恒州稾城縣令；又授」左臺殿中侍御史；又授洛州陽翟縣令；又授濮州司馬；又授秦州司馬；又」授九城宮總監，攝隴州長史；又授南州刺史；又授衡州刺史；又授永州刺」史。惟君器宇浩蕩，韻局沖虛，耿介不羣，出入無兆，措思幽迥，發言清閏。頒」六條而闡化，時無二天；迎千里而宣風，政成基月。五臺山下，雷郊振堅白」之名；九成宮内，天旨降惟清之譽。豈謂上台星坼，蛇呈壯武之災；庚子日」斜，鳥降長沙之禍。景龍元年九月二日，終於荆府邸舍，春秋六十有八。中」散已矣，鵾鷄絶唱於琴臺；將軍忽諸，鸜鵒停驩於舞帳。蒼廨積兮書樓闃，」緑苔生兮賓館虛，楊風悲夜夜之聲，薤露泣朝朝之淚。即以大唐景龍三」年歲次己酉二月戊子朔九日景申，與夫人太原郡君王氏合葬於洛城」北廿里邙山南五千步平原，禮也。敕賜東園秘器鼓吹、挽歌、鹵簿、牲牢、」酒脯致祭。威儀夫役等一千餘人，其息羽客、如玉，女比丘□□真、悟真等，」白嚴標德，天性惟忠，罄義室之晁緡，營孝田之馬鬣。試望隴頭，幾處雲愁；」墓前哭楊家之鳥，崗上眠陶氏之牛，丹旐飛兮霧昏晦，白驂悲兮風颼飀。」昔尼父云殂，先發摧梁之唱；馬卿將歿，預陳封禪之書。惟君鬱怏南州，思」歸北望，俄嬰寢疾，殆將不救，嗟乎繼體幼弱，乃爲銘曰：」

爰自齠齓，鋭志儒術，性唯孤直，忠不徇物，藴胡質之清，抱柳下之屈。」天子見知，屢垂恩敕，家積貧病，遂遭排抑。朝謁莫由，守兹遠職，氣鬱敲」蒸，土唯卑濕。寢疾歷旬，妻子灑泣；白日易辭，黄泉難挹。人生實難，孰不悲」痛，故人撫膺，僚寀悽慟。鹽梅未遑，夭折自天，拜辭阻絶，仗節奚言。有志不遂，」豈余獨然，并覓一石，勒於墓前，忽移陵谷，知終歲年。」

前左衛翊衛中山郎南金續銘序。」

（北京圖書館藏拓本）

景龍〇一六

【蓋】失。

【誌文】

唐故奉義郎前將作監大蔭監副監高府君墓誌銘并序」

公諱知行，字慎非，渤海郡人也。頃以周鼎沉水，秦鹿走原，波濤溢於九龍，」衣冠移於五馬，因官而宅，抑有人焉，紹祚承家，即惟公矣。祖真，隋朝散」大夫任婺州司馬，量深由器，秀迥爲材，舉信全交，策名半剌。龐士元之驥」足，尚屈長塗；陳仲舉之題輿，猶懷雅操。父文穎，唐任遊擊將軍、右衛德」閏府右果毅都尉、柱國，三秦俠窟，六郡良家，同德比義，光前絶後。劍氛衝」斗，縱英略於雄心；猛氣飄風，挺驍謀於固敵。名揚茂績，榮襲賞功，文昌符」上將之星，武德偃重營之月。幕府之寄，禦侮攸歸，赳赳之誠，濟濟逾美。公」凝姿道郭，結志仁巢，爲禮義之園，作詩書之府。因心則孝，殉節而忠，漪瀾」萬尋，涯岸千丈，居謙寢藝，守默息喧。處晦不欺，自是天然之趣；在淄逾潔，「非關逐染之宜。飛霜無以變松栢之心，清風未可敗芝蘭之性。立身從仕，「慮始謀終，仍以爲屈輪桷之材，居將作之任。委強明以幹事彙，時號能官；「任清勤以莅政塗，人歌得士。豈謂災生鬬蟻，釁起巢巂，俄飛東岱之魂，不「救西山之藥。哲人既喪，梁木斯摧；春相斷鄰里之聲，珠淚擁瓊瓌之夢。嗚「呼哀哉！以景龍二年正月一日終於私第，春秋六十有八。即以景龍三年「二月九日合葬於洛陽城北十五里之原，禮也。步邙山而登頓，境得地圖；「挾瀍水之縈紆，勢符天道。佳城鬱鬱，理白日於泉中；白楊搔搔，咽清風於「隴上。公前婚焦氏，中背雙凫；後娉梁門，還仇兩鳳。并行光彤史，義契素縑。「嗟孟姜之節夫，禮收舉案；歎冀缺之賢婦，敬起饁田。式祔三星，兆諧七卜。「嗣子元紹等，并座銘受訓，門號義方；庭禮承規，家稱學肆。登科入室，信昆「季之當仁；避席侍師，實友于之垂裕。滄哀永慕，寧捨劬勞之酸；瀝血長懷，「鎮銜荼蓼之苦。以爲居諸代謝，陵谷遷移，恐祭冢無依，傷冥漠之無主；封「樹有託，冀雕篆之難訛。爰命鄙才，勒銘貞石。其詞曰：

嶧陽廣度，渤海長源，九德之父，十德之門。垂天鵬運，控地駿奔，霜貞松栢，「風襲蘭蓀。其一。亦既揚名，即云從仕，欲輔廊廟，先徵杞梓。辭禄謙光，攝職虛「已，珪璧無玷，冰霜自履。其二。人何積善，天何不祐，喪時之傑，殄邦之秀。二豎「挺災，雙童靡救，白楸長夜，黄泉詎晝。其三。春言蒿里，寧喧薤歌，舟驚不定，隙「迷遄過。人隨落日，悲逐風多，酆城有地，長埋太阿。」

（周紹良藏拓本）

景龍〇一七

【蓋】 失。

【誌文】

唐故雍州鄠縣丞博陵崔君墓誌銘并序」

君諱訥，字思默，博陵安平人也。自流烏錫祉，鶵鳩絶嗣，奄彊履以建都，開宗」邑而命族，遂師長五等，董正羣方，魯賓北面，鄭辭非耦，豈徒崇儒傳世，標映」一時而已哉。高祖昂，齊中書令、尚書右僕射、華陽公，才望允洽，朝野式瞻，偉」公器幹，授以心膂；曾祖君讚，徐、兖二州長史，鄭州讚治；祖德厚，隋鄧州冠軍」縣令。并道與時污，才爲命屈。比太丘之德，彼何足儔；安士元之任，我未爲展。」父行成，皇朝侍御史，歷司勳、考功員外郎，司元大夫、雍州長安縣令、」鄂州刺史；雅量罕測，清規不世，徽猷播於弈載，德業隆於不朽。君間氣挺生，」象賢秀出，剖和璞而待價，孕驪泉而育寶。黄中通理，夙成問戟之年；秉義藏」仁，著自佩觿之日。譽隆家國，名動搢紳，服道不倦，從師無遠。起家以明經擢」第爲訓教，調補虢州閺鄉縣主簿，從班列也。資父事君，亟聞其教；唯學從政，」老無慚德。秩滿，授雍州涇陽尉，俄轉乾封尉。雖班微臬列，而任總羣司，京轂」之殷，昔難其選。曹公俊德，基北部而首命；梅福仙才，屈南昌而拜職。君以威」明馭物，清克基身，故得惠洽平人，威加黠吏。有斐君子，而不能諼，左轉越州」會稽縣丞，遷雍州鄠縣丞。嗟乎！四至上卿，出於巧官；三黜下位，稱其直道。是」以樂天知命而無愠色。豈圖旻昊不傭，潛遘殃戾，粤以大唐永淳三」年三月四日遘疾，終於永寧里之私第，春秋五十二。假其殯也，二紀于茲。以」景龍三年歲次己酉二月戊子朔十五日壬寅反葬於東都北邙山之新塋」禮也。嗚呼！報應寂寥，伯道之宗不祀；神期冥昧，庭堅之後忽諸。彼蒼者天，福」善安在？夫人范陽盧氏，即魏尚書固安懿侯之玄孫，有唐徵君之元女也。襲」慶德門，維儀冠族。痛恭伯之早世，傷士會之無後。雖佳城閟日，終古不追；而」大隧勒銘，庶無虛美。其詞曰：

天生蒸民，恢錫命氏，神介景福，家象懿美。玉質金相，麒步麟趾，高風海屬，英」名世委。其一。天工其代，慎惟覆餗，傍求哲人，有美如玉。懷我利劍，割彼紛俗，僉」曰於哉，君兮是屬。其二。迺牽絲綬，出贊銅章，温温問望，亹亹聲芳。境戢桴鼓，庭」飛鳳皇，于何所化？佐緝之方。其三。才標衆楚，道映羣先，義明必復，人祈象賢。福」福豈禍倚，時來命捐，胡爲不淑？彼蒼者天。其四。遷神襲吉，撤櫬攸歸，景」丁分隧，」地龍啓扉。新塋月滿，夕樹煙霏，嗚呼宅兆，冥寞何依？其五。緬慕良人，孤嗣厥後，」□其安厝，譩歟哲婦。哲婦維何？恭姜靡他，念茲勒美，不磷雕磨。其六。」

（周紹良藏拓本）

景龍〇一八

【蓋】大唐故輔國王慕容誌

【誌文】

河東陰山郡安樂王慕容神威遷奉墓誌并序」

若夫勞喜休悲，孰免歸天之魄？浮形幻影，誰蠲瘖地之魂？真金玉之可消，況英奇之能久。降年不永，遽逝東流，寂寂山丘，茫茫壠路。祖駙馬都尉青海國王烏地可汗諱諾褐拔；武苞七德，業冠三冬，開穎不羈，神謀獨斷，溘從風燭，早遷奉畢。祖婆唐姑光化公主隴西李氏；孕彩椒房，含輝蘭闈，入洛川而迴雪，遡巫嶺以行雲。不爲脩短懸夭，芳姿掩彩，早定安厝，又遷奉畢。父忠，德比貞琨，誕倂惟岳，落落聳長與之幹，汪汪澄叔度之陂，追遠慎終，早遷奉畢。左領軍大將軍慕容諱宣徹，擢秀清流，風塵不雜，光五侯之封，傳萬石之榮，夙奉忠貞，承芳帝戚，朝參鑾駕，夕衛丹墀。不爲釁起兩楹，梁摧淹及，以景龍三年四月十一日奉於涼州神烏縣界，吉辰擇兆，喪禮具儀，嗚呼哀哉！式爲銘曰：

朝露旋晞，夜臺何酷，九泉幽壤，埋兹盛德。不朽飛聲，昭章望族，詎勒燕岑，流芳聖牘。古之遺愛，方斯令則，何以銘勳，樹兹鐫勒。」

（録自《隴右金石録》卷二）

景龍〇一九

【蓋】失。

【誌文】

大唐故魏國太夫人河東裴氏墓誌并序」

夫人諱覺，字寶真空，河東聞喜人，衛尉卿京兆韋公之内子也。欽厥靈源，胤顓頊而長派；恭于慶系，奄裴鄉而大」啓。故椒實桂芳，衣冠弈代，文經武緯，史册兼題。蓋則效節卯金，掌玉壺而負璽；潛則避言漢水，察未兆而高翔。亦」有重望，推乎領袖，厚實揚乎文籍，脩尚儒術，飛名本朝，風神高邁，取奇見者，將非河汾有氣乎？梁霍有靈乎？」曾祖鴻智，後魏龍驤將軍、雍州長史、高邑縣開國男，食邑二百户，周車騎大將軍、儀同三司，贈邑三百户，襄州道」大總管，進爵高邑侯，贈使持節豐、遂、資三州刺史，表裏山河，具資靈氣，文武義藝，允曰天生，銜刀符建鄴之謡，尹」京留班述之譔。爵窮五列，榮冠兩朝。總戎江漢，横天討而詰暴；開府辟徵，極人臣之至貴。飾終禮縟，追署外臺。」祖師武，隋蜀王府記室參軍，鳳彩龍章，文房翰苑。奉曹遊而賦月，光射步兵；儕楚侍以哥風，聲雄宋玉。父懷昃，」皇朝燕然都護府司馬、幽州大都督府司馬、忠州諸軍事、忠州刺史，郄桂幽芳，和松勁節。再臨司武，展驥足而高」馳；一守專居，駕熊車而求瘼。身去於代，惠留於人。夫人襲彩藍田，盈芳蕙畝，由公宫而立禮，曰師氏而知和，淑問」有孚，淳心允塞。既笄而字，言結其纓，鸞媒告祠，雁贄承奠，四爵充篚，三鼎迥門，其從如雲，遂歸於我。若乃廟見禮」成，婉兹婦順。蘋蘩采采，志六義之菁華；巾盥事事，恭三本之骨髓。環珮應手足客，圖史成乎口實。而飲食奠饋，常」恥弗躬；爲絺爲綌，率由於已。由是家室以宜，娣姒承式，順成大義，克臻至和，蔬食菜羹，致虔而執事；文繡纂組，譬」害而不爲。加以寬厚慈恕，端莊静直，中外吉凶，必聞必救，家人常務，以悦以情。引進之慈，式在桑之平惠；思賢之」志，憲采荇之遺風。故寵無專房，衣無常主矣。柔以克剛，貞以承順，謡詠芣苡，薄言采之，比方蔦蘿，委於其質。故芝」蘭玉樹，閒植而銜蕤，琬琰苕華，連英而屬秀矣。信而可仗，小曾杼之竟投；德其不孤，大鄒鄰之屢擇。故金籯業邃，」朱萼鮮融，室降王姬，寵隆邦媛矣。」府君嘗勞州郡，暦著能名。夫人夙興左右，實勤内助。故象服以宜，鵲巢登頌矣。神龍元年，」我皇應天御曆，大造寰宇，衛尉公以懿戚承」恩，首綰朱紱，拜河東縣君。景龍二年，第二子太僕少卿駙馬都尉鐵，加銀青光禄大夫，拜河東」貴洊於寵渥，琴瑟鼓鍾，媚兹靜好。而志尚閑素，心存周急，雖克享兼禄，而食無重味；雖金玉滿堂，而施惠滋廣。遂」歸心釋氏，不茹於葷，大厭苦集，都忘塵累。有高僧釋善福者，以慈攝應，忽振錫而來儀，夫人稽首禮足，因請受菩」薩誡，乃發大誓愿，愿與三代諸佛同一道而詣真乘。悲夫！金寵久誣，玉膏空誌，仁不偕壽，遘疾彌留，雲空水閲，一」朝萬古。景龍三年二月廿六日，薨於永寧私第之適寢，春秋六十有六。贈魏國夫人。」制曰：銀青光禄大夫行太僕少卿彭城縣開國男駙馬都尉韋鐬母裴氏：河汾演慶，蘭菊滋榮，作範着於閨門，宜」家洽於琴瑟。斷機之訓，造次無愆；徙宅之規，始終不怠。高堂遽掩，厚穸俄淪，宜加環珮之暉，式展褒崇之禮。可贈」魏國太夫人。肅恭朝典，光昭泉穴；寵冠延鄉，榮兼新野。夫人孝恭無競，柔順不違，婉娩四德，綢繆六行，」樊衛之高芬，遺班左之繁彩，于佐君子，式儀母師，外言不入於閾，内言不出於闈，五宗伊和，十義伊穆。自門通魯」館，家築秦臺，翟茀而朝，蠶妾之勤逾警，魚軒以軔，鹿車之匱不忘。用能元吉離祉，高堂受福，咸宜子孫，克令兄弟。」嗚呼！行至延曆，空聞曩辰，閲人爲世，遂悲今日。景龍三年歲次己酉七月乙卯，十九日癸酉，歸窆於萬年縣御」宿川大韋曲之舊塋，媚先姑也。車賜徘徊，弔延宮閤，客衛專道，哀榮充朝。鬱鬱連崗，遥成却月；蒼」蒼松栢，近入秋風。天道如何，人生已矣！府君思結長簟，悲纏孤劍；駙馬天經素純，日嚴中奪。攀凱風而血」背，方永三年；感寒泉以痛心，長哀七子。奉祇先遠之禮，敬卜歸真之宅，動必因心，寧過于厚，庶展蒸蒸之義，微答」哀哀之勤。誓極家資不預官費，蓋士君子之孝也。懷高岸其或夷，懼幽堂之未志，遂題貞石，載永芳塵。其詞曰：」

非子之裔，邑于裴鄉，遂以命氏，因而代昌。卓兮領袖，爲龍爲光，富矣文籍，載華載芳。其一。高邑亭亭，瑶巖碧岫，忠州」肅肅，政新風舊。克生有齊，閨房允秀，女于君子，光華日就。其二。采蘋肅事，方巢頌聲，不專題美，思賢發英。蘭風氣潤，」蕙露光清，延我内則，形于外成。其三。二門合慶，百祥歸祉，鵲橋星飛，鳳樓霞起。大尊子貴，同榮共美，軒影輪魚，衣文」闕雉。其四。苦器知厭，真宗是歸，二嚴迴奉，十力方希。大士説誡，如來覆衣，黯然滅景，返真于微。其五。潘月懸清，簟空虚」室，皐風不靜，年還何日？生死哀榮，直方名實，彤史既載，青圖寧失。其六。白龜薦兆，班牛啓塋，」夫子命书，中闈舉聲。客衛繁兮戒」神寵，朝廷空兮送禮成，歸重泉兮永固，邈千秋兮大名。其七。」

（周紹良藏拓本）

景龍〇二〇

【蓋】闕。

【誌文】首行闕。

詠常流，非乎高韻自然，靈心無閡；曷能韶問聯古，垂光不□若是哉。□□讓帝，平恩貴戚，敞丹第而封侯，弈葉承家，淪瀾浸遠。莫不□□金簡炯□夫興歎，當俟雄飛；蕭何以刀筆見稱，初猶雌伏。祖耀，隋滕王東閣祭酒，儀禮。父神，雅有奇節，居多勝氣，雖簪璽奪目，常泊如也。漆園非遁，自許逍遥。蹤生甫初孩，聰而善對，孝悌由乎天性，仁慈發乎率由。自六經筆削之餘，有之不習而妙矣。貞觀年□制授杭州録事參軍。綱紀六曹，風飇四起，吴恩信察姦邪。葉縣飛鳧，時來謁帝；中牟乳翟，化及遊童。豈唯我述，冥恩庸隆。二年制除恒州司馬。城鄰代野，塞□胡郊，俗□雄邊，人多俠氣。爰自農桑，張露冕之風，裕題輿之績。嚴城偃柝，偵櫓銷鋒，家含鼓腹之歌，人有户文。明年突厥猖狂，潛伺寇掠，寒膠既折，□冰初堅，占滿月而宵飛，漲秋城思周靈，契馬生則揚煙，保穀精應無方，卒令醜類潛奔，兇徒駭散。尋除佐將，謂鹽梅利往，鼎調飪於槐司；簪紱時來，節聲明於衮路。而輔仁徒説，六月七日寢疾，卒於私第，春秋六十五。夫人華陰郡君楊氏，赤泉鴻胤，朱周别生，而玉度長協，金箱奉柔，訓以宜家，繕榛修而主饋，若乃□纂組之飾。歲通天二年正月五日春秋七十六，卒於私第。子彦協等思極終，憂情逾禮，以景龍三年七月十九日合葬於長安縣西龍首原，禮也。若夫纂撰家深，碑遷山頂，而其中有象，與恍忽而無窮，人莫不知，貫幽明而獨在者，不色□□絲之雄績。哀哉！俾九原之可作，知孝心於古石，頌曰：

起乎賢林，嵩丘之陽，汝潰之陰，時之永矣。東箭南金，二祖肅肅，道爲君子，光文史。皇考恬素，獨酌玄猷，風情隘俗，文氣横秋。濯纓滄渚，洗耳清流。□傳其淑，幽蘭作操，業著韞卜，精動時主，人徵象木，鶴鳴在陰，鴻飛于陸。□生綵詞，情忘恥過，獄去惟疑，災蝗避境。姦吏懲欺，戎求寺任，翩然遥集，筆□□及。北門雄鎮，南望邊衝，戎塵每舉，漢甲常逢，自從爲政，亭絶飛烽。元□是競，户聞恥革，家興廉正，旋降璽書，恭承爵命。咨運流之，何止痛□己窟，碑表徒象，光靈永歇。無復明鏡照春顏，唯有霜枝挂秋月。

陝縣尉河東柳紹先撰　荆府法曹隴西李爲仁書」

（濟南市圖書館藏拓本）

景龍〇二一

【蓋】失。

【誌文】

唐故冀州南宫縣尉邢君墓誌并序」

君諱德弢，字輔，洛州合宫人也。昔在姬宗，奄荒邢服，謀」翼相襲，代有其人。曾祖範，後魏遼西、樂浪二太守，封金」城縣開國子。祖龍，黄龍令；明能典郡，清高宰邑。父君卿，」隋任德州録事參軍；專城佇佐，六曹仰止。惟君行滿天」下，響振雲間，外無喜愠，内實陽秋，晧兮揭日月之明，沖」兮負江山之氣。敏而好古，方擅下帷，禄以養親，無辭捧檄。解褐調尉冀州南宫縣，從班例也。於是凝神太素，牽□丘園，景慕古人，式旌行樂。馬融長笛，對竹徑以吟龍；」叔夜鳴琴，坐梧庭而下鳳。何期大運奄忽，積善無徵，俄」爲萬鬼之鄰，倏棄百年之事。高邑郡夫人李氏，德甚□」鄰，才高班扇，上玄鍾覺，内則誰仰？以景龍二年八月廿」九日終於平華里，春秋八十有四。以三年八月六日合」葬北邙之野。嗣子智勣等，哀深遠日，孝感聞雷，歎風樹」之不静，俯寒泉而未息。披文相質，迺作銘曰：」

猗歟夐祖，鼻自周疆，□奇必復，門緒克芳。學成西序，位」屈南昌，惟家之孝，惟國之良。仁者樂山，智者樂水，脱屣」州縣，角巾桑梓。相彼明淑，作嬪君子，相次而終，何其悲」矣！佳城鬱鬱，長□白日，飛旐翩翩，直赴黄泉。芻靈委夜，」松户長煙，雖出生而入死，固身殞而名傳。」

（録自《芒洛冢墓遺文》卷中　河南千唐誌齋藏石）

景龍〇二二

【蓋】 失。

【誌文】

大唐故朱陽縣開國男代郡和府君墓誌銘并序」

君諱智全，字明遠，其先汝南平輿人也。昔唐虞之際，簡易從俗，洛我系□，」翊成聖功，樞機剛柔，掌政天地，立象擅君子之位，授氏因賢人之業，靈□」光大，洪基利亨，芬敷葳蕤，昌茂繇祀。十二代祖嶠，晉録尚書令、金紫光禄」大夫；諤諤貞節，雄雄直氣，忠奉危主，正居闇朝，永嘉崩離，不及南度，中原」喪亂，□暉北移，子孫相仍，爰止代郡。高祖」德，後魏恒州刺史、甄城侯；□」格嚴華，琳瑯之秀也。曾祖敬賓，北齊司空、永平郡王；弼佐謨明，瑚璉之」器也。大父龍，隋鹽州刺史、南平郡公；勇而有禮，廟堂之傑也。父顯壽，」皇朝吉州刺史、散騎常侍、朱陽縣開國男；威而能仁，具瞻之貴也。府君乘」天地之正，纂公侯之緒，爽朗清舉，飄如遊雲；孤特崇遥，卓若驚鶴。年洎弱」冠，襲爵朱陽縣男。行無磷淄，識洞昭昧，玄圖大象，莫不沉研，缺簡遺文，□」從探賾，覽大易至，不事王侯，高尚其志。迺惕然改容，危坐正色曰：聖人法」天立象，達者推而行之，緬探造化之源，幾見萬物之朕。遂坦彼英馭，卷兹」雲翼。晦明藏用，浪情性於琴觴；滅迹匿端，狎清□於椴月。健羨已謝，是非」無著，名利不能汩其聽，寵辱何所塵其懷。理不干俗，神超物外，至機潛運，」勝義日躋，遂依於秦九嵕山，餌雲英玉醴爲事。蓋武仲之在箕山，威輦之」安白社，榮悴得喪，吾何有哉！居卅八年，遂果終焉之志，以龍朔二年二月」廿四日卒於私宮，時年六十有二。嗚呼哀哉！惟君謙尊而光，履和而至，神」機奥祕，靈鏡洞開；肘生於柳，從萬化之道；指窮於薪，起百身之恨。大圓靡」訴，有慟如何！夫人清河傅氏，嫻和茂實，婉淑貞芳，鳴鳳叶宜家之兆，雎鳩」伉國風之詠，四德無忝，五禮有光，諒婦道之□則，實姆儀之粉的。韶麗春」謝，穠華不居。以長安三年四月六日終於私第，時年八十有七。嗚呼哀哉！」詩人之作，雖不終於偕老；周公之制，竟允契於同壙。粤以景龍三年八月」十八日合祔於洛州永昌縣清風鄉北邙之原，禮也。牽復今昔，循環人代。」德音未遠，悲生萬里之秋；風穊半古，恨起九原之夕。嗣子玄泰，攀始終永」訣，肅封樹之舊儀，爰命翰林之英，式紀崇堂之德。迺爲銘曰：」

鳳皇于飛兮山之陽，靈彩杲耀兮聲淒鏘，克配君子兮紛有光。探微察奥」兮□機常，沖邈緬邁兮韞奇芳，順物摇落兮夫何傷！」

（北京圖書館藏拓本　河南千唐誌齋藏石）

景龍〇二三

【蓋】　大唐故王府君墓誌銘

【誌文】

大唐故中大夫使持節黎州諸軍事守黎州刺史上柱國王府君墓誌銘并序」

君諱佺，字大行，太原祁人也。近代因官，遂家伊洛，今爲洛州陸渾人也。伊昔」定氏，周太子之登仙；洎乎命官，秦將軍之建策。晉陽分族，表徵君之子孫；晉」朝裂詔，闡坦之之門户。家聲祖業，抑可言矣。曾祖和，隋任晉州洪洞縣令；祖」誠，唐任房州司馬；子由作武城之調，丘頌割雞；士元拜治中之駕，人稱展驥。」父惠，高尚不仕。王猷避俗，謂山水爲聲名；王説著書，以黄老爲事業。府君生」而能知，長而强學。趙元風彩，傾朝廷之搢紳；陸士才華，驚洛陽之人物。萬歲」通天元年四月廿五日，有制徵拜朝散大夫少府監丞，」冀隆營造之」要矣。居宰尹之下，方臨小藏；錯共工之事，用弘大利。尋加朝請大夫，除綿州」司馬。王祥公輔之量，跡屈海沂；陳蕃掃除之材，風高河冀。屬夫尺車牧闕，別」乘官尊，闡文翁之學校，馳任延之儀禮。由是郭喬卿之美化，荆國方謡；羊叔」子之政聲，峴山可勒。有制以理人有政，加朝議大夫，除隆州長史。拂」秦宫之鏡，羣情已知；鼓師父之琴，喧俗可革。俄而大人造極，寶命日」新，擇良吏以觀風，徵政術以厲俗。以其前朝擢用，累有其能，特加授中大夫、」上柱國，黎州諸軍事守黎州刺史，用光卧鏡之理矣。郡越邛關，途臨折坂。叱」王公之馭，自得忠臣；束鄧侯之馬，方聞志士。自下車揺扇，仁風大行，返彫鏤」於耕桑，驅殘賊於禮樂，中路無拾，外户不扃。始將廣郡已寧，吴彦之徵書方」至；豈期天曹有命，杜靈之捧檄斯來。春秋五十六，以神龍元年十二月九日」遘疾，終於官舍。世英南郡，百姓有喪親之悲；元諒西州，天子有禮賢之弔。夫」人潁川郡君陳氏，天姿柔順，閨風閑雅。瑶琴聽曲，切相和而無聞；石鏡窺容，」怨飛而還死。數日之内，相繼而亡。温緒靈棺，送歸自洛；孔徵吉穴，合葬於房。」以今景龍三年歲次丁酉八月乙酉朔十八日壬寅窆於邙山平樂里之原，」禮也。有子三，並孝泉不測，哀壑難量，懼陵谷之將遷，思琬琰而方勒。銘曰：」

伊昔乃祖，降自有周，肇于暴秦，實廣其流。於穆二子，晉陽克修，長淮不絶，允」覿鴻猷。鴻猷伊何？自我黎州，言以行克，體以德柔。文則如海，學乃如丘。初應」辟命，擢拜共工，次參選用，聲入治中。

刺史之半，厥惟寄隆，海□之謡，信知不」空。劍門西達，折坂南通，實曰奥郡，非賢勿充。我皇據宇，憂深至公，英」英若人，奉揚仁風。靜以鎮俗，禮以防邪，兹弊不起，德音自遐。長秋載佇，京尹」方加，如何不淑，傷入長沙。飛鸞既死，騰蛟亦没，共棄華宇，同遊石室。何以送」歸？著之得日，柳轜宛轉，薤哥蕭颼。洛河南背，邙山北出，壠首馳魂，泉心閉骨。」古來賢聖，共歸無物。」

（周紹良藏拓本）

景龍〇二四

【誌文】誌石似碑，有額，題《梁君墓誌》四字（篆書）。

大唐故朝散大夫金州西城縣令息梁君墓誌」

公諱嘉運，字子，安定人也。温潤怡儀，恭懃令譽，隋尊」巡翟，從父烹鮮，騁思文場，遊神學圃。不意生災鬬蟻，」禍及巢鳶，積善無徵，乃纓沉痼。至總章三年歲次庚」午三月乙亥朔廿一日乙酉遘疾，終于襄陽縣之私」第，春秋卌四。夫人潁川陳氏，隆州長史之女也。芳儀」春芷，質茂寒松，六行莫諐，四德無爽。既而奔駒易往，」浮箭不留，春秋七十有五，以長安四年八月十五日」卒於安養縣之私第，以景龍三年歲次己酉十月甲」申朔二日乙酉，合葬於襄州安養縣昇平鄉懷德里」之原，禮也。有恐桑海遷變，蓮峰化壝，乃崇纂葺，遂銘」其石。詞曰：

隱隱遥源，坦坦平趾，矯矯廬陵，含章傑起。道有虚盈，」人非金石，秋去墳孤，春來草積，白日徒照，玄扉詎闢。」（據原石上刻吴式芬題記云：道光元年秋襄水北岸圻壞古墓甚伙，碑石率散佚，僅訪得此碑及夏侯夫人墓誌，……移置鹿門書院。)

(周紹良藏拓本)

景龍〇二五

【蓋】失。

【誌文】

唐故朝議大夫上柱國澧州司馬魏府君墓誌銘并序」

公諱體玄，其先鉅鹿鼓城人也。屬隋失金鏡，避地于懷，今爲獲嘉縣人焉。根夫」開天闢地，有人倫焉；爲帝爲王，建宗族焉。故畢受錫於周，萬保封於晉，大夫列」位，肇得姓焉。其後魏顆行恩，幽冥報德；魏舒入相，爵禄承家。赫矣衣冠，光于史」册。曾祖景通，北齊召補秘書郎；學富心臺，義晶秘閣；左太沖之作賦，喜拜此□；」劉大連之負才，先充斯任。轉祠部郎中。天分列宿，位重含香，議奏草於清臺，握」芳蘭於朱陛。以家代閥閱，遷龍驤將軍。符堅僞主，非無感夢之徵；王濬正臣，自」有童謡之應。祖裕，隋方州六合縣令、靈州司馬、隴州刺史；多才多藝，乃武乃文，」忠肅振於朝廷，仁恩哥於郡縣。父綱，皇朝杭州餘杭縣尉；謙謙君子，温温淑」賢，學以潤身，卑以自牧。安排北部，枉我廊廟之材；守道南昌，屈我神仙之職。轉」太州鄭縣主簿。昔爲孝子，今爲人臣；舉善不避仇讎，退惡不以親戚。有伯圭之」節，有王允之威。轉晉州洪洞縣丞，潤州曲阿、虢州宏農二縣令。撫字多方，清勤」兩著，一百里之作令，六百石之秩丞。廉以飾躬，胡□之□河内；善以御衆，□霸」之在河東。公禀天地之精，膺川岳之靈，量包江海，吸雲霞而浩浩；操堅松竹，銜」歲暮而青青。其言也博達，其鑒也淵微。商榷九經，兼并四部，衣冠爲之再□，□」樂爲之中興。皇朝明經擢第，解褐授楚州司法參軍。江淮設險，狡猾成風，□」獄無才，狴牢有滯。公之任也，朝誨之以脩德，夜泣之以受辜，黎庶感恩，囹圄空」□，轉豫州西平縣令、汴州司倉參軍。荆河南控，蓬池北臨，俗號神明，人知禮節。遷滑州韋城縣令、澧州司馬。滔滔澧水，淙月峽之波瀾；鬱鬱滑臺，罩星躔之光」彩。公佐百城之闡化，王仲父之清勤；蓄三異而當官，魯仲康之政教。嗚呼！風火」不駐，生死何常，賈太傅之有言，鄭司農之興歎。以景龍二年夏四月廿日卒于」鄧州向城縣淯陽郡逆旅，春秋七十有二。夫人趙郡李氏贊皇縣君。配于君子，」事于舅姑，服於澣濯，躬於紡績。陶氏之母，截髪馳名；孟氏之親，大衾存教，亡矣」命矣！天乎，神乎！以神龍二年春正月廿九日終于内寢，春秋七十。以景龍三年」冬十月十一日合葬於汝州西南紫邏山懷吉村西平原，之禮也。嗣子觀，吏部」常選。哀哀父母，擗兮□兮；杳杳泉扃，永矣遠矣。心骨崩碎，叩地號天，痛日月之」居諸，懼邱陵之遷貿。敢鐫荆璞，用紀松扉，嗚呼哀哉，迺爲銘曰：」

西域聖人兮涅盤偈，東魯夫子兮太山哥。生兮生兮既不保，死兮死兮知奈何！」□□兮石坼，陽臺兮雲斷，銘琬炎兮哀哉，畢乾坤兮脩短！

景龍三年歲次己酉十月甲申朔十一日甲午金危。」

（録自《八瓊室金石補正》卷四十九）

景龍〇二六

【蓋】失。

【誌文】

大唐故通直郎行鴻臚掌客王君墓誌銘并序」

君諱感，合宫人也。帝高辛之遠裔，周大王之鴻緒，曾構横」天，靈源括地，由是星分翠嶽，雲鬱金柯，迺命氏以承家，因」建封而開國。曾祖夔，隋任楚州司馬，崖岸高深，煙霞澄映；吕虔歸佩，海沂挹其清静；周舉題輿，汝潁崇其問望。祖德，」唐初任相國府朝散大夫，雲雷始構，即奉義師；天地方開，驟光榮秩。感任通直郎行鴻臚寺掌客。青箱就學，黄綬」從班。體物緣情，劉公幹之有氣；才高位下，桓君山之不樂。」公資靈上善，禀粹中和；心之所同，必擇善以利物；意之所」異，不是己而違人。嗟乎！四運不居，百齡易盡；松生腹上，方」膺繞鹿之祥；桑出井中，翻入巢鴞之釁。以神龍元年六月」二日遘疾，終於脩義坊之私第，春秋有五十八。嗚呼哀哉！」夫人吕氏，若儀有裕，蕙性多閑，奉雞盥以承尊，助蠶牀而率」下。蒿泉獨掩，先悲楚壑之舟；蓮劍雙飛，俱没延平之水。粤」以景龍三年十月廿六日合葬於北邙山之原，禮也。嗣子」仁肅，悲纏泣血，孝切因心，窺匣扇以長號，撫楹書而永慟。」滄海三變，慮侵王母之田；白日千秋，愿紀滕公之石。其詞曰：」

星象之精，山河之靈，龍光鳳德，玉振金聲。陸離珪組，烏」弈簪纓，鴻勳駿業，武緯文經。其一。烏集庚日，人當已年，金」丹不就，玉釜徒煎。荒涼丘墜，悽慘風煙，松門一閉，蓬海三」田。其二。

男仁肅今爲七代父母放生兩口，愿以此功德，普及於一切，我與等衆生，皆共成佛道。」

（周紹良藏拓本　河南千唐誌齋藏石）

景龍〇二七

【蓋】失。

【誌文】

唐故王府君墓誌銘并序」

君諱行果，太原人。六代祖叡，字洛誠，魏太宰尚書令，封中山王，因爲」中山王氏焉。夫以角立傑出，間氣天姿，河岳上靈，衣冠獨盛，自漢臨」蜀，叱馭以振家風；滅趙强秦，銜珠以光祖德。淮水瀆薄，波瀾湧無竭」之流；國史紛紜，今古鑒人倫之序。曾祖子景，北豫州別駕；禮卑席地，」量遠筒金。祖元季，本州大中正、開府儀同三司；勳洽昭陽，氣雄鄧禹。」父有方，岷州刺史；沐浴除暴，導岷江而激清；文學敦風，虛講堂而遺」愛。君匿犀天骨，隱鳳星文。一日千里，獨擅房精之異；五歲再閏，孤標」闕里之徵。覆局背碑，口誦目數。仲宣負潛珪之譽，子雲招蓋醬之譏，」良冶傳芳，瑶林增蔭。以門調左勳衛，解褐潤州司兵參軍。武庫森」吴國之英，文房掩梁園之秀。秩滿，宋州司户參軍事。冰横玉岸，俯映」黄池；聲徹金閨，旋臨赤縣；尋遷雍州長安縣尉。鵬下蒼池，詞源□於」陸海；牛衝紫氣，辯劍傾於五都。輦轂强宗，京華俠窟。撥繁理劇，翁歸」之清識有餘；擿伏摘姦，仲華之神機不測。坳堂積水，無運於吞舟；大」澤藏山，寧期於仰止。咸亨三年六月十八日遘疾，終於□□，春秋卌」有七。夫人中山甄氏，行該莊敬，道綜温柔。書帳覆燈，楊都之賦增麗；」良宵爇炬，周官之訓逾深。隨子東征，青春未幾；承夫西寢，玄夜何長？」以景龍三年歲次己酉十月廿六日，合葬於邙山之北原清風鄉之」元，禮也。川阜迴合，霜露凄涼。鄰笛生悲，近對山陽之曲；東琴是彈，旁」臨澠池之水。福歸龍耳，郭璞之靈算再徵；慶漸隼旟，周訪之祥符重」洽。嗣子晙，易州刺史；次子暾，幽府户曹。孟宗純孝，寒笋抽供祭之資；」王戎骨立，毁骨抱終天之痛。次子皚、晦並少夭。人間三武，先亡偉節；」地下萬錢，獨鍾王導。嗚呼哀哉！迺爲銘曰：」

邙山北列兮脩壟峩峩，洛城南望兮富貴英多。自古皆有死，飲恨」將如何？」

（北京圖書館藏拓本　河南千唐誌齋藏石）

景龍〇二八

【蓋】失。

【誌文】

大唐故雍州美原縣丞王君墓誌銘并序」

公諱景之，字崇業，太原祁人也。后稷之胤，姬文之緒，衣冠遞襲，可略」言焉。七代祖玄謨，宋尚書令曲江侯；高祖興，字義起，齊舉秀才，任兖」州高平縣令，後加寧朔將軍，子孫因居于高平龔丘焉。曾祖讓，齊下」邳縣令；祖敏，隋任光州别駕；父禕，皇朝辰、蕲二州别駕，貝州司馬；」並譽洽能官，芳傳良史。公天才卓絶，孝行超人，有國士之門風，總鄉」閭之令望。永徽四年鄉貢進士及第，登漢策之甲科，光郄詵之片玉。」解褐鄭王府典籤，改任岐州郿縣尉、并州晉陽主簿、綿州巴西縣丞，」改任洛州緱氏、雍州美原二縣丞。清而撫俗，平以莅人，未極九遷，俄」隨萬化。永淳二年八月廿三日，終於洛」州洛陽縣會節里第，春秋六」十。夫人清河崔氏，唐豫州吴房縣令珣之女也。夕婺光彩，朝雲氣色，」閫門昭其勝範，斷織表其良規，庶饗長筵，俄悲促電。垂拱元年三月」五日，終於會節里第，春秋五十有五。以景龍三年歲次己酉十月甲」申朔廿六日己酉，合祔于北邙山，禮也。有子愔，霍王府兵曹參軍；次」子懌，幽州都督府録事參軍；次子怡，杭州録事參軍；次子恒，朝散大」夫行左御史臺殿中侍御史。偕道契伊周，孝齊曾閔，積感逾切，先遠」戒期；方疏馬鬣之塋，即叶龜謀之兆。式刊貞礎，而作銘云：」佐周建業，錫魏稱王，華構斯盛，靈源載昌。佩刀表德，筮水惟長，宇內」冠冕，邦之棟梁。其一。象賢有資，繼體無絶，猗歟夫子，光紹休烈。造次忠」孝，周旋名節，詞峰弊虧，學海澄澈。其二。譽超八俊，聲聞九臯，亦既鴻漸，」終標鳳毛。從容攝職，僶□分曹，台衡是覬，州縣徒勞。其三。未騁培風，俄」驚溘露，頓此奇策，歸乎□墓，福善罔徵，旻穹難訴，一喪文律，長隳武」庫。其四。婉彼穠華，作嬪君子，恨纏分劍，情高徙里。耀掌凝珠，光庭擢玘，」彩沈曦隙，芳騰女史。其五。靈轜既引，幽璲方開，丹旐影去，白鶴賓來。郊」野蒼茫而霧慘，松栢飀颸而風哀，庶刊美於豐石，旌不朽於泉臺。其六。」

（北京圖書館藏拓本　河南千唐誌齋藏石）

景龍〇二九

【蓋】失。

【誌文】

故右臺殿中侍御史王君墓誌銘并序」

君諱齊丘，字尚一，本太原人。八代祖遵業，爲魏黄門侍郎，生安喜。安喜爲河東太守，子孫家焉，故今爲郡人也。昔后稷深仁，基其長發之緒；周文聖德，誕受皇天之命。至于靈王，有太子晉，吹笙洛濱，得玉京之道，迴謝城闕，舉手白雲，祚我王氏，緜厥載矣。祖士昂，父彦威，咸積潤重華，濟于世美，休譽被物，清風動時。君敦厖沖愿，徽烈英曜，夫其孝悌之德，仁義之方，蓋天生而知也；禮樂之則，文章之盛，斯又博學而達也。大周有制，察天下文儒，朝廷薦君，詞標文苑，對策高第。解褐越州會稽縣尉，尋爲右拾遺。時皇上龍飛在天，誕敷聲教，選衆而舉，俾康下人。神龍初，以君爲右御史臺監察御史。執簡在朝，正色無撓，天憲之府，秋霜凛如。屬西戎未康，師出于外，迺以君爲殿中侍御史，充赤水軍司馬，又敕監涼府倉庫。君理卒乘，練甲兵；修屯田之宜，制財用之節；行陣輯睦，師人以和。然後講武曜威，羌戎震服，河湟乂寧，君之力也。帝嘉其庸，將錫朝命，昊天不弔，奄忽徂遷，春秋五十有九。以景龍三年二月十三日，終於涼府。及將殁，其言不忘於王事，斯不亦忠矣乎！夫言可以立於世，理可以濟於時，有一於此，是稱不朽。君子謂若人者，斯可謂矣。以其年五月廿九日，歸其柩于洛陽。嗚呼！傍無朞功，下絶遺胤，祭則誰主？魂而靡依。夫人西河藺氏，有杞婦之感，誓恭姜之節，誄則展禽加惠，謚則黔婁以康。殉而不辭，恐缺吾君之義；能守其祀，實在未亡之人。粤以其年十月廿六日，卜宅葬于洛州永昌縣北邙原，從先塋，禮也。銘曰：

我有君子，英英御史，儀形多士，維國之紀。迺輯戎壘，保寧邊鄙，郡邑用理，羌夷順軌。爲仁由己，膺受多祉，神亦斯詭，而不我俾。曾是短晷，景命中圮，茫茫千祀，播厥餘美。

朝散大夫行都官員外郎路敬潛詞。」

（北京圖書館藏拓本　河南千唐誌齋藏石）

景龍〇三〇

【蓋】　大唐獨孤府君墓誌銘

【誌文】

大唐故朝散大夫行定王府掾獨孤府君墓誌銘并序」

君諱思敬，字　，河南人也。漢光武之後。桓靈末，有劉卑爲北地中郎將，鎮桑乾。屬」後魏平文帝將圖中夏，因率衆獨歸之，因錫姓獨孤氏。茂祉氤氳，開有熊之國；昌源」羨溢，分豢龍之胤。自中州不綱，」三方錯峙，載雄朔野，叶布而枝分；鬱起南圖，金聲而」玉振。世禄之盛，可勝言哉。曾祖子佳，北齊直閤將軍、假都督華州刺史、武安郡公、儀」同大將軍，隋淮州刺史；出忠入孝，經文緯武，銜珠爲列將之榮，執玉是諸侯之貴。祖」義順，皇朝義旗初，授大將軍司兵參軍、户部侍郎、太僕卿、光禄大夫；績預攀鱗，誠」高捧□。張燈天府，踰陳羣之辯達；鳴玉夏卿，方石慶之周慎。事留臺閣，名勒旗常。父」元愷，皇朝尚書主客、度支、吏部三曹郎中，給事中，大理少卿；立德光朝，含章映俗。」南宫起草，拖鳴玉于重闈；東掖司綸，振華纓於禁闥。弼五常之教，當代無冤；明三德」之威，不仁斯遠。公承累葉之洪烈，吸兩儀之淳懿。修身踐行，無違於禮義之經；奉上」事親，必由於忠孝之域。爾其爲器也，岳秀川渟；觀其爲道也，蘭芬桂馥。初以門調任」□親衛，儀鳳二年授慶州司户參軍事；秩滿，授宣州溧水縣丞，又遷蜀州司倉參軍」事。正以馭俗，則吏畏其威；清以臨下，則人懷其德。登巴渝之奧壤，必不潤脂膏；莅吴江」之通邑，唯聞飲水。秩滿，授皇孫府主簿。帝子開藩，式隆于盤石；府僚推擇，必佇於盛」才。瞻言茂器，允符英選。尋授宋州楚丘縣令。先之以敬讓，澆風化爲敦厚；示之以典」刑，薄俗變其貪競。鳴琴始奏，聿興來暮之歌；桴鼓稀鳴，旋有去思之詠。豈唯攀車銜」戀，實亦立碑紀德。仲尼所謂善人爲邦者矣。秩滿，隨牒授定王府掾。入燕王之邸，坐」陟高臺；游楚國之庭，嘗斟醴酒。長安三年，恩制加朝散大夫。公之振華纓，拖朱紱，君」子以爲宜哉。惜乎天道棐忱，福謙誰報，膚腠貽患，醫盧寡術。卷懷虛室，坐沉堯舜之」年；偃迹茂陵，無復公侯之望。昊天不吊，奄焉徂往。粤以大唐景龍三年歲次己酉八」月乙酉朔十五日己亥，終於京師之醴泉里第。物喪金碧，人亡領袖，豈唯士友絶絃，」邦人隕涕而已。故夫人河南元氏，隋兵部侍郎司朝謁者弘之孫，皇朝魏州」刺史義端之女。地美膏腴，德稱柔婉，幽閑光於内範，言容備於嬪則。如賓之歡，靡申」于偕老；同穴之禮，載洽於重泉。粤以其年十月甲申朔廿六日己酉，同合葬於雍州」萬年縣銅人鄉之舊塋，禮也。有子前雍州始平尉烜等，克稟義方，夙懷純至；號曾穹」而永慕，擗厚地以增哀。思紀徽烈，式揚雕篆。

其銘曰：」

赫奕茂族，猗歟洪胄。人物之華，如松之秀。簪紱之積，如川之湊。勒美丹青，圖芳篆籀。」清明降祉，髦彦挺生。靈岳千刃，曾臺九成。爲仁由己，踐孝揚名。承家有裕，入仕馳聲。」禮以導俗，猶風之扇。德以訓人，猶魯之變。化溢終古，政高前彦。鸞集重泉，雉馴春甸。」長嗟逝水，遽嘆摧梁。行人垂泣，故友增傷。道貴不泯，人誰弗亡。唯茲盛德，没代彌光。」

（録自《唐長安城郊隋唐墓》）

景龍〇三一

【蓋】失。

【誌文】

大唐故游擊將軍□隰州□□府折衝逯府君墓誌并序」

君諱□字，河内人也。迺祖徙河南，因居陸渾焉。祖烈，□」州行成府果毅；父撤，吏部常選。並辰昴降靈，江山□質。」君生而穎晤，風姿秀朗；豫章萬尋，森森概日；華山□□，」亭亭出□。□固不□，董侍郎之文學；無施不可，李將軍」之壯心。□□瀚海水生，甘泉火照，□五陵之英胤，選六」郡之良家。聿應斯辟，遂登於武，隸大總管裴公，北伐匈」奴。白蘭之圍數重，青海之兵四合，所向無堅敵，所攻無」全陣，斬首獲級，一軍之渠。授上柱國、游擊將軍、廓州連」園府果毅，又授絳州平原府果毅，又授隰州雙池府折」衝。雖賓憲巖垂，思齊勒石；而孔丘川上，難駐驚波。以景」龍三年四月十六日卒於汝州梁縣，嗚呼哀哉！春秋七」十有二。即以其年十月廿六日葬於北邙山之原，禮也。」妻夫人吴氏，先君而洛。平陵北望，昔已同墳；季氏西階，」今從合葬。嗚呼哀哉！迺爲銘曰：

挺生君子，降德自嵩，敦詩閲禮，棄筆從戎。天子爲命，」寵意□降，朱衣照日，銀佩摇風。其一。白鶴來吊，青烏北分，」妻者齊也，死則同墳。北邙山上，列□恒聞，古來共此，非」獨悲君。」

（周紹良藏拓本　河南千唐誌齋藏石）

景龍〇三二

【蓋】失。

【誌文】

大唐故朝議大夫行洋州長史上柱國王府君墓誌銘并序　使持節懷州諸軍事懷州刺史梁載言撰　弟蒙書」

君諱震，字伯舉，琅耶臨沂人也。其先自秦至魏，史諜可詳於累朝；從晉及陳，名」德重光於九葉。悠然深識，傳佩刀而得人；至矣玄通，筮淮水而無絶。偉哉洪胄，」胡可略言。高祖嵩，陳散騎常侍、侍中；曾祖允，陳太子洗馬；祖脩惠，懷州脩武縣」丞。並命屈其才，位不充量。父師順，監察御史、倉部員外郎、司門郎中、硤州刺史、」雍州司馬。簪白筆而坐風臺，共推剛正；揮赤管而臨粉署，譽重彌綸。出守荆門，」江湖悦附；入參州尹，輦轂馳聲。君生自高門，長承洪覆，仁爲己任，孝是天資；信」義始於鄉閭，敬愛行於邦國。弱冠，入太學，以明經擢第，除許州隔陵縣尉，授陜」州硤石、湖州安吉兩縣丞。君雖徇義力仁，而薄名遠恥；不以官位卑而懈其職，」不以事無害而忽其機；陰非畏神天之知，清白奉堂闈之訓。廉察使録君三任，」清白狀聞，恩制褒昇，加朝散大夫，行江州都昌縣令，尋累勳至上柱國。」侍御史吕元嗣以君歷職清白，舉應是科，所司承旨，天下類例，四任清白，一人」而已。乃加朝請大夫，尋進朝議大夫。丁憂解秩。望屺岵而崩心，號天地而罔極。」絶漿七日，泣血三年；毀瘠過人，殆將滅性。服滿，除曹州乘氏縣令。敦勸耕桑，人」知榮辱，闡揚學校，家識禮儀。殿中侍御史魏靖出使，還奏君清白爲天下最，有」制哀揚，授汴州尉氏縣令，累遷洛州永寧縣令。大梁遺邑，宜陽古郡，始歌來晚，」俄結去思。屬魯館初開，元寮是擇，又以君檢校定安公主府司馬。尋爲駙馬犯」法伏誅，出爲洋州長史。安排委命，怡然就别。景命不融，享年五十有九，以神龍」三年三月十六日終于洋州官舍。嗚呼哀哉！惟君仁孝在躬，恭寬爲務，造次顛」沛，咸必於是。自槐檀變火，琴瑟成聲，時望攸歸，寵章頻洽，臨高堂而不樂，想長」筵而永慕，由是爲政之處，不居正寢，常置坐版于堂，以申享薦，每一臨席，涕泗」交襟。表裏周親，中外疏屬，窮迫無託，嘗加賙贍。又有喪會，匍匐救之。平居服飾，」不近華侈，式宴友朋，必資豐備。將謂輔仁有驗，使司命而增年；豈期與善徒欺，」其洋源而永逝。嗚呼哀哉！嗣子眉州參軍仲玄等恭受遺命返葬于周；景龍三」年十月廿六日，安厝於北邙之山，禮也。發軫南鄉，言遵東路，乃相原隰，是修封」樹。懷述先之舊文，感思親之遺句，庶高山而仰止，刊貞石以表墓。其銘曰：」

玉生有田，珠出于泉，崇構既布，良弓乃傳。英才磊落，紱冕蟬聯，於休令胤，奇姿」卓然。訓學從仕，官材授賢，琴歌養政，酒賦開筵。家唯四壁，饌必萬錢，乘凫近甸，」騁驥洋川。方享眉壽，俄驚小年，□魂哀谷，返葬邙阡，于嗟此地，萬古風煙。」

（河南千唐誌齋藏石）

景龍〇三三

【蓋】 大唐定遠將軍安君誌

【誌文】

唐故陸胡州大首領安君墓誌」

君諱菩，字薩。其先安國大首領。破匈奴衙帳，百姓歸中□」國。首領同京官五品，封定遠將軍，首領如故。曾祖諱鉢」達干。祖諱係利。君時逢北狄南下，奉敕遄征，」一以當千，獨掃蜂飛之衆，領衙帳部落，獻馘西京。不謂石」火電輝，風燭難住，粤以麟德元年十一月七日卒於長安」金城坊之私第，春秋六十有四。以其年十二月十一日權」窆於龍首原南平郊，禮也。夫人何氏，其先何大將軍之長」女，封金山郡大夫人，以長安四年正月廿日寢疾，卒於惠」和坊之私第，春秋八十有三。以其年二月一日，殯於洛城」南敬善寺東，去伊水二里山麓，禮也。孤子金藏，痛貫深慈，」膝下難舍，毀不自滅，獨守母墳，愛盡生前，敬移歿後，天玄」地厚，感動明祇，敕賜孝門，以標今古。嘉祥福甸，瑞草」靈原；鄉曲蔭其風，川深茂其景。粤以景龍三年九月十四」日，於長安龍首原南啓發先靈，以其年十月廿六日於洛」州大葬，禮也。嗣子遊騎將軍胡子、金剛等，罔極難追，屺岵」興戀，日彌遠而可知，月彌深而不見，與一生而長隔，悲復」悲而腸斷。嗚呼哀哉！其詞曰：

素成大禮，載召幽魂。關山」月亮，德洽乾坤。鴻門定遠，留滯將軍。擇日遷卜，陰陽始分。」蘭芳桂馥，千歲長薰。其一。名由謚顯，德以位班。質含月態，鏡」轉神顏。淑慎非虧，麗藻清閑。珠川水媚，玉潤靈原。君賢國」寶，妻美金山。孝旌閭閈，萬代稱傳。其二。」

（録自《中原文物》一九八二年第三期）

景龍〇三四

【蓋】失。

【誌文】

唐故王府君墓誌銘并序」

君諱操，潞州屯留人，其先□承太原王休徵之餘」胤也。且乘凫控鶴，家牒詳焉。祖與，隋任許州司馬；」父相，詔授朝請大夫；並驛騎芝蘭，施芳千載。將蹀雲」而遐舉，俯構時屯；始附驥以遄征，俄逢喪亂。惟祖」惟禰，代襲簪裾，曳青紫於膠庠，靡紅旗於州郡，因」官上黨，宅于屯留。惟君志懷忠烈，養性丘園，恬澹」之心，終焉莫變。仰丘壑而託賞，玩琴書以自娱。既」而夢殄兩楹，悲纏薤露，温風一扇，構疾彌留，未徵」三秀之英，遽軫落華之歎。嗚呼哀哉！即以咸亨元」年六月廿二日奄捐館舍，春秋五十有一。夫人程」氏，同縣人也，春秋七十有三，即以景龍元年九月」十六日卒於内悃。以景龍三年十一月八日合葬」平村北三里平原，禮也。第二息，南陔相訓，凱風之」樂未終；東箭不留，蓼莪之痛行及，春秋一十有三，以上」元二年六月一日遽隨化往，今同附府君之塋爾。」乃面流花態，却背危峰，左達通莊，右森叢權云爾。」德必有鄰，聞諸往烈，如何不弔，喪我明哲。其一。」去兆花浮，悲歌慘切，松檟風煙，霜瑩湛月。其二。」

（北京圖書館藏拓本）

景龍〇三五

【蓋】失。

【誌文】

唐南陽居士韓君墓誌銘并序」

夫見素全真，棲閑谷神；」貞不絶俗，隱不違親；望高雲以寄意，運虚舟以同塵；乃曰忘」機之士，是爲有道之人。唯兹韓君，實得之矣。君諱神，字文英，」南陽人也。武子事晉，封於韓原，獻子因封，姓爲韓氏。厥紹趙」孤，天下陰德，積善餘慶，十世享國，靈源鴻緒，君實承之。祖懃，」父良，并中和毓德，少微騰粹，行義以達其道，隱居以求其志。」君含幽默之質，得淳和之氣，動不違道，静不抗志，隱晦爲名，」恬漠爲利，蠲蠲其貌，温温其辭。其行己也：宗族稱孝焉，鄉黨」稱悌焉。其與人也：冬夏不爭陰陽之和，道塗不爭險易之利。」聞詩禮得愛敬之節，讀老莊曉齊一之旨，尋内典悟生滅之」義。迺息意常務，專心空門。般若玄關，即能盡了；涅槃奥義，靡」所不通。非夫宿植利根，孰能成兹善業？至哉！神龍元祀，春秋」八十，屬皇唐紹復，慶澤旁流，板授德州長史，隨年例也。皤」皤素鬢，煌煌朱衣，榮暉滿堂，鄉曲爲美。造化無不死之道，金」石有可鑠之期，以景龍三年十月十四日終于私第。夫人田」氏，北平貴姓，禮義名家，行備閨門，譽高宗黨。一鶴先逝，兩劍」終同。以其年十一月十八日合葬于北芒里之山原，禮也。却」望丘隴，前瞻帝闕；鐘鼓空聞，幽明永别。嗚呼哀哉！有子」中大雲寺僧道生，道實生知，孝惟天與，永誦報恩之偈，思題」旌德之銘。其辭曰：

洛水之北，芒山之陽，聖賢共葬，丘隴相望。嗟兹高士，託體斯」崗，清風方扇，逝日何長？空山炤月，荒野飛霜，精靈安在？松栢」蒼蒼。

韓居士貫洛州新安縣白土鄉。」

（周紹良藏拓本　河南千唐誌齋藏石）

景龍〇三六

【蓋】　失。

【誌文】

大唐故中大夫守撫州刺史上柱國臧府君墓誌銘并序　承議郎行洛州新安縣主簿高庶幾撰」

公諱崇亮，字茂融，本東莞莒國人。郡廢，家於東海，今爲此郡人也。分曾」自周，則公旦錫羡；歷仕于魯，則僖伯守職。楚漢交戰，據列國於燕中；晉」宋樂推，光戚里於江右。曾祖文，隋虎賁郎將。祖操，入仕皇唐，累遷沐」州刺史。屬西鄰有歸，知南風不競，預識黄星之應，遂荷彤雲之渥。父彦」雄，左右監門郎將、茂州都督、東海伯。代增榮寵，位兼中外。公地列膏腴，」神資英敏。揚憚以朱輪盛族，初效嚴更；潘岳以墨綬從班，終聞善政。乾」封二年，起家授營州昌利縣令，又遷荆州松滋縣令。山連鴻塞，聲溢鳴」琴；水控牛灘，術該遊刃。秩滿，遷建州司馬，又遷江州司馬，又授定州北」平縣令。豫章人望，再屈題輿；葉縣鳧飛，頻勞乘履。聖曆元載，狂賊蜩螗，」睿伐龔行，預剿蛇豕，又遷易州司馬，除青州長史。神龍元年，授沔州刺」史、中大夫、上柱國，又遷撫州刺史。寄深共理，頌溢中和，童子既不渝期，」吏人莫能仰視。慈仁比父，甘雨之濯春苗；決遣如神，嚴風之掃秋籜。方」當儀形九牧，弼諧百揆；而司禄謬愆，明時喪哲。以景龍二年閏九月」十四日寢疾，薨於官第，春秋七十有九。若邪泣送，非復留錢；京兆凶歸，」溘然遘櫬。即以景龍三年歲次己酉十一月癸丑朔廿日壬申子葬於」河南之北邙山平原，禮也。前瞻少室，近東武之前塋；却望壽陵，俯南陽」之故闕。公神清識遠，至忠純孝，勁節淩霜，清心鑒水，三爲縣宰，四登上」佐，再臨藩牧，所在遺愛，實冠循良。一朝風月，千齡泉壤，唯有清白之誡，」將貽子弟；撫字之迹，留還史官。長子南金，前朝散郎行婺州義烏縣主」簿；次子仙童等，懼陵谷之貿遷，思石文而紀迹，乃爲銘曰：

文王之胤，代有象賢，觀漁諫魯，競鹿開燕。琱弓迭映，皂蓋相傳，載誕君」子，赫奕光前。其一。巖巖峻屺，競競慎位，幾屈馴翬，頻迂展驥。剖符共理，褰」帷宣懿，漢上恩覃，江中化洎。其二。台星將陟，閱水先驚，時牛尚繫，滕馬空」鳴。北臨河府，南望洛京，國容來葬，是謂哀榮。其三。揚風已暝，蒿泉不曉；荒」野悲人，空山思鳥。壟深雲積，巖高樹小，胤子長號，終身泣蓼。其四。」

（周紹良藏拓本）

景龍〇三七

【蓋】失。

【誌文】

大唐婺州義烏縣主簿東莞臧南金妻故太原白夫人墓誌　承議郎行洛州新安縣主簿高幾撰」

夫人字光倩，太原白知隱之長女也。旦遘閔凶，幼」丁荼苦，天稟純懿，動中禮容。叔父奇之，特加鍾異，」從宦江左，鞠育成人。女有辭家之儀，乃作嬪於君」子。自有歸臧氏，和鳴克諧，琴瑟友情，鳳凰鏘矣。執」箕箒之則，服澣濯之衣，秉仁義爲脂粉，斥芬芳而」不御。俄遭大君喪事，扶侍言旋，路涉惟陽。屬吴都」炎亢，漕溝竭涸，杜舟檝往來。夫人以慈親在京，夙」夜增戀，更逢停擁，悲慕傷懷。爰因誕免遘疾，以景」龍三年六月十日終於揚府，春秋廿有九。桐共榮」而半折，月未滿而全虧，青春降霜，紅顔即世，昊天」不弔，傷如之何！即以其年歲次己酉十一月癸丑」朔廿日壬申葬於洛州合宫縣北邙山之原，禮也。」南瞻嵩室，聳樹阡阡；北望平津，洪源瀰瀰。復以孤」孩遺腹，襁褓多艱，碧樹先秋，苗而不秀，百年泉路，」母子同歸，嗚呼哀哉！有德無命。痛幽坰而永夕，紀」芳烈於他山。」

（周紹良藏拓本）

景龍〇三八

【蓋】失。

【誌文】

大唐亡宫九品墓誌並序」

亡宫者，不知何許人也。昔以令德，納」于内宫，弼諧帝道，復我」唐業。疇庸比德，莫之與京。方當開國承家，」大君有命；豈意輔仁莫驗，殲良奄及。」享年八十。以大唐景龍三年十一月」廿日終于坊所。即以其年十一月卅」日葬於墓所，禮也。嗚呼哀哉！乃爲銘」曰：

南鄰鐘鼎，北里笙竽，子其樂之，宛化」爲枯。千秋代上，萬古泉塗，幽明永隔，」嗚呼嗚呼！

景龍三年十一月卅日」

（周紹良藏拓本　河南千唐誌齋藏石）

景龍〇三九

【蓋】　失。

【誌文】

唐故潞州潞城縣申屠君墓誌□□序」

君諱行，字表，金城人也。因官宅此土，今爲縣人焉。原夫五」車鑒曜，紀天册於丹凰；九野分司，凝地官於玄燕。道符餘」慶，登鳳閣以參榮；精洽遺祥，陟龍門而驤首。青編嗣美，緗」簡連暉，玉粹金昭，可略言矣。曾祖和，雁門郡太守；奉鎮」狼山，控長城之萬里；宣威蟻穴，讋紫塞之千重。故得猜約」歸仁，薰胡革響。祖儒，朝散大夫，別敕授本州刺史；霄」輝入牖，蠶姬興五袴之謡；曉□趨疇，田儁發兩岐之詠。父」綽，朝散大夫；英精概日，鯁節陵秋，兩寶雙全，一囊獨潔。」君量苞山水，器韞沖和，千尋侔蘭桂之條，百丈越嵇松之」幹。陸鴻斯漸，有志圖南，敕授騎尉，非其望也。瑶真銑鑒，」遠邁昔人；石折蘭摧，獨傷兹日。春秋七十有二，遘疾終於」私第。夫人崔氏，大夫豹之猶子也。憑輝洛媛，擢質江姝，□」娣姒之司南，爲母儀之嬪則。桂輪霄魄魄，仙娥之影不追；雲□」沉英，神媛之儀遽謝。粤以景龍三年歲次己酉，十二月癸□」朔二日甲申，合葬於潞城縣西南一十五里平原，禮也。左」連玉嶠，祥雲屯紫蓋之峰；右接清漳，瑞鮪戲碧潭之浪。前」瞰神羊之岫，五龍通鳥道之川；却眺仙母之峰，雙鳳響鷄」辭之谷。嗣子玄爽等，哀纏蓼逕，氣殞葅裳，感墜露以崩心，」踐霜庭而瀝血。勒翠琰於荒埏，庶傅徽於地屺。其詞曰：

丹風」表瑞，玄燕來遊，瓊冠不墜，遞襲璣球。其一。清涼千里，長」河一曲，晉野疏基，秦川共屬。其二。」

（周紹良藏拓本）

景龍〇四〇

【蓋】失。

【誌文】

唐故朝散大夫行衢州長」史周府君夫人江夏縣君」李氏墓誌銘」景龍三年歲次己酉十二」月六日薨，以其年十二月」癸未朔廿四日丙午殯於」偃師縣西七里首陽北山」之南原。」

子司楚、尹晉、尹秦、尹魯、尹齊。」

（録自《東都冢墓遺文》　開封博物館藏石）

景龍〇四一

【蓋】失。

【誌文】

（上缺）王夫人墓誌銘并序」
上缺氏吴郡人也，禀質貞」（上缺）三從有義，四德無虧。」（上缺）忽遘彌留，日侵纏」（上缺）正月廿八日終于」（上缺）次庚戌二月廿七」（上缺）西北七里武丘山（上缺）二人：長子珣，次子」（上缺）恐陵谷（下缺）」

（録自《吴中冢墓遺文》）

景龍〇四二

【蓋】失。

【誌文】

大唐故梓州銅山縣尉弘農楊府君墓記并序　上谷寇淑字子鏡撰」

君諱承福，字名遠，弘農華陰人也。迺祖震，漢司徒公，盛烈史」聞，清白著遠，子孫嗣德，簡册聯榮。祖綱，隋任蒲州河東縣令；」父通，任遂州司馬；或鳴琴近古，或逸驥長途，居正自躬，不嚴」而理。君大道降精，真情獨斷，講信以温古，强學以博聞。書抗」鍾張，池水以之盡黑；論平莊易，萬象於是洞玄。鄉黨推仁，宗」族稱孝。垂拱中，年弱冠，州舉孝廉，太常對策，拜文林郎，調選」授靈州迴樂縣主簿，又遷儒林郎驍騎尉，行梓州銅山縣尉。」迺心以慎，克政惟平，案獄無諠，姦慝悠屏。宰君絃歌而日樂，」黔夫頌德而胥懷。歲忽如流，秩亦斯滿，解印而去，高卧丘園，」洽琴酒之歡，聳雲山之意，賦命造化，抱古幽棲。豈期道不吾」行，奄徂於世，以景龍三年十一月卅日終於洛陽毓財里，春」秋五十七。夫人北平田氏。惟齊之姜，作嬪于我，情合於禮，壽」奪於天。以神龍三年九月四日，捐於荆州大都督府館舍，春」秋卌九。即以景龍四年二月廿八日合葬於洛州合宫縣平」樂鄉西邙山，之禮也。洛城之北，邙山之下，壟兆其康，合葬從」古。嗚呼哀哉！嗣子守廉等，孝迺自天，毀無滅性，式刊貞石，記」其神道。銘曰：」

峨峨太華，鬱氣騰精，特生楊子，董道垂名。孝以事親，忠以奉」國，用晦順險，立誠進德。德既云達，歲不我留，氣散天日，骨閉」山丘。爰有嗣子，哀哀岵屺，號松栢以訴天，埋圓石以誌美。」

（北京圖書館藏拓本　河南千唐誌齋藏石）

景龍〇四三

【蓋】失。

【誌文】

大唐虞部郎中右監門衛中郎將上柱國贈曹州諸軍事曹州刺史杜府君墓誌銘一首并序　安國相王府東閤祭酒康子元撰」

公諱昭烈，字　，京兆杜陵人也。昔伊祁之先，居有熊而啓姓；劉累之後，因御龍」而命族。洎乎遷唐封社，連率之任斯隆；反晉留秦，隨范之分此大。珪符疊映，更」漢魏而逾昌；鍾鼎聯華，歷周隋而益劭。象賢繼美，代有人焉。曾祖逵，隋殿中將」軍；祖文紀，皇朝祠部郎中；或紫綬華班，紆設壇之禮命；或青縑望族，承賜」几之湛恩。父眘微，皇朝果州朗池、洛州永寧二縣令。執木吾於西蜀，」則繫芋傳芳；綰銅印於東園，則馴桑表譽。公材高檀柘，質踰金璧，崖岸峻舉，神」精爽厲，自家形國，移孝於忠，解褐任鄭州參軍，轉授大理評事。蘊孫荆之翰墨，」展蘇展之平反，多申下獄之寃，克享高門之慶。

屬以纂堯膺曆，復禹」開基，散皇華於紫桂之林，宣帝載於蒼梧之野。寧止出銜大」命，均陸賈南行；固亦入拜中郎，若長卿西諭。還日奏事稱旨，擢授左羽林」郎將，尋授虞部郎中。初戴虎冠，宿殿門而展效；俄題鳳柱，伏省閣以標勤。雖覽」觀爲郎，已擅兩曹之美；而期門待將，復膺千石之榮。俄除右監門中郎將。以開」雲之雅望，申畫地之英圖，將承六劍之私，式佇百金之賚。嗚呼！兩童莫生」其羽翼，二豎得計於膏肓。萎哲殲良，倏其云至。以景龍四年正月五日寢疾，終」於雍州長安縣延康里之私第，春秋五十七。惟公枕籍仁義，耕耘道德，被以縵」胡，則毅然武士；襲之縫掖，則穆爾儒生。悲夫！壽異東王，魂歸北帝，有慟感於寮」吏，不愸惻於朝廷。禮問匹乎大臣，弔祭降乎中使。制贈曹州刺史。適」遷上士，纔庀中郎。存則鵲板來徵，赴守嶽於天上；没迺鳳書追贈，俾專城」地下。寵錫被乎哀榮，容衛遵乎反葬。以景龍四年三月廿一日歸窆於張陽北」原，禮也。嗣子芳澤等，並悲深灼性，孝極揚名。以爲五百年間，崇山一轉；三千歲」後，佳城再開。自非勒金篆以騰徽，藏銀書而示遠，則不朽之事，或幾於息。敢緣」斯義，乃作銘曰：」

遷唐之系，封社之子，説劍無傍，談書甚偉。刻鶴成藝，喬鷺入仕，參卿小亭，爲評」大理。其一。黄裳元吉，朱紱方來，乍嚴星監，或奏天臺。香鑪香合，錦服霞開，走墀參」乘，武藝文才。其二。周馬更投，漢烏仍射，佇欣迴舍，翻悲過隟。撇沴金火，徒攻砭石，」算抵凶神，門填弔客。其三。充充擗地，叫叫聞天，載流玄澤，式賁黄泉。桃」□欻降，竹使攸傳，薦縟新禮，將營舊阡。其四。圓著占地，方□考日，畫翣全低，吟笳」□出。已撤三俎，俄懸四綍，長辭杜氏之階，永閟藤公之室。其五。」

（北京圖書館藏拓本）

景龍〇四四

【蓋】失。

【誌文】

大唐故秦州都督府士曹參軍墓誌銘并序」

君諱瑶，字瑶，河南洛陽人也。其先自隋以上，載在史諜。皇朝鄧州刺史振之孫，延州都督府長史思之子。幼不好弄，甚有名節，以門資解褐右千牛，尋授秦州都督府士曹參軍事。天喪顔子，今也身亡，以景龍四年二月三日終於□□。春秋廿有二。其年四月四日歸殯於雍州萬年縣曲池坊之北一百步焉，禮也。瞻彼遷換，紀其年月，銘曰：

日夜不息東流水，今古同聲歎顔子，□琬題芳無極已。」

（録自《金石苑・蒐古彙編》卷二十二）

景龍〇四五

【蓋】失。

【誌文】

大唐朱府君墓誌銘并序」

君諱懷智，字卿，其先會稽人也。爾其虞帝建官，命朱」虎而分職；漢后求哲，誓朱鮪而指河。故世有逸人，同」少連而俱美；時稱烈士，見慶忌而增芳。厥後奕代衣」冠，賢良載德，備乎史諜，今可略焉。祖寶，父滿，骨法多」奇，躬秉異操，情深孝義，事極人倫，脩身立名，有聞當」世。君英靈載誕，符瑞挺生，風範端凝，識度夷雅。含貞」抱潔，歲寒而不逾；據德依仁，始終而靡替。年廿一，授」文林郎，非其好也。君夙窺妙果，早殖利根，誦多心經，」悟大乘法。所冀永超千祀，揮弄三光。何期隙影難留，」危塗易促，以景龍四年三月廿五日寢疾，終於尊賢」里之私第，春秋五十有四。嗚呼哀哉！昊天不惠，降此」鞠凶，處士星亡，賢人石折。聽周勃之簫發，中外涕流；」聞田横之曲彰，親朋掩泣。即以其年四月十六日，葬」于北邙山之禮也。嗣子子琦等，孝實因心，哀逾毁骨，」撫黃腸而魂斷，望玄門而思殁。乃爲銘曰：」

錫胤虞官兮代之貞兮，流芳漢檻兮闡嘉聲兮。逮乎」奕葉兮有君生兮，利根雅操兮潔逾明兮。皇天后土」兮祐不并兮，千尋萬頃兮夢奠楹兮。揮掩涕淚兮日」無晶，天地長久兮瘞佳城。」

（北京圖書館藏拓本　河南千唐誌齋藏石）

景龍〇四六

【蓋】　大唐故李夫人墓誌銘

【誌文】

大唐洛州合宮縣千金鄉麟德里陳守素故妻李夫人墓誌銘并序」

夫人禀質坤儀，作嬪天鏡，萊婦凝規，梁妻表正，」實配君子，秦晉流詠，蘭桂俱芳，珪璋交映。母儀」灼灼，婦德愔愔，鸞凰共慕，士女同欽，閨帷特達，」仁厚慈深，婦隨夫唱，和如瑟琴。規模婦誡，軌則」女箴，若乃警悟泡幻，覺達因緣，歸心三寶，攝念」數年，薰辛不染，脂粉都捐，讀誦具葉，潔淨華蓮，」明珠護戒，朗月標鮮。上天不弔，奄歿洛川，粤以」景龍四年四月廿一日終於德懋私第，春秋七」十有三。嗚呼哀哉！紅顏結綬，白首連裳，纔成偕」老，忽爾存亡。匪惟鄰里輟相，衢路揮涕，蘭室儀」摧，椒庭範碎，婺霣珠沉，娥凋璧晦。物是人非，帷」屏虛在，令望不朽，芳音無沫。即以其年五月十」日殯於北邙山壙塋，禮也。龜繇夙臧，龍輀啓路，」馬鬣孤封，鴛衾獨措。嗣子纏哀，鰥夫攀慕，陵移」谷變，勒茲永固。」

（周紹良藏拓本　開封博物館藏石）

景龍〇四七

【蓋】失。

【誌文】

大唐故朝議郎行衛尉寺丞柳府君墓誌銘并序　承議郎前行越州都督府兵曹參軍事廬江何茂撰」

公諱順，字娘奴，自幼以字行，河東解人也。旦以至聖之範，錫社」於西周；季以通賢之姿，得姓於東魯。源長慶遠，疊矩重規，光昭」簡册，紛紜圖史。高祖顧言，隋內史侍郎秘書監漢南公，贈大將」軍，謚曰景；曾祖約，隋義鄉縣令、襲爵漢南公；祖尚寂，右金吾引」駕；父善寶，□皇任幽州司馬。或義窟詞鋒，見重時主；或承」家嗣國，克紹門風；或擅美價於丘園，或播香名於郡邑。公禀中」和之懿德，籍累葉之休祉，聰明拔萃，仁義絶倫；積學富於丘山，」摛文周於錦繡。加以推步衆藝，博綜羣言；纔申啓沃之誠，即降」絲綸之命。奉天授二年臘月九日敕；柳娘奴箕裘無替，」詩禮有聞，早探赤伏之符，預識黃星之運，上書陳事，頻獻迺誠，」宜有褒昇，用旌忠懇。可承務郎守右武威衛兵曹參軍事。秩滿，」轉太子僕寺丞，稍遷爲左內率府長史。景龍三年，以調，又遷爲」衛尉寺丞。屈高量，從卑職；一列御營，載奉儲禁，」舉朝傷其淹滯，在身猶懼盈滿。豈謂始踐八屯，俄隨萬化，固以」悲纏行路，悼結賓朋。景龍四年五月二日，暴終于時邕里第，春」秋卌有□。嗚呼哀哉！即以其月辛亥朔廿二日壬申窆於邙山」之南，禮也。嗟余與子，契密代親，同卜商之起予，比鮑叔之知我。」感倫情之晝哭，已切流襟；申友道於夜臺，還悲絶筆。其銘曰：」

長松走馬，高梧集鳳，其力□□，其誠畢貢。人危以拯，主失而諷，」適慰小申，旋悲大夢。稚子□鯁，孀妻哀慟，鄰笛奏兮不忍聞，筵」琴罷兮無載弄。開黃閣兮□兆，馭素車兮永送，暑往兮寒來，銜」酸兮結痛。」

（北京圖書館藏拓本　河南千唐誌齋藏石）

景龍〇四八

【蓋】失。

【誌文】

大唐前并州竹馬府果毅羅承先夫人□李氏墓誌」

夫人諱柔，字體□，趙郡贊皇人也。其先出自顓頊，周」拜守藏史，漢封廣武君，即其後也。曾祖公源，隋銀青」光禄大夫、衛州刺史；祖善愿，皇朝散大夫大理正；」父元確，明經孝廉高第不仕。地積衣冠，代稱人物。專」城有寄，暉光剖竹之能；折獄資平，洞曉埋梧之術。或」志惟高尚，情兼大隱；坐輕軒冕，不仕王侯。夫人幼而」令淑，夙承教義；容範三禮，經綸四德。年十有七，適南」陽羅承先。言行外修，閨閫内正，克諧琴瑟，宜其室家。」或題秋菊之銘，乍賦春椒之頌，既同萊婦，亦類鴻妻。」豈言與善無徵，降年不永，忽先朝露，遽奄泉塗。輕裾」電揮，猶想彦先之贈；空牀塵委，彌增潘岳之悲。景龍」四年五月十四日，亡於從善里之私第，春秋五十有」二。嗚呼哀哉！即以其年六月四日，殯於合宫縣平樂」鄉北原，禮也。長子進忠、次子抱忠、次子履忠等，並以」至性，痛切崩心，哀毁過禮，感傷行路，嗚呼哀哉！銘曰：」

顓頊之裔，柱史之族，代襲簪組，家傳邕睦。皇天降災，」如何不淑，齊眉有闕，噬指無期，義夫孝子，號絶漣洏。」路出北邙，魂歸東岱，蒼蒼墳壠，悠悠旌旆，式紀平生，」庶無冥昧。」

（北京圖書館藏拓本　河南千唐誌齋藏石）

景龍〇四九

【蓋】失。

【誌文】

大唐故右衛勳衛弘農楊公夫人故垣氏墓誌并序」

夫人垣氏，洛陽人也。原夫紫紱金章，清規累」轍，分符剖竹，茂範騈衡。父濬，唐使持節滄州」諸軍事滄州刺史；作鎮海隅，克清蕃邸，夫人」神夢授質，女史降精，水象鏡容，坤儀順德，笙」篁禮圃，斧藻書林。爰自初笄，歸於弘農楊氏。」撫孤字幼，玉潤冰清，德洽聽車，義高廣被，榮」宦□達，姻媾亦周。加以恬澹幽閑，斥遺雕鏤。」以景龍四年五月十三日終於洛陽私第，春」秋七十有八。即以其年六月十日殯於北邙」山平原，禮也。次子懷義、懷旭等，並沐闈恩，俱」遵内教，故能生事以禮，殯斂無違。懼深谷爲」陵，勒銘鐫石，乃爲銘曰：

偉哉柔範，守節彌貞，撫孤字幼，玉潤冰清。金」丹術少，蕙質俄虧，魂魄銷散，冥漠難知。天蒼」茫兮時幹運，歲浩蕩兮蒙荆棘，此節婦之□」墳，庶災雷兮無逼。

景龍四年歲次庚戌六月辛巳朔十日庚□」

（千唐誌齋藏石）

唐代墓誌彙編

景雲

景雲〇〇一

【蓋】失。

【誌文】

大唐故波斯國大酋長右屯衛將軍上柱國金城郡開國公波斯君丘之銘」

君諱阿羅憾，族望波斯國人也。顯慶年中，」高宗天皇大帝以功績可稱，名聞□□，出使」召來至此，即授將軍，北門□領侍衛驅馳。又」差充拂林國諸蕃招慰大使，并於拂林西界」立碑，峩峩尚在，宣傳聖教，實稱蕃心。」諸國肅清，于今無事，豈不由將軍善導者焉，」功之大矣。又爲則天大聖皇后召諸」蕃王，建造天樞及諸軍立功，非其一也。此則」永題驎閣，□於識終；方畫雲臺，没而須録。以」景雲元年四月一日暴憎過隙，春秋九十有」五，終於東都之私第也。風悲壟首，日慘雲端，」聲哀鳥集，淚久松乾。恨泉扃之寂寂，嗟去路」之長歎。嗚呼哀哉！以其年　月　日有子俱」羅等號天罔極，叩地無從，驚雷遶墳，銜淚石。」四序增慕，無輟於春秋；二禮尅脩，不忘於生」死。卜居宅兆，葬於建春門外，造丘安之，禮也。」

（周紹良藏拓本）

景雲〇〇二

【蓋】失。

【誌文】

大唐故南海縣主福昌縣令長孫府君夫人李氏墓誌銘并序」

縣主法號彌勒，隴西狄道人。高祖神堯皇帝之孫，韓王」元嘉之女，早封南海縣主，已而歸我。敬恭于位，淑慎其儀，」蘋蘩所以展其誠，環佩所以昭其節。尋而緣王坐事，隨母」處于人間，□神保真，絶俗去欲，遠夫子如脱屣，遺形骸如」釋負。頭陁存念，都捐有累之身；心識是空，忽去無常之境。」春秋五十五，以大唐景雲元年八月十五日終于洛州履」順里，即以其年九月十二日葬于平樂鄉北原，禮也。縣主」沖和温淑，性與道鄰，行貧女之真施，捨大財爲難戒，其幾」乎際於空也。有子眄容等，箕裘共習，禮儀相薰，言尋受業」之師，不見送終之禮。幼女八娘，左保右傅，苕姿蕣顔，孝則」因心，禮然後動，故縣主鍾愛，常在左右。自榮衛有違，暨乎」大漸，不櫛沐，不解衣，色取而神授，嘗藥而進餔。屬纊之際，」一舉聲往而不返者，累日方蘇，充充焉如有窮，瞿瞿焉而」不及。請龜筮而論宅兆，棒杯棒而訴天地，允所謂生事之」以禮，死葬之以禮，孝女之事親終也。乃爲銘曰：

迺祖迺父，曰帝曰王，降生賢淑，惟德之光。始開湯沐，車服」煌煌，爰配君子，和鳴鏘鏘。心融覺路，念切身防，胡以拯溺？」爲之津梁。胡以救焚？遊夫道場，一心自固，萬慮都忘。天不」輔德，人之無常，哀哀孝女，七日絶漿。先遠無主，扶羸典喪，」精鹿合制，禮度攸彰。霧晦青隴，風悲白楊，千秋萬歲，松櫝」蒼蒼。」

（周紹良藏拓本　河南千唐誌齋藏石）

景雲〇〇三

【蓋】失。

【誌文】

大唐朝議郎行吉州廬陵縣令上柱國李府君墓誌銘并序」

蓋聞大帝降而圖書臻，良臣兆而股肱立。用使鳳翔龍躍，有垂衣端拱之」尊；電發星臨，有服冕乘軒之貴。詳諸簡册，抑可言焉。公諱智，字堪仁，定州」唐縣人也。指樹爲宗，真氣由其不泯；登龍構族，高門於是洞開。曾祖」護，祖路，父道。田宅若堵，攸傳累代之芳；劍履交音，早襲承家之寶。俱以銷」聲里閈，沉跡丘園，才學可以宏通，畢盡拾青之業；榮寵可以齊遣，非求拖」紫之班。公少而能聰，長而能敏，何獨奇於對日，終有擅於談天。進之以忠，」入仕則專於鐵石；退之以信，結交則總於鵷鸞。積用見稱，其才必録，解褐」任將作監右校署丞。屈牛刀之量，臨土木之曹，詎務罕展其材能，詩禮每」鎔其情性。尋遷太府寺左藏署丞。掌府庫之重司，備驥騄之殊效。使錢如」水，不入於私庭；使帛如雲，但營於公室。子涉鴻鵠之志，諒不徒然；相如廊」廟之才，果爲徵用。俄遷曹州司兵參軍事。助理彤襜之化，豁若神明；弼成」皂蓋之風，加之恩惠。至於綏撫戎幕，督□兵鈐。鷹揚之雄，咸欲標其羽翼；」虎視之勇，皆得精其爪牙。國家以勳□之榮，佇封良佐；子男之位，必」任賢臣。遂遷朝議郎、行吉州廬陵縣令，仍封上柱國。閩落之要，江滸之衝；」珍異所奔，由來設伏之地；商旅所湊，還同守隘之鄉。公一臨之，再三其德，」疾苦斯問，盜賊息肩，蝗蟲畏之而不飛，鳥獸愛之而不犯。躍魚之操，匪直」萊蕪之郊；滅火之能，寧謝江陵之郡。孔洛陽之置水，自可同年；虞朝歌之」盤根，彼多慚色。將使歌筵舞席，不變於池臺；誰謂竹蒨蘭心，忽凋於霜露。」景龍四年，厥疾彌甚，春秋五十有九，終於縣之館舍。寮吏茹痛，俱深罷市」之情；長幼銜酸，共積攀轅之思。遊魂何託？想故鄉之可歸；卜宅何之？惜佳」城之乃掩。即景雲元年十一月二日，窆於洛州河南縣梓澤鄉北邙原，之」禮也。樓臺俯控，前臨赫矣之都；壟遂宏開，斯爲可作之地。哀子庭璠等，泣」血相攜，絶漿多感，淚栢因而變色，集蓼以之增悲。與夫古墓之前，趙岐存」没後之石；峴山之上，杜預垂不朽之碑。迺古追今，式建銘曰：」

文物盛兮備國章，衣冠選兮籍賢良。嗟李君兮乃琳琅，登筮仕兮時之光。」風儀贊兮列朝行，道術播兮鎮殊方。帶星理兮鳴絃張，馴翟化兮復還蝗。」豈勁松兮殞嚴霜，兆青烏兮瘞此崗。出郭門兮望蒼蒼，風蕭條兮起白楊，」□□□□一隔，庶□烈而天長。」

（北京圖書館藏拓本　河南千唐誌齋藏石）

景雲〇〇四

【蓋】 失。

【誌文】

大唐少府監中尚丞李府君故趙夫人墓誌銘并序」

夫人諱秀，字順，河東人也。曾祖忠，隋同」州郃陽縣令；祖客，皇朝絳州曲沃縣令；」並一同望職，四人高譽。父林，宋州襄邑」縣丞；懷廊廟之器，贊銅墨之美。夫人幼」挺柔順，長聞孝敬，内外寶重，子姪珠貴。」年居桃李，隨壻禄仕，居于洛陽，因遘疾」終於德懋里之私第，春秋卅四，以大唐」景雲元年十一月十九日殯於邙山之」南平原，禮也。嗣子説，甫冠髫年。壻表恨」琴瑟失和，瞻孤稚增痛。恐陵谷遷徙，勒」金爲記。銘曰：」

琴瑟兮韻絶，星月兮精散，松栢兮煙凝，」荒隴兮霧亂，千秋萬歲，□思永歎。」

（北京圖書館藏拓本　河南千唐誌齋藏石）

景雲〇〇五

【蓋】 大唐故李府君墓誌銘

【誌文】

大唐故左金吾衛大將軍廣益二州大都督上柱國成王墓誌銘并序

王諱千里，字仁，隴西成紀人也。神堯皇帝之曾孫，高宗天皇之猶子；實」長吴嗣，别封鬱林。爾乃導靈源于聖仙，格神功于天地。彤弓旅矢，受言藏之；青社白」茅，寵章紛若。固已圖分石室，事鬱金板矣。王總氣沖和，資靈峻極，黼黻言行，鸞龍符」彩。年在總角，職委荒隅；亟環星紀，載康夷落。終能禮蟠于地，聲聞于天，中朝嘉焉，徵」爲岳州别駕。伯輿應海岱之召，子春受荆河之辟。昔唯人表，今特宗英；黑幘既臨，彤」襜無協。俄而高宗宴駕，太后循機；天子居房陵之宫，奸臣縱」崑山之火。王隱若敵國，慮深屬垣，畏塗叱馭，焦原跟趾。懷社稷之長策，挫風雲之逸」氣；通變不羈，輪轅適用，乃授使持節襄、廬二州諸軍事二州刺史。沉碑著績，捧檄徵」才，漢池凝化，江潯偃德。累遷許、衛二州刺史。入夷儀而按部，臨浚水而憑軾。韓崇之」緝化，衛文之和人，不之能尚。初，孝和之在桐宫也且廿年，鼎命將遷者數矣。」王稍見親近，永懷興復；獻納之際，懇至尤深。丕業之未淪，緊王是賴。終能協謀宰輔，」升聞禁掖；開鶴鑰之嚴扃，展龍樓之舊禮。鬼神動植，于是獲安；改牧蒲坂，用加恒授。」長安晚歲，孽豎弄權；陰興纂奪之心，將肆虔劉之虐。王傅會平勃，竟興明命，」聖期千載，功業一匡。大建土宇，爲唐室輔；允膺典册，光啓于成。仍授左金吾衛大將」軍、兼廣、益二州大都督兼五府大使，上柱國，王如故。若乃金吾戒道，玉節臨藩；洒時」雨于西蜀，播仁風于南海。統兼要害，秩冠戎竟；僉亮一人，聲華萬里。嗚呼！履霜有漸，」赴火不息；漢戚崇奢，曲陽增怒。晉人言反，庾氏猶存。武三思因后族之親，叨天人之」位。罪浮于梁冀，謀深于霍禹。忠良鈐口，道路以目。王志協青宫，精貫白日；慮彼鴆毒，」斬兹梟鏡。而蕭牆伺隙，椒掖迴天；翻聞戾園之禍，更甚長沙之酷。神龍四年七月五」日遇害，春秋六十有二。嗚呼哀哉！唯王位兼文武，器隆棟幹，鵬激談津，猨吟射圃。

駕」駟馬而激藻，入三雍而獻樂。全于危疑之際，非爲身也；赴于宗稷之急，由安上也。存」非苟合，故昌運以之興；勇非虛殉，故逆節由其沮。允所謂立功立事，遠而不朽者歟？」皇上入纂絶業，芟夷醜正；體國經野，庸勛昨親，制復舊班，用加新寵，仍使膳」部郎中李敏監護喪事。榮哀所加，幽明知感。以大唐景雲元年歲次庚戌十」□月戊申廿五日壬申，葬于京兆郡之銅人原，禮也。孫瓘，業緒文昭，慕深王父；易苴」絰于錦帶，備芻靈于黼翣。凄凄薤露，先掩潤于朝曦；膴膴荼原，永埋芬于厚穸。旌節」仍舊，忠貞不泯；俾甄實録，用紀泉庭。銘曰：」

赫赫宗涼，巍巍巨唐；資英誕秀，燭代輝梁。象賢吳國，鎮俗蠻方；別乘伊賴，分」符允臧。夷庚復辟，司隸歸章；寄深中尉，錫重南陽。后戚方侈，天衢未康；權傾呂禄，勢」溢梁商。誓旅誅逆，提戈耀芒；白沙流釁，青紙貽殃。帝猷玄感，寶曆重光；棣萼」增感，芝泥考祥。寵優麟□，禮備龍幰；遂接銀海，川臨玉潢。銘開見日，氣靜冤」霜；未集玄燕，先悲白楊。圖芳琬琰，以助旗常。」

（録自《西安郊區隋唐墓》）

景雲〇〇六

【蓋】失。

【誌文】

大唐故萬泉縣主薛氏墓誌銘并序　太中大夫守兵部侍郎修文館學士盧藏用撰」

縣主姓薛氏，河東汾陰人，鎮國太平長公主之第二女也。沔水朝宗，會諸」侯而爲長；穆陵居相，致羣客而稱賢。故其禮樂旂常，鐘鼎玉帛，聯華疊懿，」輝鑠圖史。曾祖懷昱，司衛卿，絳、衛二州刺史，河東侯；敏識端雅，素風簡曠，」人望國華，載在縑竹。祖璀，尚城陽公主，駙馬都尉，奉宸將軍；神宇恢傑，高」標朗秀，達學成務，通才應物。父紹，駙馬都尉、散騎常侍、右武衛將軍、平陽」縣開國子；玉潤金清，凝脂點漆，識明政要，理洞玄微。縣主稟淑真之靈，資」瓌寶之粹；生而凝貴，幼則柔嘉；騫鴻龍之閑婉，穆芝蕙之貞秀。翠帷珠綴，」彩麗韜華；蘭膏鉛澤，珍芳褫妙。色受神會，惠問發於初孩；目領心傳，聰識」揚於將丱。頌椒狀柳之敏，遇律斯融；彈絲捻籥之妍，旋宮莫滯。年十一，有」行於豆盧氏。環珮有節，鞶帨有文；巾櫛不媮，匜盥不懈。貴而逮下，攀樛木」以自持；和以秉柔，詠葽草而爲誡。至於碧樓初藹，銀庭始徹。妙唱徐吟，駐」遲光於綺榭；商絃暫拊，弄清月於華軒。則雅而不流，靖以知禁。加以節勵」清玉，志邈高雲，思入纖微，藝兼妙巧。裁紅翦翠，曄若春林；縟黛攢朱，粲成」縀錦。故振振公族，咸貴慕焉。則天皇后嘉其嬪則，錫以崇號，封萬」泉縣主；孝和皇帝中興之後，加食實封三百户。豆盧君作藩近甸，」縣主義在從人，方將和鳴椅梧，靖友琴瑟，苕英早落，碧樹先秋。年廿四，景」雲元年八月廿一日，遘疾終於延州官舍。嗚呼哀哉！瑤華瓊敷，絕代獨立；」魚軒鳳吹，希寶羣資。而方春霣霜，光陰不借，詩人所以哀窈窕，思賢才。楚」老泣其蘭芳，阮公慟其鄰子，將有以也。長公主鍾情淑惠，慟結音」□，感千秋於七旬，傷百齡於一別，心摇隴樹，靡日不思，望絕夭桃，中年永」隔。是悽行路，矧在慈親。以其年十一月廿五日，歸葬于咸陽縣洪度川，之」禮也。乃纘述賢懿，旌紀遺芳，彤瑄有煒，玄石無忘。其詞曰：」

邑邑鳴鳳翔高椅，婉婉遊龍曜天池，貞姿彩章代莫擬，明心閑態從所宜。」開緘發笥裁靡妙，彈商激徵吹參差，珠帷寶帳坐生孽，春霜夏雪銷桂枝。」□華灼灼鍾貴念，棘心夭夭傷永離，玉顔秀色翳泉壤，遺芳餘懿旌在斯。」

壯武將軍行左千牛中郎上護軍豆盧欣期書。」

（北京圖書館藏拓本）

景雲〇〇七

【蓋】失。

【誌文】

大唐故中散大夫守荆州大都督府司馬上柱國南陽鄧府君墓誌銘并序　王紹望撰」

詩云彼蒼者天，殲我良人，如何贖兮，人百其身。嗚呼哀哉！公諱森，字茂林，南陽新野人」也。其先帝嚳之後，自离封商野，湯有殷國，因封命族，代爲著姓。爾其發源纂胄，開國承」家。西漢功臣，銅山擅寵；南陽輔聖，高密稱侯。而鐘鼎聯輝，簪裾累業；蓋景諸圖籙，固可」略而言焉。曾祖秉，後魏起居郎，後周」贈齊、兖、殷三州刺史、陳倉縣開國侯；祖陁羅，後周使持節儀同、大將軍、開國侯，隋授大都督、開府儀同三司、右領軍衛驃騎將軍；父行儼，」皇朝應舉擢第，蒙授松州嘉城縣令、原州都督府倉曹參軍事，密州諸城、蘄州永寧二」縣令。並風格標遠，氣調疏豁。括地盪雲之水，未比其源；干天華蓋之峰，豈階其峻。慎終」追遠，百城與四履齊榮；累行疇庸，驃騎共龍驤分貴。公氣稟山嶽，精含箕昴，倚太清而」養風雷，臨禹縣而光變象。英華外發，和順内融，閃閃電飛，軒軒霞起。較略文史，從横談論。孝經一卷，志有重於君親；老子二篇，心不忘於道德。而神劍雖隱，紫氣恒存；寶鼎尚沉，黄雲□□。落落懷丈夫之節，謇謇有王臣之量。總章二年，任國子監學生；天授二年，應舉□第。觀光入辟，先飛隱士之星；射策登科，遽擢太常之第。蒙授右臺監察御史裏行。萬歲通天二年，改授左臺監察御史。聖曆二年，改授殿中侍御史。君無虚授，臣不易知。既高避馬之威，屢止悽烏之府；貴戚斂手，權臣側目。久視元年，除許州襄城縣令。長安三年，除洛州河陽縣令。其年十月，除右臺侍御史。襄城舊野，河陽巨鎮。王喬向葉，且控飛凫；潘岳題詩，還疑吐鳳。同子游之爲宰，坐奏弦歌；等鮑宣之司憲，更揺簪筆。尋除兵部員外郎，又除吏部員外郎，改授同州長史。神龍三年，除駕部郎中。纔解繡衣，爰居錦帳，五□□草，方越建禮之門；二女持香，遂入神仙之府。黄童入選，行聞江夏之謡；王祥出佐，坐聽海沂之曲。景龍四年三月，除使持節楚州諸軍事守楚州刺史，其年八月十二日除荆州大都督府司馬。楚州左控臨淮，傍臨漲海；等汝南之心腹，方河東之股肱。爰輟敷奏之能，遽委循良之化。宋均之武，雖已渡河；盧耽之鶴，未能翔漢。沛郡急王良之瘵，弘農沉景丹之魄；卜年不永，掩歸長夜，春秋六十有六。以其年九月廿一日薨於公館。行路增感，朝廷沮色。長安傳哭，恩禮盛於西京；襄陽墮淚，哀慟諠於南峴。嗟乎！天乎不輔，方深伯道之悲；宗子無人，遂起劉陶之恨。粤以景雲二年二月七日葬於洛陽城北河南北山，禮也。命子延業，號天靡訴，叩地無追；煢煢寡妻，但見崩城之泣；哀哀嗣子，還聞陟岵之聲。將恐海變桑出，天迴杵倚；季孫成寢，或值於杜君；漢后築宫，時當於槫里。敢因豐石，敬題清紀。其詞曰：

惟嚳曰帝，惟殷曰湯，綿綿瓜瓞，鬱彼南陽。祖德無替，孫謀克昌，蟬聯紱冕，磊落銀鐄。於赫君子，猗歟令族，毛刷鳳凰，志高鴻鵠。」鯤移漲海，鶵出幽谷，松栢其志，芝蘭其屋。懔懔霜威，持書繡衣；峨峨嶽立，起草仙闈。位」列章綬，聲芳海沂，還來錦帳，臺閣生輝。唯茲强楚，實謂雄鎮，袁扇纔揚，張謡遽振。教人」以德，道俗以信，委哲方嗟，膏肓有疹。勞生運促，休死期長，王矩爲尹，蘇韶作郎。悲羊改」字，思邵歌棠，故劍仍在，殘書已藏。古往今來，終歸夜臺，埏深地遠，櫬掩車迴。露草恒泣，」風楊自哀，唯餘胤子，臨壙崩摧。

景雲二年歲次辛亥二月景子朔七日壬午。」

（周紹良藏拓本　河南千唐誌齋藏石）

景雲〇〇八

【蓋】　大唐故蕭府君墓誌銘

【誌文】

唐故朝議郎行雍州長安縣丞上柱國蕭府君墓誌銘并序　中大夫行薛王友顔惟貞撰」

君諱思亮，字孔明，蘭陵人也。公侯慶緒，鐘鼎華宗，遠則文終翼漢，功侔於二八；近則武皇祚梁，業光乎三五。英賢繼踵，簪紱駢輝，詳乎史諜，可略言矣。曾祖翹，梁貞毅將軍、郢州刺史、新興侯；祖季符，皇朝尚食奉御、員外散騎常侍、贈光禄卿、洪鄂等八州諸軍事、洪州刺史、武昌縣開國公。並才兼文武，秩榮中外，郢中歌雪，晝隼翻旟，騎省連雲，豐貂曜冕。象河咨嶽，禮備於飾終；列爵疏封，寵隆於利建。父温恭，修文館學生、渝州司功參軍事；譽光黌序，位屈巴賓，未騁高衢，先摧逸足。君資靈上善，禀粹中和，言爲士則，行成物範。張華雅思，掞奇藻於鶬鶊；終軍洽聞，標敏識於鼮鼠。好學不倦，綜涉羣言，手自繕寫，盈於簡素。解褐補益州金堂縣尉，歷雍州同官縣尉、武功主簿、乾封縣尉、長安主簿。歲滿爲丞，再歷畿甸，三遷京邑。職事填委，剖之如決流；爭訟紛拏，鑒之若懸鏡。嗟乎！道長運促，時亨命屯，未施構廈之材，俄軫奠楹之夢。以景雲二年歲次丁亥正月卅日終於京崇化里第，春秋六十有七。嗚呼哀哉！即以其年二月景子朔十五日庚寅，遷窆于神和原，禮也。夫人譙郡熊氏，故左金吾將軍元逸之女。柔婉成性，言容具美。以景龍二年九月十三日寢疾而終，嗚呼哀哉！龍門之桐，始半生而半死；襄城之劍，竟先沉而後沉。同穴有歸，雙魂是祔。嗣子遜，孔門之鯉，幼即聞詩；楊氏之烏，童而擬易。未極庭闈之養，遽纏屺岵之悲，擗厚地而崩心，訴高穹而泣血。期我以先執，託我以斯文。僕也不才，義深寮舊，追感平昔，承瞼無從，敬述芳猷，誌于幽隧。銘曰：

玄鳥降祥，克生于商，枝分葉散，源濬流長。載誕明哲，如珪如璋，夷險其貌，寵辱齊忘。文含綺繢，學富縑緗，揭來卑位，其道彌光。孰云與善，奄歎殲良，馬鬣開隧，龜謀允臧。松門蒿里兮斂雙魂於此地，春蘭秋菊兮歷萬古而逾芳。」

（周紹良藏拓本）

景雲〇〇九

【蓋】失。

【誌文】

大唐故吴王府騎曹參軍張君墓誌銘并序」

君諱信，清河郡人也。承軒皇之聖系，弧矢既作，因命氏」焉。疏遥派於遐祀，導鴻瀾於上葉；靈源茂緒，久而逾劭。」至乃司空博物，飛聲晉朝；平子渾天，馳芳漢日。風華不」墜，代有其人。祖元朔，隋荆州大都督府長史；父武，隋上」騎都尉集州司户參軍；並玉瀾珠明，鳳毛鴻翼。多聞積」學，同郄桂之一枝；廣度長材，類和松之千丈。故化浹邦」宇，道敷列郡。君門傳懿業，道成良治，聳孤峰於萬仞，曜」龍章而五色。起家任吴王府騎曹參軍，侍飛蓋於西園，」奉曳裾於東閤，譽隆望府，聲重當時。以儀鳳三年五月」廿日終於河南縣之私第，春秋年六十三歲。君雅道高」邈，人倫之表。痛驚波之易逝，悲閲水之難留，遽纏蒿里」之悲，俄軫薤歌之痛。夫人太原王氏，母儀令淑，婦德貞」明，作配君子，蘭芬桂馥。以景雲元年十月一日終於私」第。以景雲二年二月十五日合葬於北邙山，之禮也。嗣」子道成、行實等，號蒼旻而靡及，悲大夜以崩心，紀盛範」於泉扃，冀聲列其無朽。乃爲銘曰：

軒后之胤，威弧命氏，錫土稱族，流裔遐祀。我有明德，克」嗣前祉，簪裾代襲，蘭芬未已。生涯遽迫，樂謝悲來，隴寒」煙晦，樹古風哀。寂寂神道，冥冥夜臺，一朝永訣，萬古悠」哉！」

（周紹良藏拓本　河南千唐誌齋藏石）

景雲〇一〇

【蓋】失。

【誌文】

大唐故殿中省尚乘局直長清河張君墓誌銘并序　處士汝南陳貞節文」

景雲二年，歲洎辛亥，月旅庚寅，廿四日，朝議郎、行殿中省」尚乘局直長張公卒。嗚呼！君諱遊恪，字瓌，清河郡人也。軒」轅峻系，嶷若喬山；弧矢靈源，浩如溟海。佐韓事漢者，多衣」冠禮樂焉。曾祖暉，隋蘇州嘉興縣令，才非百里，量溢三公，」社稷之器也；祖德寬，唐左衛中郎將，氣持萬夫，勤宣八次，」爪牙之雄也；父定斌，唐左金吾衛大將軍、檢校營州都督、」清河縣開國公，食邑三千户，書社優賢，連率光用，又錫以」封邑，俾其不家食焉。公百汰精金，十德良玉，解褐主西園」之印，調任掌東朝之旅。飛華振藹，聲采允穆。屬朝宗卜」洛，展禮嵩丘，職替六龍，馳參八駿，除右率府長史。主上」以公門逢初九，身會通三，宜出入玉墀，典司金錢，除殿中」省尚乘直長，別敕檢校仗内閑廄使，爲親信之臣也。」文昌上將，已動星辰；武庫中權，未資軍國。奄然長往，嗚呼」哀哉！時年卌九。以大唐景雲二年歲次辛亥二月景子朔」十五日庚寅葬於邙山，禮也。嗣子繹，昊天罔極，哀疚充窮，」恐世業罔傳，乃刊石紀德。銘曰：

黄帝由來白日仙兮，子房復與赤松遷兮。後裔承慶多明」賢兮，迨兹利器有貞堅兮。才高位下命不延兮。孝思泣血」號蒼天兮，封樹一存千萬年兮。」

（周紹良藏拓本）

景雲〇一一

【蓋】失。

【誌文】銘未終，似在石側，失拓。」

維大唐景雲二年歲次辛亥二月景子」朔十九日甲午，朝議郎行左監門衛兵曹」參軍姬晏妻閻春秋卌有一，遘疾終」於毓財坊第。嗚呼！作嬪余室廿五載，窈」窕令淑，工容克修，上下無爽，中外咸穆。」皇天不輔，膏肓莫救，哀哉！始欣誕」育，遽迫沉淪，月掩中夜，花凋上春。埋」魂蒿里，委骨松闉，小男襁褓，孤女誰」親？對斯泣血，知獨傷神，千秋萬歲，貞石」非塵。權瘞東洛，終入西秦。銘曰。」

（北京圖書館藏拓本）

景雲〇一二

【蓋】失。

【誌文】

大唐故朝散大夫護軍行黃州司馬陸府君墓誌銘　朝議郎行右拾遺靳翰撰」

君諱元感，字達禮，吳郡吳人也。昔者舜嗣堯歷，協帝初以闢門；田育姜姓，賓王終而有國。其後俾侯於陸，開錫氏之源；作相於吳，纂承家之秘。元德之緒，莫京於代。曾祖慶，梁官至婁令，入陳，三辟通直散騎侍郎，皆不就；祖士季，陳桂陽王府左常侍，隋越王府記室，皇朝太學博士、宏文館學士；父謀道，皇朝周王府文學詳正學士；並茂稱奕代，餘慶資身，擢慧葉而增芳，飛靈波而益濬；去官辭辟，語默稱賢；函席曳裾，文儒繼美。君生而敏慧，長而溫良；識清朗而惟深，體矜重而不野，宗族愛而加敬，鄉黨狎而愈恭。始以資宿衛，解褐韓王府參軍事，以丁憂去職。服闋，值國討狄，軍出定襄，戎幕擇材，君爲從事，文武吉甫，斯人之謂歟？尋爲婺州龍邱丞，贊貳有能，風俗時變，遷睦州建德、和州歷陽二縣令，育人去殺，訓物齊禮，子游絃歌，武城歎其焉用；仲康鳥獸，中牟稱其胥及。尋加朝散大夫除黄州司馬。到官未幾，以神龍三年七月二十日遘疾而卒，春秋七十有五。天不與善，神無福謙，不其悲哉！粤景雲二年三月初一日葬於崑山，禮也。初，文學府君以善班固漢書，敕授舒王侍讀。君少傳其學，老而無倦，此易所謂幹父之蠱，詩所謂聿修厥德者也。嗣子南金等，哀號罔極，孝思率至，卜兆是營，封樹特永。憂陵谷之變，託詞頌休。銘曰：

簫韶儀鳳，觀國賓王，我祚光兮；東有齊土，南入吴鄉，我族昌兮。自君嗣業，履素含章，我譽臧兮；内遊藩邸，外掃戎場，我才揚兮。爲丞與令，化洽三方，我人康兮；天子命我，我朱孔陽，佐乎□兮。美志未極，盛圖云亡，訴穹蒼兮；碩德休問，地久天長，永無疆兮！」

（録自《古誌石華》卷八）

景雲〇一三

【蓋】失。

【誌文】

唐故沈夫人墓誌銘并序　左拾遺孫處玄撰」

夫人諱　字　，吴興人也。自平輿列國，遠光」族姓，述善建侯，遥芬代業，崇基茂緒，世載其芳。曾」祖君嚴，陳黄門郎、太子中庶子、秘書監、楊州大中」正、金紫光禄大夫、贈太常卿，謚安子；祖縉，陳中書」郎、駙馬都尉，皇朝員外散騎侍郎、朝散大夫、仁」州司馬；考弘祚，海州司倉參軍事；并家聲祖業，史」諜詳焉。夫人幼而聰華，長而明淑，仁孝天發，詩禮」生知。年甫初笄，作嬪君子，六行俱備，四德聿脩。俄」喪所天，不終偕老。松栢保性，芝蘭有芬，哀纏晝哭，」悲感行路。撫孤貽訓，母德載光。方期流慶萬鍾，而」迺奄成千古。以景雲元年十二月十七日，終於教」業里第，春秋八十有六。即以二年歲次辛亥三月」□午朔七日壬子，遷葬于邙山之陽，禮也。嗣子祖」堯、祖武等，劬勞在念，號扣難追，想風樹而纏哀，俯」寒泉而結欷。恐陵谷遷貿，徽章歇滅，式刊貞石，迺」作銘云：」

積善餘慶，誕明淑子；宛彼幽閑，結芳族兮。閨儀闈」訓，表邕穆兮；樹德懷賢，扇芬馥兮。溘成千古，宅兆」卜兮；□□萬代，聲塵郁兮。」

（北京圖書館藏拓本）

景雲〇一四

【蓋】失。

【誌文】

大唐故左屯衛將軍盧府君墓誌銘并序」

君諱玢，字子玉，同州府君之次子也。自先君尚父，逮漢侍中，迄于周唐，克濟」明德，代碑國籍，備其詳矣。君夙負令圖，幼秉持操，風力聳邁，幹具宏傑，爲文獵於」百氏，學劍推其萬人。上元中，敬皇上仙，以門選爲挽郎。復土之後，授相州參」軍。未幾，敕授涼州都督府兵曹參軍事，轉幽州都督府功曹參軍、懷州司兵」參軍。僶俛從事，咸著聲術，從容下寮，未展名器。閤知微之役也，君奉使北庭。尋而」天驕作梗，節毛既盡，漢禮仍全，空拳屢張，胡山日遠。君以家國之義，志期死節，遂」中夜徒行，潰圍而遁；追者百數，馬步相資，皆手搏力制，莫不退衂。於是晝視山川，」意國朝於鳥路，夜瞻星象，辯烽候於人烟。義感幽都，誠貫白日，歸朝復命，」天子嘉焉。廷拜朝散大夫行通事舍人。君風儀偉秀，詞令清辯，出内絲綸，抑」揚軒禁，金聲玉振，時論榮之。遷尚舍奉御、左衛郎將。文武所歸，爪牙是寄。未幾出」爲鄜州刺史。鄜畤舊郊，回中古郡，北通河塞，戎馬歲殷；南接都畿，征税日給。俗有」贏鋤之弊，人多挽粟之勤。君猛以濟寬，信而導德，裒多益寡，恤隱固存，朞而有成，」遂臻恥格，朝論休之。徵拜右衛副率，遷右衛中郎將。春闈選賢，且寄心膂，尋除右」監門衛將軍。恒農近關，舊稱難理，以君素有威重，遂拜虢州刺史。下車肅然，不嚴」而理，歲課稱最，用優品秩。加銀青光禄大夫，累遷貝州刺史、絳州刺史。政不移前，」恒爲計首，又徵拜左驍衛將軍，俄除并州大都督府長史。未及祗命，以居守之重，」拜左屯衛將軍、東都留守，兼判左衛及太常卿事。君任總韜鈐，寄深中外，威名日」著，令問惟休。方將舟檝巨川，粉澤玄化，享年不永，春秋五十有四，景雲元」年十一月廿九日遘疾，終于東都官舍。嗚呼哀哉！惟君素風英邁，偉略標舉，涉獵」羣言，優遊衆藝；守清白之操，秉謙和之德。故出入京輦，累歷都畿，時惟干城，實作」邦翰。非令問端懿，孰能臻兹？雄轡未申，殲良奄及，德脩運促，疇不痛而！粤以明年」四月歸葬于洛陽河陰之舊塋，禮也。洛京南望，城池滿目，琴觴尚在，無復青春之」遊；容衛空還，獨悲玄夜之久。有子金質等，祗循訓誡，泣血終天，懼遷陵谷，將墜風」範，遂讚述舊行。其詞曰：

於穆我祖，平厥水土，洎乎太公，泱泱齊風。重聖疊」懿，代濟其功，降及有漢，克生侍中。不隕厥美，聯華圖史，黃門邁德，文爲代軌。率更」載光，功宣有唐，肅機踵武，終然允臧。於惟我君，躬荷先德，孝友溫敏，謙恭仁惻。允」文允武，有典有則，徽猷孔嘉，其儀不忒。徽猷伊何？績宣數郡，其儀伊何？軒墀淑問。」邦有遺愛，人稟餘訓，如何彼蒼，促我長運？邙山何有？青青舊塋，薤挽哀送，鬱鬱佳」城。琴杯不享，原野無聲，空餘貞石，長鐫令名。

景雲二年歲次辛亥四月景子朔九日甲申

（周紹良藏拓本）

景雲〇一五

【蓋】大唐故亡宮墓誌之銘」

【誌文】

亡宮墓誌銘并序」

亡宮者，不知何許人也。往以才行，召」入後宮，肅奉椒塗，亟淹葭律。夫其」柔閑婉順，早茂於閨閫；恭慎劬勞，累」彰於軒掖。典絲枲之任，掌笲屨之」儀，率由舊章，無替厥職。稍加內官，秩」至七品，享年六十。以景雲二年春遘」疾而終，即以其年歲次丁未四月景」子朔九日甲申，遷葬于邙山，禮也。刊」石表懿，迺述銘云：

彼美淑姬，鬱爲女師，婉嫕柔德，召居」傅職。出言有章，其儀不忒，藏舟易遠，」逝川難息，蒿里歸魂，蕣華凋色。懼陵」谷之遷貿，寄芳聲於鐫勒。」

（周紹良藏拓本　河南千唐誌齋藏石）

景雲〇一六

【蓋】失。

【誌文】

唐故洛州河南縣人張冬」至，上柱國，南陽人也。故妻」氏以咸亨二年七月廿日」終于陶化之里，即以景雲」二年歲次辛亥五月景午」朔四日己酉，合葬於河南」縣平樂鄉界楊寳村東一」百步内北芒山平原，禮也。」故張府君故妻趙氏夫人」墓誌銘記。」

（周紹良藏拓本　開封博物館藏石）

景雲〇一七

【蓋】失。

【誌文】銘文未刻完。

大唐故大陰監丞宗達墓誌之銘并序」

源夫鴻緒□輿，流昌源於鄧邑；仙宗俶落，疏遠系」於瑶臺。□枝將桂魄齊高，寳葉與扶桑并遠。若乃」功高輔□，道濟鹽梅。公姓宗諱達，字普，其先南陽」人，後因輔職東都，今爲王屋人也。高祖舉，唐隴□」十三監監；祖貴，棲遁不仕。維公星辰誕粹，□□」降靈，鳳□翮不□，□駒之鱗骼懸别。嗚呼！不」謂積善無徵，形隨逝水，□魂莫驗，蒿里騰蹤。唯夫」人扶風馬氏，道著母儀，德苞女史，穆仙容於桂」闈，輼令節於闌閨。椒花之諷頌聿興，桃夭之哥詠」斯美。以景龍元年七月八日，終於私第。長子思忠」等，忠孝忠誠，愛敬兼備，每思風樹之憾，恒垂泣血」之鄉。宅兆開塋，羣烏集塊，以景雲二年歲次辛亥」七月甲戌十七日，遷葬於東都北邙山，之禮」也。白楊旐旌魂，車徒翕習，軒蓋繽紛。其銘」曰：麗藻倓天，英詞擲地，毓彼神彩，膺斯人瑞。」先參百辟，後毗千里，操等松筠，鑒逾水鏡。其一。」催年

波　　泉　　久」

（北京圖書館藏拓本）

景雲〇一八

【蓋】　失。

【誌文】

大唐故右金吾衛中郎將裴府君墓誌銘并序」

叙目士有忠于王室，赴于國難，或招非命，豈獨古之君子焉。」君諱昭，字待賓，河東郡人也。曾祖詢，金紫光禄大夫、左衛大」將軍、絳郡公；祖世恩，淄州司馬；父玄覽，殿中尚乘直長。勳官」則按彼柳營，光茲茅土；中外則下求人瘼，上奉帝輿。君即」直長府君之元子。克岐自幼，含章有成；居宗黨而孝聞，在搢」紳而譽重。以爲士之生也，射天地之四方；師之貞也，叙風雲」於八卦。乃慷慨良史，有安邊之志焉。萬歲通天二年秋，斬啜」等陷營府，及於幽州。朝廷有旰食之憂，郡縣起宵烽之警。」君於是役，謀策實居多。獨全薊草之城，遠廊扶桑之祲。」授游擊將軍左衛長上。尚永年縣主。魚龍結陣，

峻績凝於史」官；烏鵲填橋，龍章連於天媛。遂遷絳州長平府果毅，仍留長」上，押東宮問安門，蒲州青原府折衝，夏州長史。君之遥攝，人」皆俾，又累授左金吾衛郎將押北門。特參緹騎，夙奉鈎陳。」孝和皇帝之在儲宮，及登宸極，每至摇山侍讌，别館宣游，控」弦必中於輕飛，賜帛以觀其瞻謝。屬唐隆之際，韋氏勃逆，鐵」石無撓，悮從伏劍之悲；日月重縣，朝嘉結纓之節。景雲二年」八月十八日，遷窆北邙川原，禮也。夫人永年縣主武氏。嗚呼！」天以不盡其年，國以知其無罪，粵行路而興歎，況伉儷之情」者乎？□孤幼以長成，此期猶遠；庶煢居之未謝，且用安神。賢」哉送往之意也。君之聖善則余之姑，何期遂操此銘心之痛」□□□□曰：」

北渚□聯，東汾鼎川，如賓有敬，惟帝稱賢。道消運往，身殁名」全，如何戚里之歡謝，今赴邙山而愴然！」

（北京圖書館藏拓本）

景雲〇一九

【蓋】　大唐故楊府君墓誌銘

【誌文】

大唐故游擊將軍上柱國行原州都督府三郊鎮副楊府君墓誌銘并序」

君諱履庭，字勤，弘農華陰人也。□出有周，食采于晉。枝幹由其茂」盛，衣冠以之雜襲。朱輪華轂，既翕赫於西京；重侯累相，亦紛綸於」東國。代盛芳烈，君之先焉。祖遠，皇朝殿中省尚舍尚食局直長，」涼州姑臧縣令；英姿淑問，已標舉乎六局；清風異政，乃流行於百」里。父仁智，皇朝安次、定襄、□城三縣令；仁擬仲春，化成□□；步」物涖事，每著芳謡。雖子皐綏蟬，仲康□翟，何以喻也。君星辰降祉，」山河之靈；麟角鳳毛，瑶林瓊樹。少習詩禮，□好孫吴；文則六義備」能，□羽□□兼妙允。所謂一時英傑，文武不墜者也。日光天驕恃」險，投筆從戎。既而旗鼓相當，煙塵向接。君横戈直進，挺劍先鋒，遂」潰賊徒，大將因之剋捷。將軍表奏，天子嘉焉。遂特授游擊將軍、」上柱國、原州都督府三郊鎮副。功高賞薄，非其好也。然嘗欲以身」許國，收功蹕林；清澣海之波瀾，掃陰山之氛祲。稜威朔鎮，勒勳燕」然。豈謂與善無從，降年不永，春秋□十八，以長壽元年十一月廿□」日遘疾，殁志幽泉。夫人河東薛氏，家聲□□，鼎氣氲氲。□□□親」之訓，長宣淑媛之節。婦儀母則，冠今絶古。霜露□□，柳殯郊次。嗣」子公孫，早備欒棘之容，每深蓼莪之思；懷鞠育於罔極，哀宅兆之」□□。以景雲二年十月八日合葬於温之平原，禮也。痛夫玄扉一」□，□□方遠。徒泣栢而靡逮，愿負米而何階。嗚呼哀哉！乃爲銘曰：」

□□□□，食采晉焉。伯僑之後，□諜可傳。弈葉英偉，代不乏賢。誕」□□□，□□□□。其一。汪洋遠度，慷慨宏謀。既通經史，亦善孫吴。投」□□□，□□□□。□此戎職，功名是圖。命奇紫塞，志殁黄壚。其二。氛」□□□，□□□□。□□君子，琴瑟友之。如何令德，嘗不憖遺。延平」□□□，□□□□。□□□□子。欒欒棘容。昊天罔極，叫地無從。卜其」□□，□□□□。□靡□松。勒銘幽壤，紀此芳蹤。」

（《考古》一九六四年第六期《河南温縣唐代楊履庭墓發掘簡報》）

景雲〇二〇

大唐故章懷太子并妃清河韋氏墓誌銘

【蓋】　大唐故章懷太子并妃清河韋氏墓誌銘

【誌文】

大唐故雍王贈章懷太子墓誌銘　太常卿兼左衛率岐王範書」

太子諱賢字仁，隴西狄道人也。 太宗文武聖皇帝之孫，高宗天皇大帝之」第二子，今皇上之兄也。 立業補天之業，濟代光宅之功，焕圖史而昭然，仰化成而」可見。 諛聞短識，不足以談天。 太子降宸極之精靈，含淳和之粹氣； 克岐」克嶷，始於匍匐之年； 惟聰惟明，表自覃訏之歲。 孝友之性，因心以載揚；仁愛之德，自誠」而克著。 以永徽六年，制封潞王。 明慶元年，加雍州牧。 龍朔元年，徙封沛王，雍州牧」如故。 麟德二年，加右衛大將軍。 咸亨二年，徙封雍王，餘如故，別食實封一千户。 若華分」秀，延十景之輝； 桐葉分珪，派五璜之潤。 加以韶音勝氣，逸裁英規，萬頃汪汪，包叔度之」宏量； 千尋落落，凜和嶠之高風。 屬笙歌上賓，震宫虚位； 於是當明兩之寄，膺主鬯之尊。 」上元二年，高宗臨軒，册命爲皇太子。 馳道肅恭，萬國之貞斯在； 宫闈視膳，」三朝」之禮不虧。 豈謂禍構江充，釁生伊戾； 愍懷貽謗，竟不自明； 申生遇讒，寧期取雪。 以永淳」二年奉敕徙於巴州安置。 土船餘俗，遥然巴宕之鄉； 竹節遺黎，遏矣蠻賨之戍。 」賈生賦鵩，雖坦壞於化物； 孝章愁疾，竟延悲於促齡。 以文明元年二月廿七日終于巴」州之公館，春秋卅有一。 垂拱元年四月廿二日，皇太后使司膳卿李知十持節」册命，追封爲雍王。 神龍元年，寳曆中興，宸居反正，恩制追贈司徒公； 」令胤子守禮往巴州迎柩還京，仍許陪葬乾陵栢城之内，自京給鼓吹儀仗送」至墓所。景雲二年四月十九日，又奉敕追贈册命爲章懷太子。重海之潤，更流」於夜臺；繼明之暉，復明於泉户。妃清河房氏，皇朝左領軍大將軍衛尉卿贈兵部」尚書仁裕之孫，銀青光禄大夫、宋州刺史贈左金吾衛大將軍先忠之女也。公侯將相」之門，鍾鼎旗裳之盛；或象河疏秩，望隆於樞斗；或銜珠表貴，寄重於兵鋒。妃禀柔明之」姿，包和淑之性，十年不出，四德允修。而黄鳥于飛，振喈喈之響；翠葛爰茂，盛萋萋之容。」穠桃當納吉之期，摽梅屬繫纓之歲；以上元年中，制命爲雍王妃。三星在户，芳」春仲月之辰；百兩遵途，雙鳳和鳴之兆。媞媞左辟，敬行於舅姑；肅肅霄征，惠流於閨闈。」而天未悔禍，朝哭纏哀；訓棘心而擇鄰，採蘋藻而恭事。以景雲二年龍集荒落六月十」六日遘疾，薨於京興化里之私第，春秋五十有四。即以其年十月壬寅朔十九日庚申，」窆於太子之舊塋，禮也。嗣子光禄卿邠王守禮，履霜露而攀宰樹，擗厚地而訴高天，紀」遺烈於貞琬，希相質於幽埏。嗚呼哀哉！式爲銘曰：」

昭哉靈命，赫矣皇唐，玄珪錫瑞，緑錯開祥。荷兹百禄，君臨萬方，本枝繁茂，室家君」王。其一。川瀆效靈，挺生英睿，白茅胙土，黄離以繼。忽遘讒言，奄移遐裔。座鵂來止，隙駒行」逝。其二。宸居反正，在物咸亨，恩隆棣華，澤被維城。儲貳貽贈，泉路增榮，魂歸舊宇，櫬」卜新塋。其三。南望神京，西瞻畢陌，瑞雲浮紫，祥烟凝白。霧慘松埏，燈淪幽穸，俾英聲與茂」範，長不朽於金石。」

銀青光禄大夫邠王師上柱國固安縣開國男盧粲撰」

（周紹良藏拓本）

景雲〇二一

【蓋】失。

【誌文】

大唐王屋縣丞白知新妻滎陽鄭氏墓誌銘并序」

夫人諱叔，滎陽開封人也。周宣王弟季封於鄭，生司」徒武公。公之裔孫漢大司農曰當時，遥源峻基，弈世」丕顯，爲四海著族，于今者，國史詳焉。曾祖筠，唐衛尉」卿，眉、邛、綿、梓四州諸軍事四州刺史；祖孝昇，桂州始」安縣令；父瑞，安南都護府法曹參軍。胡威之嗣胡質，」父子俱清；陳寔之育陳羣，祖孫齊美。德門貽祉，載誕」柔姿；以蔡琰之年，聞絃知絶；當謝姬之歲，見雪能詠。」慧心紈質，洵美且都。年甫初笄，即歸於我。蓋動靜可」法，夫人之德也；矜和而莊，夫人之容也；擇詞而説，夫」人之言也；肅於粱盛，夫人之功也。鳳琴同奏，謂偕老」於大年；龍匣孤沉，忽傷神於促略。春秋卌，以大唐景」雲二年五月廿九日卒於洛州王屋里。即以其年十」月十九日遷窆于洛州河南縣平樂鄉之原，禮也。夫」人敬恭于位，淑慎其儀，蘋蘩所以展其誠，環珮所以」昭其節。天不與善，遘疾彌留，痛蒼旻之我欺，當青歲」而將落。嗚呼哀哉！迺爲銘曰：

周季之胤兮武公之孫，弈世載美兮慶流後昆。誕生」才淑兮蘭貞玉温，作配君子兮流芳二門。壼則閨儀」兮道方尊，天之殲我兮復何論！」

（周紹良藏拓本　開封博物館藏石）

【蓋】 失。

【誌文】

大唐故少府監織染署令太原王府君妻張氏墓誌銘并序」

夫人諱法式，清河人也，因仕居洛陽。曩者嬴氏失御，漢業未」昌，留侯授神人之術，匡帝王之道；於是弼成五服，奄有四海。」貂蟬黻冕，左右於昭成之間，列爵封侯，聲華於魏晉之日。垂」芳不泯，其在茲乎？曾祖愔，祖愛，父道買，並養浩丘園，棲遲衡」泌；負鄉曲之譽，懷澹泊之風，悅禮敦詩，温恭孝友。夫人體柔」成性，含章内融，壺範有彰，威儀克著。夫其婉嫕之美，飾關雎」之詩；貞淑之德，穆好仇之禮。自作嬪君子，主饋承家，紃組是」勤，蘋蘩乂奠。咸盥持櫛，雞鳴之禮不虧，守度居儀，鵲巢之風」彌劭。中年遭府君不造，先世而殂，霜筠有操，水玉涵貞，藐爾」諸孤，是爲童稚。故能母儀垂裕，寧假擇鄰之規；教子義方，坐」得過庭之禮。哀容骨立，幽思孀居，幾傷荼苦之悲，永結栢舟」之誓。彼蒼不弔，殲我眉壽，春秋七十有二，景雲二年十月十」二日，終於河南縣福善里之私第，嗚呼哀哉。夫人恭儉節用，」温慈惠和，柔寂無喧，令儀有穆，誠可道光彤史，作範公宮。歲」月不居，泉□□秘。嗣子集州參軍思惠、次子上柱國思慎等，」思結蓼莪，悲摧欒棘。即以其月廿九日，歸祔於舊塋，禮也。同」穴之道，豈惟杜氏之□；合祔之儀，方得鄒人之禮。恐年代遷」革，丘隴□平，黃鳥徒悲，青烏無兆。其銘曰：」

英英洪緒，胤茲淑美，一有令裕，作嬪君子，契祝琴瑟，道光沼」□。肅肅母儀，明於規理，恂恂婦道，孝有終始。殆悦清風，俄驚」逝水，福應冥默，音靈已矣，庶憑銘記，垂之千祀。」

景雲二年歲次辛亥十月壬寅朔廿九日。」

（北京圖書館藏拓本　河南千唐誌齋藏石）

景雲〇二三

【蓋】失。

【誌文】

大唐故文林郎田君墓誌銘并序」

君諱待字詔，雁門人也。孟嘗君以四豪著芳，齊司馬」以六戎凝範，家猷祖德，其在兹乎？曾祖成，祖善，或光」簪組以延徽，或披煙霞以高蹈。父萬頃，皇朝桂州」都督府録事參軍事；遊馥蘭室，從班桂林，綱紀六曹，」輔佐千里。君材均武庫，榮預文林，悲詎循於享年，痛」奄淪於大夜。粤以聖曆元年七月八日，終於嘉慶里私」第，春秋五十有九。夫人清河張氏。瞻星啓祚，豔雪摛」華，功容兩齊，言德雙美。饁野之敬，書青簡而同烈；荒」隴之幽，睽黄壚而共慘。復以景雲二年五月廿八日」同終於嘉慶里私第，春秋六十有五。即以其年歲次」辛亥十一月壬申朔十一日壬午，同窆於邙山之陽，」禮也。蒼蒼古樹，杳杳窮泉，賓作鶴兮吊有日，劍從龍」兮沉幾年？嗣子品子秀之，集蓼欑慕，飡荼茹酷，思以」鞠育之恩，豈辭支體之毁；遂截左耳，當父終之辰，復」割右耳，以母喪之日。緬窺泣血，斆身無以加也。爰憑」扣寂而叙銘云：」

高臺忽傾，宜室同塋，悠悠荒隴，隱隱佳城。楊風結愁」兮思不極，薤露爲哥兮悲遽盈。洛川邙阜紛相望，此」地幽埏兮紀令名。」

（北京圖書館藏拓本）

景雲〇二四

【蓋】失。

【誌文】

大唐景雲二年歲次辛亥」十一月壬申朔十三日甲」申，故彭州長史任城縣開」國男贈使持節徐州諸軍」事徐州刺史劉公權厝於」東都西北河南縣之梓澤」鄉北邙山。」

（北京圖書館藏拓本　河南千唐誌齋藏石）

景雲〇二五

【蓋】失。

【誌文】

唐故孝子朝議郎行大理司直上柱國郭府君墓誌銘并序」

公諱思訓，字逸，太原平陽人也。昔姬文作周，運璿璣而一宇宙；虢叔命」氏，賜介珪而列山河。鬱爲國師，燕臺竭起，誕降人母，金穴横開，世緒蟬」聯，公侯克復。曾祖興，周上黨郡守、平東將軍，青綬登朝，朱旗絳」野，執霜戈而問罪，方薙水而澄心。祖則，隋淮陵郡守、度支郎、銀」青光禄大夫，珥金貂而佽奏，鳧舃□飛；齊亂繩以臨人，牛刀自解。」父敬同，徙居洛陽，今爲洛陽人也。幽素舉及第，以孝不仕。弄鳥承顔，恥」毛生之捧檄；懸雞就養，式茅容之致餐。不屈道而期榮，穆真風而自逸。」公乾綱之精，融密泉潔，學以天授，言以行成，襲門緒，解褐睦州建德縣」主簿，應吏職清白舉及第，轉滄州樂陵縣丞。南郡地狹，屈仇香而佐時；」六安路遥，坐桓譚而不樂。敕除温王府兵曹參軍事，轉太子典」膳監。芙蓉映水，攀桂樹而逢仙；蓮莆牽風，坐摇山而和鼎。應孝悌廉讓」舉及第，敕授大理司直。灼□□方，閒乎其正，哀敬折獄，對霜練」而論刑；上帝弗蠲，泣丹毫而書罪。彼蒼不吊，殲我良圖。以景雲二年九」月十三日寢疾，終於長安醴泉里之私第。公孝友温恭，文行忠信，哀昊」天之罔極，式閭巷以先時，蔭棠棣而聚星，肅閨門之有禮。奄棄於代，與」善何徵？辭北寺之榮班，蒨車長謝；望東周之故里，旅櫬空歸。夫人清河張氏、平陽柴氏，並穠華賁春，輕雲蔽月。結縭作儷，乘旭雁而移天；采蘋」是羞，應鵲巢而主饋。昔時南斗，兩劍分輝；今日西階，雙魂共穴。以景雲」二年歲次辛亥十二月辛丑朔十五日乙卯，遷合于洛陽北部鄉之原，」陪葬先塋之壬地，禮也。青烏卜地，白鶴摽墳，桂酒蘭肴，無復平生」之賞；佳城繐帳，空餘冥漠之悲。嗣子審之，弟雍州武功縣尉思謨，并攀」號擗踴，瀝泣摧心，長懷陟岵之哀，永結在原之思，嗚呼哀哉！迺爲銘曰：」

榮最之緒，累代重昌，其人如玉，邦家有光。道全忠孝，德裕巖廊，士林蕭」索，人之云亡。寒郊慘兮山門險，松扃閉兮宿草荒。」

（周紹良藏拓本）

【蓋】　失。

【誌文】

唐故游騎將軍隰州隰川府左果毅都尉陳君夫人張氏墓誌并序」

公諱智，字滿，南陽潁川人也，因官於洛，即洛陽人焉。自姚墟錫氏，」嬀水開宗，五代其昌，儲祉方遠，三君之盛，餘慶載隆，懿德崇班，不」可勝述矣。曾祖遊仙，隋朝議郎、行隆州司户參軍事；刀筆之能，允」光時選；板圖之寄，流譽來今。祖度，隋朝散大夫、鄯州長史；纂金擅」業，捧檄申歡，製錦爲工，提油是重。父貴□，朝請大夫、行夷州司馬；」丹墀列侍，黄綬從班；纔膺展驥之榮，遽軫攀轅之慕。君承聚星之」茂緒，挺捧日之雄恣。志烈松筠，心□鐵石，將弓當友，倚劍爲鄰。羈」丱之年，已有請纓之意；□紈之歲，早懷吞虜之誠。由是輕性命於」鳳毛，重義烈於熊掌，移孝思於忠節，變文德於武功，拜游騎將軍」左衛隰川府左果毅都尉。致果一官，禄養之情斯展；決勝千里，辭」第之志猶深。誰謂總兹韜略，未盡騏驎；負此威聲，奄親螻蟻。嗚呼」哀哉！以總章二年四月廿七日，終于長安之私第，春秋三十有九。」權殯於萬年縣滻川之鄉，禮也。夫人南陽白水郡太君張氏。祖瓘，」隋朝散大夫、檢校寧州刺史；父通，唐任宋州寧陵縣令。夫人慶鍾」簪組，質表穠華，用柔靜以日新，履謙冲爲歲計。雖魚軒雉服，爰彰」郡邑之尊；而浣濯蘋蘩，不改幽閑之業。自鳳桐半悴，龍劍一沉，遂」悟勞生，精求實相。法蓮不染，慧炬恒融，有冀傳燈，豈期風燭。嗚呼」哀哉！以景雲二年五月十日，終于洛陽縣殖業坊之私第，春秋七」十有九。以其年十二月廿一日，殯於洛陽縣平陰之鄉，禮也。次子」右屯衛翊府左郎將，頻光授律，未及凱歸，風樹之感倍深，寒泉之」痛逾切。衆子等並充窮孺慕，泣血絶漿，家惜曾參，鄰傷吴起。嗚呼」哀哉！乃爲銘曰：」

彼汝潁兮舊鄉，聚多士兮皇皇。因官斯寓兮洛之陽，仁遠俱可兮」歸大方，哀哀孝嗣兮龜筮長。」

（北京圖書館藏拓本）

唐代墓誌彙編

太極

太極〇〇一

【蓋】失。

【誌文】

唐李君夫人裴氏墓誌并序」

夫人河東聞喜人也。垂棘聯壤，寶氣躬而氤氲；瑞鼎呈河，神光融」而焕炳。□靈之地，簪紱是烈。邦君冰潔，嶽牧慙其桂牀；台秩星高，」羣龍讓其開府。夫人祖昂，父懷，並東序秘寶，南圖羽翮，金籯碩量，」括九□□制圖；粹德天精，驅八王而取俊。夫人，懷長女也。銀河孕」宿，月宇垂精，兑明長女之儀，坤著柔容之德。祇恭傅姆，學禮公宫；」專有事於葛覃，奠無虧於蘋藻。黄鳥鳴于權木，淑譽早聞；綵鳳昌」于繇詞，言歸李氏。美其輔佐君子，好同琴瑟，如賓每勗，象服是宜。」既盛專堂，猶循女史，諒陶親之樂善，截雲髮以招賢，偉孟母之慈」仁，斷鴛機而誡子。歎夫桑榆未晚，寢疾華屋，親族祈金上之樂，醫」仙采玉釜之香。夫人曰：天命有恒，生涯有極，脩短定分，藥餌何功？」景雲二年十月廿九日，終于長安私第，春秋五十有七。咸以爲知」命。長子璿之，明經，擢行宜城公主府參軍、柱國；次子浩，季子滔，仙」族一門，英雄三虎，花明棣萼，香氣連枝；葉秀荆林，穠芳滿樹。淳深」至孝，參也難階；泣血屠魂，柴也不及。以太極元年正月廿六日，歸」殯于洛州邙山平樂鄉之原，禮也。白鶴興占，青烏卜地，壟對長謠」之阜，山分種玉之田，開鬱鬱之佳城，闢蒼蒼之拱木，泉臺黯黯，嗟」不照於青春，蒿里茫茫，空有歌於薤露。恐桑田海變，藪澤山藏，欽」陳閫德，用紀貞芳。銘曰：」

三江太守，八座郎官，星高列宿，隼畫旌干，清通藻鏡，領袖鵷鸞。夫」人華宗之族，作邦之媛，□障詞高，如賓禮檀，備閫德而脩潔，循母」儀而不倦。華如桃李，志並丹青，躬勤澣濯，禮盛歸寧，君子偕老，玉」樹盈庭。苒苒奔晷，滔滔逝水，不昌鳴鳳，翻災鬭蟻，敬姜殁焉，孟親」喪矣。脩邙山上，太史河前，塋開白日，樹慘春煙，松門一閉，從此千」年。」

（北京圖書館藏拓本）

太極〇〇二

【蓋】大唐故何君墓誌銘

【誌文】

大唐故朝請郎前行絳州稷山縣丞何府君墓誌銘」

府君春秋七十有八，以景雲」二年十月朔廿四日，亡于隰」州隰川縣；以太極元年歲次」二月庚子朔十日乙卯，殯于」東都北邙原也。」

（周紹良藏拓本　開封博物館藏石）

太極〇〇三

【蓋】失。

【誌文】

唐故正議大夫行太子右贊善大夫判太子率更令上柱國清河崔府君墓誌銘并序」

公諱孝昌，字慶之，清河東武城人也，其先太岳之胤。昔虞典三禮，以命」伯夷，是作秩宗，齊封四履。至于穆陵，迺稱尚父，慶靈自遠，多士斯皇。太」守寔之立言，司空林之清直，代爲冠族，天下宗之。曾祖樞，皇朝」使持節陝州諸軍事陝州刺史、司農卿、散騎常侍、上大將軍、武城縣開」國公；祖義直，皇朝長安縣令、紀越二府長史、使持節陝州諸軍」事陝州刺史、武城縣開國公；父知温，皇朝英府司馬兼尚書右」丞、黃門侍郎，同中書門下三品、監修國史、中書令，贈使持節荆州大都」督，謚曰良。文毗台明，地列方鎮，具瞻允公才之望，簡久稱賢人之業，保」乂我後，爲龍爲光。公含辰象之精華，熙愷悌之純嘏；行有枝葉，言成采」章。至道擇乎中庸，强學進於明德。目其國士，時議攸推；聞于公卿，聲名」籍甚。年甫十三，以門子補修文生，明經上第，解褐洛州參軍轉率更寺」丞、太子通事舍人、城門郎、太子舍人，出拜鄭州司馬。入掌儲命，出貳邦」紀，馬季以經儒見擢，周景以時選共稱，柬我王繇，德用不擾。

俄以清白」尤異聞，遷華州長史。神龍初，公兄以叶贊經綸爲姦臣所忌，轉徙邊郡，」公亦隨貶衢州長史。景雲二歲，徵拜太子右贊善大夫。是時明兩惟初，」海内觀德，師友傳道之列，博采端儒；諷議敷善之官，非止恒授。公承禮」樂之門，稟肅恭之訓，縱容獻納，宫陛增華。雖孔坦有獨步之名，華恒奉」更直之詔，殆不過也。謂道輔良，云何不淑？曾未知命，哲人其萎。春秋卌」三，以景雲二年八月卅日遘疾，終洛州永豐私第。公生知典則，極詣幾」深。儉德謙尊，守休否而無咎；居易俟命，在夷險而莫加。道足庇人，位不」充量。嗚呼哀哉！即以太極元年歲次壬子二月廿一日葬於洛州城北」十二里北邙山平樂鄉之原，禮也。式昭遺烈，用紀幽泉。銘曰：

唐典有禮，始命伯夷；周專征伐，自我王師。封邑錫氏，耽耽本枝，本枝既」碩，君子萬年。迺祖迺父，克文克賢，羽儀弈代，華冕蟬聯。降生夫子，令問」不已，弱冠登朝，嘉聲雲起。非禮不動，非義不視，邦國有成，儲華具美。宜」其天祐，用錫眉壽。孰云與臧，奄歎摧梁，卜日先遠，玄夜何長？命不可贖，」人之云亡。」

（周紹良藏拓本）

太極〇〇四

【蓋】 大唐故賀府君墓誌銘

【誌文】

大唐故杭州於潛縣尉會稽賀府君墓誌銘并序」

君諱玄道，字道，會稽山陰人。若夫保姓受氏，冠冕代禄，」仁賢繼踵，英才嗣生，蓋史傳詳諸，今可得而略也。曾祖」朗，揚州大中正；祖緄，臨水縣正。濱淮舊州，俯勞龐統之」驥；臨水新邑，更見王喬之鳧。父紀，學總儒墨，才兼文史，」助撰唐禮，修封禪儀注，累遷符璽郎、太子洗馬，爲子孟」所憚，與士衡齊軫。叔孫以海内儒首，而修禮經；司馬以」當代文宗，而陳封禪。總斯衆美，畢在英髦，儔之曩賢，無」慚前史。君稟山川之秀氣，嗣祖宗之勳業，起家於潛縣」尉。南昌小邑，舊尉神仙；東國遺黎，更勞人傑。既而策名」隨堞，陳力從官，禦衆以寬，齊人以禮。方將優遊臺冕，克」復箕裘，豈徒光佐弦歌，見稱州縣而已矣。降年不永，以」長安四年終於杭州於潛之官第也。粤以太極元年歲」次壬子三月庚午朔四日癸酉將遷葬於邙山原，禮也。」青烏就相，行臨鞏洛之阡；黄絹題文，敬勒佳城之誌。其」詞曰：」

我祖肅肅，肇自于姜，靈源濬遠，茂緒綿長。代司綸紱，家」傳棟梁，載生英彦，邦之令望。允文允武，知柔知剛，貞淩」竹栢，潤愈珪璋。屈斯東箭，尉彼南昌，方圖出納，以構其」堂。天乎不弔，殲我貞良，人亡德立，神翳名彰。日黯幽壟，」風悲白楊，勒銘泉路，萬古無忘。」

（周紹良藏拓本　開封博物館藏石）

太極〇〇五

【蓋】失。

【誌文】

大唐處士王君墓誌銘并序」

君諱天，字文信，太原祁人也。自瑞鸑鳴岐，姬水鬱興王之氣；祥鸞表」化，重泉融上宰之風。赫弈羽儀，蟬聯珪組，固可略而言矣。考君卿，雄」才碩量，博聞强記，□詞靈翰，達變通機。屬隋季失金鏡之馭，丘園寢」束帛之禮；乃清虚澹泊，含霞噬月，無道不仕，危邦不居。雖金骨已埋，」而芳塵尚遠。公權天地之粹氣，禀辰象之至精。歲始鳩車，則對羝羊」之辯；手猶竹馬，方輕猛虎之威。洎夫孝悌基心，仁明毓德，文武其道，」温恭其性。每以爲時亨主聖，耕鑿可以當輕肥；適志安排，林園可」以縱閑逸。乃絶棄人事，棲遲潭泉，仰周史之育齡，鄙漢臣之傷命。雖張衡作賦，良愿逍遥；潘岳裁篇，自甘春税。方之於公，蔑如也。嗟乎！星」歲無憩運之時，芝木非駐年之術，劍履並喪，人琴俱亡。天不慭留，□」此名德。以神龍二年七月廿日終於私第，春秋八十有四。夫人雍氏，」鬱浦騰姿，巫山誕粹。河陽花白，凝出閤之新粧；天上星飛，綴承權之」媚靨。下酌家人之繇，徬稽内則之篇，九日則秋菊摛銘，三元則春椒」獻頌。豈只斷機流訓，還魚作誡而已哉！蘭薰而摧，玉貞則脆，逝水不」返，行雲其銷。以太極元年二月廿七日終於私第，春秋八十有八。即」以其年三月十五日合葬於洹水之南原，禮也。嗚呼！王子喬之鳧舄，」□看兩隧；雷孔璋之龍劍，歡同一匣。嗣子惟儉，哀壟路之長夜，痛蒿」□之不春，冀圖芳於玄石，庶無晦於清塵。乃爲銘曰：

姬水發源，」岐山啓祚，擁據伊洛，笙哥雲路。聖葉仙英，令德斯生，孤體含育，獨運」貞明。在晦靡晦，□□□□恥齊南郭，無配中行。賞意琴酒，放情巖壑，狎鳥非驚，觀魚自樂。藹藹英族，輝輝麗容，好仇秦晉，君子之從。良宵」夢蝶，霽景傾虹，鳳去樓静，鸞飛鏡空。人代倏遷，霜露俄旋，靈□莫驗，」瓊草虛傳。形□土壤，心識風烟，爰依舊地，更即新天。輤輴既引，奠祖」方設，山似牛眠，原同伏鼈。壟雲朝暝，松聲暮切，幽石徒刊，清徽永絶。」

太極元年歲次壬子三月甲申建。」

（周紹良藏拓本）

太極〇〇六

【蓋】失。

【誌文】

唐故荆府兵曹參軍弘農劉府君墓誌銘并序」

昔高祖斬蛇，享寧天下，威加海内，載興帝業，鬱爲盛宗，克隆厥氏，其」後遷職，各因所居。公諱崇嗣字崇嗣，弘農華陰人也。曾祖宥，隋儀同」三司、杭州刺史；祖懿，朝散大夫合州長史；父玄裔，唐易州官坐鎮將。」偕雄才華職，英名冠代，高門誕慶，累葉榮茂，曾巖沓峻，長河浩瀾。可」謂崇潤無際，福流子孫者也。公神局虛明，詞旨温裕，直而不肆，光而」不耀，因心成孝，恃德以仁，在邦必聞，居家則達。解褐金州平利丞也。」職佐外藩，苟從雌伏，公家之利，知無不爲，立操秉心，禁邪舉正，化不」逾幾，人吏肅然，談譽公者，咸不容口，景望公者，殆若有神。尋除相州」參軍事。式維雅則，名重參卿，自公若閑，徂私多暇，文酒崇座，賓客填」門，道勝冥真，未嘗不移日也。秩替歸陸渾山之別業。老萊奉親，就養」無匱，享善誰吉，天降以哀。丁家艱，服闋，除荆府兵曹參軍事。操行可」模，寡言爲範，英華獨立，儼而成威。惟彼蠻荆，奸豪斂手，朝庭仰止，聞」而師焉。公太夫人在堂，結晨夕之孝，禄則未逮，王事坐拘，景福無徵，」乃寢乃疾，若藥寧效，長桑遂遠。以神龍三年六月十四日，終於荆府」官舍，春秋五十有四。惟公平生綜覽先旨，行無苟合，交必達人，不任」其憂，不改其樂。白珪三覆，恐斯言之有玷；青松載援，堅歲寒而不易。」始覩其進，未覩其止。嗚呼！馮唐有位，嗟不得時；管輅負才，惜乎無壽。」皇天誰與？哲人其冥。嗚呼哀哉！夫人京兆杜氏。含章貞吉，雅肅閨門；」順以承尊，柔以接下，中饋無替，咸盥在儀，德音不違，作配君子。以長」壽三年六月十五日，終於河南縣恭安之里第。以太極元年四月廿」二日與公合葬於北邙之原，禮也。幽壚是啓，白楊可悲，銘曰：」振振君子兮道所尊，才爲代出兮盛其門。忠孝克著兮質彌敦，禮樂」衣冠兮垂後昆。拾青紫兮在目，從王政兮縻禄，信與善兮膺丕福。松」有節兮蘭有華，操寒骨兮敷春葩。何天地兮無情，附霜霰兮中零，哲」人其萎兮寂冥冥。」

（北京圖書館藏拓本）

太極〇〇七

【蓋】　失。

【誌文】

唐故太中大夫隰州司馬慕容府君墓誌銘并序」

公諱思廉，字激貪，其先昌黎人也。昔黄祖誕胤，載表翔龍之符；玄漢開疆，」俯枕繞蛇之塞。遂能雄圖倜儻，叱吒而御風雷；英略縱横，鞭撻而臨宇宙。「運經百載，時稱八主，或握斗樞而臨禹縣，摇地軸而據天齊。前燕十一代「祖廆，武宣皇帝。公其後也。曾祖紹宗，後魏光禄大夫、驃騎大將軍、儀同三「司、并州刺史、尚書左僕射，薨贈尚書令，謚曰景惠公，追贈武威郡王。望重「五臣，貴逾七佐，謀標玉帳，妙綜金壇，榮據文昌，寄深武庫。屬天厭魏德，運「啓齊邦。公寵切宗臣，位高佐命，南摧侯景，北殄爾朱，功著元勳，名編齊史。「祖三藏，隋金紫光禄大夫、河内縣開國公、和州刺史、淮南郡守；父正則，隋「隴州吴山縣令；並榮高紫紱，寵極翠蕤，淮甸振熊軾之榮，隴坂標龜旐之「重。公朝陽表質，太阿凝鋭；岐嶷之儀早著，籌策之志逾高。學以潤身，言必「合道。文章禮樂，婉而在懷，仁義智信，行之即是。弱冠授左衛翊衛，附學明「經，解褐授璧州司倉、成州司户。既稱清白之規，用標貞正之道；轉授幽州「漁陽、亳州仙源二縣令。幽方任俠之士，詩禮是兼；譙邑銷憂之鄉，絃歌自「洽。爰加朝散大夫，尋除棣隰二州司馬。屬國慶重疊，榮級頻加，又授太中「大夫。公下車莅職，令問載揚，既標展驥之材，聲毗連率；未展佩龜之寵，位「屈專城。豈期釁結殲良，恨深喪逝，以太極元年三月五日遘疾而終，春秋「八十有三。夫人隴西李氏。昔季武子之西寢，已附雙魂；長平侯之北陵，更「聞同穴。乃以其年十月廿四日庚申，合葬于洛州洛陽縣界北邙山，禮也。「長子景，任滄州長蘆縣主簿等，膏腴令族，道義承芳，棣蕚連華，芝庭接影。「酷深風樹，痛結寒泉，擗厚地以增悲，跼高天而永慕。所以騰芳厚穸，勒範「泉扃，式紀英猷，迺爲銘曰：

有熊錫胤，翔龍表符，摇蕩六合，并吞四隅。惟「祖惟父，迺文迺儒，鐘鼎遞襲，軒冕交趨。其一。惟君載育，珍逾照廡，學綜詞宗，「識光簪府。濯纓筮仕，摶風振羽，十部風猷，一同規矩。其二。翔鸞降德，展驥標」譽，智測澆訛，材光撫馭。清白遠聞，忠勤遐著，寸晷易往，尺波俄遽。其三。闞蟻」宵動，嘶驂曉發，索索松風，蒼蒼隴月。雅範騰美，芳徽難越，一紀泉扃，千秋」同穴。其四。」

（周紹良藏拓本　河南千唐誌齋藏石）

延和

延和〇〇一

【蓋】失。

【誌文】

大唐故游擊將軍上柱國蕭府君墓誌銘并序」

公諱貞亮，蘭陵郡人也。粤若高辛命曆，披鳳紀以疏源，文侯」析壤，跨龜川而啓業。於是祥開翠嶽，盛德光於赤泉；道映青」壇，深仁被於黄雀。忠貞孝友，播美紬緗，玉葉金柯，分輝帝族。」祖琰，本郡守，隋任將作監少匠；父善，唐任汾州司馬；門承禮」義，代襲衣冠，或闡譽九疑，或佐光千里，變汾川之訛俗，澄軫」野之妖氛。仁風逐其化揚，惠澤隨其德潤。振振君子，其斯謂」歟！公志氣縱横，風情倜儻。汜橋取履，早見兵書；竹林逢猨，徧」知劍術。故得勇爵登朝，材官入選，起家授上藥奉御，轉遷左」衛翊一府翊衛游擊將軍。公之位矣，凡所歷任，咸居要劇，或」遊三輔，時踐二京，休聲載於哥謡，美迹光於朝野。嗟乎！靈藥」無徵，神香罕遇。悲隟光而易謝，陳榻長懸；嗟逝水難留，牙琴」永絶。春秋五十有八，以延和元年歲次壬子七月七日終於」洛州河南縣福善坊之私第也。嗚呼哀哉！有子左衛翊一府」翊衛、安東道立殊功第一等、兵部别敕選上柱國元珪」等，號倉天而網極，扣地無從；想愛竟而何期，哀傷七日。粤以」延和元年歲次壬子七月戊辰朔十八日乙酉，權殯于河南」縣都會鄉王趙村原，之禮也。嗚呼哉！乃爲銘曰

東海大姓，帝族茲基，蕭叔之望，金柯玉枝。蔚彼君子，挺質人」師，蘭薰茂德，玉潤清輝。其一。朝在高堂，暮歸比郭，古塚壘壘，秋」雲漠漠。雁哀風斷，松悲日薄，一送黄泉，萬途揮霍。其二。年催」急電，往遽驚湍，駕言華屋，頓轡窮巒。霜田鶴思，月野烟寒，挽」哥雲斷，松近風酸。瓦雞不旦，銅鼎徒刊，悲哉逝者，泉路艱難！」

（周紹良藏拓本　開封博物館藏石）

唐代墓誌彙編

先天

先天〇〇一

【蓋】失。

【誌文】

夫人長孫氏墓誌銘并序」

夫人長孫氏，河南洛陽人也。陰山南北，亘牛斗於」天街；瀚海東西，沓鯨潮於地緯。燭龍銜火，爍爛於」四時；雲鵬舉風，振摇於六月。由是克定京邑，遂成」中土。衣冠禮樂，焕日月於瑶臺；后戚王姻，豔葭莩」於瓊樹。備諸簡册，可略而言。曾祖總，隋肇州刺史；」祖敏，唐職方員外；父希古，洛州福昌縣令。夫人玉」女含態，金娥孕質，蘭蕙芳意，桃李妍顔。柳絮春飛，」謝家之男莫繼；琴歌夜斷，蔡氏之女先知。巧思璣」工，遊微陟奥。裁紈剪紗，花蘂芋茸於綵刀；裂素圖」真，烟露巉喦於畫筆。年甫初笄，遂歸於我。洛川東」注，流風迴雪之光；巫嶺南臨，暮雨朝雲之色。閨閫」禮備，蘋藻敬誠，事極移天，義申中饋。伯姬貞節，大」嘉明訓，都而言之，彼有慚德。以先天元年九月廿」八日遘疾，終於履順坊之私第。越先天元年十月」十三日，葬於北邙之原，禮也。野蒼蒼兮烟色濃，天」陰陰兮雲氣凝，無復幽閨之春柳，空植寒山之故」松。其詞云：惟家之肥，於穆不已，如何景命，中」年逝止。窅窅壠埏，萋萋松梓，敬勒九原，式旌千祀。」

（周紹良藏拓本　河南千唐誌齋藏石）

先天〇〇二

【蓋】失。

【誌文】

大唐故右衛率府親府親衛上騎都尉王君墓誌銘并序　前國子明經河東裴翰撰」

君諱傑，字韜光，河南人也。淮水靈宗，符景純之遠筮；緱山」真派，覿子晉之上仙。翦之輔秦，擅將軍之美；吉之佐漢，聯」中尉之榮。族盛一時，詳諸國史；衣纓百代，備乎家牒。曾祖」積，皇棣州刺史；祖鼎，皇任平州長史；父山輝，鄂、利、吉三州」諸軍事，三州刺史。名馳巴蜀，文翁之化早敷；譽重江湘，元」凱之功攸設。君清白門傳，詩書代襲，量包海岳，操叶松筠，」門資任率府親衛。侍從使君赴吉州。青宫任切，未申警衛之勤；皂蓋榮高，且奉晨昏之道。承顏展於温清，庭訓授以」義方。豈圖鬪蟻在床，巢鵂結户，爰登弱歲，奄從化往，以景」雲二年八月廿一日，終於吉州館舍，春秋一十有七。以先」天元年十月廿五日，歸窆於北邙山之原尊府君之塋内，」禮也。太夫人京兆唐氏，禍酷所夭，悲深扣地，恩移膝下，珠」碎掌中。兄俊、哲、乂，弟奇等，已傷陟岵之思，更軫在原之慮，」實冀荆條發茂，庇蔭蘭堂；誰言薤露早晞，沉埋蒿里。德之」不建，天道忽諸！夫人怨起將鶵，嗟鞠育之無託；昆季哀興」斷雁，痛友于之靡從。將恐谷徙陵遷，田移海變，是用勒銘」泉户，庶紀芳塵。其詞曰：

猗歟夫子，夙著令名，機神」朗徹，道術融清。德義斯重，服玩是輕，好古博雅，育粹純精。」其一。天道茫茫，幽塗寞寞，溘先朝露，遷夫夜壑。霜月昤曨，寒」林蕭索，儻百身之能贖，庶九原之可作。其二。」

（北京圖書館藏拓本　河南千唐誌齋藏石）

先天〇〇三

【蓋】失。

【誌文】

唐故徵士朝散大夫許州司馬楊君墓誌銘并序」

公諱孝㢸，字恭，恒農華陰人也。自有隋失馭，播越江淮；僞鄭潛圖，跨據河洛；粵我」皇考，有虢土而遷商；紆彼真人，背新朝而仕漢。故今爲河南郡人也焉。曾祖洛，周永」平縣令；祖潤，周使持節岐州諸軍事岐州刺史；父建，唐朝請大夫、右候衛温泉府」鷹揚郎將，武德初，累遷玄戈軍右六府車騎將軍。家方隆盛，乘朱輪者十人；地籍」清華，綰黄銀者四代。公爰自降生，暨乎成立，神機無滯，靈臺獨爽。摳衣問道，入孔」肆以登科；膏吻飛談，下鄒庭而炙輠。貞觀之際，嚴遵遽殁；顯慶之初，慈親見背。吉」凶卌載，弟兄三數人，生盡因心之養，死極終身之痛，以爲枯鱗幾蠹，歎風樹之□」摇；隙駟遄奔，悲日華之遽掩。於是息機人事，遊心道寂，踐釋氏之津梁，守先人之」墳墓。言必信，行必□。忠訓之容，無忘於造次；孝悌之至，有感於神明。可謂前達之克」成，中和之秀士者爾。春秋六十有六，卒於偃師縣之私第，權窆於洛陽之界焉。第」三子輔國大將軍兼左羽林軍大將軍、持節隴右諸軍州節度大使兼鄯州都督、」河源經略大使、銅城大總管、檢校鴻臚卿、虢國公矩，雄材命代，英略冠時，下棘署」以揚蕤，入柳營而按節。三推受律，得廓地之鈐鈕；萬里收功，罷玉門之亭鄣。疇唐」茂典，恩浹後昆；延賞隆規，榮申先代。制曰：贈許州司馬。所謂積善餘慶，揚名顯」親者乎？雖岱山孫令，欣制美於泉塗；魯國顏生，得脩文於地府。豈若恩流二」渙，寵洽泉埃，式彰身後之榮，無忝生前之貴。以先天元年歲次丁酉十月丁酉朔」廿五日庚辰，與夫人廣平縣君宋氏合葬於河南縣洛邑鄉北邙山之原，禮也。山」河表裏，原濕夷曠，木皮厚而凝寒，河冰堅而積凍。松栖弔鶴，響逸千年；地枕盤□，」氣浮雙劍。太丘德遠，方傳無媿之詞；陵統榮歸，自設題棺之板。長子倩，胡城公；□」子令臣，朝議郎行秦府士曹參軍；至誠感物，率由成性，泣玄訓於藏書，尊白楸於」遺令，勒不刊之幽石，爲將來之明鏡。其詞曰：

粤我周係，鼻祖汾隅，蟬聯上古，舄弈中區。允昭允穆，爲吏爲儒，德蔭斯在，道風不」渝。實主君子，森然嶽峙，玄際參微，黃中昭理。抑揚名教，糟粕墳史，孝則天經，忠爲」人紀。恂恂善誘，落落安排，寸陰斯重，尺木徒階。法爲我友，道實吾儕，忽驚炭折，俄」悲玉埋。璞映山輝，珠涵川媚，君之令子，國之元帥。寵洽優賢，恩延錫類，重泉是肇，」夜臺增賁。式備禮容，行遷吉兆，新松遽烈，宿草俄繞。路返斯驂，墳臨泣鳥，于嗟厚」穸，何年重曉？」

（周紹良藏拓本　河南千唐誌齋藏石）

先天〇〇四

【蓋】 失。

【誌文】

大唐故青州司倉參軍上柱國天水趙府君墓誌銘并序」

昔者明王，肅莅區宇，列土胙姓，班爵命功。周穆建良御之城，晉獻賜將軍之」地。明齊日月，則道冠侯王；德合神祇，乃位隆卿相。代禄無替，其在兹乎？」君諱克廉，字，其先出于天水，後遷潁川，長社人也。若乃鈞天啓夢，常岳珍符，」翁孫圖漢帝之宫，主父上胡人之服；冬日夏日，爲霸國之匡衡；成侯肅侯，□」雄都之鋭卒。美哉斯族之爲盛焉！曾祖才，隋越府參軍、常州功曹、山陽令、上」柱國；文宏日下，績邁天朝，敷禮義以臨人，鼓絃□而厲俗。祖山松，皇蘇州司」法參軍、符離縣令；岳□爲宰，光一縣而浮花；由也□仁，聽片言而折獄。父福，」朝議郎行嶲府法曹參軍、上柱國；務三章而挺秀，□千里以揚威。皇宫珠」細柳之勳，非吏怯埋桐之術。君山河粹質，風月高情，五百歲之明賢，一千年」之哲輔。摳衣碧沼，則學富前儒；侍衛丹墀，而勳庸厚績。制檢校靡州司户，累」遷合州司倉□參軍事。式敷典教，務轄資儲，操六禮而當官，翊二星而直指。」擢授朝議郎行青州司倉參軍、上柱國。黄中通理，清潔澄心，剖一局而除煩，」順九農而實廩。樞機合韻，則蘇六國之三端；琴酯娱懷，劉七賢之十斗。寮友」競競欽其矩，典吏肅肅懼其明。寰中流善政之歌，齊下播利人之頌。夫人彭」城劉氏，相州澄陽令表之第五女也。蛇途擊劍，鳳兆馴笄，婉春柳而呈姿，履」秋霜而奉德。冀妻謙敬，未足類其閨儀；孟母深仁，無以方其禮誡。不謂桃蹊」氣冷，蓮渚波驚，流星摧婺女之輝，落月掩恒娥之素。以景雲二年七月十五」日終公官寢，春秋五十三。公以三秋飾務，積善虧祥，感六氣而纏痾，闢九泉而」永穸。延和元年八月六日，亦終于官舍焉，春秋六十一。孤子裔等，窮廬草席，灑」血茶哀，引虹旐而還塋，駐龍輴於舊城。即以先天元年十一月十九日，合葬」於洛陽城北邙山之平原，禮也。其地前臨鼎邑，仰對王城，眺金埒而依希，望」銅街而隱軫。青烏□宅，協周旦之神蓍；白鶴來賓，合魯人之祔禮。嗚呼！冠蓋」鏘鏘，良才瞿瞿，運景西落，逝川東注。濃霜脆葉，寒風鼓樹，草冪磨兮墳衣，林」荒涼兮烏戍，勒怪石而旌辭，庶君猷兮永固。其銘曰：」

□若乩古，猗歟趙君，山河孕魄，天水澄門。南巴表譽，北海流芬，鴻遷漸陸，驥」逸超羣。其一。汝潁高士，彭城貴室，坤順含弘，棗脩榛栗。姆氏明訓，閨門淑質，竇」錦藏機，班文閣筆。其二。窅窅泉路，冥冥夜臺，風枝再散，霜桂頻摧。琴罇永謝，隴」隧恒開；聞蕭條之野吹，對孤酷兮增哀。其三。」

（北京圖書館藏拓本　開封博物館藏石）

先天〇〇五

【蓋】失。

【誌文】

大唐故朝散大夫上柱國少府監丞清河張府君墓誌銘并序」

君諱自然，字那，清河郡人也。火德承天，少傅贊三公之業；黃家啓」運，大山推列郡之榮。孝友綿其子孫，貂蟬燭乎圖史。曾祖達，唐義」旗初，通議大夫、銀青光禄大夫、麟州靈臺縣令，贈弘州刺史。祖合，」唐義旗初，朝請大夫、通議大夫、左驍衛左二十三府驃騎將軍、苑」游軍長史，監、甘、瓜、義、朗、泉六州諸軍事泉州刺史，潞城縣男；父泰，」唐朝散大夫、靈州迴樂縣令；並豪曹逸致，半漢雄姿。當聖人利」見之時，配君子經綸之業。青緺紫綬，拜高祖之功臣；列府疏封，褒」中興之名將。出文而入武，自曾而及裔。豔媚聯乎漢川，光芒接于」昆沼。君靈彩秀發，神情駿舉；天生星月之精，日用珪璋之德。年二」十三，任右衛翊衛，考滿，選授鄭、瀛二州參軍，並不赴任，改授瀛州」任丘縣丞。析薪承構，傳劍爲郎，空執揚雄之戟，長吟子虛之賦。辰」星臨於鄭野，有孫楚之參卿；瀛海帶於燕山，有桓譚之理郡。遷尚」乘直長、朝散大夫，除少府監丞。軒馭崇司，漢庭分職。六轡方騁，自」聞張若之能；百功克勤，更識公明之理。授朝請大夫、上柱國、易州」司馬，兼奉敕襄州充造弩使。題輿列美，卧鼓興謡，昭奚寶氣之」都，壯士寒歌之地。才華見擇，期美績於黃間；倚伏難窺，奄芳聲於」夜壑。嗚呼哀哉！春秋五十二，以先天二年二月八日遘疾，終于襄」州之官□。旅以靈轝，歸于洛陽，粤以先天二年二月二十六日葬」于□□□北邙山之原梓澤鄉，之禮也。簫鼓不停，郊原坐閟，平生」□□□樂，宿昔琴書之致。高臺曲池兮無留賞，青棘蒼松兮空墮」□□□月於中郊，春藏風於此地。嗚呼哀哉！嗣子嵒：瞻蒼結恨，扣」□□□懼鼇紀之終徙，託龜封而永誌。其銘曰：」

□□□□，珪璋坐傳，瓊基爲弈，鼎派蟬聯。桂植丹嶂，珠生赤泉，□」□□□，其光不愆。參卿佐鄭，半刺從燕，恭彼皇綍，勞乎漢川。□」□□□，素壠長捐，洛水□泣，邙山作田，蒼郊一送，白日千年。」

（北京圖書館藏拓本）

先天〇〇六

【蓋】 失。

【誌文】

大唐故程府君夫人尹氏墓誌銘并序」

君諱孝成，河南人也。芳苗華裔，譜諜詳焉，代有其人，可略言矣。君稟粹之」英靈，體至仁之秀氣；琴酒是相趨之地，烟霞爲獨同之資。何期祐善無徵，」殲良奄及。以神龍二年四月一日卒於私第，」春秋八十有三。夫人尹氏，以先天二七月二十八日遘」疾而終，春秋七十。即以其年八月二十九日合葬于舊」塋，禮也。嗣子知素等恐陵谷遷貿，乃爲銘曰：」乃祖乃父，惟哲惟良，輔仁無驗，奄化」云亡。嗣子號絶，親友哀傷，瘞兹玄室，」空悲白楊。勒石鎸碑，其誌不朽。」

（録自《芒洛冢墓遺文》卷中）

先天〇〇七

【蓋】 大唐故劉府君墓誌銘

【誌文】

唐故石州刺史劉君墓誌銘并序」

君諱穆，字穆之，河間鄚人也。漢河間獻王德之一十七代孫。曾祖孝約，隋「青州司馬；祖響，皇朝睦州雉山縣令；父守素，皇朝洺州司倉參軍。「自豢龍種德，斷蛇構緒，光華籍甚，史册昭彰。陳仲舉之澄清，暫題軒於周「景；魯仲康之茂政，遽迴靶於肥親。干將非刺薺之資，市丘異享雞之具。君「門傳拾算，慶發探鈎。鸑鷟鳴山，聲聞絶瑞；渥洼歕水，影入郊歌。開曜二年，「以鄉貢進仕擢第。桂林一「枝，譽流鄉曲；崐岑片玉，暉映廊廡。俄而從常調「選，補曹州冤朐縣尉，尋應制改絳州翼城尉，又除華州鄭縣尉。建瓴三「輔之郊，毀瓶一都之會，是鍾盤錯，必籍持刀，雖復仙氣猶存，抑乃雄飈載「遠。倏遷左御史臺監察御史，尋除殿中侍御史。栢臺增峻，梓題飛華，軒閣「生風，貴遊斂手，仍判倉部員外郎，俄授地官員外郎，尋除鳳閣舍人。含香「建禮，矯翼鵷池，五字多鍾會之能，三署握田郎之重。左授括州司馬，尋丁「司倉府君憂。跡遺于物，傅長沙而問鵩；釁集于家，寢鄱陽而弔鶴。服闋，授「原州都督府司馬兼知朔方道行軍司馬。三邊尚梗，見才子之從軍；五原「不空，聞府佐之康國。尋徵拜祠部郎中，加朝散大夫。青緗有裕，朱紱斯煌，「未窮瑞雀之詞，旋鍾畫虎之痛。無何，丁太夫人憂，服闋，除石州刺史。險即「孟門，地稱離石，濱于雜虜，控以諸軍，鎮撫攸宜，綏懷是適。載動軒車之奏，「方期騎馬之徵，朝廷未暇於飛章，吏人忽嗟於送雁。以大唐先天元年十二「月廿二日卒於汾州介休縣官舍，春秋六十有二。公風韻潛通，天姿亮狀，蓬山「筆墨，早倦緣情，芝閣圖書，實疲奔命，歷階西省，累職南昌，稠疊人謡，訏謨「帝念。方冀□裘補衮，道翊天衢；孰圖露翦霜摧，魂遊地户。粤以先天二年「歲次癸丑十一月十二日壬申朔葬於洛陽縣北平陰鄉安善里之桃原，「禮也。嗣子鋭、銓、鍠等，甫髫齓之年，毀欒棘之貌，悲纏匣劍，痛結楹書，敢託「詞宗，樹風貞礎。其詞曰：」

二氣氤氳，萬物化醇，降生代德，載誕貞臣。形肅肅而驚視，談衮衮而稱神。」映襟靈於夜月，連麗藻於秋旻。混桂枝而竊貴，雜荆璞而同珍。歷踐南昌，」幾便繁於黃綬；第遊北閣，簡英聲於紫宸。浮括蒼而暫屈，坐離石而」還伸。日遽晞於薄露，風屢掃於棲塵。悲羣雁之迴集，駭雙虎之來馴。孀妻」寂寂兮歸館，稚子哀哀兮動鄰。唯餘寒隴月，萬古弔泉闉。」

（録自《芒洛冢墓遺文續編》下）

先天〇〇八

【蓋】失。

【誌文】

大唐故朝請大夫尚書司勳郎中吉公墓誌銘并序」

君諱渾，字玄成，馮翊人也。曾祖謙，驃騎大將軍、襄州刺史；祖哲，忠、歸、易三州刺」史；父頊，吏部侍郎、同中書門下平章事、贈御史大夫。昔伯倏丕承黃軒，俶迪遐」羨；洎元妃誕配后稷，載定厥宗。既而維岳降神，克生尹甫，爲周之翰，頌聲無窮。」於是峻極之氣，深神明之滋遠。異人間生於百代，二祖耿其暉；靈心幽贊」於本支，相國挺其傑。故能偉望成構，大略清朝，列岳而郡國式瞻，佐時而」社稷與在。公纂忠賢令德之緒，受冲深達節之度，身長八尺，明目廣顙，秀」色風韶，靈襟海納，精理造於微極，幹力逸於經濟。弱冠以左衛長上□河南府」參軍，貶蓬州參軍、陵州司户，稍遷荆府士曹、京兆府户曹參軍，轉洛郊、永寧二」縣令，拜晉州司馬，加朝散大夫、司勳員外郎，遷郎中。初武后稱制，」皇綱不維，先相國扶護二宗，協規大象。逮神龍之際，三思容奸，慝怨作」威，我是有蓬州之貶。今上登歷改象，舉廢念功，式昭丙吉之勳，益封蕭」何之嗣，故先侍郎有副相之贈，我府君有掾京之寵。及移宰兩城，政」惟一貫，信昭訓，寬納和，事簡而理舉，道弘而化博。公之貳晉也！佐州將崔」琳按察河東，黜陟唯允，爲八道之光，是用崔公拜紫綬，府君錫朱紱。逮茲爲」郎，疇庸克叙，鴻徽有可久之範，馥奏爲將來之式。於是兩省交辟，八座互請，列」官以去就爲輕重，中朝以交結爲望實。洎丁外艱，至孝苦節，積毁遘疾，執纕而」終，時年卌九。嗚呼！維天誕授人性，維人克享天命，有高士之秀，無始滿之壽，性」命之際，翩其反歟！公朗心寬仁，淵量宏邈，才無不契，思有餘明。臨事有開」物之誠，在斷有無全之目。雖志略浮檢，而義存風概，談王伯而雲騰霧霏，陳忠」讜而沃心造膝。方將駿奔絶景，翰飛戾天，遲王商之立朝，系扶陽之開閤，志道」俱喪，身世偕捐。悲夫！公禄以施殫，生不苟殖，逮此云往，内無他贏。賴故人」黄門侍郎李暠歸其賵，工部郎中張紹貞庀其喪，有令弟濬深付其喪，有才子」遵遐奉其遺，啓欑殯於長安之里，歸宅兆於洛陽之陌。壺瓶備而不越，斧鬣稱」而合禮，非澠池其孰能舉其志焉？堯也辱士龍之遊，荷知管之舉，係素傳德，式」銘玄泉。其日月之次，窀穸之位，紀在副誌。銘曰：」

維岳吐符，降先大夫，匡周道乎，本枝喬兮。靈氣不絶，世載丕烈，三葉鍾傑，懿羨」昭兮。堂堂司勳，揚光騰芬，顯允令聞，厲高飆兮。錦製唯明，馥奏作程，開物有成，」灼天朝兮。才唯經濟，雅心未契，倏遘大戾，忽若飄兮。大河之湄，峥嶸古馗，次」□相之園祠，松蕭蕭兮。□嗟大夫，垂昭業於永永，錮幽夜於遥遥兮。」

（北京圖書館藏拓本）